最高人民法院案例指导工作指定用书

中国案例指导

CHINA CASE GUIDANCE

2023年第1辑（总第13辑）

杨万明　主编　段农根　副主编

最高人民法院案例指导工作办公室　编著

法律出版社
LAW PRESS·CHINA

北京

图书在版编目(CIP)数据

中国案例指导. 总第13辑 / 杨万明主编 ; 最高人民法院案例指导工作办公室编著. -- 北京 : 法律出版社, 2023

ISBN 978-7-5197-7597-1

Ⅰ. ①中… Ⅱ. ①杨… ②最… Ⅲ. ①案例-中国-丛刊 Ⅳ. ①D920.5-55

中国国家版本馆CIP数据核字(2023)第029823号

中国案例指导(总第13辑)
ZHONGGUO ANLI ZHIDAO
(ZONG DI-13 JI)

杨万明 主编
最高人民法院案例指导工作办公室 编著

策划编辑 冯雨春 李沂蔚
责任编辑 李沂蔚
装帧设计 李 瞻

出版发行 法律出版社
编辑统筹 法律应用出版分社
责任校对 朱海波
责任印制 刘晓伟
经　　销 新华书店

开本 710毫米×1000毫米 1/16
印张 24.75 **字数** 430千
版本 2023年2月第1版
印次 2023年2月第1次印刷
印刷 三河市龙大印装有限公司

地址:北京市丰台区莲花池西里7号(100073)
网址:www.lawpress.com.cn
投稿邮箱:info@lawpress.com.cn
举报盗版邮箱:jbwq@lawpress.com.cn

销售电话:010-83938349
客服电话:010-83938350
咨询电话:010-63939796

书号:ISBN 978-7-5197-7597-1
定价:86.00元
凡购买本社图书,如有印装错误,我社负责退换。电话:010-83938349

《中国案例指导》
编　辑　部

充分发挥案例指导作用
促进法律统一正确实施(代序)

最高人民法院院长　周　强

案例指导制度是最高人民法院为总结审判经验、加强监督指导、统一法律适用、提高审判质量、维护司法公正而建立的一项具有中国特色的司法制度。该制度旨在通过统一发布对全国法院审判、执行工作具有指导作用的典型案例,规范法官自由裁量权,着力解决群众反映强烈的“同案不同判”问题;同时通过典型案例发挥司法规范、指导、评价、引领社会价值的重要作用,大力弘扬社会主义法治精神和社会主义核心价值观,增强全民法治意识,倡导良好社会新风。自建立以来,案例指导制度发展迅速,在统一裁判标准、提高审判质量、提升司法公信力方面发挥了重要作用。编撰《中国案例指导》丛书,将最高人民法院分批发布的指导性案例、关于案例指导制度的最新理论研究成果等汇编成书,是贯彻落实党的十八届四中全会关于加强案例指导工作要求的具体措施,必将有力推动案例指导制度的发展完善,促进形成有利于维护法制统一的法律适用机制,从而为促进法律正确实施,全面推进依法治国,实现中华民族伟大复兴的中国梦作出积极贡献。

一、案例指导制度是中国特色社会主义司法制度的重要组成部分

在人民司法制度建立初期,人民法院就十分重视通过典型案例指导审判工作。早在20世纪50年代,最高人民法院就开始用案例指导审判工作实

践。1954年年初,起草了《最高人民法院关于处理奸淫幼女案件的经验总结和对奸淫幼女罪犯的处刑意见》,并于1957年将经修订的《最高人民法院1955年以来奸淫幼女案件检查总结》以内部文件形式印发各地法院执行。这对统一全国各地量刑标准,纠正重罪轻判和罪与非罪界限不清现象,起到了重要作用。1956年的全国司法审判工作会议明确提出要分类分批汇编案例用以指导审判。1962年3月,毛泽东同志指出:"没有法律不行,刑法、民法一定要搞,不仅要制定法律,还要编案例。"同年12月,最高人民法院颁布《关于人民法院工作若干问题的规定》,明确要求"总结审判工作经验,选择案例,指导工作"。

改革开放以来,案例指导工作得到进一步发展。20世纪70年代末,最高人民法院印发9个典型案例,具体指导全国各级法院纠正"文化大革命"期间形成的冤错案件。随着刑法、刑事诉讼法等法律的颁布施行,1984年最高人民法院以文件形式印发了《刑事犯罪案例选编》(共包含34个案例),对定罪量刑问题提出具体指导意见。1985年7月18日,最高人民法院下发《关于破坏军人婚姻罪的四个案件》的通知,发布了四个破坏军人婚姻罪案例。1985年5月,《最高人民法院公报》开始向社会公布各类典型案例,供各级法院参考借鉴。自20世纪90年代起,最高人民法院各审判业务庭和教学研究单位相继出版审判参考类刊物。

1999年最高人民法院制定的《人民法院五年改革纲要》明确提出,要编选典型案例,供下级法院审判类似案件时参考。2005年《人民法院第二个五年改革纲要》第一次正式提出,要"建立和完善案例指导制度"。2008年12月,中央关于深化司法体制和工作机制改革若干问题的意见将案例指导制度作为国家司法改革的一项重要内容。2010年11月26日,最高人民法院颁布《关于案例指导工作的规定》,标志着中国特色案例指导制度正式确立。

二、案例指导制度在人民法院工作中发挥着重要作用

案例指导制度有利于统一法律适用和裁判尺度。受我国各地经济社会

发展不平衡、司法人员司法能力差异、地方执法环境不同等多种因素影响，在我国司法实践中长期存在“同案不同判”现象，影响了国家法律的统一适用，损害了司法公信力，人民群众反映强烈。建立案例指导制度，发布社会广泛关注，法律规定比较原则，具有典型性、疑难复杂或者新类型案例，为广大法官审理类似案件提供参考，可有效规范和限制自由裁量权，确保同类案件的法律适用基本统一，裁判尺度基本相同，处理结果基本一致。同时，以案例这种群众喜闻乐见的方式推动实现法律统一适用，可极大增强群众对司法的信任和支持，促进提升司法公信力。

案例指导制度有利于提升审判效率。案例具有及时性、灵活性、针对性强、易于把握的特点。用已决案例指导待决类似案件的裁判，可以在“抽象到具体”的法律适用中，增加一个“具体到具体”的参照，有助于缩短办案时间，提高司法效率。特别是对于新型、疑难、复杂案件而言，既能提升案件审判效率，也有助于减轻涉诉群众讼累。最高人民法院建立案例指导制度，定期发布指导性案例，以一个个具体案例来指导、规范众多类似案件的裁判，可以使广大法官审理同类案件的进程大大加快，为群众提供更为高效的司法服务。

案例指导制度有利于弘扬社会主义法治精神和社会主义核心价值观。案例是法制宣传教育的“活教材”。通过定期公布典型案例，可以增强全民的法治意识，使公众从案例中直观领悟法律的原则和精神，促进在全社会形成办事依法、遇事找法、解决问题用法、化解矛盾靠法的良好法治环境和尊重司法、信仰法律、崇尚法治的良好氛围。同时，通过发布案例这种群众看得见的方式，可以更好地发挥司法的指导引领作用，使群众更加深刻直接地了解什么行为是法律允许的，什么行为是法律禁止的，进而理解哪些行为是符合社会主义核心价值观的，哪些行为是违背社会主义核心价值观的，从而推动社会主义核心价值观建设，促进形成良好道德风尚和正确价值导向。

三、以改革创新精神进一步加强案例指导工作

党的十八大和十八届三中全会对全面深化改革、全面推进依法治国作

出了重大战略部署,党的十八届四中全会为法治中国建设描绘了新的宏伟蓝图。加强公正司法、推进依法治国是一项伟大的事业,人民法院促进法律统一正确实施的责任更加重大,任务更为艰巨,必须以改革创新精神进一步加强案例指导工作,为审判实践提供更多可资借鉴的指导性案例。

要把案例指导工作置于坚持和完善中国特色社会主义司法制度的战略高度来谋划。案例指导制度以其统一司法标准、规范裁判尺度的功能,进一步丰富和发展了中国特色社会主义司法制度的内涵。人民法院必须从坚持和完善中国特色社会主义司法制度的战略高度,持续推进人民法院案例指导工作,将其作为人民法院的一项常态性、基础性工作来规划和部署,以充分发挥案例指导制度在审判执行工作中的重要作用。

要把案例指导工作作为加强公正司法的有力抓手。在全面深化改革、全面推进依法治国背景下部署实施的人民法院新一轮司法改革,一个重要目的是确保依法独立公正行使审判权,实现司法公正,维护社会公平正义。通过编撰、发布指导性案例,总结审判经验,统一裁判标准,实施类案指导,有助于进一步规范司法行为、深化司法公开,让公平正义以看得见的方式实现。人民法院要以案例指导工作为抓手,以指导性案例为示范,引导一线办案法官在立案、审理、裁判、执行各个环节严格依法办案,确保司法公正。

要加强案例指导工作的规范化、标准化和信息化建设。各级法院要高度重视从维护国家安全和社会稳定、促进经济社会发展、维护市场秩序、服务保障民生等方面加强指导性案例编选工作,按照指导审判、宣传法治、促进和谐、引领进步的原则,及时编选发布裁判公正、效果良好、具有普遍指导价值的案例。要统筹研究和规划案例指导工作,规范各个层级、各种类型案例的编写体例、程序和发布主体,明确不同案例的效力和功能,方便广大法官和人民群众根据需要了解、掌握和运用司法案例。要积极适应信息技术快速发展与新媒体、大数据时代给案例指导工作带来的机遇、挑战和影响,切实加强案例指导工作信息化建设,努力建成全国法院案例信息汇集中心,更好地发挥指导性案例的作用。

要进一步完善案例指导工作机制。要逐步建立完善案例发现、论证、编发、考评等工作机制,确保广泛选择、精心编写、审慎公布案例。要积极引导和支持广大法官在审判执行工作中增强精品意识,强化法律思维,注重裁判说理,坚持程序公正和实体公正相统一,从一开始就努力把案件办成人民群众接受和认可的经典案例。要不断健全表彰激励机制,激发全国四级法院法官参与案例指导工作的积极性和主动性,推动人民法院案例指导工作不断迈上新台阶,为完善中国特色社会主义司法制度、促进实施依法治国基本方略作出新的更大贡献。

是为序。

2014 年 10 月 28 日

编辑说明

案例指导制度是最高人民法院为总结司法经验，指导审判工作，统一司法尺度和裁判标准，促进司法公正，提升司法公信，充分发挥指导性案例作用的一项具有中国特色的司法制度。党的十八届四中全会通过的《中共中央关于全面推进依法治国若干重大问题的决定》要求："加强和规范司法解释和案例指导，统一法律适用标准。"这是党的文献首次对案例指导工作提出明确要求，体现了党中央对案例指导制度的高度重视。2018年修订的《人民法院组织法》首次从法律上确立了案例指导制度，第十八条第二款明确规定："最高人民法院可以发布指导性案例。"为加强审判工作业务指导，及时交流案例指导工作经验，更好地为案例应用、法治宣传、案例教学和研究等工作服务，最高人民法院决定编辑《中国案例指导》丛书，搭建案例指导工作平台和交流载体。本丛书首次以指导性案例为主体，是最高人民法院案例指导工作办公室指导案例工作的公开出版物，是指导性案例的权威性、标志性、集成性发布平台。丛书重点围绕指导性案例和案例指导工作，主要设置以下栏目：

一、指导性案例

根据最高人民法院《关于案例指导工作的规定》第一条规定，对全国法院审判、执行工作具有指导作用的指导性案例，由最高人民法院确定并统一发布。本栏目有三部分内容：一是最高人民法院发布的指导性案例及新闻稿；二是指导性案例的裁判者、编选者撰写的指导性案例的理解与参照文章，全面、深入阐明指导性案例的编选经过和指导价值，审判实践中需要明确的问题和参照适用中应当注意的情况，为准确理解和参照适用指导性案例、依法裁判案件提供指导和帮助；三是与指导性案例相关的法律法规、司法解释、裁判文书、推荐单位和编写人等。根据最高人民法院《关于案例指导工作的规定》第七条规定,各级人民法院在审判类似案件时应当参照指导性案例。

二、参考性案例

最高人民法院《关于规范上下级人民法院审判业务关系的若干意见》第九条规定,高级人民法院可以发布参考性案例,对辖区内各级人民法院和专门人民法院的审判业务工作进行指导。本栏目为各高级人民法院根据上述文件发布的参考性案例,以及相关案例解读文章。

三、典型案例

本栏目为最高人民法院公布的具有典型意义的案例,通过具体案例阐明法律规定、宣传法院工作、开展法治教育、弘扬法治精神。

四、研讨案例

本栏目为全国各级人民法院公布或推荐的其他具有研讨价值的案例,针对法律适用中的重大、疑难、争议问题,进行深入分析和探讨,倡导学术争鸣,促进案例研究。

五、案例论坛

本栏目为专家、学者、法官及社会各界人士撰写的与案例或案例指导制度相关的论文和评论,对案例指导工作进行理论研究和实务探讨,促进学术智慧共享,推动案例工作发展。

六、案例工作

本栏目视情设置"文件规定""领导讲话""工作动态"等子栏目,为最新的与案例指导工作相关的规范性文件,最高人民法院院领导的重要讲话,以及各地人民法院开展案例指导工作的经验和做法等,以指导案例工作开展,展示案例指导工作成效。

本丛书的主旨在于及时出版指导性案例及其相关资料,总结和交流案例指导工作经验,推动案例指导制度理论和实务方面的研究和探索,为审判工作提供及时的指导和服务,为司法理论研究和案例教学提供生动鲜活、内容充实的参考资料。希望法学理论界和司法实务部门关心案例指导工作的专家、学者、司法工作者踊跃投稿,多提宝贵意见和建议,共同促进中国特色案例指导制度发展完善,为全面推进依法治国、建设社会主义法治国家做出更大贡献。

目　录

【指导性案例】

【参考性案例】

【典型案例】

【案例论坛】

【指导性案例】

最高人民法院
关于发布第28批指导性案例的通知

（法〔2021〕182号）

各省、自治区、直辖市高级人民法院，解放军军事法院，新疆维吾尔自治区高级人民法院生产建设兵团分院：

经最高人民法院审判委员会讨论决定，现将左尚明舍家居用品（上海）有限公司诉北京中融恒盛木业有限公司、南京梦阳家具销售中心侵害著作权纠纷案等六个案例（指导案例157－162号），作为第28批指导性案例发布，供在审判类似案件时参照。

最高人民法院

2021年7月15日

指导案例157号

左尚明舍家居用品(上海)有限公司诉北京中融恒盛木业有限公司、南京梦阳家具销售中心侵害著作权纠纷案

(最高人民法院审判委员会讨论通过 2021年7月23日发布)

关键词 民事/侵害著作权/实用艺术作品/实用性/艺术性

裁判要点

对于具有独创性、艺术性、实用性、可复制性,且艺术性与实用性能够分离的实用艺术品,可以认定为实用艺术作品,并作为美术作品受著作权法的保护。受著作权法保护的实用艺术作品必须具有艺术性,著作权法保护的是实用艺术作品的艺术性而非实用性。

相关法条

《中华人民共和国著作权法实施条例》第2条、第4条

基本案情

2009年1月,原告左尚明舍家居用品(上海)有限公司(以下简称左尚明舍公司)设计了一款名称为"唐韵衣帽间家具"的家具图。同年7月,左尚明舍公司委托上海傲世摄影设计有限公司对其制作的系列家具拍摄照片。2011年9月、10月,左尚明舍公司先后在和家网、搜房网进行企业及产品介绍与宣传,同时展示了其生产的"唐韵衣帽间家具"产品照片。2013年12月10日,左尚明舍公司申请对"唐韵衣帽间组合柜"立体图案进行著作权登记。

被告南京梦阳家具销售中心(以下简称梦阳销售中心)为被告北京中融恒盛木业有限公司(以下简称中融公司)在南京地区的代理经销商。左尚明舍公司发现梦阳销售中心门店销售品牌为"越界"的"唐韵红木衣帽间"与"唐韵衣帽间组合柜"完全一致。左尚明舍公司认为,"唐韵衣帽间组合柜"属于实用艺术作品,中融公司侵犯了左尚明舍公司对该作品享有的复制权、发行权;梦阳销售中心侵犯了左尚明

舍公司对该作品的发行权。2013 年 11 月 29 日至 2014 年 1 月 13 日,左尚明舍公司对被诉侵权产品申请保全证据,并提起了本案诉讼。

将左尚明舍公司的“唐韵衣帽间家具”与被诉侵权产品“唐韵红木衣帽间”进行比对,二者相似之处在于:整体均呈 L 形,衣柜门板布局相似,配件装饰相同,板材花色纹路、整体造型相似等,上述相似部分主要体现在艺术方面;不同之处主要在于 L 形拐角角度和柜体内部空间分隔,体现于实用功能方面,且对整体视觉效果并无影响,不会使二者产生明显差异。

裁判结果

江苏省南京市中级人民法院于 2014 年 12 月 16 日作出(2014)宁知民初字第 126 号民事判决:驳回左尚明舍公司的诉讼请求。左尚明舍公司不服一审判决,提起上诉。江苏省高级人民法院于 2016 年 8 月 30 日作出(2015)苏知民终字第 00085 号民事判决:一、撤销江苏省南京市中级人民法院(2014)宁知民初字第 126 号民事判决;二、中融公司立即停止生产、销售侵害左尚明舍公司“唐韵衣帽间家具”作品著作权的产品的行为;三、梦阳销售中心立即停止销售侵害左尚明舍公司“唐韵衣帽间家具”作品著作权的产品的行为;四、中融公司于本判决生效之日起十日内赔偿左尚明舍公司经济损失(包括合理费用)30 万元;五、驳回左尚明舍公司的其他诉讼请求。中融公司不服,向最高人民法院申请再审。最高人民法院于 2018 年 12 月 29 日作出(2018)最高法民申 6061 号裁定,驳回中融公司的再审申请。

裁判理由

最高人民法院认为,本案主要争议焦点为:

一、关于左尚明舍公司的“唐韵衣帽间家具”是否构成受我国著作权法保护作品的问题

《中华人民共和国著作权法实施条例》(以下简称《实施条例》)第二条规定:“著作权法所称作品,是指文学、艺术和科学领域内具有独创性并能以某种有形形式复制的智力成果。”《实施条例》第四条第八项规定:“美术作品,是指绘画、书法、雕塑等以线条、色彩或者其他方式构成的具有审美意义的平面或者立体的造型艺术作品。”我国著作权法所保护的是作品中作者具有独创性的表达,而不保护作品中所反映的思想本身。实用艺术品本身既具有实用性,又具有艺术性。实用功能属于思想范畴不应受著作权法保护,作为实用艺术作品受到保护的仅仅在于其艺术性,即保护实用艺术作品上具有独创性的艺术造型或艺术图案,亦即该艺术品的结构或形式。作为美术作品中受著作权法保护的实用艺术作品,除同时满足关于作品的一般构成要件及其美术作品的特殊构成条件外,还应满足其实用性与艺术性可以相互分离的条件。在实用艺术品的实用性与艺术性不能分离的情况下,不能

成为受著作权法保护的美术作品。

左尚明舍公司的“唐韵衣帽间家具”具备可复制性的特点,双方当事人对此并无争议。本案的核心问题在于“唐韵衣帽间家具”上是否具有具备独创性高度的艺术造型或艺术图案,该家具的实用功能与艺术美感能否分离。

首先,关于左尚明舍公司是否独立完成“唐韵衣帽间家具”的问题。左尚明舍公司向一审法院提交的设计图稿、版权登记证书、产品照片、销售合同、宣传报道等证据已经形成完整的证据链,足以证明该公司已于2009年独立完成“唐韵衣帽间家具”。中融公司主张左尚明舍公司的“唐韵衣帽间家具”系抄袭自他人的配件设计,并使用通用花色和通用设计,因其未提交足以证明其主张的证据,法院对其上述主张不予支持。

其次,关于左尚明舍公司完成的“唐韵衣帽间家具”是否具有独创性的问题。从板材花色设计方面看,左尚明舍公司“唐韵衣帽间家具”的板材花色系由其自行设计完成,并非采用木材本身的纹路,而是提取传统中式家具的颜色与元素用抽象手法重新设计,将传统中式与现代风格融合,在颜色的选择、搭配、纹理走向及深浅变化上均体现了其独特的艺术造型或艺术图案;从配件设计方面看,“唐韵衣帽间家具”使用纯手工黄铜配件,包括正面柜门及抽屉把手及抽屉四周镶有黄铜角花,波浪的斜边及镂空的设计。在家具上是否使用角花镶边,角花选用的图案,镶边的具体位置,均体现了左尚明舍公司的取舍、选择、设计、布局等创造性劳动;从中式家具风格看,“唐韵衣帽间家具”右边采用了中式一一对称设计,给人以和谐的美感。因此,“唐韵衣帽间家具”具有审美意义,具备美术作品的艺术创作高度。

最后,关于左尚明舍公司“唐韵衣帽间家具”的实用功能是否能与艺术美感分离的问题。“唐韵衣帽间家具”之实用功能主要在于柜体内部置物空间设计,使其具备放置、陈列衣物等功能,以及柜体L形拐角设计,使其能够匹配具体家居环境进行使用。该家具的艺术美感主要体现在板材花色纹路、金属配件搭配、中式对称等设计上,通过在中式风格的基础上加入现代元素,产生古典与现代双重审美效果。改动“唐韵衣帽间家具”的板材花色纹路、金属配件搭配、中式对称等造型设计,其作为衣帽间家具放置、陈列衣物的实用功能并不会受到影响。因此,“唐韵衣帽间家具”的实用功能与艺术美感能够进行分离并独立存在。

因此,左尚明舍公司的“唐韵衣帽间家具”作为兼具实用功能和审美意义的立体造型艺术作品,属于受著作权法保护的美术作品。

二、关于中融公司是否侵害了左尚明舍公司主张保护涉案作品著作权的问题

判断被诉侵权产品是否构成侵害他人受著作权法保护的作品,应当从被诉侵权人是否“接触”权利人主张保护的作品、被诉侵权产品与权利人主张保护的作品

之间是否构成"实质相似"两个方面进行判断。本案中，首先，根据二审法院查明的事实，中融公司提供的相关设计图纸不能完全反映被诉侵权产品"唐韵红木衣帽间"的设计元素，亦缺乏形成时间、设计人员组成等信息，不能充分证明被诉侵权产品由其自行设计且独立完成。左尚明舍公司的"唐韵衣帽间家具"作品形成及发表时间早于中融公司的被诉侵权产品。中融公司作为家具行业的经营者，具备接触左尚明舍公司"唐韵衣帽间家具"作品的条件。其次，如前所述，对于兼具实用功能和审美意义的美术作品，著作权法仅保护其具有艺术性的方面，而不保护其实用功能。判断左尚明舍公司的"唐韵衣帽间家具"作品与中融公司被诉侵权产品"唐韵红木衣帽间"是否构成实质性相似时，应从艺术性方面进行比较。将"唐韵衣帽间家具"与被诉侵权产品"唐韵红木衣帽间"进行比对，二者相似之处在于：整体均呈L形，衣柜门板布局相似，配件装饰相同，板材花色纹路、整体造型相似等，上述相似部分主要体现在艺术方面；不同之处主要在于L形拐角角度和柜体内部空间分隔，体现于实用功能方面，且对整体视觉效果并无影响，不会使二者产生明显差异。因此，中融公司的被诉侵权产品与左尚明舍公司的"唐韵衣帽间家具"作品构成实质性相似，中融公司侵害了左尚明舍公司涉案作品的著作权。

（生效裁判审判人员：秦元明、李嵘、吴蓉）

指导案例158号

深圳市卫邦科技有限公司诉李坚毅、深圳市远程智能设备有限公司专利权权属纠纷案

（最高人民法院审判委员会讨论通过　2021年7月23日发布）

关键词　民事/专利权权属/职务发明创造/有关的发明创造

裁判要点

判断是否属于专利法实施细则第十二条第一款第三项规定的与在原单位承担的本职工作或者原单位分配的任务"有关的发明创造"时，应注重维护原单位、离职

员工以及离职员工新任职单位之间的利益平衡,综合考虑以下因素作出认定:一是离职员工在原单位承担的本职工作或原单位分配的任务的具体内容;二是涉案专利的具体情况及其与本职工作或原单位分配的任务的相互关系;三是原单位是否开展了与涉案专利有关的技术研发活动,或者有关的技术是否具有其他合法来源;四是涉案专利(申请)的权利人、发明人能否对专利技术的研发过程或者来源作出合理解释。

相关法条

《中华人民共和国专利法》* 第6条

《中华人民共和国专利法实施细则》第12条

基本案情

深圳市卫邦科技有限公司(以下简称卫邦公司)是一家专业从事医院静脉配液系列机器人产品及配液中心相关配套设备的研发、制造、销售及售后服务的高科技公司。2010年2月至2016年7月期间,卫邦公司申请的多项专利均涉及自动配药设备和配药装置。其中,卫邦公司于2012年9月4日申请的102847473A号专利(以下简称473专利)主要用于注射科药液自动配置。

李坚毅于2012年9月24日入职卫邦公司生产、制造部门,并与卫邦公司签订《深圳市劳动合同》《员工保密合同》,约定由李坚毅担任该公司生产制造部门总监,主要工作是负责研发"输液配药机器人"相关产品。李坚毅任职期间,曾以部门经理名义在研发部门采购申请表上签字,在多份加盖"受控文件"的技术图纸审核栏处签名,相关技术图纸内容涉及"沙窝复合针装配""蠕动泵输液针""蠕动泵上盖连接板实验""装配体""左夹爪""右夹爪""机械手夹爪1""机械手夹爪2"等,系有关自动配药装置的系列设计图。此外,卫邦公司提供的工作邮件显示,李坚毅以工作邮件的方式接收研发测试情况汇报,安排测试工作并对研发测试提出相应要求。且从邮件内容可知,李坚毅多次参与研发方案的会议讨论。

李坚毅与卫邦公司于2013年4月17日解除劳动关系。李坚毅于2013年7月12日向国家知识产权局申请名称为"静脉用药自动配制设备和摆动型转盘式配药装置"、专利号为201310293690.X的发明专利(以下简称涉案专利)。李坚毅为涉案专利唯一的发明人。涉案专利技术方案的主要内容是采用机器人完成静脉注射用药配制过程的配药装置。李坚毅于2016年2月5日将涉案专利权转移至其控股的深圳市远程智能设备有限公司(以下简称远程公司)。李坚毅在入职卫邦公司

---

* 该法已于2020年修正。——编者注

前，并无从事与医疗器械、设备相关的行业从业经验或学历证明。

卫邦公司于2016年12月8日向一审法院提起诉讼，请求：1.确认涉案专利的发明专利权归卫邦公司所有；2.判令李坚毅、远程公司共同承担卫邦公司为维权所支付的合理开支30 000元，并共同承担诉讼费。

裁判结果

广东省深圳市中级人民法院于2018年6月8日作出（2016）粤03民初2829号民事判决：一、确认卫邦公司为涉案专利的专利权人；二、李坚毅、远程公司共同向卫邦公司支付合理支出3万元。一审宣判后，李坚毅、远程公司不服，向广东省高级人民法院提起上诉。广东省高级人民法院于2019年1月28日作出（2018）粤民终2262号民事判决：驳回上诉，维持原判。李坚毅、远程公司不服，向最高人民法院申请再审。最高人民法院于2019年12月30日作出（2019）最高法民申6342号民事裁定，驳回李坚毅和远程公司的再审申请。

裁判理由

最高人民法院认为：本案的争议焦点为涉案专利是否属于李坚毅在卫邦公司工作期间的职务发明创造。

专利法第六条规定："执行本单位的任务或者主要是利用本单位的物质技术条件所完成的发明创造为职务发明创造。职务发明创造申请专利的权利属于该单位。"专利法实施细则第十二条第一款第三项进一步规定："退休、调离原单位后或者劳动、人事关系终止后1年内作出的，与其在原单位承担的本职工作或者原单位分配的任务有关的发明创造属于职务发明创造。"

发明创造是复杂的智力劳动，离不开必要的资金、技术和研发人员等资源的投入或支持，并承担相应的风险。在涉及与离职员工有关的职务发明创造的认定时，既要维护原单位对确属职务发明创造的科学技术成果享有的合法权利，鼓励和支持创新驱动发展，同时也不宜将专利法实施细则第十二条第一款第三项规定的"有关的发明创造"作过于宽泛的解释，导致在没有法律明确规定或者竞业限制协议等合同约定的情况下，不适当地限制研发人员的正常流动，或者限制研发人员在新的单位合法参与或开展新的技术研发活动。因此，在判断涉案发明创造是否属于专利法实施细则第十二条第一款第三项规定的"有关的发明创造"时，应注重维护原单位、离职员工以及离职员工新任职单位之间的利益平衡，综合考虑以下因素：一是离职员工在原单位承担的本职工作或原单位分配的任务的具体内容，包括工作职责、权限，能够接触、控制、获取的与涉案专利有关的技术信息等。二是涉案专利的具体情况，包括其技术领域，解决的技术问题，发明目的和技术效果，权利要求限定的保护范围，涉案专利相对于现有技术的"实质性特点"等，以及涉案专利与本职工作或原单位分配任务的相互关系。三是原单位是否开展了与涉案专利有关的技术研发活动,或者是否对有关技术具有合法的来源。四是涉案专利(申请)的权利人、发明人能否对于涉案专利的研发过程或者技术来源作出合理解释,相关因素包括涉案专利技术方案的复杂程度,需要的研发投入,以及权利人、发明人是否具有相应的知识、经验、技能或物质技术条件,是否有证据证明其开展了有关研发活动等。

结合本案一、二审法院查明的有关事实以及再审申请人提交的有关证据,围绕前述四个方面的因素,就本案争议焦点认定如下:

首先,关于李坚毅在卫邦公司任职期间承担的本职工作或分配任务的具体内容。第一,李坚毅于卫邦公司任职期间担任生产制造总监,直接从事配药设备和配药装置的研发管理等工作。其在再审申请书中,也认可其从事了“研发管理工作”。第二,李坚毅在卫邦公司任职期间,曾以部门经理名义,在研发部门采购申请表上签字,并在多份与涉案专利技术密切相关且加盖有“受控文件”的技术图纸审核栏处签字。第三,李坚毅多次参与卫邦公司内部与用药自动配药设备和配药装置技术研发有关的会议或讨论,还通过电子邮件接收研发测试情况汇报,安排测试工作,并对研发测试提出相应要求。综上,根据李坚毅在卫邦公司任职期间承担的本职工作或分配的任务,其能够直接接触、控制、获取卫邦公司内部与用药自动配制设备和配药装置技术研发密切相关的技术信息,且这些信息并非本领域普通的知识、经验或技能。因此,李坚毅在卫邦公司承担的本职工作或分配的任务与涉案专利技术密切相关。对于李坚毅有关其仅仅是进行研发管理,没有参与卫邦公司有关静脉配药装置的研发工作,卫邦公司的相关证据都不是真正涉及研发的必要文件等相关申请再审理由,本院均不予支持。

其次,关于涉案专利的具体情况及其与李坚毅的本职工作或分配任务的相互关系。第一,涉案专利涉及“静脉用药自动配制设备和摆动型转盘式配药装置”,其针对的技术问题是:“1. 药剂师双手的劳动强度很大,只能进行短时间的工作;2. 由于各药剂师技能不同、配药地点也不能强制固定,造成所配制的药剂药性不稳定;3. 化疗药剂对药剂师健康危害较大。”实现的技术效果是:“本发明采用机器人完成静脉注射用药的整个配制过程,采用机电一体化来控制配制的药剂量准确,提高了药剂配制质量;医务人员仅需要将预先的药瓶装入转盘工作盘和母液架,最后将配制好的母液瓶取下,极大地减少了医务人员双手的劳动强度;对人体有害的用药配制(比如化疗用药),由于药剂师可以不直接接触药瓶,采用隔离工具对药瓶进行装夹和取出,可以很大程度地减少化疗药液对人体的健康损害。”在涉案专利授权公告的权利要求1中,主要包括底座、转盘工作台、若干个用于固定药瓶的药瓶夹、具座、转盘座、转盘传动机构和转盘电机、近后侧的转盘工作台两边分别设有背光源和视觉传感器、机器人、夹具体、输液泵、输液管、针具固定座、针具夹头、前后摆动板、升降机构等部件。第二，卫邦公司于2012年9月4日申请的473专利的名称为“自动化配药系统的配药方法和自动化配药系统”，其针对的技术问题是：“医院中配制药物的方式均通过医护人员手工操作。……操作时医护人员工作强度高，而且有的药物具有毒性，对医护人员的安全有着较大的威胁。”发明目的是：“在于克服上述现有技术的不足，提供一种自动化配药系统的配药方法和自动化配药系统，其可实现自动配药，医护人员无需手动配制药液，大大降低了医护人员的劳动强度，有利于保障医护人员的健康安全。”实现的技术效果是：“提供一种自动化配药系统的配药方法和自动化配药系统，其可快速完成多组药液的配制，提高了配药的效率，大大降低了医护人员的劳动强度，有利于保障医护人员的健康安全。”473专利的说明书中，还公开了“药液输入摇匀装置”“卡夹部件”“输液软管装填移载及药液分配装置”“用于折断安瓿瓶的断瓶装置”“母液瓶夹持装置”“母液瓶”“可一次容纳多个药瓶的输入转盘”等部件的具体结构和附图。将涉案专利与卫邦公司的473专利相比，二者解决的技术问题、发明目的、技术效果基本一致，二者技术方案高度关联。二审法院结合涉案专利的审查意见、引证专利检索，认定473专利属于可单独影响涉案专利权利要求的新颖性或创造性的文件，并无不当。第三，在卫邦公司提供的与李坚毅的本职工作有关的图纸中，涉及“输入模块新盖”“沙窝复合针装配”“蠕动泵输液针”“蠕动泵上盖连接板实验”“装配体”“左夹爪”“右夹爪”“机械手夹爪1”“机械手夹爪2”等与涉案专利密切相关的部件，相关图纸上均加盖“受控文件”章，在“审核”栏处均有李坚毅的签字。第四，在李坚毅与卫邦公司有关工作人员的往来电子邮件中，讨论的内容直接涉及转盘抱爪、母液上料方案、安瓿瓶掰断测试等与涉案专利技术方案密切相关的研发活动。综上，涉案专利与李坚毅在卫邦公司承担的本职工作或分配的任务密切相关。

再次，卫邦公司在静脉用药自动配制设备领域的技术研发是持续进行的。卫邦公司成立于2002年，经营范围包括医院静脉配液系列机器人产品及配液中心相关配套设备的研发、制造、销售及售后服务。其在2010年2月至2016年7月期间先后申请了60余项涉及医疗设备、方法及系统的专利，其中44项专利是在李坚毅入职卫邦公司前申请，且有多项专利涉及自动配药装置。因此，对于李坚毅主张卫邦公司在其入职前已经完成了静脉配药装置研发工作，涉案专利不属于职务发明创造的相关申请再审理由，本院不予支持。

最后，关于李坚毅、远程公司能否对涉案专利的研发过程或者技术来源作出合理解释。根据涉案专利说明书，涉案专利涉及“静脉用药自动配制设备和摆动型转盘式配药装置”,共有13页附图,约60个部件,技术方案复杂,研发难度大。李坚毅作为涉案专利唯一的发明人,在离职卫邦公司后不到3个月即以个人名义单独申请涉案专利,且不能对技术研发过程或者技术来源做出合理说明,不符合常理。而且,根据二审法院的认定,以及李坚毅一审提交的专利搜索网页打印件及自制专利状况汇总表,李坚毅作为发明人,最早于2013年7月12日申请了涉案专利以及201320416724.5号“静脉用药自动配制设备和采用视觉传感器的配药装置”实用新型专利,而在此之前,本案证据不能证明李坚毅具有能够独立研发涉案专利技术方案的知识水平和能力。

综上,综合考虑本案相关事实以及李坚毅、远程公司再审中提交的有关证据,一、二审法院认定涉案专利属于李坚毅在卫邦公司工作期间的职务发明创造并无不当。李坚毅、远程公司的申请再审理由均不能成立。

(生效裁判审判人员:杜微科、吴蓉、张玲玲)

指导案例159号

深圳敦骏科技有限公司诉深圳市吉祥腾达科技有限公司等侵害发明专利权纠纷案

(最高人民法院审判委员会讨论通过 2021年7月23日发布)

关键词 民事/侵害发明专利权/多主体实施的方法专利/侵权损害赔偿计算/举证责任/专利技术贡献度

裁判要点

1. 如果被诉侵权行为人以生产经营为目的,将专利方法的实质内容固化在被诉侵权产品中,该行为或者行为结果对专利权利要求的技术特征被全面覆盖起到了不可替代的实质性作用,终端用户在正常使用该被诉侵权产品时就能自然再现该专利方法过程,则应认定被诉侵权行为人实施了该专利方法,侵害了专利权人的权利。

2. 专利权人主张以侵权获利计算损害赔偿数额且对侵权规模事实已经完成初步举证，被诉侵权人无正当理由拒不提供有关侵权规模事实的相应证据材料，导致用于计算侵权获利的基础事实无法确定的，对被诉侵权人提出的应考虑涉案专利对其侵权获利的贡献度的抗辩，人民法院可以不予支持。

相关法条

《中华人民共和国专利法》(2020 年修正)第 1 条、第 11 条第 1 款、第 64 条第 1 款(本案适用的是2008 年修正的《中华人民共和国专利法》第 1 条、第 11 条第 1 款、第 59 条第 1 款)

基本案情

原告深圳敦骏科技有限公司(以下简称敦骏公司)诉称：深圳市吉祥腾达科技有限公司(以下简称腾达公司)未经许可制造、许诺销售、销售，济南历下弘康电子产品经营部(以下简称弘康经营部)、济南历下昊威电子产品经营部(以下简称昊威经营部)未经许可销售的多款商用无线路由器(以下简称被诉侵权产品)落入其享有的名称为"一种简易访问网络运营商门户网站的方法"(专利号为 ZL02123502.3，以下简称涉案专利)发明专利的专利权保护范围，请求判令腾达公司、弘康经营部、昊威经营部停止侵权，赔偿损失及制止侵权的合理开支共计 500 万元。

被告腾达公司辩称：1. 涉案专利、被诉侵权产品访问任意网站时实现定向的方式不同，访问的过程亦不等同，腾达公司没有侵害敦骏公司的涉案专利权。并且，涉案专利保护的是一种网络接入认证方法，腾达公司仅是制造了被诉侵权产品，但并未使用涉案专利保护的技术方案，故其制造并销售被诉侵权产品的行为并不构成专利侵权；2. 敦骏公司诉请的赔偿数额过高且缺乏事实及法律依据，在赔偿额计算中应当考虑专利的技术贡献度、涉案专利技术存在替代方案等。

弘康经营部、昊威经营部共同辩称：其所销售的被诉侵权产品是从代理商处合法进货的，其不是被诉侵权产品的生产者，不应承担责任。

法院经审理查明：敦骏公司明确以涉案专利的权利要求 1 和 2 为依据主张权利，其内容为：1. 一种简易访问网络运营商门户网站的方法，其特征在于包括以下处理步骤：A. 接入服务器底层硬件对门户业务用户设备未通过认证前的第一个上行 HTTP 报文，直接提交给"虚拟 Web 服务器"，该"虚拟 Web 服务器"功能由接入服务器高层软件的"虚拟 Web 服务器"模块实现；B. 由该"虚拟 Web 服务器"虚拟成用户要访问的网站与门户业务用户设备建立 TCP 连接，"虚拟 Web 服务器"向接入服务器底层硬件返回含有重定向信息的报文，再由接入服务器底层硬件按正常的转发流程向门户业务用户设备发一个重定向到真正门户网站 Portal_Server 的报文；C. 收到重定向报文后的门户业务用户设备的浏览器自动发起对真正门户网站 Portal_Server 的访问。2. 根据权利要求 1 所述的一种简易访问网络运营商门户网站的方法,其特征在于:所述的步骤 A,由门户业务用户在浏览器上输入任何正确的域名、IP 地址或任何的数字,形成上行 IP 报文;所述的步骤 B,由"虚拟 Web 服务器"虚拟成该 IP 报文的 IP 地址的网站。

敦骏公司通过公证购买方式从弘康经营部、昊威经营部购得"Tenda 路由器 W15E""Tenda 路由器 W20E 增强型"各一个,并在公证人员的监督下对"Tenda 路由器 W15E"访问网络运营商门户网站的过程进行了技术演示,演示结果表明使用"Tenda 路由器 W15E"过程中具有与涉案专利权利要求 1 和 2 相对应的方法步骤。

被诉侵权产品在京东商城官方旗舰店、"天猫"网站腾达旗舰店均有销售,且销量巨大。京东商城官方旗舰店网页显示有"腾达(Tenda)W15E"路由器的图片、京东价 199 元、累计评价 1 万 +,"腾达(Tenda)W20E"路由器、京东价 399 元、累计评价 1 万 +,"腾达(Tenda)G1"路由器、京东价 359 元、累计评价 1 万 + 等信息。"天猫"网站腾达旗舰店网页显示有"腾达(Tenda)W15E"路由器的图片、促销价 179 元、月销量 433、累计评价 4342、安装说明、技术支持等信息。

2018 年 12 月 13 日,一审法院依法作出通知书,主要内容为:限令腾达公司 10 日内向一审法院提交自 2015 年 7 月 2 日以来,关于涉案"路由器"产品生产、销售情况的完整资料和完整的财务账簿。逾期不提交,将承担相应的法律责任。但至二审判决作出时,腾达公司并未提交相关证据。

裁判结果

山东省济南市中级人民法院于 2019 年 5 月 6 日作出(2018)鲁 01 民初 1481 号民事判决:一、腾达公司立即停止制造、许诺销售、销售涉案的路由器产品;二、弘康经营部、昊威经营部立即停止销售涉案的路由器产品;三、腾达公司于判决生效之日起十日内赔偿敦骏公司经济损失及合理费用共计 500 万元;四、驳回敦骏公司的其他诉讼请求。一审案件受理费 46 800 元,由腾达公司负担。宣判后,腾达公司向最高人民法院提起上诉。最高人民法院于 2019 年 12 月 6 日作出(2019)最高法知民终 147 号民事判决,驳回上诉,维持原判。

裁判理由

最高人民法院认为:本案焦点问题包括三个方面:

一、关于被诉侵权产品使用过程是否落入涉案专利权利要求的保护范围

首先,涉案专利权利要求 1 中的"第一个上行 HTTP 报文"不应解释为用户设备与其要访问的实际网站建立 TCP"三次握手"连接过程中的第一个报文,而应当解释为未通过认证的用户设备向接入服务器发送的第一个上行 HTTP 报文。其次,根据对被诉侵权产品进行的公证测试结果,被诉侵权产品的强制 Portal 过程与涉案

专利权利要求1和2所限定步骤方法相同,三款被诉侵权产品在“Web认证开启”模式下的使用过程,全部落入涉案专利权利要求1和2的保护范围。

二、关于腾达公司的被诉侵权行为是否构成侵权

针对网络通信领域方法的专利侵权判定,应当充分考虑该领域的特点,充分尊重该领域的创新与发展规律,以确保专利权人的合法权利得到实质性保护,实现该行业的可持续创新和公平竞争。如果被诉侵权行为人以生产经营为目的,将专利方法的实质内容固化在被诉侵权产品中,该行为或者行为结果对专利权利要求的技术特征被全面覆盖起到了不可替代的实质性作用,也即终端用户在正常使用该被诉侵权产品时就能自然再现该专利方法过程的,则应认定被诉侵权行为人实施了该专利方法,侵害了专利权人的权利。本案中:1.腾达公司虽未实施涉案专利方法,但其以生产经营为目的制造、许诺销售、销售的被诉侵权产品,具备可直接实施专利方法的功能,在终端网络用户利用被诉侵权产品完整再现涉案专利方法的过程中,发挥着不可替代的实质性作用。2.腾达公司从制造、许诺销售、销售被诉侵权产品的行为中获得不当利益与涉案专利存在密切关联。3.因终端网络用户利用被诉侵权产品实施涉案专利方法的行为并不构成法律意义上的侵权行为,专利权人创新投入无法从直接实施专利方法的终端网络用户处获得应有回报,如专利权人的利益无法得到补偿,必将导致研发创新活动难以为继。另一方面,如前所述,腾达公司却因涉案专利获得了原本属于专利权人的利益,利益分配严重失衡,有失公平。综合以上因素,在本案的情形下,应当认定腾达公司制造、许诺销售、销售被诉侵权产品的行为具有侵权性质并应承担停止侵权、赔偿损失的民事责任。

三、关于一审判决确定的赔偿数额是否适当

专利权人主张以侵权获利确定赔偿额的,侵权规模即为损害赔偿计算的基础事实。专利权人对此项基础事实承担初步举证责任。在专利权人已经完成初步举证,被诉侵权人无正当理由拒不提供有关侵权规模基础事实的相应证据材料的情况下,对其提出的应考虑涉案专利对其侵权获利的贡献率等抗辩理由可不予考虑。具体到本案中:1.敦骏公司主张依照侵权人因侵权获利计算赔偿额,并在一审中提交了腾达公司分别在京东网和天猫网的官方旗舰店销售被诉侵权产品数量、售价的证据,鉴于该销售数量和价格均来源于腾达公司自己在正规电商平台的官方旗舰店,数据较为可信,腾达公司虽指出将累计评价作为销量存在重复计算和虚报的可能性,但并未提交确切证据,且考虑到敦骏公司就此项事实的举证能力,应当认定敦骏公司已就侵权规模的基础事实完成了初步举证责任。2.敦骏公司在一审中,依据其已提交的侵权规模的初步证据,申请腾达公司提交与被诉侵权产品相关的财务账簿、资料等,一审法院也根据本案实际情况,依法责令腾达公司提交能够反

映被诉侵权产品生产、销售情况的完整的财务账簿资料等证据，但腾达公司并未提交。在一审法院因此适用相关司法解释对敦骏公司的500万元高额赔偿予以全额支持、且二审中腾达公司就此提出异议的情况下，其仍然未提交相关的财务账簿等资料。由于本案腾达公司并不存在无法提交其所掌握的与侵权规模有关证据的客观障碍，故应认定腾达公司并未就侵权规模的基础事实完成最终举证责任。3.根据现有证据，有合理理由相信，被诉侵权产品的实际销售数量远超敦骏公司所主张的数量。综上，在侵权事实较为清楚、且已有证据显示腾达公司实际侵权规模已远大于敦骏公司所主张赔偿的范围时，腾达公司如对一审法院确定的全额赔偿持有异议，应先就敦骏公司计算赔偿所依据的基础事实是否客观准确进行实质性抗辩，而不能避开侵权规模的基础事实不谈，另行主张专利技术贡献度等其他抗辩事由，据此对腾达公司二审中关于一审确定赔偿额过高的各项抗辩主张均不予理涉。

（生效裁判审判人员：朱理、傅蕾、张晓阳）

指导案例160号

蔡新光诉广州市润平商业有限公司侵害植物新品种权纠纷案

（最高人民法院审判委员会讨论通过　2021年7月23日发布）

关键词　民事/侵害植物新品种权/保护范围/繁殖材料/收获材料

裁判要点

1.授权品种的繁殖材料是植物新品种权的保护范围，是品种权人行使排他独占权的基础。授权品种的保护范围不限于申请品种权时所采取的特定方式获得的繁殖材料，即使不同于植物新品种权授权阶段育种者所普遍使用的繁殖材料，其他植物材料可用于授权品种繁殖材料的，亦应当纳入植物新品种权的保护范围。

2.植物材料被认定为某一授权品种的繁殖材料，必须同时满足以下要件：属于活体，具有繁殖能力，并且繁殖出的新个体与该授权品种的特征特性相同。植物材料仅可以用作收获材料而不能用作繁殖材料的，不属于植物新品种权保护的范围。

相关法条

《中华人民共和国种子法》*第28条

《中华人民共和国植物新品种保护条例》第6条

基本案情

蔡新光于2009年11月10日申请“三红蜜柚”植物新品种权，于2014年1月1日获准授权，品种权号为CNA20090677.9，保护期限为20年。农业农村部植物新品种保护办公室作出的《农业植物新品种DUS测试现场考察报告》载明，品种暂定名称三红蜜柚，植物种类柑橘属，品种类型为无性繁殖，田间考察结果载明，申请品种的白皮层颜色为粉红，近似品种为白，具备特异性。考察结论为该申请品种具备特异性、一致性。所附照片载明，三红蜜柚果面颜色暗红、白皮层颜色粉红、果肉颜色紫，红肉蜜柚果面颜色黄绿、白皮层颜色白、果肉颜色红。以上事实有《植物新品种权证书》、植物新品种权年费缴费收据、《意见陈述书》《品种权申请请求书》《说明书》《著录项目变更申报书》《农业植物新品种DUS测试现场考察报告》等证据予以佐证。

蔡新光于2018年3月23日向广州知识产权法院提起诉讼，主张广州市润平商业有限公司(以下简称润平公司)连续大量销售“三红蜜柚”果实，侵害其获得的品种名称为“三红蜜柚”的植物新品种权。

润平公司辩称其所售被诉侵权蜜柚果实有合法来源，提供了甲方昆山润华商业有限公司广州黄埔分公司(以下简称润华黄埔公司)与乙方江山市森南食品有限公司(以下简称森南公司)签订的合同书，润华黄埔公司与森南公司于2017年7月18日签订2017年度商业合作条款，合同有条款第六条第五款载明，在本合同签订日，双方已合作的有6家门店，包括润平公司。2018年1月8日，森南公司向润华黄埔公司开具发票以及销售货物或者提供应税劳务、服务清单，清单载明货物包括三红蜜柚650公斤。森南公司营业执照副本载明，森南公司为有限责任公司，成立于2013年2月22日，注册资本500万元，经营范围为预包装食品批发、零售；水果、蔬菜销售。森南公司《食品经营许可证》载明，经营项目为预包装食品销售；散装食品销售。该许可证有效期至2021年8月10日。

---

* 该法已于2021年修正。——编者注

裁判结果

广州知识产权法院于2019年1月3日作出(2018)粤73民初732号民事判决,驳回蔡新光诉讼请求。宣判后,蔡新光不服,向最高人民法院提起上诉。最高人民法院于2019年12月10日作出(2019)最高法知民终14号民事判决,驳回上诉,维持原判。

裁判理由

最高人民法院认为:本案主要争议问题为润平公司销售被诉侵权蜜柚果实的行为是否构成对蔡新光三红蜜柚植物新品种权的侵害,其中,判断三红蜜柚植物新品种权的保护范围是本案的焦点。

本案中,虽然蔡新光在申请三红蜜柚植物新品种权时提交的是采用以嫁接方式获得的繁殖材料枝条,但并不意味着三红蜜柚植物新品种权的保护范围仅包括以嫁接方式获得的该繁殖材料,以其他方式获得的枝条也属于该品种的繁殖材料。随着科学技术的发展,不同于植物新品种权授权阶段繁殖材料的植物体也可能成为育种者选用的种植材料,即除枝条以外的其他种植材料也可能被育种者们普遍使用,在此情况下,该种植材料作为授权品种的繁殖材料,应当纳入植物新品种权的保护范围。原审判决认为侵权繁殖材料的繁育方式应当与该品种育种时所使用的材料以及繁育方式一一对应,认为将不同于获取品种权最初繁育方式的繁殖材料纳入到植物新品种权的保护范围,与权利人申请新品种权过程中应当享有的权利失衡。该认定将申请植物新品种权时的繁育方式作为授权品种保护的依据,限制了植物新品种权的保护范围,缩小了植物新品种权人的合法权益,应当予以纠正。

我国相关法律、行政法规以及规章对繁殖材料进行了列举,但是对于某一具体品种如何判定植物体的哪些部分为繁殖材料,并未明确规定。判断是否为某一授权品种的繁殖材料,在生物学上必须同时满足以下条件:其属于活体,具有繁殖的能力,并且繁殖出的新个体与该授权品种的特征特性相同。被诉侵权蜜柚果实是否为三红蜜柚品种的繁殖材料,不仅需要判断该果实是否具有繁殖能力,还需要判断该果实繁殖出的新个体是否具有果面颜色暗红、果肉颜色紫、白皮层颜色粉红的形态特征,如果不具有该授权品种的特征特性,则不属于三红蜜柚品种权所保护的繁殖材料。

对于三红蜜柚果实能否作为繁殖材料,经审查,即便专门的科研单位,也难以通过三红蜜柚果实的籽粒繁育出蜜柚种苗。二审庭审中,蔡新光所请的专家辅助人称,柚子单胚,容易变异,该品种通过枝条、芽条、砧木或者分株进行繁殖,三红蜜柚果实有无籽粒以及籽粒是否退化具有不确定性。综合本案品种的具体情况,本案被诉侵权蜜柚果实的籽粒及其汁胞均不具备繁殖授权品种三红蜜柚的能力，不属于三红蜜柚品种的繁殖材料。被诉侵权蜜柚果实是收获材料而非繁殖材料，不属于植物新品种权保护的范围。如果目前在本案中将收获材料纳入植物新品种权的保护范围，有违种子法、植物新品种保护条例以及《最高人民法院关于审理侵犯植物新品种权纠纷案件具体应用法律问题的若干规定》的相关规定。

另外，植物体的不同部分可能有着多种不同的使用用途，可作繁殖目的进行生产，也可用于直接消费或观赏，同一植物材料有可能既是繁殖材料也是收获材料。对于既可作繁殖材料又可作收获材料的植物体，在侵权纠纷中能否认定为是繁殖材料，应当审查销售者销售被诉侵权植物体的真实意图，即其意图是将该材料作为繁殖材料销售还是作为收获材料销售；对于使用者抗辩其属于使用行为而非生产行为，应当审查使用者的实际使用行为，即是将该收获材料直接用于消费还是将其用于繁殖授权品种。

综上所述，蔡新光关于被诉侵权蜜柚果实为三红蜜柚的繁殖材料、润平公司销售行为构成侵权的上诉主张不能成立，应予驳回。

（生效裁判审判人员：周翔、罗霞、焦彦）

指导案例161号

广州王老吉大健康产业有限公司诉加多宝（中国）饮料有限公司虚假宣传纠纷案

（最高人民法院审判委员会讨论通过 2021年7月23日发布）

关键词 民事/反不正当竞争/虚假宣传/广告语/引人误解/不正当占用商誉

裁判要点

人民法院认定广告是否构成反不正当竞争法规定的虚假宣传行为，应结合相关广告语的内容是否有歧义，是否易使相关公众产生误解以及行为人是否有虚假宣传的过错等因素判断。一方当事人基于双方曾经的商标使用许可合同关系以及自身为提升相关商标商誉所做出的贡献等因素,发布涉案广告语,告知消费者基本事实,符合客观情况,不存在易使相关公众误解的可能,也不存在不正当地占用相关商标的知名度和良好商誉的过错,不构成反不正当竞争法规定的虚假宣传行为。

相关法条

《中华人民共和国反不正当竞争法》(2019年修正)第8条第1款(本案适用的是1993年施行的《中华人民共和国反不正当竞争法》第9条第1款)

基本案情

广州医药集团有限公司(以下简称广药集团)是第626155号、3980709号、9095940号"王老吉"系列注册商标的商标权人。上述商标核定使用的商品种类均为第32类:包括无酒精饮料、果汁、植物饮料等。1995年3月28日、9月14日,鸿道集团有限公司(以下简称鸿道集团)与广州羊城药业股份有限公司王老吉食品饮料分公司分别签订《商标使用许可合同》和《商标使用许可合同补充协议》,取得独家使用第626155号商标生产销售带有"王老吉"三个字的红色纸包装和罐装清凉茶饮料的使用权。1997年6月14日,陈鸿道被国家专利局授予《外观设计专利证书》,获得外观设计名称为"罐帖"的"王老吉"外观设计专利。2000年5月2日,广药集团(许可人)与鸿道集团(被许可人)签订《商标许可协议》,约定许可人授权被许可人使用第626155号"王老吉"注册商标生产销售红色罐装及红色瓶装王老吉凉茶。被许可人未经许可人书面同意,不得将该商标再许可其他第三者使用,但属被许可人投资(包括全资或合资)的企业使用该商标时,不在此限,但需知会许可人;许可人除自身及其下属企业已生产销售的绿色纸包装"王老吉"清凉茶外,许可人不得在第32类商品(饮料类)上使用"王老吉"商标或授权第三者使用"王老吉"商标,双方约定许可的性质为独占许可,许可期限自2000年5月2日至2010年5月2日止。1998年9月,鸿道集团投资成立东莞加多宝食品饮料有限公司,后更名为广东加多宝饮料食品有限公司。加多宝(中国)饮料有限公司(以下简称加多宝中国公司)成立于2004年3月,属于加多宝集团关联企业。

此后,通过鸿道集团及其关联公司长期多渠道的营销、公益活动和广告宣传,培育红罐"王老吉"凉茶品牌,并获得众多荣誉,如罐装"王老吉"凉茶饮料在2003年被广东省佛山市中级人民法院认定为知名商品,"王老吉"罐装凉茶的装潢被认定为知名商品包装装潢;罐装"王老吉"凉茶多次被有关行业协会等评为"最具影响力品牌";根据中国行业企业信息发布中心的证明,罐装"王老吉"凉茶在2007－2012年度均获得市场销量或销售额的第一名等等。加多宝中国公司成立后开始使用前述"王老吉"商标生产红色罐装凉茶(罐身对称两面从上至下印有"王老吉"商标)。

2012年5月9日，中国国际经济贸易仲裁委员会对广药集团与鸿道集团之间的商标许可合同纠纷作出终局裁决：（一）《"王老吉"商标许可补充协议》和《关于"王老吉"商标使用许可合同的补充协议》无效；（二）鸿道集团停止使用"王老吉"商标。

2012年5月25日，广药集团与广州王老吉大健康产业有限公司（以下简称大健康公司）签订《商标使用许可合同》，许可大健康公司使用第3980709号"王老吉"商标。大健康公司在2012年6月份左右，开始生产"王老吉"红色罐装凉茶。

2013年3月，大健康公司在重庆市几处超市分别购买到外包装印有"全国销量领先的红罐凉茶改名加多宝"字样广告语的"加多宝"红罐凉茶产品及标有"全国销量领先的红罐凉茶改名加多宝"字样广告语的手提袋。根据重庆市公证处（2013）渝证字第17516号公证书载明，在"www. womai. com"中粮我买网网站上，有"加多宝"红罐凉茶产品销售，在销售页面上，有"全国销量领先的红罐凉茶改名加多宝"字样的广告宣传。根据（2013）渝证字第20363号公证书载明，在央视网广告频道VIP品牌俱乐部中，亦印有"全国销量领先的红罐凉茶改名加多宝"字样的"加多宝"红罐凉茶产品的广告宣传。2012年5月16日，人民网食品频道以"红罐王老吉改名'加多宝'配方工艺均不变"为题做了报道。2012年5月18日，搜狐新闻以"红罐王老吉改名加多宝"为题做了报道。2012年5月23日，中国食品报电子版以"加多宝就是以前的王老吉"为题做了报道；同日，网易新闻也以"红罐'王老吉'正式更名'加多宝'"为题做了报道，并标注信息来源于《北京晚报》。2012年6月1日，《中国青年报》以"加多宝凉茶全国上市红罐王老吉正式改名"为题做了报道。

大健康公司认为，上述广告内容与客观事实不符，使消费者形成错误认识，请求确认加多宝中国公司发布的包含涉案广告词的广告构成反不正当竞争法规定的不正当竞争，系虚假宣传，并判令立即停止发布包含涉案广告语或与之相似的广告词的电视、网络、报纸和杂志等媒体广告等。

裁判结果

重庆市第五中级人民法院于2014年6月26日作出（2013）渝五中法民初字第00345号民事判决：一、确认被告加多宝中国公司发布的包含"全国销量领先的红罐凉茶改名加多宝"广告词的宣传行为构成不正当竞争的虚假宣传行为；二、被告加多宝中国公司立即停止使用并销毁、删除和撤换包含"全国销量领先的红罐凉茶改名加多宝"广告词的产品包装和电视、网络、视频及平面媒体广告；三、被告加多宝中国公司在本判决生效后十日内在《重庆日报》上公开发表声明以消除影响（声明内容须经本院审核）；四、被告加多宝中国公司在本判决生效后十日内赔偿原告大健康公司经济损失及合理开支40万元；五、驳回原告大健康公司的其他诉讼请求。

宣判后,加多宝中国公司和大健康公司提出上诉。重庆市高级人民法院于2015年12月15日作出(2014)渝高法民终字第00318号民事判决,驳回上诉,维持原判。加多宝中国公司不服,向最高人民法院申请再审。最高人民法院于2019年5月28日作出(2017)最高法民再151号民事判决:一、撤销重庆市高级人民法院(2014)渝高法民终字第00318号民事判决;二、撤销重庆市第五中级人民法院(2013)渝五中法民初字第00345号民事判决;三、驳回大健康公司的诉讼请求。

裁判理由

最高人民法院认为,加多宝中国公司使用"全国销量领先的红罐凉茶改名加多宝"广告语的行为是否构成虚假宣传,需要结合具体案情,根据日常生活经验,以相关公众的一般注意力,判断涉案广告语是否片面、是否有歧义,是否易使相关公众产生误解。

首先,从涉案广告语的含义看,加多宝中国公司对涉案广告语"全国销量领先的红罐凉茶改名加多宝"的描述和宣传是真实和符合客观事实的。根据查明的事实,鸿道集团自1995年取得"王老吉"商标的许可使用权后独家生产销售"王老吉"红罐凉茶,直到2012年5月9日中国国际经济贸易仲裁委员会对广药集团与鸿道集团之间的商标许可合同作出仲裁裁决,鸿道集团停止使用"王老吉"商标,在长达十七年的时间内加多宝中国公司及其关联公司作为"王老吉"商标的被许可使用人,通过多年的广告宣传和使用,已经使"王老吉"红罐凉茶在凉茶市场具有很高知名度和美誉度。根据中国行业企业信息发布中心的证明,罐装"王老吉"凉茶在2007-2012年度,均获得市场销量或销售额的第一名。而在"王老吉"商标许可使用期间,广药集团并不生产和销售"王老吉"红罐凉茶。因此,涉案广告语前半部分"全国销量领先的红罐凉茶"的描述与统计结论相吻合,不存在虚假情形,且其指向性也非常明确,指向的是加多宝中国公司及其关联公司生产和销售的"王老吉"红罐凉茶。2012年5月9日,"王老吉"商标许可协议被中国国际经济贸易仲裁委员会裁决无效,加多宝中国公司及其关联公司开始生产"加多宝"红罐凉茶,因此在涉案广告语后半部分宣称"改名加多宝"也是客观事实的描述。

其次,从反不正当竞争法规制虚假宣传的目的看,反不正当竞争法是通过制止对商品或者服务的虚假宣传行为,维护公平的市场竞争秩序。一方面,从不正当竞争行为人的角度分析,侵权人通过对产品或服务的虚假宣传,如对产地、性能、用途、生产期限、生产者等不真实或片面的宣传,获取市场竞争优势和市场机会,损害权利人的利益;另一方面,从消费者角度分析,正是由于侵权人对商品或服务的虚假宣传,使消费者发生误认误购,损害权利人的利益。因此,反不正当竞争法上的虚假宣传立足点在于引人误解的虚假宣传,如果对商品或服务的宣传并不会使相关公众产生误解,则不是反不正当竞争法上规制的虚假宣传行为。本案中,在商标使用许可期间,加多宝中国公司及其关联公司通过多年持续、大规模的宣传使用行为,不仅显著提升了王老吉红罐凉茶的知名度,而且向消费者传递王老吉红罐凉茶的实际经营主体为加多宝中国公司及其关联公司。由于加多宝中国公司及其关联公司在商标许可使用期间生产“王老吉”红罐凉茶已经具有很高知名度,相关公众普遍认知的是加多宝中国公司生产的“王老吉”红罐凉茶,而不是大健康公司于2012年6月份左右生产和销售的“王老吉”红罐凉茶。在加多宝中国公司及其关联公司不再生产“王老吉”红罐凉茶后,加多宝中国公司使用涉案广告语实际上是向相关公众行使告知义务,告知相关公众以前的“王老吉”红罐凉茶现在商标已经为加多宝,否则相关公众反而会误认为大健康公司生产的“王老吉”红罐凉茶为原来加多宝中国公司生产的“王老吉”红罐凉茶。因此,加多宝中国公司使用涉案广告语不存在易使相关公众误认误购的可能性,反而没有涉案广告语的使用,相关公众会发生误认误购的可能性。

再次,涉案广告语“全国销量领先的红罐凉茶改名加多宝”是否不正当地完全占用了“王老吉”红罐凉茶的知名度和良好商誉,使“王老吉”红罐凉茶无形中失去了原来拥有的知名度和商誉,并使相关公众误认为“王老吉”商标已经停止使用或不再使用。其一,虽然“王老吉”商标知名度和良好声誉是广药集团作为商标所有人和加多宝中国公司及其关联公司共同宣传使用的结果,但是“王老吉”商标知名度的提升和巨大商誉却主要源于加多宝中国公司及其关联公司在商标许可使用期间大量的宣传使用。加多宝中国公司使用涉案广告语即便占用了“王老吉”商标的一部分商誉,但由于“王老吉”商标商誉主要源于加多宝中国公司及其关联公司的贡献,因此这种占用具有一定合理性。其二,广药集团收回“王老吉”商标后,开始授权许可大健康公司生产“王老吉”红罐凉茶,这种使用行为本身即已获得了王老吉商标商誉和美誉度。其三,2012年6月大健康公司开始生产“王老吉”红罐凉茶,因此消费者看到涉案广告语客观上并不会误认为“王老吉”商标已经停止使用或不再使用,凝结在“王老吉”红罐凉茶上的商誉在大健康公司生产“王老吉”红罐凉茶后,自然为大健康公司所享有。其四,大健康公司是在商标许可合同仲裁裁决无效后才开始生产“王老吉”红罐凉茶,此前其并不生产红罐凉茶,因此涉案广告语并不能使其生产的“王老吉”红罐凉茶无形中失去了原来拥有的知名度和商誉。

本案中,涉案广告语虽然没有完整反映商标许可使用期间以及商标许可合同终止后,加多宝中国公司为何使用、终止使用并变更商标的相关事实,确有不妥,但是加多宝中国公司在商标许可合同终止后,为保有在商标许可期间其对“王老吉”红罐凉茶商誉提升所做出的贡献而享有的权益,将“王老吉”红罐凉茶改名“加多宝”的基本事实向消费者告知,其主观上并无明显不当;在客观上,基于广告语的简短扼要特点,以及“王老吉”商标许可使用情况、加多宝中国公司及其关联公司对提升“王老吉”商标商誉所做出的巨大贡献,消费者对王老吉红罐凉茶实际经营主体的认知,结合消费者的一般注意力、发生误解的事实和被宣传对象的实际情况,加多宝中国公司使用涉案广告语并不产生引人误解的效果,并未损坏公平竞争的市场秩序和消费者的合法权益,不构成虚假宣传行为。即便部分消费者在看到涉案广告语后有可能会产生“王老吉”商标改为“加多宝”商标,原来的“王老吉”商标已经停止使用或不再使用的认知,也属于商标许可使用关系中商标控制人与实际使用人相分离后,尤其是商标许可关系终止后,相关市场可能产生混淆的后果,但该混淆的后果并不必然产生反不正当竞争法上的“引人误解”的效果。

(生效裁判审判人员:王艳芳、钱小红、杜微科)

指导案例162号

重庆江小白酒业有限公司诉国家知识产权局、第三人重庆市江津酒厂(集团)有限公司商标权无效宣告行政纠纷案

(最高人民法院审判委员会讨论通过 2021年7月23日发布)

关键词 行政/商标权无效宣告/经销关系/被代理人的商标

裁判要点

当事人双方同时签订了销售合同和定制产品销售合同,虽然存在经销关系,但诉争商标图样、产品设计等均由代理人一方提出,且定制产品销售合同明确约定被代理人未经代理人授权不得使用定制产品的产品概念、广告用语等,在被代理人没有在先使用行为的情况下,不能认定诉争商标为商标法第十五条所指的“被代理人的商标”。

相关法条

《中华人民共和国商标法》* 第 15 条

基本案情

重庆江小白酒业有限公司(以下简称江小白公司)与国家知识产权局、重庆市江津酒厂(集团)有限公司(以下简称江津酒厂)商标权无效宣告行政纠纷案中,诉争商标系第 10325554 号"江小白"商标,于 2011 年 12 月 19 日由成都格尚广告有限责任公司申请注册,核定使用在第 33 类酒类商品上,经核准,权利人先后变更为四川新蓝图商贸有限公司(以下简称新蓝图公司)、江小白公司。

重庆市江津区糖酒有限责任公司(包括江津酒厂等关联单位)与新蓝图公司(包括下属各地子公司、办事处等关联单位)于 2012 年 2 月 20 日签订销售合同和定制产品销售合同。定制产品销售合同明确约定授权新蓝图公司销售的产品为"几江"牌系列酒定制产品,其中并未涉及"江小白"商标,而且定制产品销售合同第一条约定,"甲方(江津酒厂)授权乙方(新蓝图公司)为'几江牌'江津老白干'清香一、二、三号'系列超清纯系列、年份陈酿系列酒定制产品经销商"。第六条之 2 明确约定,"乙方负责产品概念的创意、产品的包装设计、广告宣传的策划和实施、产品的二级经销渠道招商和维护,甲方给予全力配合。乙方的产品概念、包装设计、广告图案、广告用语、市场推广策划方案,甲方应予以尊重,未经乙方授权,不得用于甲方直接销售或者甲方其他客户销售的产品上使用"。

2016 年 5 月,江津酒厂针对诉争商标向原国家工商行政管理总局商标评审委员会(以下简称商标评审委员会)提出无效宣告请求。商标评审委员会认为,在诉争商标申请日之前,江小白公司对江津酒厂的"江小白"商标理应知晓,诉争商标的注册已构成 2001 年修正的商标法(以下简称 2001 年商标法)第十五条所指的不予注册并禁止使用之情形。故裁定对诉争商标予以宣告无效。江小白公司不服,提起行政诉讼。

裁判结果

北京知识产权法院于 2017 年 12 月 25 日作出(2017)京 73 行初 1213 号行政判决:一、撤销商标评审委员会作出的商评字〔2016〕第 117088 号关于第 10325554 号"江小白"商标无效宣告请求裁定;二、商标评审委员会针对江津酒厂就第 10325554 号"江小白"商标提出的无效宣告请求重新作出裁定。商标评审委员会、江津酒厂不服,上诉至北京市高级人民法院。北京市高级人民法院于 2018 年 11 月 22 日作

---

* 该法已于 2019 年修正。——编者注

出(2018)京行终2122号行政判决:一、撤销北京知识产权法院(2017)京73行初1213号行政判决;二、驳回江小白公司的诉讼请求。江小白公司不服,向最高人民法院申请再审。最高人民法院于2019年12月26日作出(2019)最高法行再224号行政判决:一、撤销北京市高级人民法院(2018)京行终2122号行政判决;二、维持北京知识产权法院(2017)京73行初1213号行政判决。

裁判理由

最高人民法院认为,本案的主要争议焦点在于,诉争商标的申请注册是否违反2001年商标法第十五条的规定。2001年商标法第十五条规定:"未经授权,代理人或者代表人以自己的名义将被代理人或者被代表人的商标进行注册,被代理人或者被代表人提出异议的,不予注册并禁止使用。"代理人或者代表人不得申请注册的商标标志,不仅包括与被代理人或者被代表人商标相同的标志,也包括相近似的标志;不得申请注册的商品既包括与被代理人或者被代表人商标所使用的商品相同的商品,也包括类似的商品。本案中,江津酒厂主张,新蓝图公司是其经销商,新蓝图公司是为其设计诉争商标,其在先使用诉争商标,因此诉争商标的申请注册违反了2001年商标法第十五条规定。

首先,江津酒厂提供的证据不足以证明其在先使用诉争商标。江津酒厂主张其在先使用诉争商标的证据绝大多数为诉争商标申请日之后形成的证据,涉及诉争商标申请日之前相关行为的证据有江津酒厂与重庆森欧酒类销售有限公司(以下简称森欧公司)的销售合同、产品送货单、审计报告。江津酒厂与森欧公司的销售合同已经在诉争商标异议复审程序中提交,因未体现森欧公司的签章、缺乏发票等其他证据佐证而未被商标评审委员会采信。江津酒厂在本案中提交的销售合同虽然有森欧公司的公章,但该合同显示的签订时间早于工商档案显示的森欧公司的成立时间,而且江津酒厂也认可该合同签订时间系倒签。根据江小白公司提交的再审证据即北京盛唐司法鉴定所出具的笔迹鉴定意见,江津酒厂给森欧公司送货单上的制单人笔迹真实性存在疑点,且没有发票等其他证据佐证,故上述证据无法证明江津酒厂在先使用诉争商标。江津酒厂在一审法院开庭后提交了审计报告作为在先使用证据。但在缺少原始会计凭证的情况下,仅凭在后受江津酒厂委托制作的审计报告中提到"江小白"白酒,不足以证明江津酒厂在诉争商标申请日前使用了"江小白"。此外,江津酒厂提交的其于2012年2月15日与重庆宝兴玻璃制品有限公司签订的购买"我是江小白"瓶的合同金额为69万元,远高于审计报告统计的销售额和销售毛利,也进一步表明无法认定审计报告的真实性。

其次,虽然江津酒厂与新蓝图公司存在经销关系,但双方的定制产品销售合同也同时约定定制产品的产品概念、广告用语等权利归新蓝图公司所有。在商标无效宣告和一、二审阶段,江津酒厂提供的证明其与新蓝图公司为经销关系的主要证据是双方于2012年2月20日签订的销售合同和定制产品销售合同。定制产品销售合同明确约定授权新蓝图公司销售的产品为“几江”牌系列酒定制产品,其中并未涉及“江小白”商标,而且定制产品销售合同明确约定,乙方(新蓝图公司)的产品概念、包装设计、广告图案、广告用语、市场推广策划方案,甲方(江津酒厂)应予以尊重,未经乙方授权,不得用于甲方直接销售或者甲方其他客户销售的产品上使用。综上,应当认为,江津酒厂对新蓝图公司定制产品上除“几江”外的产品概念、广告用语等内容不享有知识产权,亦说明新蓝图公司申请注册“江小白”商标未损害江津酒厂的权利。本案证据不足以证明诉争商标是江津酒厂的商标,因此仅根据上述证据尚不能认定诉争商标的申请注册违反了2001年商标法第十五条规定。

最后,江津酒厂与新蓝图公司合作期间的往来邮件等证据证明,“江小白”的名称及相关产品设计系由时任新蓝图公司的法定代表人陶石泉在先提出。根据江小白公司向法院提交的相关证据能够证明“江小白”及其相关产品设计是由陶石泉一方在先提出并提供给江津酒厂,而根据双方定制产品销售合同,产品概念及设计等权利属于新蓝图公司所有。现有证据不足以证明新蓝图公司是为江津酒厂设计商标。

综上,在诉争商标申请日前,“江小白”商标并非江津酒厂的商标,根据定制产品销售合同,江津酒厂对定制产品除其注册商标“几江”外的产品概念、广告用语等并不享有知识产权,新蓝图公司对诉争商标的申请注册并未侵害江津酒厂的合法权益,未违反2001年商标法第十五条规定。

(生效裁判审判人员:秦元明、郎贵梅、马秀荣)

最高人民法院发布
第28批指导性案例的指导意义

近日,最高人民法院发布第28批共6件指导性案例,均为知识产权类案例,供各级人民法院审判类似案件时参照。

指导案例157号《左尚明舍家居用品(上海)有限公司诉北京中融恒盛木业有限公司、南京梦阳家具销售中心侵害著作权纠纷案》,明确了实用艺术作品作为美术作品受著作权法保护的要件和边界。我国现行《著作权法》第三条第九项规定作品包括"符合作品特征的其他智力成果",但未明确实用艺术作品的保护方法和范围,《保护文学和艺术作品伯尔尼公约》及国际通行的做法是将实用艺术作品作为美术作品进行保护。本案例明确了实用艺术作品可以作为美术作品受《著作权法》的保护,且《著作权法》保护的是实用艺术作品的艺术性而非实用性。本案例具有较强的典型性,对于现阶段实用艺术作品侵权认定具有重要指导意义。

指导案例158号《深圳市卫邦科技有限公司诉李坚毅、深圳市远程智能设备有限公司专利权权属纠纷案》,本案例依据《专利法》以及《专利法实施细则》的规定,对如何理解与适用《专利法实施细则》第十二条第一款规定的"有关的发明创造"进行了准确阐释,明确了四个方面的综合考量因素。与职务发明有关的专利权权属纠纷事关职务科技成果归属,该案例明确的裁判规则注重相关主体的利益平衡,统一了裁判标准,有利于促进劳动力要素的畅通有序流动,优化自主创新法治环境。

指导案例159号《深圳敦骏科技有限公司诉深圳市吉祥腾达科技有限公司等侵害发明专利权纠纷案》,本案从专利法鼓励发明创造、促进科技进步的立法目的出发,充分考虑新技术领域的行业特点,明确了网络通信领域方法专利的侵权判定标准,体现知识产权司法审判尊重科技发展规律和谋求知识产权实质性保护的价值取向。同时,进一步明确举证责任分配规则在侵权损害赔偿计算中的适用,突出侵权规模基础事实在损害赔偿计算中的首要地位,引导和促进诉讼双方就侵权赔偿计算形成实质性抗辩。本案对于统一网络通信领域方法专利侵权裁判标准、公平合理拓展专利权保护空间具有重要指导意义。

指导案例160号《蔡新光诉广州市润平商业有限公司侵害植物新品种权纠纷案》,本案以蜜柚果实是否为繁殖材料作为争议焦点,裁判要点围绕繁殖材料在植物新品种权纠纷案件中侵权认定的各个环节,明确了植物新品种权保护范围的界定以及不同情形下侵权行为的判断标准,对于规范权利人的维权行为,防止滥诉以及无谓的争议纠纷,保护品种权人的合法权益都有重要指导意义。

指导案例161号《广州王老吉大健康产业有限公司诉加多宝(中国)饮料有限公司虚假宣传纠纷案》,该案例在认定涉案广告语是否构成虚假宣传时,根据日常生活经验,以相关公众的一般注意力为标准,对涉案广告语是否片面、是否有歧义、是否容易使相关公众产生误解等问题进行了分析,明确了认定虚假宣传行为的立足点和标准;同时也结合具体案情,考虑了作为被宣传对象的商品及商标的实际情况,对涉案广告语是否会不正当占用他人商誉的问题作了评述。在此基础上,对于涉案广告语使用的合理时机和范围等方面也作出了符合市场实际的评判,在保护竞争者合法权益的同时,也有利于进一步维持和净化市场竞争环境。

指导案例162号《重庆江小白酒业有限公司诉国家知识产权局、第三人重庆市江津酒厂(集团)有限公司商标权无效宣告行政纠纷案》,本案涉及《商标法》第十五条的适用,受到社会广泛关注,在综合考虑各方面因素的基础上,认定在诉争商标申请日前,"江小白"商标并非江津酒厂的商标,诉争商标的申请注册未违反2001年《商标法》第十五条规定,从而有效地保护了品牌创新,充分显示了商标的价值以及审判机关对其权属的审慎态度,取得了良好的法律效果和社会效果。

指导案例157号《左尚明舍家居用品(上海)有限公司诉北京中融恒盛木业有限公司、南京梦阳家具销售中心侵害著作权纠纷案》的理解与参照

——艺术性与实用性能够分离的实用艺术品可以认定为实用艺术作品受《著作权法》保护

2021年7月23日,最高人民法院发布了第28批指导性案例,包括第157号至第162号共六件指导性案例,均为知识产权案例。其中,第157号指导性案例为《左尚明舍家居用品(上海)有限公司诉北京中融恒盛木业有限公司、南京梦阳家具销售中心侵害著作权纠纷案》。为了正确理解和准确参照适用该指导性案例,现对该指导性案例的选编过程、裁判要点、参照适用等有关情况予以解释、论证和说明。

一、案例选编过程

本案例系由最高人民法院民三庭推荐,经过民三庭法官会议讨论,同意作为备选指导性案例推荐。最高人民法院案例指导工作办公室经讨论,认为该案例基本符合指导性案例的要求,经修改后送最高人民法院知识产权法庭征求意见。2020年9月2日,知识产权法庭回复同意推荐该备选案例,并就裁判要点提出相应修改建议。2020年12月9日,中宣部版权管理局复函没有不同意见。2020年11月20日,研究室室务会讨论原则同意推荐,建议提交审委会讨论。2021年4月20日,该案例经最高人民法院民专会第373次会议讨论,同意作为指导性案例。7月23日,最高人民法院以法〔2021〕182号文件将该案例编入第28批指导性案例予以发布。

二、关于本案例的基本情况

在再审申请人北京中融恒盛木业有限公司(以下简称中融公司)与被申请人左尚明舍家居用品(上海)有限公司(以下简称左尚明舍公司),一审被告、二审被上诉

人南京梦阳家具销售中心侵害著作权纠纷案中,左尚明舍公司起诉主张中融公司生产、销售的“唐韵红木衣帽间”侵害其“唐韵衣帽间家具”作品著作权。江苏省南京市中级人民法院一审认为,中融公司生产“唐韵红木衣帽间”的行为不是著作权法意义上的复制行为,判决驳回左尚明舍公司的诉讼请求。左尚明舍公司不服,提起上诉。江苏省高级人民法院二审认为,左尚明舍公司“唐韵衣帽间家具”属于我国《著作权法》保护的作品,被控侵权产品“唐韵红木衣帽间”与之构成实质性相同,中融公司侵害了左尚明舍公司“唐韵衣帽间家具”作品著作权,应当承担相应侵权责任,判令中融公司停止侵权并赔偿左尚明舍公司经济损失(包括合理费用)30 万元。中融公司不服,向最高人民法院申请再审。最高人民法院于 2018 年 12 月 29 日裁定驳回了中融公司的再审申请。

我国《著作权法》保护的作品必须同时具备以下三个一般构成要件:一是必须属于文学、艺术和科学领域内的智力创作;二是具有独创性;三是能以有形的形式复制。受我国《著作权法》保护的美术作品,除了同时满足作品的上述一般构成三个要件外,还必须同时满足美术作品的特殊构成要件:一是由绘画、书法、雕塑等以线条、色彩或者其他方式构成;二是具有审美意义;三是属于平面或者立体的造型艺术作品。在我国目前的司法实践中,实用艺术作品作为美术作品受我国《著作权法》的保护。我国《著作权法》所保护的是作品中作者具有独创性的表达,而不保护作品中所反映的思想本身。实用艺术品本身既具有实用性,又具有艺术性。实用功能属于思想范畴不应受《著作权法》保护,作为实用艺术作品受到保护的仅仅在于其艺术性,即保护实用艺术作品上具有独创性的艺术造型或艺术图案,亦即该艺术品的结构或形式。作为美术作品受《著作权法》保护的实用艺术作品,除同时满足关于作品的一般构成要件及其美术作品的特殊构成条件外,还应满足其实用性与艺术性可以相互分离的条件:两者物理上可以相互分离,即具备实用功能的实用性与体现艺术美感的艺术性可以物理上相互拆分并单独存在;两者观念上可以相互分离,即改动实用艺术品中的艺术性,不会导致其实用功能的实质丧失。“唐韵衣帽间家具”之实用性主要在于柜体内部置物空间设计使其具备放置、陈列衣物等功能,以及柜体“L”形拐角设计使其能够匹配具体家居环境进行使用。该家具的艺术性主要体现在板材花色纹路、金属配件搭配、中式对称等设计,使其整体呈现鲜明中式风格。改动涉案“唐韵衣帽间家具”的板材花色纹路、金属配件搭配、中式对称等造型设计,其作为衣帽间家具放置、陈列衣物的功能不会受到影响。因此,涉案家具作品的实用性与艺术性能够进行分离并独立存在。涉案作品通过板材花色纹路、金属配件搭配、中式对称等设计的组合,整体呈现鲜明中式风格并具有相当美感,达到了《著作权法》对于美术作品规定的艺术创作高度。综上,涉案家具作品作为兼具实用功能和审美意义的立体的造型艺术作品,应作为美术作品受我国《著作权法》保护。

该案例详细分析论证了实用艺术作品侵权判断要件、作品的保护边界及保护范围,以及在审理此类案件时应考虑的因素和掌握的标准,具有典型意义和规则意义。本案双方当事人已达成和解协议并已履行执行,社会效果良好。

三、裁判要点的理解与说明

该指导性案例的裁判要点确认:对于具有独创性、艺术性、实用性、可复制性,且艺术性与实用性能够分离的实用艺术品,可以认定为实用艺术作品,并作为美术作品受《著作权法》的保护。受《著作权法》保护的实用艺术作品必须具有艺术性,《著作权法》保护的是实用艺术作品的艺术性而非实用性。

现围绕与该裁判要点相关的问题逐一解释和说明如下:

(一)现阶段实用艺术作品在我国作为美术作品受《著作权法》保护

《著作权法》*(2010年修正)第三条规定的作品类型包括:文字作品,口述作品,音乐、戏剧、曲艺、舞蹈、杂技艺术作品,美术、建筑作品,摄影作品,电影作品和以类似摄制电影的方法创作的作品,工程设计图、产品设计图、地图、示意图等图形作品和模型作品,计算机软件,法律、行政法规规定的其他作品。现阶段,我国《著作权法》未将实用艺术作品纳入其保护范围。然而,《保护文学和艺术作品伯尔尼公约》(以下简称《伯尔尼公约》)第二条第七款规定,成员国可以立法决定,用专门法保护工业品外观设计和实用艺术作品,没有专门法的,这类作品必须作为艺术作品受到著作权法的保护。第七条第四款规定,作为艺术作品保护的实用艺术作品的保护期限由本同盟各成员国的法律规定;但这一期限不应少于自该作品完成之后算起的二十五年。我国是《伯尔尼公约》的成员国,具有承担公约义务的责任。《著作权法实施条例》(以下简称《实施条例》)第四条第八项规定:"美术作品,是指绘画、书法、雕塑等以线条、色彩或者其他方式构成的具有审美意义的平面或者立体的造型艺术作品。"《专利法》第二条第四款规定:"外观设计,是指对产品的形状、图案或者其结合以及色彩与形状、图案的结合所作出的富有美感并适用于工业应用的新设计。"在《伯尔尼公约》明确规定实用艺术作品应受保护的情况下,基于对实用艺术作品与美术作品一样更侧重于艺术性,而外观设计更侧重工业设计的考虑,我国司法实践中通常将实用艺术作品作为美术作品予以著作权保护。

---

* 该法已于2020年修正。——编者注

（二）作为美术作品受我国《著作权法》保护的实用艺术作品之艺术性和独创性考量

实用艺术品，是兼具实用性和艺术性的平面或者立体物品的总称。实用艺术品分为一般实用艺术品和特殊实用艺术品。实用艺术品与实用艺术作品不是同一个概念，并非所有的实用艺术品均能成为实用艺术作品受《著作权法》保护。实用艺术品在具备一定条件时，构成特殊实用艺术品，即受著作权法保护的实用艺术作品和/或作为外观设计专利保护的平面或者立体设计。受《著作权法》保护的实用艺术作品必须具有艺术性，这是由实用艺术品本身的性质所决定的。实用艺术品是具有实际用途的艺术品，缺乏艺术性不构成艺术品，更不能成为实用艺术品，只能是实用物品，而《著作权法》恰恰保护的就是实用艺术作品上的艺术性而非实用性。对于实用艺术作品艺术性高度的考量，一方面，考虑到外观设计是技术和艺术的结合体，侧重于保护其技术部分，其对艺术性提出“富有美感”的要求得以与功能性设计切割开来，而实用艺术作品则更加注重于对于艺术性的保护，故实用艺术作品所要求的艺术性应当高于外观设计中的“富有美感”；另一方面，我国现阶段将实用艺术作品作为美术作品受《著作权法》保护，美术作品对艺术性的要求需要达到“具有审美意义”的美学高度。创作者在创作过程中受环境、气氛、灵感等因素的影响，通过线条、色彩、空间造型、明暗对比、图案设计、材料使用等将激情融于作品中，以体现实用艺术作品所具有的一定的审美意义。因此，作为美术作品受我国《著作权法》保护的实用艺术作品应当具有一定的艺术性。

《实施条例》第二条规定：“著作权法所称作品，是指文学、艺术和科学领域内具有独创性并能以某种有形形式复制的智力成果。”实用艺术作品作为美术作品受《著作权法》保护的条件是，要同时满足《实施条例》第二条所规定的一般构成要件及第四条第八项规定的特殊构成要件，结合其自身实用性的特点，可以概括为实用艺术作品应具有实用性、艺术性、独创性和可复制性。[①] 著作权的客体是作品，任何受《著作权法》保护的作品必须具有独创性，实用艺术作品也不例外。实用艺术作品的艺术性寓于其独创性之中。独创性是一个需要根据具体事实加以判断的问题，不存在适用于所有作品的统一标准，实际上，不同种类作品对独创性的要求不尽相同[②]。对实用艺术作品的独创性要求应当与其保护目标相一致，保护实用艺术作品具有保护艺术美感的表达、增进生活审美的目标，与其相对的就是作品的实际用途或者功能。实用艺术作品的艺术创作受制于其实用功能，可以自由创作的空

---

① 高赞燕：《实用艺术作品的著作权保护研究》，厦门大学2006年法律硕士学位论文，第2页。

② 最高人民法院(2013)民申字第1262号民事裁定书。

间相对有限,对于实用因素较多的实用艺术作品,只有独创性特征比较明显即具有较高高度,才能够表明其艺术性的存在。实用因素与独创性的高度要求呈现正相关关系,这是实用艺术作品独创性判断的特殊性。[①] 在判断实用艺术品是否具有独创性时,从作品构思到表达过程中留下的平面设计草图、修改、定稿以及雕模说明等,均可作为判断独立完成的证据。[②] 创作性方面要注重其整体的表达效果,考察其整体连贯性、协调均衡性及实用性和审美性结合的程度,兼顾作品的创作意图、审美意境等。

(三)受《著作权法》保护的实用艺术作品必须满足其艺术性与实用性能够分离的条件

人民法院在确定作品的保护范围时,通常会遵循的"思想—表达二分法"的基本规则,即我国《著作权法》所保护的是作品中作者具有独创性的表达,即思想或情感的表现形式,不包括作品中所反映的思想或情感本身。这里指的思想,包括对物质存在、客观事实、人类情感、思维方法的认识,是被描述、被表现的对象,属于主观范畴。思想者借助物质媒介,将构思诉诸形式表现出来,将意象转化为形象、将抽象转化为具体、将主观转化为客观、将无形转化为有形为他人感知的过程即为创作,创作形成的有独创性的表达才成为受《著作权法》保护的作品。实用艺术作品的实用性体现了技术方案、实用功能等思想范畴,故不应受到《著作权法》的保护。在判断实用艺术品是否构成实用艺术作品时,应当区分实用功能决定的造型成分和纯粹的艺术表达成分,亦即在剔除实用功能决定而无法分离的造型成分之后,再判断其中独立的艺术表达是否具有独创性从而构成实用艺术作品。若其实用性与艺术性不能相互独立,保护其艺术性实质上同时亦对其实用功能予以保护,导致著作权的保护延及实用功能,将产生以著作权为手段实现技术控制和垄断的后果,违背《著作权法》的基本原理。两者的分离包括物理或观念上的相互分离,即具备实用功能的实用性与体现艺术美感的艺术性可以物理上相互拆分并单独存在,改动实用艺术品中的艺术性,亦不会导致其实用功能的实质丧失。

四、参照适用时应注意的问题

在实用艺术作品的侵权判定中,首先要确定原告主张保护的权利是否构成实用艺术作品,下一步才是"接触 + 实质性相似"的判断。这就需要准确把握实用艺术品与实用艺术作品、实用艺术作品与美术作品及工业品外观设计之间的关系,厘

---

① 冯晓青、付继存:《实用艺术作品在著作权法上之独立性》,载《法学研究》2018年第2期。

② 丁丽瑛:《实用艺术作品著作权的保护》,载《政法论坛》2005年第3期。

清一般实用艺术品与作为美术作品受著作权法保护的实用艺术作品以及受专利法保护的外观设计的边界。我国《著作权法》保护的实用艺术作品是兼具实用性、艺术性、独创性和可复制性,且其实用性与艺术性可以相互分离。对于不具有独创性、实用性与艺术性无法分离的实用艺术品,当然要排除在《著作权法》保护之外。对于具有独创性、实用性、艺术性、可复制性,且实用性与艺术性能分离的实用艺术品,应该确定为实用艺术作品,作为美术作品受到《著作权法》的保护;对于虽"富有美感"但不具有一定艺术性和独创性的平面或者立体设计,则可申请外观设计专利权以获得保护。

值得注意的是,当前,在纺织品、家具、服装、家装等对设计创新具有较高要求的行业,市场竞争激烈,权利与行为边界不清,设计抄袭现象严重,行业反响强烈,要求保护创新的呼声很高。作为外观设计专利权保护,需经专利行政部门授予专利权。鉴于我国《著作权法》所要求的作品独创性程度不高,作为实用艺术作品保护仅需具有一定的审美意义,且作品一经创作完成即受保护,当事人通常愿意选择以著作权保护其权利。实用艺术作品与美术作品相比最主要的区别在于其必须以实用性为前提。实用艺术作品的实用功能受材料、市场和功能的制约,限制了作品的表达方式和创作空间,若对实用艺术作品的艺术程度过于严苛,可能导致大批作品无法得到保护。

(执笔人:最高人民法院民三庭　李　嵘
编审人:最高人民法院研究室　石　磊)

指导案例 157 号　左尚明舍家居用品(上海)有限公司诉北京中融恒盛木业有限公司、南京梦阳家具销售中心侵害著作权纠纷案

最高人民法院案例指导工作办公室编审人:石磊

1. 案例推荐单位:最高人民法院民三庭
2. 案例编写人:最高人民法院民三庭　李嵘
3. 案件裁判法院:江苏省高级人民法院(二审)、最高人民法院(再审)
4. 案件承办人:顾韬(二审)、李嵘(再审)

相关法条

《中华人民共和国著作权法实施条例》(2013 年 3 月 1 日实施)

第二条　著作权法所称作品,是指文学、艺术和科学领域内具有独创性并能以某种有形形式复制的智力成果。

第四条　著作权法和本条例中下列作品的含义：

(一)文字作品,是指小说、诗词、散文、论文等以文字形式表现的作品；

(二)口述作品,是指即兴的演说、授课、法庭辩论等以口头语言形式表现的作品；

(三)音乐作品,是指歌曲、交响乐等能够演唱或者演奏的带词或者不带词的作品；

(四)戏剧作品,是指话剧、歌剧、地方戏等供舞台演出的作品；

(五)曲艺作品,是指相声、快书、大鼓、评书等以说唱为主要形式表演的作品；

(六)舞蹈作品,是指通过连续的动作、姿势、表情等表现思想情感的作品；

(七)杂技艺术作品,是指杂技、魔术、马戏等通过形体动作和技巧表现的作品；

(八)美术作品,是指绘画、书法、雕塑等以线条、色彩或者其他方式构成的有审美意义的平面或者立体的造型艺术作品；

(九)建筑作品,是指以建筑物或者构筑物形式表现的有审美意义的作品；

(十)摄影作品,是指借助器械在感光材料或者其他介质上记录客观物体形象的艺术作品；

(十一)电影作品和以类似摄制电影的方法创作的作品,是指摄制在一定介质上,由一系列有伴音或者无伴音的画面组成,并且借助适当装置放映或者以其他方式传播的作品；

(十二)图形作品,是指为施工、生产绘制的工程设计图、产品设计图,以及反映地理现象、说明事物原理或者结构的地图、示意图等作品；

(十三)模型作品,是指为展示、试验或者观测等用途,根据物体的形状和结构,按照一定比例制成的立体作品。

指导案例158号《深圳市卫邦科技有限公司诉李坚毅、深圳市远程智能设备有限公司专利权权属纠纷案》的理解与参照

——与在原单位承担的本职工作或者原单位分配的任务“有关的发明创造”的认定

2021年7月23日，最高人民法院发布了第28批指导性案例，包括第157号至第162号共六件指导性案例，均为知识产权案例。其中，第158号指导性案例为《深圳市卫邦科技有限公司诉李坚毅、深圳市远程智能设备有限公司专利权权属纠纷案》。为了正确理解和准确参照适用该指导性案例，现对该指导性案例的选编过程、裁判要点、参照适用等有关情况予以解释、论证和说明。

一、案例选编过程

本案例由最高人民法院民三庭推荐，经过民三庭法官会议讨论，同意作为备选指导性案例推荐。最高人民法院案例指导工作办公室经讨论，认为该案例基本符合指导性案例的要求，经修改后送最高人民法院知识产权法庭征求意见。2020年9月2日，知识产权法庭回复同意推荐该备选案例，并就裁判要点提出相应修改建议。2020年11月20日，研究室室务会讨论原则同意推荐，建议提交审委会讨论。2021年4月20日，该案例经最高人民法院审判委员会民事行政审判专业委员会第373次会议讨论，同意作为指导性案例。同年7月23日，最高人民法院以法〔2021〕182号文件将该案例编入第28批指导性案例予以发布。

二、关于本案例的基本情况

（一）基本案情

深圳市卫邦科技有限公司（以下简称卫邦公司）是一家专业从事医院静脉配液系列机器人产品及配液中心相关配套设备的研发、制造、销售及售后服务的高科技

公司。2010年2月至2016年7月,卫邦公司申请了多项涉及自动配药设备和配药装置的专利。其中,卫邦公司于2012年9月4日申请的102847473A号专利(以下简称473专利)主要用于注射科药液自动配置。

李坚毅于2012年9月24日入职卫邦公司,在该公司的生产、制造部门任职,并与卫邦公司签订了深圳市劳动合同和员工保密合同,约定由李坚毅担任该公司生产制造部门总监,主要工作职责是负责研发"输液配药机器人"相关产品。李坚毅在其任职期间,曾以部门经理名义在研发部门采购申请表上签字,并在多份加盖"受控文件"的技术图纸审核栏处签名。相关技术图纸涉及自动配药装置的"沙窝复合针装配""蠕动泵输液针""蠕动泵上盖连接板实验""装配体""机械手夹爪""机械手夹抓"等。此外,李坚毅还曾以工作邮件的方式获得研发测试情况汇报,安排测试工作并对研发测试提出有关要求。根据相关邮件,李坚毅多次参与研发方案的会议讨论。

李坚毅与卫邦公司于2013年4月17日解除劳动关系。2013年7月12日,李坚毅向国家知识产权局申请了名称为"静脉用药自动配制设备和摆动型转盘式配药装置",专利号为201310293690.X的发明专利(以下简称涉案专利),李坚毅为该专利唯一的发明人。涉案专利涉及一种采用机器人完成静脉注射用药配制过程的配药装置。李坚毅于2016年2月5日将涉案专利权转移至其控股的深圳市远程智能设备有限公司(以下简称远程公司)。李坚毅在入职卫邦公司前,并无与涉案专利所属技术领域相关的学历证明,也没有从事医疗器械、设备相关行业的从业经验。

卫邦公司于2016年12月8日向广东省深圳市中级人民法院(以下简称深圳中院)提起本案诉讼,请求:(1)确认涉案专利权归卫邦公司所有;(2)判令李坚毅、远程公司共同承担卫邦公司为维权所支付的合理开支3万元,并共同承担诉讼费用。

(二)裁判结果

深圳中院一审判决:(1)确认卫邦公司为涉案专利的专利权人;(2)李坚毅、远程公司共同向卫邦公司支付合理支出3万元。李坚毅、远程公司提起上诉,广东省高级人民法院二审判决驳回上诉,维持原判。李坚毅、远程公司不服,向最高人民法院申请再审,最高人民法院裁定驳回再审申请。

(三)焦点问题

职务发明制度的规则设计是否合理,直接影响专利制度激励创新的功能发挥。[①] 本案主要涉及在与职务发明有关的专利权属纠纷中,如何认定与在原单位承担的本职工作或者原单位分配的任务"有关的发明创造"。

---

① 罗东川主编:《职务发明权属与奖酬纠纷典型案例精选与注解》,法律出版社2015年版,第1页。

关于与职务发明创造有关的专利权权属，2020 年修正的《专利法》第六条规定："执行本单位的任务或者主要是利用本单位的物质技术条件所完成的发明创造为职务发明创造。职务发明创造申请专利的权利属于该单位，申请被批准后，该单位为专利权人。"《民法典》第八百四十七条第二款规定："职务技术成果是执行法人或者非法人组织的工作任务，或者主要是利用法人或者非法人组织的物质技术条件所完成的技术成果。"《民法典》第八百四十七条规定的"职务技术成果"，不仅涉及专利权或者专利申请权，也涉及植物新品种、集成电路布图、计算机软件著作权、技术秘密等其他类型的知识产权，[①]其含义较《专利法》第六条规定的"职务发明创造"更为宽泛。根据《专利法》第六条、《民法典》第八百四十七条的规定，职务发明创造包括两类情形：一是执行本单位的任务所完成的发明创造；二是主要是利用本单位的物质技术条件所完成的发明创造。

关于执行本单位的任务所完成的职务发明创造，2010 年修订的《专利法实施细则》第十二条第一款规定："专利法第六条所称执行本单位的任务所完成的职务发明创造，是指……退休、调离原单位后或者劳动、人事关系终止后 1 年内作出的，与其在原单位承担的本职工作或者原单位分配的任务有关的发明创造。"关于《民法典》第八百四十七条第二款所称的"执行法人或者非法人组织的工作任务"，2020 年修正的《最高人民法院关于审理技术合同纠纷案件适用法律若干问题的解释》(以下简称《技术合同司法解释》)第二条规定："……(二)离职后一年内继续从事与其原所在法人或者非法人组织的岗位职责或者交付的任务有关的技术开发工作，但法律、行政法规另有规定的除外。"关于上述规定中的"有关的发明创造""有关的技术开发工作"的含义，实践中容易产生争议，有必要进一步明确相关法律适用。

本案裁定指出，发明创造是复杂的智力劳动，离不开必要的资金、技术和研发人员等资源的投入或支持，并承担相应的风险。在涉及与离职员工有关的职务发明创造的认定时，既要维护原单位对确属职务发明创造的科学技术成果享有的合法权利，鼓励和支持创新驱动发展，同时也不宜将《专利法实施细则》第十二条第一款规定的"有关的发明创造"作过于宽泛的解释，导致在没有法律明确规定或者竞业限制协议等合同约定的情况下，不适当地限制研发人员的正常流动，或者限制研发人员在新的单位合法参与或开展新的技术研发活动。

本案裁定依据专利法及其细则的前述规定，对如何认定《专利法实施细则》第十二条第一款规定的"有关的发明创造"进行了充分说理，明确了相关法律适用，提出了在认定"有关的发明创造"时，应综合考虑四个方面的因素：一是离职员工在原

① 《民法典》第一百二十三条对知识产权的保护客体作出了规定。

单位承担的本职工作或原单位分配的任务的具体内容,包括工作职责、权限,能够接触、控制、获取的与涉案专利有关的技术信息等。二是涉案专利的具体情况,包括技术领域,解决的技术问题,发明目的和技术效果,权利要求限定的保护范围,涉案专利相对于现有技术的"实质性特点",以及涉案专利与本职工作或原单位分配的任务的相互关系等。三是原单位是否开展了与涉案专利有关的技术研发活动,或者是否对有关技术具有合法的来源。四是权利人、发明人能否对于涉案专利的研发过程或者技术来源作出合理解释。

三、裁判要点的理解与说明

该指导性案例的裁判要点指出:判断是否属于《专利法实施细则》第十二条第一款第三项规定的与在原单位承担的本职工作或者原单位分配的任务"有关的发明创造"时,应注重维护原单位、离职员工以及离职员工新任职单位之间的利益平衡,综合考虑四个方面的因素后作出认定。四个方面的因素,分别涉及离职员工所承担的工作或任务、涉案专利、原告主张的技术成果的来源,以及被告的抗辩,较为全面地涵盖了审理该类案件时需要考虑的各种因素,为法律适用提供了进一步的指引。

首先,关于任职期间承担的本职工作或分配的任务的具体内容。本案中,李坚毅于卫邦公司任职期间担任生产制造总监,直接从事配药设备和配药装置的研发管理等工作。李坚毅在卫邦公司任职期间,曾以部门经理名义,在研发部门采购申请表上签字,并在多份与涉案专利技术密切相关且加盖有"受控文件"的技术图纸审核栏处签字。李坚毅多次参与卫邦公司内部与用药自动配药设备和配药装置技术研发有关的会议或讨论,还通过电子邮件接收研发测试情况汇报,安排测试工作,并对研发测试提出相应要求。因此,李坚毅在卫邦公司承担的本职工作或分配的任务与涉案专利技术密切相关。

其次,关于涉案专利的具体情况及其与本职工作或分配任务的相互关系。第一,涉案专利涉及"静脉用药自动配制设备和摆动型转盘式配药装置",其针对的技术问题是:"1.药剂师双手的劳动强度很大,只能进行短时间的工作;2.由于各药剂师技能不同、配药地点也不能强制固定,造成所配制的药剂药性不稳定;3.化疗药剂对药剂师健康危害较大。"实现的技术效果是:"本发明采用机器人完成静脉注射用药的整个配制过程,采用机电一体化来控制配制的药剂量准确,提高了药剂配制质量;医务人员仅需要将预先的药瓶装入转盘工作盘和母液架,最后将配制好的母液瓶取下,极大地减少了医务人员双手的劳动强度;对人体有害的用药配制(比如化疗用药),由于药剂师可以不直接接触药瓶,采用隔离工具对药瓶进行装夹和取出,可以很大程度地减少化疗药液对人体的健康损害。”在涉案专利授权公告的权利要求1中，主要包括底座、转盘工作台、若干个用于固定药瓶的药瓶夹、具座、转盘座、转盘传动机构和转盘电机、近后侧的转盘工作台两边分别设有背光源和视觉传感器、机器人、夹具体、输液泵、输液管、针具固定座、针具夹头、前后摆动板、升降机构等部件。第二，卫邦公司于2012年9月4日申请的473专利的名称为“自动化配药系统的配药方法和自动化配药系统”，其针对的技术问题是：“医院中配制药物的方式均通过医护人员手工操作。……操作时医护人员工作强度高，而且有的药物具有毒性，对医护人员的安全有着较大的威胁。”发明目的是：“在于克服上述现有技术的不足，提供一种自动化配药系统的配药方法和自动化配药系统，其可实现自动配药，医护人员无需手动配制药液，大大降低了医护人员的劳动强度，有利于保障医护人员的健康安全。”实现的技术效果是：“提供一种自动化配药系统的配药方法和自动化配药系统，其可快速完成多组药液的配制，提高了配药的效率，大大降低了医护人员的劳动强度，有利于保障医护人员的健康安全。”473专利的说明书中，还公开了“药液输入摇匀装置”“卡夹部件”“输液软管装填移载及药液分配装置”“用于折断安瓿瓶的断瓶装置”“母液瓶夹持装置”“母液瓶”“可一次容纳多个药瓶的输入转盘”等部件的具体结构和附图。将涉案专利与卫邦公司的473专利相比，二者解决的技术问题、发明目的、技术效果基本一致，二者技术方案高度关联。第三，在卫邦公司提供的与李坚毅的本职工作有关的图纸中，涉及“输入模块新盖”“沙窝复合针装配”“蠕动泵输液针”“蠕动泵上盖连接板实验”“装配体”“左夹爪”“右夹爪”“机械手夹爪1”“机械手夹爪2”等与涉案专利密切相关的部件，相关图纸上均加盖“受控文件”章，在“审核”栏处均有李坚毅的签字。第四，在李坚毅与卫邦公司有关工作人员的往来电子邮件中，讨论的内容直接涉及转盘抱爪、母液上料方案、安瓿瓶掰断测试等与涉案专利技术方案相关的研发活动。因此，涉案专利与李坚毅在卫邦公司承担的本职工作或分配的任务密切相关。

再次，关于原单位是否开展了与涉案专利有关的技术研发活动，或者是否对有关技术具有合法的来源。本案中，卫邦公司在静脉用药自动配制设备领域的技术研发是持续进行的。卫邦公司成立于2002年，经营范围包括医院静脉配液系列机器人产品及配液中心相关配套设备的研发、制造、销售及售后服务。其在2010年2月至2016年7月，先后申请了60余项涉及医疗设备、方法及系统的专利，其中44项专利是在李坚毅入职卫邦公司前申请，且有多项专利涉及自动配药装置。因此，对于李坚毅主张卫邦公司在其入职前已经完成了静脉配药装置研发工作，涉案专利不属于职务发明创造的相关申请再审理由，不予支持。

最后，关于涉案专利（申请）的权利人、发明人能否对专利技术的研发过程或者来源作出合理解释。本案中,李坚毅、远程公司未能对涉案专利的研发过程或者技术来源作出合理解释。根据涉案专利说明书,涉案专利涉及"静脉用药自动配制设备和摆动型转盘式配药装置",共有13页附图,约60个部件,技术方案复杂,研发难度大。李坚毅作为涉案专利唯一的发明人,在离职卫邦公司后不到3个月即以个人名义单独申请涉案专利,且不能对技术研发过程或者技术来源做出合理说明,不符合常理。而且,根据二审法院的认定,根据李坚毅一审提交的专利搜索网页打印件及其自制的专利状况汇总表,李坚毅作为发明人,最早于2013年7月12日申请了涉案专利以及201320416724.5号"静脉用药自动配制设备和采用视觉传感器的配药装置"实用新型专利;在此之前,本案证据不能证明李坚毅具有能够独立研发涉案专利技术方案的知识水平和能力。

综上,最高人民法院审查后认为涉案专利属于李坚毅在卫邦公司工作期间的职务发明创造,裁定驳回了李坚毅、远程公司的再审申请。

四、参照适用时应注意的问题

离职员工所完成的发明创造,有可能既涉及执行原所在法人或者非法人组织的工作任务,又利用了现所在法人或者非法人组织的物质技术条件。此种情况下,应当按照该自然人原所在和现所在法人或者非法人组织达成的协议确认权益。不能达成协议的,根据对完成该项技术成果的贡献大小由双方合理分享。

(执笔人:最高人民法院民三庭　杜微科、高瞳辉
编审人:最高人民法院研究室　石　磊)

指导案例158号　深圳市卫邦科技有限公司诉李坚毅、深圳市远程智能设备有限公司专利权权属纠纷案

最高人民法院案例指导工作办公室编审人:石磊

1. 案例推荐单位:最高人民法院民三庭
2. 案例编写人:最高人民法院民三庭　杜微科、高瞳辉
3. 案件裁判法院:广东省深圳市中级人民法院(一审)、广东省高级人民法院(二审)、最高人民法院(再审)
4. 案件承办人:蔡劲峰(一审)、郑颖(二审)、杜微科(再审)

相关法条

1.《中华人民共和国专利法》* (2009 年 10 月 1 日实施)

第六条第一款　执行本单位的任务或者主要是利用本单位的物质技术条件所完成的发明创造为职务发明创造。职务发明创造申请专利的权利属于该单位;申请被批准后,该单位为专利权人。

2.《中华人民共和国专利法实施细则》(2010 年 2 月 1 日实施)

第十二条　专利法第六条所称执行本单位的任务所完成的职务发明创造,是指:

(一)在本职工作中作出的发明创造;

(二)履行本单位交付的本职工作之外的任务所作出的发明创造;

(三)退休、调离原单位后或者劳动、人事关系终止后 1 年内作出的,与其在原单位承担的本职工作或者原单位分配的任务有关的发明创造。

专利法第六条所称本单位,包括临时工作单位;专利法第六条所称本单位的物质技术条件,是指本单位的资金、设备、零部件、原材料或者不对外公开的技术资料等。

---

* 该法已于 2020 年修正。——编者注

指导案例159号《深圳敦骏科技有限公司诉深圳市吉祥腾达科技有限公司等侵害发明专利权纠纷案》的理解与参照

——网络通信领域方法专利的侵权判定标准及侵权损害赔偿计算中举证责任分配的适用规则

2021年7月23日,最高人民法院发布了第28批指导性案例,包括第157号至第162号共六件指导性案例,均为知识产权案例。其中,第159号指导性案例为《深圳敦骏科技有限公司诉深圳市吉祥腾达科技有限公司等侵害发明专利权纠纷案》。为了正确理解和准确参照适用该指导性案例,现对该指导性案例的选编过程、裁判要点、参照适用等有关情况予以解释、论证和说明。

一、案例选编过程

本案例来源于最高人民法院知识产权法庭审理的一起二审案件,经最高人民法院知识产权法庭专业法官会议讨论形成的决议,推荐报送备选指导性案例。最高人民法院案例指导工作办公室收到该案例后进行了初审,认为基本符合指导性案例要求,并征求了最高人民法院内部相关部门意见。2020年11月20日,研究室室务会讨论同意推荐,建议提交最高人民法院审判委员会民事行政专业委员会讨论。2021年4月20日,该案例经最高人民法院审判委员会民事行政专业委员会第373次会议讨论,同意作为指导性案例。同年7月23日,最高人民法院以法〔2021〕182号文件将该案例编入第28批指导性案例予以发布。

二、关于本案例的基本情况

2018年7月,深圳敦骏科技有限公司(以下简称敦骏公司)向山东省济南市中级人民法院(以下简称一审法院)提起诉讼,请求判令深圳市吉祥腾达科技有限公司(以下简称腾达公司)、济南历下弘康电子产品经营部(以下简称弘康经营部)、济南历下昊威电子产品经营部(以下简称昊威经营部)停止侵权,赔偿损失及制止侵权的合理开支共计500万元。事实与理由:腾达公司未经许可制造、许诺销售、销售,弘康经营部、昊威经营部未经许可销售的多款商用无线路由器(以下简称被诉侵权产品)落入敦骏公司享有的名称为"一种简易访问网络运营商门户网站的方法"(专利号为ZL02123502.3,以下简称涉案专利)发明专利的专利权保护范围,并造成了损失。腾达公司辩称:1.涉案专利、被诉侵权产品访问任意网站时实现定向的方式不同,访问的过程亦不等同,腾达公司没有侵害敦骏公司的涉案专利权。并且,涉案专利保护的是一种网络接入认证方法,腾达公司仅是制造了被诉侵权产品,但并未使用涉案专利保护的技术方案,故其制造并销售被诉侵权产品的行为并不构成专利侵权;2.敦骏公司诉请的赔偿数额过高且缺乏事实及法律依据,在赔偿额计算中应当考虑专利的技术贡献度、涉案专利技术存在替代方案等。弘康经营部、昊威经营部共同辩称:其所销售的被诉侵权产品是从代理商处合法进货的,其不是被诉侵权产品的生产者,不应承担责任。2019年5月6日,一审法院作出判决:腾达公司等立即停止侵权;腾达公司赔偿敦骏公司经济损失及合理费用共计500万元。腾达公司不服一审判决,向最高人民法院提起上诉。最高人民法院于2019年12月6日作出二审判决,驳回上诉,维持原判。

本案二审的争议焦点为:(1)被诉侵权产品在使用过程中所体现出的技术方案是否落入涉案专利权利要求的保护范围;(2)腾达公司的被诉侵权行为是否构成侵权;(3)一审判决确定的赔偿数额是否适当。围绕上述争议焦点,二审判决对权利要求解释规则、多主体实施的方法专利的侵权判定规则以及专利侵权赔偿额计算中的举证规则的法律适用问题进行深入阐释。尤其是对本案二审第二个争议焦点,即多主体实施的方法专利侵权判定问题,进行了翔实的说理论证。目前法律框架下,多主体实施的方法专利难以获得专利法保护的根本原因在于,此类专利需由多个主体共同或者依次实施,任何一个单一主体的实施行为在形式上难以满足"全面覆盖原则"的要求①。在本案之前的司法实践中,对于多主体实施的方法专利,除

---

① 《最高人民法院关于审理侵犯专利权纠纷案件应用法律若干问题的解释》第七条规定:"人民法院判定被诉侵权技术方案是否落入专利权的保护范围,应当审查权利人主张的权利要求所记载的全部技术特征。被诉侵权技术方案包含与权利要求记载的全部技术特征相同或者等同的技术特征的,人民法院应当认定其落入专利权的保护范围;被诉侵权技术方案的技术特征与权利要求记载的全部技术特征相比,缺少权利要求记载的一个以上的技术特征,或者有一个以上技术特征不相同也不等同的,人民法院应当认定其没有落入专利权的保护范围。"此即业界所称的"全面覆盖原则"。

通过“测试侵权”①的路径予以保护之外,还尝试过通过间接侵权的路径②予以保护。本案并未沿袭上述裁判思路,而是在对此类专利的特点、被诉侵权行为的性质进行了深入的分析之后,通过法律解释的方法,将制造过程中把专利方法固化于产品的行为,认定为属于《专利法》第十一条③所规定的对方法专利的“使用”行为,丰富了《专利法》关于专利侵权行为的样态,发展了我国专利侵权判定理论。

本案从专利法鼓励发明创造、促进科技进步的立法目的出发,充分考虑新技术领域的行业特点,提出了多主体实施的方法专利的侵权判定标准,体现知识产权司法审判尊重科技发展规律和谋求知识产权实质性保护的价值取向。同时,进一步强化举证责任分配规则在侵权损害赔偿计算中的适用,突出侵权规模基础事实在损害赔偿计算中的首要地位,引导和促进诉讼双方就侵权赔偿计算形成实质性抗辩。本案裁判对于统一网络通信领域中常见的多主体实施的方法专利侵权裁判标准、公平合理确定专利权保护空间具有重要指导意义。

三、裁判要点的理解与说明

该指导性案例的裁判要点确认:(1)如果被诉侵权行为人以生产经营为目的,将专利方法的实质内容固化在被诉侵权产品中,该行为或者行为结果对专利权利要求的技术特征被全面覆盖起到了不可替代的实质性作用,终端用户在正常使用该被诉侵权产品时就能自然再现该专利方法过程,则应认定被诉侵权行为人实施了该专利方法,侵害了专利权人的权利。(2)专利权人主张以侵权获利计算损害赔偿数额且对侵权规模事实已经完成初步举证,被诉侵权人无正当理由拒不提供有关侵权规模事实的相应证据材料,导致用于计算侵权获利的基础事实无法确定的,对被诉侵权人提出的应考虑涉案专利对其侵权获利的贡献度的抗辩,人民法院可以不予支持。

---

① 所谓“测试侵权”,是指未经专利权人许可,在被诉侵权产品的出厂检测阶段,对产品功能进行测试的过程中使用了方法专利,该使用行为构成专利直接侵权。

② 《最高人民法院关于审理侵犯专利权纠纷案件应用法律若干问题的解释(二)》(2016年)第二十一条规定:“明知有关产品系专门用于实施专利的材料、设备、零部件、中间物等,未经专利权人许可,为生产经营目的将该产品提供给他人实施了侵犯专利权的行为,权利人主张该提供者的行为属于侵权责任法第九条规定的帮助他人实施侵权行为的,人民法院应予支持。明知有关产品、方法被授予专利权,未经专利权人许可,为生产经营目的积极诱导他人实施了侵犯专利权的行为,权利人主张该诱导者的行为属于侵权责任法第九条规定的教唆他人实施侵权行为的,人民法院应予支持。”

③ 《专利法》(2008年修正)第十一条第一款规定:“发明和实用新型专利权被授予后,除本法另有规定的以外,任何单位或者个人未经专利权人许可,都不得实施其专利,即不得为生产经营目的制造、使用、许诺销售、销售、进口其专利产品,或者使用其专利方法以及使用、许诺销售、销售、进口依照该专利方法直接获得的产品。”

现围绕与该裁判要点相关的问题逐一解释和说明如下：

(一)关于多主体实施的方法专利的侵权判定

1. 多主体实施方法专利产生背景、特点及保护难点

所谓多主体实施的方法专利，是指专利技术方案需依赖于多个主体(或者依赖于多个执行装置、模块等，为叙述简洁，以下“多主体”的表述包含了多个装置、模块等的含义)的共同参与才能完整实施的方法专利。此类专利是伴随社会分工的协同化趋势和网络通信技术的发展而产生的，故在网络通信领域中，此类方法专利较为常见。例如安全认证、网络缓存加速、第三方支付等应用需求的实现，均依赖于多主体实施技术方案才能实现。将专利权利要求撰写成多主体实施的形式，并不利于专利权的保护，因此专利申请人一般尽量避免将专利撰写成多主体实施的形式。但是，将原本属于多主体实施的方法专利，强行通过所谓的撰写技巧撰写成单主体实施的方法专利，只会令专利权利要求保护的技术方案变得难以理解，不利于清晰地界定专利权保护范围。因此，多主体实施的方法专利的出现，不能简单地归因为主观上的撰写瑕疵，而是社会和科技发展的客观需求。

多主体实施的方法专利的特点是：专利技术方案的完整实施虽依赖于多个主体的参与，但往往并不要求这些参与主体之间具有主观上的意思联络，主导或者协同各参与主体实施行为的往往是后台运行的计算机软件。而触发软件运行的，一般是某一个主体实施的简单行为，或者预设的某一客观事件的发生。对于前者，该实施触发行为的主体一般是终端用户，其行为结果虽然导致专利技术方案被完整再现，但其对于其行为所触发的专利技术方案的再现过程是无感知的；对于后者，则与专利技术方案被完整再现具有直接因果关系的行为主体往往难以确定，甚至由于是自然事件触发而不存在的行为主体。

基于前述分析，多主体实施方法专利在实践中难以获得专利法保护的根本原因在于：此类专利的“多主体实施”特性与“全面覆盖原则”之间存在紧张关系。具体而言，专利侵权判定应当贯彻“全面覆盖原则”，也即被诉侵权行为本身或者其结果再现专利权利要求的所有技术特征。而当涉及多主体实施的方法专利时，往往难以确定实施“全面覆盖”专利权利要求所有技术特征的主体，或者与“全面覆盖”有直接因果关系的实施主体因不具有生产经营目的而被排除在侵权主体范围之外。以产品专利和单一主体实施的方法专利为对照，此类专利技术方案仅需一个主体便能完整实施，即便存在多人分别制造产品零部件的情况，一般也会存在一个将各零部件组装成为侵权产品的主体。因此，当此类专利技术方案未经许可被实施的情况发生后，能够确定一个“全面覆盖”专利权所有技术特征的实施主体，相应地，该实施主体应当为其所实施的“全面覆盖”专利权的行为或者结果承担相应的

民事责任,对专利权的保护得以真正落实。

但是,当涉及多主体实施方法专利时,专利权人的维权前景就很不乐观。此类专利保护的技术方案的完整实施须依赖于多个主体的共同或者分别参与,当专利技术方案未经许可被多人参与实施的情况发生后,任何一个主体所实施的行为都不满足“全面覆盖”的条件,因此,不存在完整实施专利技术方案的主体;或者即便存在一个主体,其实施某一行为的结果是将其他主体的行为串联起来使得专利技术方案被完整再现,但该主体往往是不具有生产经营目的的终端用户。多主体实施方法专利在实践中遭遇的上述情况,导致专利权人难以追究参与实施该类专利的任何一个主体的专利侵权责任。

2. 现有保护进路

(1)共同侵权。因针对多主体实施方法专利的侵权行为涉及多人,故《民法典》第一千一百八十六条所规定的共同侵权责任为多主体实施的方法专利的保护提供了一条可能的法律路径①。但是,该规定适用前提是多人之间须存在实施侵权行为的共同意思联络。而根据前述关于多主体实施的方法专利的特点分析,绝大部分情况下,未经许可实施此类专利的多个主体之间并不存在共同意思联络。故在涉及多主体实施的方法专利的侵权判定中,仅有极少数情形才符合民法典关于共同侵权规定的适用条件。

(2)测试侵权。如果多主体实施方法专利的技术方案,是某一产品在正常使用过程中需要使用的方法,则根据经验法则,该产品的制造者在批量生产该产品的研发、生产和检测阶段,会对产品进行测试,在测试过程中会使用到该专利方法,并且该测试过程中的使用行为具有生产经营目的。因此,追究制造者在被诉侵权产品的测试过程中未经许可使用专利方法的专利直接侵权责任②,对于多主体实施方法专利权人而言,亦是一条可行的维权法律途径。但仅认定被诉侵权人在测试被诉侵权产品过程中实施专利方法构成侵权,不足以充分保护专利权人的利益,因为该测试行为既非被诉侵权人获得不当利益的根本和直接原因,也无法从责令停止测试行为来制止专利方法遭受更大规模的侵害。因此针对测试使用行为适用直接侵权亦存在一定的局限性。

(3)间接侵权。为面对日益复杂的专利侵权情形,尤其是被诉侵权人部分实施专利技术方案,但该部分实施专利技术方案的行为对专利权构成实质性损害的情

---

① 《民法典》第一千一百六十八条规定:“二人以上共同实施侵权行为,造成他人损害的,应当承担连带责任。”

② 所谓专利直接侵权,是指《专利法》第十一条所规制的各类专利侵权情形。

况越来越多，最高人民法院以《侵权责任法》第九条和第十条为依据[①]，在专利法领域确立了我国的专利间接侵权制度[②]。专利间接侵权制度建立时，其构成要件有三个：一是前提要件，即专利间接侵权的成立，必须以专利直接侵权成立为前提；二是主观要件，即要求被诉侵权行为人对其实施的行为或者行为结果将导致他人侵害专利权是"明知"或者存在"积极诱导"；三是客观要件，即要求被诉侵权人实施的行为或者行为结果系专门用于侵权。由此可见，我国专利法司法解释所规定的专利间接侵权，在本质上仍然依附于专利直接侵权，虽然不要求被诉侵权行为人本人实施的行为满足"全面覆盖"，但如果不存在专利直接侵权行为，则直接实施完整专利技术方案的行为人必须作为共同被告参加诉讼，否则人民法院难以就间接侵权单独作出认定。然而，对于多主体实施方法专利的侵权判定而言，困难恰恰在于难以确定直接侵权行为及实施直接侵权行为的主体，故专利间接侵权制度难以对多主体实施的方法专利形成有效保护。

随着专利司法审判实践的深入，人民法院对于专利间接侵权制度的认识也在不断深化。第四次全国法院知识产权审判工作会议指出："专利领域中的帮助侵权以被帮助者利用侵权专用品实施了覆盖专利权利要求全部技术特征的行为为条件，既不要求被帮助者的行为必须构成法律意义上的直接侵权行为，也不要求必须将帮助者和被帮助者作为共同被告。"[③]上述知识产权司法审判政策明确了专利间接侵权不以直接侵权的成立为要件，而以专利技术方案的所有技术特征是否最终被全面覆盖为成立要件，解决了因终端用户不构成专利直接侵权所导致的间接侵权无法认定的问题。因此，专利间接侵权成为多主体实施方法专利侵权判定的可选路径。

但需指出的是，专利间接侵权虽未要求被诉侵权行为人的实施行为或者结果应满足"全面覆盖"，但增加了被诉侵权应当具有"明知"或者"积极诱导"的主观过

① 《民法典》于2021年1月1日起施行，《侵权责任法》同时废止。原《侵权责任法》第九条、第十条的内容，被《民法典》第一千一百六十九条吸收，该条规定：教唆、帮助他人实施侵权行为的，应当与行为人承担连带责任。教唆、帮助无民事行为能力人、限制民事行为能力人实施侵权行为的，应当承担侵权责任；该无民事行为能力人、限制民事行为能力人的监护人未尽到监护职责的，应当承担相应的责任。

② 《最高人民法院关于审理侵犯专利权纠纷案件应用法律若干问题的解释（二）》（2016年）第二十一条第一、二款规定："明知有关产品系专门用于实施专利的材料、设备、零部件、中间物等，未经专利权人许可，为生产经营目的将该产品提供给他人实施了侵犯专利权的行为，权利人主张该提供者的行为属于民法典第一千一百六十九条规定的帮助他人实施侵权行为的，人民法院应予支持。明知有关产品、方法被授予专利权，未经专利权人许可，为生产经营目的积极诱导他人实施了侵犯专利权的行为，权利人主张该诱导者的行为属于民法典第一千一百六十九条规定的教唆他人实施侵权行为的，人民法院应予支持。"

③ 最高人民法院民三庭编：《知识产权审判指导》（总第31辑），人民法院出版社2019年版，第28页。

错。前已述及,多主体实施方法专利所保护的技术方案的实施,往往并不需要各参与主体之间具有主观上的意思联络等过错或者关联过错,且由于整个方法的实施一般都是由后台软件主导或者协同,各参与实施主体对专利技术方案的再现过程往往并无感知。多主体实施方法专利的该特性,限制了间接侵权制度在多主体实施方法专利侵权判定中的普适性。需要指出的是,在专利审判领域中已经得到较多实践的专利间接侵权理论,目前并未能够被传统民法学界所普遍接受和认可。

3. 本案的裁判思路

涉案方法专利的实施涉及3个实体装置,即接入服务器、用户设备、门户网站。其中,接入服务器对应于本案被诉侵权产品,腾达公司是被诉侵权产品的制造者和销售者,用户设备是上网终端设备,其使用者是终端用户,门户网站是终端用户实际想访问的网站。最高人民法院在进一步挖掘、分析本案事实尤其是技术事实的基础上,对本案是否满足直接侵权条件作出如下判断:

首先,关于侵权行为。二审判决指出:“终端用户在使用终端设备时再现的专利方法过程,仅仅是此前固化在被诉侵权产品内的专利方法的机械重演”,由此可见,对于终端用户而言,其在网页浏览器内输入其想要浏览网站的网址(该步骤是涉案专利权利要求2所限定的步骤)的行为,仅仅是触发了专利方法所有步骤被软件自动执行,其既没有执行专利方法的动机,也对专利方法所有步骤被执行没有感知,终端用户不应视为使用了涉案方法专利的主体,其在网页浏览器地址栏内输入其想要浏览网站的网址的行为系正常地使用现有技术的行为,而非使用专利方法的行为。由于侵权行为的主体不可能是装置或软件,而应当是通过装置或软件来实施专利侵权行为的民事主体,因此,将具备执行方法专利所有步骤的软件固化到被诉侵权路由器中据此获利的民事主体,应当被认定为使用了涉案专利方法的主体。据此,腾达公司在制造被诉侵权产品的过程中固化专利方法的行为,并非一般地为执行专利方法创造条件或提供帮助的辅助行为,而是属于《专利法》第十一条规定的直接使用了涉案专利方法的行为。

其次,关于“全面覆盖”。腾达公司在制造被诉侵权路由器时,将专利方法的实质内容通过软件的方式固化到被诉侵权路由器的过程,就是实施了“全面覆盖”专利技术特征的行为。之所以用“专利方法的实质内容”而不是“专利方法的全部技术特征”,是因为:一方面,方法专利权利要求中涉及的产品和装置没有办法通过软件的方式固化到被诉侵权产品中,能固化到被诉侵权产品中的是对这些产品和装置控制、调用等指令;另一方面,方法专利保护的对象是特定的方法、步骤、操作流程,而不是产品装置,在已将所有体现专利方法的步骤、操作流程的技术特征以软件的方式固化到被诉侵权产品中的情况下,应认定该固化行为实现了对方法专利所有技术特征的“全面覆盖”。

根据前述分析，腾达公司在制造被诉侵权产品的过程中固化专利方法的行为，属于《专利法》第十一条所规定的使用方法专利的行为，并且该固化使用行为的结果导致涉案方法专利的所有技术特征被“全面覆盖”，因此腾达公司构成专利侵权。

（二）关于专利侵权赔偿额的计算方式及举证责任分配

2008 年修正的《专利法》规定了专利权人可以主张的专利侵权赔偿额的四种计算方式①，即权利人因侵权遭受的实际损失、侵权人因侵权所获的利益、参照许可使用费的倍数以及法定赔偿。为进一步加强对专利权的保护，2020 年修正的《专利法》，将法定赔偿数额下限和上限分别提高至 3 万元和 500 万元，并且，依据《民法典》关于知识产权惩罚性赔偿的总括性规定②，明确了在专利民事侵权诉讼中，人民法院针对故意侵权行为亦可以适用惩罚性赔偿。从专利法条文表述以及立法本意来看，在计算侵权赔偿数额时，适用上述四种计算方式确定赔偿额时应按照顺序，即只有在侵权损失、侵权获利、参照许可费倍数依次均难以确定的情况下，才可以适用法定赔偿。但在司法实践中，人民法院适用法定赔偿的案件却占绝大多数，这真实地反映出在专利侵权诉讼中存在赔偿数额相关事实举证困难的客观情况。

为破解这一难题，需要在案件审理中，将民事证明标准与举证责任分配规则有机统一起来，灵活适用民事诉讼法关于举证责任和证据证明标准的相关法律规定。根据《民事诉讼法》*（2017 年）第六十四条的规定，当事人对自己提出的主张，有责任提供证据，故原则上，专利权人应对其主张侵权赔偿所依据的事实，承担举证责任。需要注意的是，该条规定是关于结果意义上的举证责任分配规则，而不是行为意义上的举证责任分配规则。行为意义上的举证责任分配，其规则是：在诉讼过程中，对于某一基本事实的举证责任，需随双方当事人的举证情况进行动态调整、不断转移，呈现出一种“你来我往”“乒乓对局”的态势，一旦有一方当事人未能反驳或者推翻对方当事人提交的达到高度盖然性证明标准的证据，就应当承担不利的法律后果。结果意义上的举证责任分配规则和行为意义上的举证责任分配规则两者

---

① 《专利法》（2008 年修正）第六十五条规定：“侵犯专利权的赔偿数额按照权利人因被侵权所受到的实际损失确定；实际损失难以确定的，可以按照侵权人因侵权所获得的利益确定。权利人的损失或者侵权人获得的利益难以确定的，参照该专利许可使用费的倍数合理确定。赔偿数额还应当包括权利人为制止侵权行为所支付的合理开支。权利人的损失、侵权人获得的利益和专利许可使用费均难以确定的，人民法院可以根据专利权的类型、侵权行为的性质和情节等因素，确定给予一万元以上一百万元以下的赔偿。”

② 《民法典》第一千一百八十五条规定：“故意侵害他人知识产权，情节严重的，被侵权人有权请求相应的惩罚性赔偿。”

* 该法已于 2021 年修正。——编者注

并不矛盾,两者在某一具体案件中解决了各自不同的问题之后又实现统一,具体如下:首先,前者解决的是在待证事实真伪不明时应当如何裁判的问题;后者解决的是如何通过诉辩对抗的方式使得法律真实更趋近于客观事实的问题。其次,提出诉讼主张的当事人,应当对其主张所依据的事实予提交本证,并达到高度盖然性的证明程度,如果对方当事人未能提供足以反驳或者推翻本证的反证,则应当认定案件事实清楚,并不存在真伪不明情形,提出诉讼主张的当事人已经完成了结果意义上的举证义务,而对方当事人则没有完成行为意义上的举证义务,应承担相应不利的法律后果;相反,如果对方当事人提供了足以反驳或者推翻本证的反证,且提出诉讼主张的当事人未能提交反驳或者推翻上述反证的进一步的本证,则应当认定本证所指向的事实不存在,或者本证所指向的事实真伪不明,此时提出诉讼主张的当事人未完成行为意义和结果意义上的举证义务,应当承担举证不利的法律后果。

事实上,在专利法的相关司法解释的规定中,就已经体现了上述灵活适用民事诉讼法关于举证责任和证据证明标准的相关法律规定的精神①,对于采用侵权获利为依据计算侵权赔偿额的,可以在权利人已经提供侵权人所获利益的初步证据的情况下,责令侵权人提供由其掌握的与专利侵权行为相关的账簿、资料。该条司法解释的规定,已经被2020年修正的《专利法》所吸收。

本案中,二审法院考虑如下因素:(1)敦骏公司主张依照侵权人因侵权获利计算赔偿额,并在一审中提交了腾达公司分别在京东网和天猫网的官方旗舰店销售被诉侵权产品数量、售价的证据,鉴于该销售数量和价格均来源于腾达公司自己在正规电商平台的官方旗舰店,数据较为可信,腾达公司虽指出将累计评价作为销量存在重复计算和虚报的可能性,但并未提交确切证据,且考虑到敦骏公司就此项事实的举证能力,应当认定敦骏公司已就侵权规模的基础事实完成了初步举证责任。(2)敦骏公司在一审中,依据其已提交的侵权规模的初步证据,申请腾达公司提交与被诉侵权产品相关的财务账簿、资料等,一审法院也根据本案实际情况,依法责令腾达公司提交能够反映被诉侵权产品生产、销售情况的完整的财务账簿资料等证据,但腾达公司并未提交。在一审法院因此适用相关司法解释对敦骏公司的500万元高额赔偿予以全额支持且二审中腾达公司就此提出异议的情况下,其仍然未提交相关的财务账簿等资料。由于本案腾达公司并不存在无法提交其所掌握的与

---

① 《最高人民法院关于审理侵犯专利权纠纷案件应用法律若干问题的解释(二)》(2016年)第二十七条规定:"权利人因被侵权所受到的实际损失难以确定的,人民法院应当依照专利法第六十五条第一款的规定,要求权利人对侵权人因侵权所获得的利益进行举证;在权利人已经提供侵权人所获利益的初步证据,而与专利侵权行为相关的账簿、资料主要由侵权人掌握的情况下,人民法院可以责令侵权人提供该账簿、资料;侵权人无正当理由拒不提供或者提供虚假的账簿、资料的,人民法院可以根据权利人的主张和提供的证据认定侵权人因侵权所获得的利益。"

侵权规模有关证据的客观障碍,故应认定腾达公司并未就侵权规模的基础事实完成最终举证责任。(3)根据现有证据,有合理理由相信,被诉侵权产品的实际销售数量远超敦骏公司所主张的数量。综上,在侵权事实较为清楚且已有证据显示腾达公司实际侵权规模已远大于敦骏公司所主张赔偿的范围时,腾达公司如对一审法院确定的全额赔偿持有异议,应先就敦骏公司计算赔偿所依据的基础事实是否客观准确进行实质性抗辩,而不能避开侵权规模的基础事实不谈,另行主张专利技术贡献度等其他抗辩事由,据此对腾达公司二审中关于一审确定赔偿额过高的各项抗辩主张均不予理涉。

(执笔人:最高人民法院知识产权法庭　张晓阳

编审人:最高人民法院研究室　石　磊)

指导案例 159 号　深圳敦骏科技有限公司诉深圳市吉祥腾达科技有限公司等侵害发明专利权纠纷案

最高人民法院案例指导工作办公室编审人:石磊

1. 案例推荐单位:最高人民法院知识产权法庭

2. 案例编写人:最高人民法院知识产权法庭　张晓阳

3. 案件裁判法院:山东省济南市中级人民法院(一审)、最高人民法院(二审)

4. 案件承办人:李玉(一审)、张晓阳(二审)

相关法条

1.《中华人民共和国专利法》* (2009 年 10 月 1 日实施)

第一条　为了保护专利权人的合法权益,鼓励发明创造,推动发明创造的应用,提高创新能力,促进科学技术进步和经济社会发展,制定本法。

第十一条第一款　发明和实用新型专利权被授予后,除本法另有规定的以外,任何单位或者个人未经专利权人许可,都不得实施其专利,即不得为生产经营目的制造、使用、许诺销售、销售、进口其专利产品,或者使用其专利方法以及使用、许诺销售、销售、进口依照该专利方法直接获得的产品。

第五十九条第一款　发明或者实用新型专利权的保护范围以其权利要求的内容为准,说明书及附图可以用于解释权利要求的内容。

---

* 该法已于 2020 年修正。——编者注

2.《最高人民法院关于审理侵犯专利权纠纷案件应用法律若干问题的解释(二)》* (2016年4月1日实施)

第二十七条　权利人因被侵权所受到的实际损失难以确定的,人民法院应当依照专利法第六十五条第一款的规定,要求权利人对侵权人因侵权所获得的利益进行举证;在权利人已经提供侵权人所获利益的初步证据,而与专利侵权行为相关的账簿、资料主要由侵权人掌握的情况下,人民法院可以责令侵权人提供该账簿、资料;侵权人无正当理由拒不提供或者提供虚假的账簿、资料的,人民法院可以根据权利人的主张和提供的证据认定侵权人因侵权所获得的利益。

---

* 该司法解释已于2020年修正。——编者注

指导案例160号《蔡新光诉广州市润平商业有限公司侵害植物新品种权纠纷案》的理解与参照

——植物新品种权保护中关于繁殖材料的认定规则

2021年7月23日，最高人民法院发布了第28批指导性案例，包括第157号至第162号共六件指导性案例，均为知识产权案例。其中，第160号指导性案例为《蔡新光诉广州市润平商业有限公司侵害植物新品种权纠纷案》。为了正确理解和准确参照适用该指导性案例，现对该指导性案例的选编过程、裁判要点、参照适用等有关情况予以解释、论证和说明。

一、案例选编过程

本案例来源于最高人民法院知识产权法庭审理的一起二审案件，二审判决受到种业界的高度关注和好评。经最高人民法院知识产权法庭专业法官会议讨论形成决议，推荐报送备选指导性案例。最高人民法院案例指导工作办公室收到该案例后进行了初审，认为基本符合指导性案例要求，并征求了最高人民法院内部相关部门意见。2020年11月20日，研究室室务会讨论同意推荐，建议提交最高人民法院审判委员会民事行政专业委员会讨论。2021年4月20日，该案例经最高人民法院审判委员会民事行政专业委员会第373次会议讨论，同意作为指导性案例。同年7月23日，最高人民法院以法〔2021〕182号文件将该案例编入第28批指导性案例予以发布。

二、关于本案例的基本情况

本案例所涉“三红蜜柚”植物新品种权系蔡新光于2009年11月10日提出申请，于2014年1月1日获准授权，品种权号为CNA20090677.9，保护期限为20年。农业农村部植物新品种保护办公室作出的《农业植物新品种DUS测试现场考察报告》载明，品种暂定名称“三红蜜柚”，植物种类为柑橘属，品种类型为无性繁殖，田间考察结果载明:申请品种的白皮层颜色为粉红,近似品种为白,具备特异性。考察结论为该申请品种具备特异性、一致性。所附照片载明,三红蜜柚果面颜色暗红、白皮层颜色粉红、果肉颜色紫,红肉蜜柚果面颜色黄绿、白皮层颜色白、果肉颜色红。2018年3月23日,蔡新光以广州市润平商业有限公司(以下简称润平公司)连续大量销售"三红蜜柚"果实,侵害其"三红蜜柚"植物新品种权为由向广州知识产权法院提起诉讼。一审法院经审理于2019年1月3日作出(2018)粤73民初732号民事判决,驳回蔡新光诉讼请求。宣判后,蔡新光不服,向最高人民法院提起上诉,请求撤销原审判决,支持其诉讼请求。最高人民法院审理后认为,原审判决认为侵权繁殖材料的繁育方式应当与该品种育种时所使用的材料以及繁育方式一一对应,限制了植物新品种权的保护范围,缩小了品种权人的合法权益,应予以纠正。但根据《种子法》(2015年修订)的规定,被诉侵权蜜柚果实是收获材料而非繁殖材料,不属于植物新品种权保护的范围。最高人民法院于2019年12月10日作出(2019)最高法知民终14号民事判决,驳回上诉,维持原判。

最高人民法院审理认为,本案主要争议问题为润平公司销售被诉侵权蜜柚果实的行为是否构成对涉案植物新品种权的侵害,其中判断三红蜜柚植物新品种权的保护范围是本案的焦点。最高人民法院认为,繁殖材料是品种权人行使其独占权的基础,该认定属于法律适用问题,应当以品种权法律制度为基础进行分析。我国2015年修订的《种子法》、《植物新品种保护条例》以及有关规章对繁殖材料进行了列举,但是对于某一具体品种如何判定植物体的哪些部分为繁殖材料,并未明确。根据2015年修订的《种子法》以及《植物新品种保护条例》的规定,虽然植物体的籽粒、果实和根、茎、苗、芽、叶等都可能具有繁殖能力,但其是否属于植物新品种权保护范围的繁殖材料,有赖于所涉植物体繁殖出的植物的一部分或整个植物新的个体,是否具有与该授权品种相同的特征特性。作为某一授权品种的繁殖材料,在生物学上必须同时满足以下条件:其属于活体,具有繁殖的能力,并且繁殖出的新个体与该授权品种的特征特性相同。被诉侵权蜜柚果实是否为三红蜜柚品种的繁殖材料,不仅需要判断该果实是否具有繁殖能力,还需要判断该果实繁殖出的新个体是否具有果面颜色暗红、果肉颜色紫、白皮层颜色粉红的形态特征。如果不具有该授权品种的特征特性,则不属于三红蜜柚品种权所保护的繁殖材料的范围。

经审查,即便专门的科研单位,也难以通过三红蜜柚果实的籽粒繁育出蜜柚种苗。二审庭审中,蔡新光所聘请的专家辅助人称,柚子单胚,容易变异,该品种通过枝条、芽条、砧木或者分株进行繁殖,三红蜜柚果实有无籽粒以及籽粒是否退化具有不确定性。综合本案品种的具体情况,即使考虑到三红蜜柚果实的籽粒有一定的繁殖能力,由于该籽粒尚无法繁殖出具有三红蜜柚品种相同特征特性的新个体,因此其果实的籽粒不属于该品种的繁殖材料。此外,在当前技术条件下,组织培养受到植物品种的基因型、器官、发育时期等多方面条件制约,还需要避免品种产生变异,如并非柑橘属的每一个品种都能通过组织培养进行繁殖,因此,三红蜜柚果实内的汁胞难以被认定为繁殖材料。综上,本案被诉侵权蜜柚果实的籽粒及其汁胞均不具备繁殖授权品种三红蜜柚的能力,不属于三红蜜柚品种的繁殖材料。

随着科学技术的发展,不同于植物新品种权授权阶段繁殖材料的植物体可能成为育种者普遍选用的种植材料,即除枝条以外的其他种植材料也可能被育种者们普遍使用,在此情况下,该种植材料作为授权品种的繁殖材料,应当纳入植物新品种权的保护范围。虽然蔡新光在申请涉案植物新品种权时提交的是采用以嫁接方式获得的繁殖材料枝条,但并不意味着涉案植物新品种权的保护范围仅包括以嫁接方式获得的该繁殖材料,以其他方式获得的枝条也属于该品种的繁殖材料。一审判决认为侵权繁殖材料的繁育方式应当与该品种育种时所使用的材料以及繁育方式一一对应,将申请植物新品种权时的繁育方式作为授权品种保护的依据,限制了植物新品种权的保护范围,缩小了植物新品种权人的合法权益,应当予以纠正。但是,一审判决对被诉侵权蜜柚果实不属于繁殖材料的认定正确,实体处理并无不当。因此,蔡新光关于被诉侵权蜜柚果实为三红蜜柚的繁殖材料、润平公司销售行为构成侵权的上诉主张不能成立,应予驳回。

三、裁判要点的理解与说明

该指导性案例的裁判要点:(1)授权品种的繁殖材料是植物新品种权的保护范围,是品种权人行使独占权的基础。授权品种的保护范围不限于申请品种权时所采取的特定方式获得的繁殖材料,即使不同于植物新品种权授权阶段育种者所普遍使用的繁殖材料,其他植物材料可用于授权品种繁殖材料的,亦应当纳入植物新品种权的保护范围。(2)植物材料被认定为某一授权品种的繁殖材料,必须同时满足以下要件:属于活体,具有繁殖能力,并且繁殖出的新个体与该授权品种的特征特性相同。植物材料仅可以用作收获材料而不能用作繁殖材料的,不属于植物新品种权保护的范围。[①]

---

① 需要说明的是,本裁判要点是基于本案适用的2015年修订的《种子法》作出的归纳。2021年修正的《种子法》第二十八条第三款规定:"实施前款规定的行为,涉及由未经许可使用授权品种的繁殖材料而获得的收获材料的,应当得到植物新品种权所有人的许可;但是,植物新品种权所有人对繁殖材料已有合理机会行使其权利的除外。"根据该规定,在植物新品种权所有人对繁殖材料缺乏合理机会行使权利的条件下,2021年修正的《种子法》已经将品种权的保护范围扩展到收获材料。详见下文。

现围绕与该裁判要点相关的问题逐一解释和说明如下:

(一)授权品种繁殖材料的认定属于法律适用问题

植物新品种意义上的繁殖材料并非简单地理解为可以用于繁殖出新个体的植物材料。根据2015年修订的《种子法》以及《植物新品种保护条例》的规定,授予品种权是基于育种者培育、发现并开发的品种具备新颖性、特异性以及稳定性、一致性,并有适当命名。从植物新品种授权的一致性和稳定性可以看出,当一个品种经过繁殖,除根据其可以预见的变异外,其相关特性保持足够一致,该品种应被认为具有一致性。当一个品种经过反复繁殖后,或者对于特定繁殖周期而言,在每个周期结束时,其相关特性保持不变,该品种应被认为具有稳定性。由此可见,品种的遗传特性包含在品种的繁殖材料中,繁殖材料在形成新个体的过程中进行品种的繁衍,传递了品种的特征特性,遗传信息通过繁殖材料实现了代代相传,表达了明显有别于在申请书提交之时已知的其他品种的特性,并且经过繁殖后其特征特性未变。承载了品种特征特性的繁殖材料,是品种权人行使独占权的基础。

如何判断繁殖材料和收获材料,涉及品种权人独占权的保护范围,是品种权人行使权利的关键。作为品种权法律制度中最为重要的基础,该认定属于法律适用问题。国际植物新品种权保护联盟(UPOV公约)在其1991年公约文本的基础上,列举了在判断是否为繁殖材料时需要考虑的一些因素,其强调所涉各因素并非对繁殖材料的定义,需要各成员方在其法律框架下自行进行定义。虽然植物体的籽粒、果实和根、茎、苗、芽、叶等都可能具有繁殖能力,但是否属于植物新品种权保护范围的繁殖材料,有赖于所涉植物体繁殖出的新个体所具有的特征特性,是否具有与该授权品种相同的特征特性。判断是繁殖材料时要具备三项要素,即生物学上必须同时满足属于活体,具有繁殖的能力,并且繁殖出的新个体与该授权品种的特征特性相同。

根据细胞全能理论,可以在植物体外复制携带品种的特异性的DNA序列进行繁殖得到种植材料。但在当前技术条件下,组织培养受到植物品种的基因型、器官、发育时期等多方面条件制约,还需要避免产生变异。因此,通过分子育种获得的种植材料是否属于繁殖材料,仍应判断该材料能否具有繁殖能力,以及繁殖出的品种能否表达该品种的特征特性。不能简单地依据植物细胞的全能性认定具有繁殖能力即为品种的繁殖材料。否则,将导致植物体的任何活体材料被不加区分地认定为是植物新品种权的繁殖材料。

(二)繁殖材料的生产方式不应限制植物新品种权的保护范围

我国加入的UPOV公约1978年文本第五条明确阐述品种权受保护的范围为繁

殖材料，即对繁殖材料进行“以商业销售为目的之生产；提供出售；市场销售”处理时，需要征得育种者，即植物新品种权人同意，该公约并未附加关于生产行为的具体限定。我国《植物新品种保护条例》以及《种子法》亦作了相同规定，明确植物新品种权系完成育种的主体对授权品种享有排他的独占权，并且这种独占权限定他人未经许可不得生产、繁殖或者销售该授权品种的繁殖材料，不得为商业目的将该授权品种的繁殖材料重复使用于生产另一品种的繁殖材料。没有将品种权保护的繁殖材料限定为是由特定的生产方法获得的。在品种权申请程序要求申请人提交的说明书应当包括育种过程和育种方法，包括系谱、培育过程和所使用的亲本或者材料来源与名称的详细说明等，申请人填写该部分内容主要是用于审批机关筛查近似品种，安排进行 DUS 测试，植物新品种权的保护范围与其培育适用的繁殖方式之间亦无必然联系。从植物的繁育角度而言，对于已经确定的品种，除了可以按照申请材料中记载的培育方式获得外，还可以利用已知品种自身的繁殖特性等，通过其他方式获得该品种繁殖材料，存在通过申请材料记载的培育方式之外的手段获得该品种的繁殖材料的可能。若将保护范围限定在培育植物新品种的生产方式，将适用大规模繁育方式获得的品种排除保护范围之外，就会缩小品种权人的合法权益。因此，授权品种的保护范围不限于申请品种权时所采取的特定方式获得的繁殖材料，即使不同于植物新品种权授权阶段育种者所普遍使用的繁殖材料，其他植物材料可用于授权品种繁殖材料的，亦应当纳入植物新品种权的保护范围。

四、参照适用时应注意的问题

（一）植物新品种权侵权判定的特点

品种权的保护价值体现在该繁殖材料所承载的遗传信息，这些遗传信息通过田间种植体现在植物形态学的性状特征上。因此，在进行植物新品种侵权判定时，是以被诉侵权繁殖材料与授权品种的特征特性作为比对对象进而判断两者是否相同。植物新品种权属于技术类知识产权，但其保护原理不同于“公开换保护”的专利制度，无法通过品种权授权公告的书面描述信息实现品种的再现。品种权保护制度与专利制度存在的不同导致专利的侵权判断规则并不适用于植物新品种的侵权判断，植物新品种侵权同一性判定是被诉侵权的全部性状特征与授权品种的全部性状特征进行比较，完全相同才构成侵权。专利侵权纠纷中的“等同侵权”判定原则不适用于植物新品种的侵权判定。被诉侵权的繁殖材料除了与授权品种的特征特性相比，还具有其他稳定、可重现的性状差异时，即便有一些性状特征与授权品种相同，也不属于相同的繁殖材料，不构成侵权。

(二)新旧《种子法》关于品种权保护范围的差异

根据2015年修订的《种子法》的规定,品种权的保护范围仅涵盖繁殖材料。由于相关法律规及行政法规的规定比较原则,如何判断农作物和林木的籽粒、果实、根、茎、苗、芽、叶、花等是否为繁殖材料,不仅我国法律没有进行明确的规定,而且我国加入的《国际植物新品种权保护公约》也没有对其进行定义。二审判决通过对繁殖材料等基本问题的明确,基于案件纠纷发生时所适用的法律规定指出,植物新品种权的保护范围限于繁殖材料。

实际上,根据《国际植物新品种保护公约》(1991年文本),品种权的保护范围除繁殖材料外,还可以包括特定情况下的收获材料及其直接制成品。而且,在实践中,保护范围的界定因植物种类和用途会有所不同。例如,对大田作物常规水稻品种,留种的稻谷是繁殖材料,用于加工的稻谷和稻草是收获材料,加工后的大米或者草帘等是直接制成品。对园艺作物品种而说,种苗或枝条是繁殖材料,果实是收获材料,鲜榨果汁是直接制成品。① 我国未加入《国际植物新品种保护公约》(1991年文本),所以2015年修订的《种子法》及《植物新品种保护条例》均明确,品种权的保护范围为繁殖材料。

必须强调的是,这一问题已经因2021年修正的《种子法》而发生了改变。为保护和合理利用种质资源、规范品种选育、种子生产经营和管理行为,加强种业科学技术研究、鼓励育种创新,保护植物新品种权,全国人大常委会于2021年12月24日对《种子法》进行了修正。与2015年修订的《种子法》相比,2021年修正的《种子法》扩大了植物新品种权的保护范围以及保护环节,将保护范围由授权品种的繁殖材料延伸到了收获材料;保护环节由生产、繁殖销售扩展到了生产、繁殖和为繁殖而进行处理、许诺销售、销售、进口、出口、存储等;尤其是明确了实质性派生品种,依据育种创新程度对原始品种与修饰性品种实施区别性保护,强化原始创新保护。根据2021年修正的《种子法》第二十八条第三款的规定,涉及由未经许可使用授权品种的繁殖材料而获得收获材料的,应当得到植物新品种权所有人的许可;但是,植物新品种权所有人对繁殖材料已有合理机会行使其权利的除外。按照修正后的《种子法》规定,在对繁殖材料没有合理机会予以保护时,新《种子法》将保护范围延伸到了收获材料。没有合理机会保护繁殖材料是植物新品种权的保护范围延伸到收获材料的前提条件。可见,即使在2021年修正的《种子法》将植物新品种保护范围延伸到收获材料的情况下,繁殖材料作为品种权人行使独占权

---

① 刘振伟、张桃林、刘东生主编:《中华人民共和国种子法导读》,中国法制出版社2022年版,第162页。

的基础，如何认定繁殖材料仍然是一个重要问题，需要针对不同品种在具体案件中作出准确界定。因此，本案的裁判要旨对于2021年修正的《种子法》的理解和适用仍然具有价值和意义。

（执笔人：最高人民法院知识产权法庭　罗　霞

编审人：最高人民法院研究室　石　磊）

指导案例160号　蔡新光诉广州市润平商业有限公司侵害植物新品种权纠纷案

最高人民法院案例指导工作办公室编审人：石磊

1. 案例推荐单位：最高人民法院知识产权法庭

2. 案例编写人：最高人民法院知识产权法庭　罗霞

3. 案件裁判法院：广州知识产权法院（一审）、最高人民法院（二审）

4. 案件承办人：郑志柱（一审）、罗霞（二审）

相关法条

1.《中华人民共和国种子法》* （2016年1月1日实施）

第二十八条　完成育种的单位或者个人对其授权品种，享有排他的独占权。任何单位或者个人未经植物新品种权所有人许可，不得生产、繁殖或者销售该授权品种的繁殖材料，不得为商业目的将该授权品种的繁殖材料重复使用于生产另一品种的繁殖材料；但是本法、有关法律、行政法规另有规定的除外。

2.《中华人民共和国植物新品种保护条例》（2014年7月29日实施）

第六条　完成育种的单位或者个人对其授权品种，享有排他的独占权。任何单位或者个人未经品种权所有人（以下称品种权人）许可，不得为商业目的生产或者销售该授权品种的繁殖材料，不得为商业目的将该授权品种的繁殖材料重复使用于生产另一品种的繁殖材料；但是，本条例另有规定的除外。

3.《最高人民法院关于审理侵犯植物新品种权纠纷案件具体应用法律问题的若干规定》（2007年2月1日实施）**

第二条第一款　未经品种权人许可，为商业目的生产或销售授权品种的繁殖材料，或者为商业目的将授权品种的繁殖材料重复使用于生产另一品种的繁殖材料的，人民法院应当认定为侵犯植物新品种权。

* 该法已于2021年修正。——编者注

** 该司法解释已于2020年12月29日修正。——编者注

指导案例161号《广州王老吉大健康产业有限公司诉加多宝(中国)饮料有限公司虚假宣传纠纷案》的理解与参照

——虚假宣传行为的认定

2021年7月23日,最高人民法院发布了第28批指导性案例,包括第157号至第162号共六件指导性案例,均为知识产权案例。其中,第161号指导性案例为《广州王老吉大健康产业有限公司诉加多宝(中国)饮料有限公司虚假宣传纠纷案》。为了正确理解和准确参照适用该指导性案例,现对该指导性案例的选编过程、裁判要点、参照适用等有关情况予以解释、论证和说明。

一、案例选编过程

最高人民法院民三庭向案例指导工作办公室推荐该案例作为备选指导性案例。案例指导工作办公室经初审,认为该案例基本符合指导性案例要求,并送最高人民法院知识产权法庭征求意见,知识产权法庭同意推荐该案例,并就裁判要点提出相应修改建议。2020年11月20日,研究室室务会讨论同意,并提交审委会讨论。2021年4月20日,该案例经最高人民法院民专会第373次会议讨论,同意作为指导性案例。同年7月23日,最高人民法院以法〔2021〕182号文件将该案例编入第28批指导性案例予以发布。

二、关于本案例的基本情况

广州医药集团有限公司(以下简称广药集团)是第626155号、3980709号、9095940号"王老吉"系列注册商标的商标权人。上述商标核定使用的商品种类均为第32类:包括无酒精饮料、果汁、植物饮料等。1995年3月28日、9月14日,鸿道集团有限公司(以下简称鸿道集团)与广州羊城药业股份有限公司王老吉食品饮料分公司分别签订《商标使用许可合同》和《商标使用许可合同补充协议》,取得独家使用第626155号商标生产销售带有“王老吉”三个字的红色纸包装和罐装清凉茶饮料的使用权。1997年6月14日，陈鸿道被国家专利局授予《外观设计专利证书》，获得外观设计名称为“罐帖”的“王老吉”外观设计专利。2000年5月2日，广药集团（许可人）与鸿道集团（被许可人）签订《商标许可协议》，约定许可人授权被许可人使用第626155号“王老吉”注册商标生产销售红色罐装及红色瓶装王老吉凉茶。被许可人未经许可人书面同意，不得将该商标再许可其他第三者使用，但属被许可人投资（包括全资或合资）的企业使用该商标时，不在此限，但需知会许可人；许可人除自身及其下属企业已生产销售的绿色纸包装“王老吉”清凉茶外，许可人不得在第32类商品（饮料类）上使用“王老吉”商标或授权第三者使用“王老吉”商标，双方约定许可的性质为独占许可，许可期限自2000年5月2日起至2010年5月2日止。1998年9月，鸿道集团投资成立东莞加多宝食品饮料有限公司，后更名为广东加多宝饮料食品有限公司。加多宝（中国）饮料有限公司（以下简称加多宝中国公司）成立于2004年3月，属于加多宝集团关联企业。

此后，鸿道集团及其关联公司长期多渠道营销、开展公益活动和广告宣传，培育红罐“王老吉”凉茶品牌，获得众多荣誉，如罐装“王老吉”凉茶饮料在2003年被广东省佛山市中级人民法院认定为知名商品，“王老吉”罐装凉茶的装潢被认定为知名商品包装装潢；罐装“王老吉”凉茶多次被有关行业协会等评为“最具影响力品牌”；根据中国行业企业信息发布中心的证明，罐装“王老吉”凉茶在2007～2012年度均获得市场销量或销售额的第一名等。加多宝中国公司成立后开始使用前述“王老吉”商标生产红色罐装凉茶（罐身对称两面从上至下印有“王老吉”商标）。2012年5月9日，中国国际经济贸易仲裁委员会对广药集团与鸿道集团之间的商标许可合同纠纷作出终局裁决：（1）《“王老吉”商标许可补充协议》和《关于“王老吉”商标使用许可合同的补充协议》无效；（2）鸿道集团停止使用“王老吉”商标。2012年5月25日，广药集团与广州王老吉大健康产业有限公司（以下简称大健康公司）签订《商标使用许可合同》，许可大健康公司使用第3980709号“王老吉”商标。大健康公司在2012年6月左右，开始生产“王老吉”红色罐装凉茶。2013年3月，大健康公司在重庆市几处超市分别购买到外包装印有“全国销量领先的红罐凉茶改名加多宝”字样广告语的“加多宝”红罐凉茶产品及标有“全国销量领先的红罐凉茶改名加多宝”字样广告语的手提袋。根据重庆市公证处（2013）渝证字第17516号公证书载明，在“www. womai. com”中粮我买网网站上，有“加多宝”红罐凉茶产品销售，在销售页面上，有“全国销量领先的红罐凉茶改名加多宝”字样的广告宣传。根据（2013）渝证字第20363号公证书载明，在央视网广告频道VIP品牌俱乐部中，亦印有“全国销量领先的红罐凉茶改名加多宝”字样的“加多宝”红罐凉茶产品的广告宣传。2012年5月16日，人民网食品频道以“红罐王老吉改名‘加多宝’配方工艺均不变”为题做了报道。2012年5月18日，搜狐新闻以“红罐王老吉改名加多宝”为题做了报道。2012年5月23日，中国食品报电子版以“加多宝就是以前的王老吉”为题做了报道；同日，网易新闻也以“红罐‘王老吉’正式更名‘加多宝’”为题做了报道，并标注信息来自《北京晚报》。2012年6月1日，《中国青年报》以“加多宝凉茶全国上市红罐王老吉正式改名”为题做了报道。

大健康公司认为，上述广告内容与客观事实不符，使消费者形成错误认识，请求确认加多宝中国公司发布的包含涉案广告词的广告构成《反不正当竞争法》规定的不正当竞争，系虚假宣传，并判令立即停止发布包含涉案广告语或与之相似的广告词的电视、网络、报纸和杂志等媒体广告等。

重庆市第五中级人民法院于2014年6月26日作出(2013)渝五中法民初字第00345号民事判决：(1)确认被告加多宝中国公司发布的包含“全国销量领先的红罐凉茶改名加多宝”广告词的宣传行为构成不正当竞争的虚假宣传行为；(2)被告加多宝中国公司立即停止使用并销毁、删除和撤换包含“全国销量领先的红罐凉茶改名加多宝”广告词的产品包装和电视、网络、视频及平面媒体广告；(3)被告加多宝中国公司在本判决生效后十日内在《重庆日报》上公开发表声明以消除影响(声明内容须经本院审核)；(4)被告加多宝中国公司在本判决生效后十日内赔偿原告大健康公司经济损失及合理开支40万元；(5)驳回原告大健康公司的其他诉讼请求。宣判后，加多宝中国公司和大健康公司提出上诉。重庆市高级人民法院于2015年12月15日作出(2014)渝高法民终字第00318号民事判决，驳回上诉，维持原判。加多宝中国公司不服，向最高人民法院申请再审。最高人民法院于2019年5月28日作出(2017)最高法民再151号民事判决：(1)撤销重庆市高级人民法院(2014)渝高法民终字第00318号民事判决；(2)撤销重庆市第五中级人民法院(2013)渝五中法民初字第00345号民事判决；(3)驳回大健康公司的诉讼请求。

该案例在认定涉案广告语是否构成虚假宣传时，根据日常生活经验，以相关公众的一般注意力为标准，对涉案广告语是否片面、是否有歧义、是否容易使相关公众产生误解等问题进行了分析，明确了认定虚假宣传行为的立足点和标准；同时也结合具体案情，考虑了作为被宣传对象的商品及商标的实际情况，对涉案广告语是否会不正当占用他人商誉的问题作了评述。在此基础上，对于涉案广告语的合理性范围和使用时间等方面也作出了符合市场实际的评判，在保护竞争者合法权益的同时，也有利于进一步维持和净化市场竞争环境。

三、裁判要点的理解与说明

该指导性案例的裁判要点确认：人民法院认定广告是否构成《反不正当竞争

法》规定的虚假宣传行为,应结合相关广告语的内容是否有歧义,是否易使相关公众产生误解以及行为人是否有虚假宣传的过错等因素判断。一方当事人基于双方曾经的商标使用许可合同关系以及自身为提升相关商标商誉所做出的贡献等因素,发布涉案广告语,告知消费者基本事实,符合客观情况,不存在易使相关公众误解的可能,也不存在不正当地占用相关商标的知名度和良好商誉的过错,不构成《反不正当竞争法》规定的虚假宣传行为。

现围绕与该裁判要点相关的问题逐一解释和说明如下:

本案的焦点争议为加多宝中国公司使用涉案广告语"全国销量领先的红罐凉茶改名加多宝"的行为是否构成虚假宣传行为。有关虚假宣传行为认定的法律依据主要有《反不正当竞争法》(1993年)第九条第一款以及《最高人民法院关于审理不正当竞争民事案件应用法律若干问题的解释》(已失效,以下简称《不正当竞争司法解释》)第八条规定。加多宝中国公司使用"全国销量领先的红罐凉茶改名加多宝"广告语的行为是否构成虚假宣传,需要结合具体案情,根据日常生活经验,以相关公众的一般注意力,判断涉案广告语是否片面、是否有歧义,是否易使相关公众产生误解为立足点进行全面考量。

从涉案广告语的含义分析,加多宝中国公司对涉案广告语"全国销量领先的红罐凉茶改名加多宝"的描述和宣传是真实和符合客观事实的。鸿道集团自1995年取得"王老吉"商标的许可使用权后独家生产销售"王老吉"红罐凉茶,直到2012年停止使用"王老吉"商标,在此期间加多宝中国公司及其关联公司作为"王老吉"商标的被许可使用人,通过多年的广告宣传和使用,使"王老吉"红罐凉茶在凉茶市场具有很高知名度和美誉度。根据中国行业企业信息发布中心的证明,罐装"王老吉"凉茶在2007~2012年度,均获得市场销量或销售额的第一名。而在"王老吉"商标许可使用期间,广药集团并不生产和销售"王老吉"红罐凉茶。因此,涉案广告语前半部分"全国销量领先的红罐凉茶"的描述与统计结论相吻合,不存在虚假情形,且其指向性也非常明确,指向的是加多宝中国公司及其关联公司生产和销售的"王老吉"红罐凉茶。2012年5月9日,"王老吉"商标许可协议被中国国际经济贸易仲裁委员会裁决无效,加多宝中国公司及其关联公司开始生产"加多宝"红罐凉茶,因此在涉案广告语后半部分宣称"改名加多宝"也是客观事实的描述。

从《反不正当竞争法》规制虚假宣传的目的分析,《反不正当竞争法》是通过制止对商品或者服务的虚假宣传行为,维护公平的市场竞争秩序。一方面,从不正当竞争行为人的角度分析,侵权人通过对产品或服务的虚假宣传,如对产地、性能、用途、生产期限、生产者等不真实或片面的宣传,获取市场竞争优势和市场机会,损害权利人的利益;另一方面,从消费者角度分析,正是由于侵权人对商品或服务的虚假宣传,使消费者发生误认误购,损害权利人的利益。因此,《反不正当竞争法》上的虚假宣传立足点在于引人误解的虚假宣传,如果对商品或服务的宣传并不会使相关公众产生误解,则不是《反不正当竞争法》上规制的虚假宣传行为。本案中,在商标使用许可期间,加多宝中国公司及其关联公司通过多年持续、大规模的宣传使用行为,不仅显著提升了王老吉红罐凉茶的知名度,而且向消费者传递王老吉红罐凉茶的实际经营主体为加多宝中国公司及其关联公司。由于加多宝中国公司及其关联公司在商标许可使用期间生产"王老吉"红罐凉茶已经具有很高知名度,相关公众普遍认知的是加多宝中国公司生产的"王老吉"红罐凉茶,而不是大健康公司于2012年6月左右生产和销售的"王老吉"红罐凉茶。在加多宝中国公司及其关联公司不再生产"王老吉"红罐凉茶后,加多宝中国公司使用涉案广告语实际上是向相关公众行使告知义务,告知相关公众以前的"王老吉"红罐凉茶现在商标已经为加多宝,否则相关公众反而会误认为大健康公司生产的"王老吉"红罐凉茶为原来加多宝中国公司生产的"王老吉"红罐凉茶。因此,加多宝中国公司使用涉案广告语不存在易使相关公众误认误购的可能性,反而没有涉案广告语的使用,相关公众会发生误认误购的可能性。

关于涉案广告语"全国销量领先的红罐凉茶改名加多宝"的使用是否不正当地完全占用了"王老吉"红罐凉茶的知名度和良好商誉,是否使"王老吉"红罐凉茶无形中失去了原来拥有的知名度和商誉,并使相关公众误认为"王老吉"商标已经停止使用或不再使用:其一,虽然"王老吉"商标知名度和良好声誉是广药集团作为商标所有人和加多宝中国公司及其关联公司共同宣传使用的结果,但是"王老吉"商标知名度的提升和巨大商誉却主要源于加多宝中国公司及其关联公司在商标许可使用期间大量的宣传使用。加多宝中国公司使用涉案广告语即便占用了"王老吉"商标的一部分商誉,但由于"王老吉"商标商誉主要源于加多宝中国公司及其关联公司的贡献,因此这种占用具有一定合理性。其二,广药集团收回"王老吉"商标后,开始授权许可大健康公司生产"王老吉"红罐凉茶,这种使用行为本身即已获得了王老吉商标商誉和美誉度。其三,2012年6月大健康公司开始生产"王老吉"红罐凉茶,因此消费者看到涉案广告语客观上并不会误认为"王老吉"商标已经停止使用或不再使用,凝结在"王老吉"红罐凉茶上的商誉在大健康公司生产"王老吉"红罐凉茶后,自然为大健康公司所享有。其四,大健康公司是在商标许可合同仲裁裁决无效后才开始生产"王老吉"红罐凉茶,此前其并不生产红罐凉茶,因此涉案广告语并不能使其生产的"王老吉"红罐凉茶无形中失去了原来拥有的知名度和商誉。

本案的审理综合各方面情况,客观、理性分析了本案的案件事实,符合经济规律和法治原则。加多宝中国公司为了保护自己的市场,为了维系通过多年经营和消费者建立起来的诚实联系,进而通过商业广告告知消费者其已更名为加多宝。涉案广告语虽然没有完整反映商标许可使用期间以及商标许可合同终止后,加多宝中国公司为何使用、终止使用并变更商标的相关事实,确有不妥,但是加多宝中国公司在商标许可合同终止后,为保有在商标许可期间其对“王老吉”红罐凉茶商誉提升所做出的贡献而享有的权益,将“王老吉”红罐凉茶改名“加多宝”的基本事实向消费者告知,其主观上并无明显不当;在客观上,基于广告语的简短扼要特点,以及“王老吉”商标许可使用情况、加多宝中国公司及其关联公司对提升“王老吉”商标商誉所做出的巨大贡献,消费者对王老吉红罐凉茶实际经营主体的认知,结合消费者的一般注意力、发生误解的事实和被宣传对象的实际情况,加多宝中国公司使用涉案广告语并不产生引人误解的效果,并未损坏公平竞争的市场秩序和消费者的合法权益,不构成虚假宣传行为。即便部分消费者在看到涉案广告语后有可能会产生“王老吉”商标改为“加多宝”商标,原来的“王老吉”商标已经停止使用或不再使用的认知,也属于商标许可使用关系中商标控制人与实际使用人相分离后,尤其是商标许可关系终止后,相关市场可能产生混淆的后果,但该混淆的后果并不必然产生《反不正当竞争法》上的“引人误解”的效果。

(执笔人:最高人民法院民三庭　钱小红、曹佳音
编审人:最高人民法院研究室　马蓓蓓)

指导案例161号　广州王老吉大健康产业有限公司诉加多宝(中国)饮料有限公司虚假宣传纠纷案

最高人民法院案例指导工作办公室编审人:马蓓蓓

1. 案例推荐单位:最高人民法院民三庭
2. 案例编写人:最高人民法院民三庭　钱小红、曹佳音
3. 案件裁判法院:最高人民法院(再审)
4. 案件承办人:钱小红(再审)

相关法条

1.《中华人民共和国反不正当竞争法》(2019年修正)

第八条第一款　经营者不得对其商品的性能、功能、质量、销售状况、用户评价、曾获荣誉等作虚假或者引人误解的商业宣传,欺骗、误导消费者。

2.《中华人民共和国反不正当竞争法》(1993年12月1日实施)

第九条第一款　经营者不得利用广告或者其他办法,对商品的质量、制作成分、性能、用途、生产者、有效期限、产地等作引人误解的虚假宣传。

3.《最高人民法院关于审理不正当竞争民事案件应用法律若干问题的解释》(2007年2月1日实施)(已失效)

第八条　经营者具有下列行为之一,足以造成相关公众误解的,可以认定为反不正当竞争法第九条第一款规定的引人误解的虚假宣传行为:

(一)对商品作片面的宣传或者对比的;

(二)将科学上未定论的观点、现象等当作定论的事实用于商品宣传的;

(三)以歧义性语言或者其他引人误解的方式进行商品宣传的。

以明显的夸张方式宣传商品,不足以造成相关公众误解的,不属于引人误解的虚假宣传行为。

人民法院应当根据日常生活经验、相关公众一般注意力、发生误解的事实和被宣传对象的实际情况等因素,对引人误解的虚假宣传行为进行认定。

指导案例162号《重庆江小白酒业有限公司诉国家知识产权局、第三人重庆市江津酒厂(集团)有限公司商标权无效宣告行政纠纷案》的理解与参照

——产品定制合作商业模式下商标权归属的认定

2021年7月23日,最高人民法院发布了第28批指导性案例,包括第157号至第162号共六件指导性案例,均为知识产权案例。其中,第162号指导性案例为《重庆江小白酒业有限公司诉国家知识产权局、第三人重庆市江津酒厂(集团)有限公司商标权无效宣告行政纠纷案》。为了正确理解和准确参照适用该指导性案例,现对该指导性案例的选编过程、裁判要点、参照适用等有关情况予以解释、论证和说明。

一、案例选编过程

最高人民法院民三庭向案例指导工作办公室推荐该案例作为备选指导性案例。案例指导工作办公室经初审,认为该案例基本符合指导性案例要求,并送最高人民法院知识产权法庭征求意见,知识产权法庭同意推荐该案例,并就裁判要点提出相应修改建议。2020年11月20日,研究室室务会讨论同意,并提交审委会讨论。2021年4月20日,该案例经最高人民法院民专会第373次会议讨论,同意作为指导性案例。7月23日,最高人民法院以法〔2021〕182号文件将该案例编入第28批指导性案例予以发布。

二、关于本案例的基本情况

(一)案件基本情况及裁判结果

重庆江小白酒业有限公司(以下简称江小白公司)与国家知识产权局、重庆市江津酒厂(集团)有限公司(以下简称江津酒厂)商标权无效宣告行政纠纷案中,诉

争商标系第10325554号“江小白”商标,于2011年12月19日由成都格尚广告有限责任公司申请注册,核定使用在第33类酒类商品上,经核准,权利人先后变更为四川新蓝图商贸有限公司(以下简称新蓝图公司)、江小白公司。

重庆市江津区糖酒有限责任公司(包括江津酒厂等关联单位)与新蓝图公司(包括下属各地子公司、办事处等关联单位)于2012年2月20日签订销售合同和定制产品销售合同。定制产品销售合同明确约定授权新蓝图公司销售的产品为“几江”牌系列酒定制产品,其中并未涉及“江小白”商标,而且定制产品销售合同第一条约定,“甲方(江津酒厂)授权乙方(新蓝图公司)为‘几江牌’江津老白干‘清香一、二、三号’系列超清纯系列、年份陈酿系列酒定制产品经销商”。第六条之2明确约定,“乙方负责产品概念的创意、产品的包装设计、广告宣传的策划和实施、产品的二级经销渠道招商和维护,甲方给予全力配合。乙方的产品概念、包装设计、广告图案、广告用语、市场推广策划方案,甲方应予以尊重,未经乙方授权,不得用于甲方直接销售或者甲方其他客户销售的产品上使用”。

2016年5月,江津酒厂针对诉争商标向原国家工商行政管理总局商标评审委员会(以下简称商标评审委员会)提出无效宣告请求。商标评审委员会认为,在诉争商标申请日之前,江小白公司对江津酒厂的“江小白”商标理应知晓,诉争商标的注册已构成2001年修正的《商标法》(以下简称2001年《商标法》)第十五条所规定的不予注册并禁止使用之情形。故裁定对诉争商标予以宣告无效。江小白公司不服,提起行政诉讼。

北京知识产权法院于2017年12月25日作出(2017)京73行初1213号行政判决:(1)撤销商标评审委员会作出的商评字〔2016〕第117088号关于第10325554号“江小白”商标无效宣告请求裁定;(2)商标评审委员会针对江津酒厂就第10325554号“江小白”商标提出的无效宣告请求重新作出裁定。商标评审委员会、江津酒厂不服,上诉至北京市高级人民法院。北京市高级人民法院于2018年11月22日作出(2018)京行终2122号行政判决:(1)撤销北京知识产权法院(2017)京73行初1213号行政判决;(2)驳回江小白公司的诉讼请求。江小白公司不服,向最高人民法院申请再审。最高人民法院于2019年12月26日作出(2019)最高法行再224号行政判决:(1)撤销北京市高级人民法院(2018)京行终2122号行政判决;(2)维持北京知识产权法院(2017)京73行初1213号行政判决。

(二)案件涉及的主要法律问题

本案涉及的法律问题之一在于诉争商标的申请注册是否违反2001年《商标法》第十五条的规定。首先,江津酒厂提供的证据不足以证明其在先使用诉争商标。其次,虽然江津酒厂与新蓝图公司存在经销关系,但双方的定制产品销售合同也同时约定定制产品的产品概念、广告用语等权利归新蓝图公司所有。本案中的定制产品销售合同约定的经营模式在酒类行业中也存在并被媒体报道,相关经营者也应当知晓。最后,江津酒厂与新蓝图公司合作期间的往来邮件等证据证明,“江小白”的名称及相关产品设计系由时任新蓝图公司的法定代表人陶石泉在先提出。综上,诉争商标的申请注册未违反2001年《商标法》第十五条规定,故作出上述判决。

本案涉及的法律问题之二在于2001年商标法第十五条的适用,特别是其中规定的“被代理人或者被代表人的商标”的认定问题。2001年《商标法》第十五条规定,“未经授权,代理人或者代表人以自己的名义将被代理人或者被代表人的商标进行注册,被代理人或者被代表人提出异议的,不予注册并禁止使用。”2013年修改《商标法》时增加了一款,扩张了适用范围,但基本精神一致。2001年商标法修正案增加第十五条关于遏制代理人恶意抢注商标制度的规定,是根据《巴黎公约》第六条之七的要求,并考虑到我国恶意注册他人商标现象日益增多的实际情况。[①]《巴黎公约》第六条之七主要用于解决跨国品牌代理或者经销中出现的经销商等代理人恶意注册被代理人品牌的问题。跨国品牌代理或者经销是生产者与销售者之间的一种合作模式。本案不涉及跨国品牌,但实质上也反映了在商品的生产者与销售者之间存在定制产品合作模式的情况下如何认定商品所使用的商标的权属的问题。

本案社会关注度非常高,历经四次裁判、结果三度更迭,当事人对商标权的激烈争夺充分反映了商标对于企业经营的重要意义和战略价值。最高人民法院改判诉争商标归经销者所有,既是对当事人约定的肯定,也是对酒类产品定制合作模式的尊重,有助于酒类行业生态的繁荣和发展。在我国目前商业合作模式繁荣多样的情况下,如电视台与节目制作者合作推出热播节目、网络平台公司与写手合作推出特定名称的作品等,均可能产生类似本案的商标授权确权纠纷。本案通过准确认定2001年《商标法》第十五条规定的“被代理人的商标”,明确了商品定制合作等商业模式下商标权归属的认定问题,对于类似案件具有普遍指导意义。

三、裁判要点的理解与说明

该指导性案例的裁判要点确认:当事人双方同时签订了销售合同和定制产品销售合同,虽然存在经销关系,但诉争商标图样、产品设计等均由代理人一方提出,

---

① 王众孚:《关于〈中华人民共和国商标法修正案(草案)的说明〉》,载《中华人民共和国全国人民代表大会常务委员会公报》2001年第7期。

且定制产品销售合同明确约定被代理人未经代理人授权不得使用定制产品的产品概念、广告用语等，在被代理人没有在先使用行为的情况下，不能认定诉争商标为《商标法》第十五条规定的被代理人的商标。

现围绕与该裁判要点相关的问题逐一解释和说明如下：

一是2001年《商标法》第十五条适用的前提是诉争商标的申请人或者注册人与无效宣告请求人存在特定关系，即代理人或者代表人与被代理人或者被代表人的关系。本案中，诉争商标即"江小白"商标，于2011年12月19日由格尚公司申请注册，核定使用在第33类酒类商品上，权利人先后核准变更为新蓝图公司、江小白公司。诉争商标的申请人虽然是格尚公司，与无效宣告请求人江津酒厂不存在直接的特定关系。但是，根据新蓝图公司在无效宣告程序中的答辩和本案中提交的证据，新蓝图公司和江小白公司法定代表人陶石泉与格尚公司的周荣、石阳是工作伙伴和生活好友，常一起探讨白酒品牌的时尚化发展等问题，陶石泉曾在金六福酒业工作，熟悉白酒行业的运营模式，且具备创立一个全新白酒品牌的能力。格尚公司申请并获得注册后将诉争商标转让给新蓝图公司。新蓝图公司于2012年2月20日与江津酒厂分别签订了酒类产品的销售合同和定制产品销售合同，江津酒厂与新蓝图公司分别作为特定产品的生产商和销售商，二者之间存在被代理与代理的特定关系。2001年《商标法》第十五条专门规制存在特定关系的代理人抢注被代理人商标的行为。

二是2001年《商标法》第十五规定并不存在在先使用的要求，但是在先使用可以成为判断商标权归属的考虑因素。在依据2001年《商标法》第十五条规定或者2013年《商标法》第十五条第一款规定申请撤销或者宣告无效诉争商标的被代理人或者被代表人，往往会主张其在先使用。本案中，江津酒厂主张其在先使用诉争商标的证据绝大多数为诉争商标申请日之后形成的证据，涉及诉争商标申请日之前相关行为的证据有江津酒厂与森欧公司的销售合同、产品送货单、审计报告。本案再审判决书在逐一审查江津酒厂提供的使用证据的基础上，指出了使用证据存在的疑点，认定上述证据不足以证明江津酒厂在先使用诉争商标"江小白"。此外，江津酒厂还主张，诉争商标是新蓝图公司为江津酒厂所设计，但是，根据江津酒厂与新蓝图公司合作期间的往来邮件等证据可知，"江小白"的名称及相关产品设计系由时任新蓝图公司的法定代表人陶石泉提出，现有证据不足以证明新蓝图公司是为江津酒厂设计商标。

三是代理人与被代理人之间关于商标权归属的约定在判断诉争商标权归属时具有决定性作用。本案再审判决书认定诉争商标不属于江津酒厂的一个重要依据是，江津酒厂与新蓝图公司签订的定制产品销售合同第六条之2的约定，该条约定，

"乙方(新蓝图公司)负责产品概念的创意……乙方的产品概念、包装设计、广告图案、广告用语、市场推广策划方案,甲方(江津酒厂等)应予以尊重,未经乙方授权,不得用于甲方直接销售或者甲方其他客户销售的产品上使用。"上述约定虽然没有明确经销商为定制产品设计的商标归经销商所有,但是,产品概念、广告用语等本质上属于广义的商业标识,在长期使用的情况下,也会被相关公众识别为未注册商标。实际上,新蓝图公司与江津酒厂签订定制产品销售合同的目的就是想委托江津酒厂生产定制产品,由其自己销售定制产品,其为定制产品设计的商业标识归其所有,通俗地讲,就是通过经销他人的产品来打造自己的品牌。这种商业模式在其他领域也不乏存在,如特定作品的传播平台与作者约定作者不得使用其本名或者笔名创作与该作者的特定作品名称相同或者相似的作品等,由传播平台对该特定作品进行宣传推广,当该特定作品在相关公众中有一定影响甚至广为知晓后,传播平台和作者均会从中受益,传播平台还能够根据约定掌控对该作品名称的后续开发使用。

四、参照适用时应注意的问题

如前所述,2001 年《商标法》第十五条适用的前提是诉争商标的申请人或者注册人与无效宣告请求权存在特定关系。本案中,江小白公司经过受让取得诉争商标,江小白公司与诉争商标的申请人格尚公司事实上存在合作创业或者委托设计关系。2001 年《商标法》第十五条规定可以扩大适用于与诉争商标申请人格尚公司存在特定关系的江小白公司。对此,《最高人民法院关于审理商标授权确权行政案件若干问题的规定》第十五条第一款规定,"商标代理人、代表人或者经销、代理等销售代理关系意义上的代理人、代表人未经授权,以自己的名义将与被代理人或者被代表人的商标相同或者近似的商标在相同或者类似商品上申请注册的,人民法院适用商标法第十五条第一款的规定进行审理。"第二款和第三款规定,"在为建立代理或者代表关系的磋商阶段,前款规定的代理人或者代表人将被代理人或者被代表人的商标申请注册的,人民法院适用商标法第十五条第一款的规定进行审理。商标申请人与代理人或者代表人之间存在亲属关系等特定身份关系的,可以推定其商标注册行为系与该代理人或者代表人恶意串通,人民法院适用商标法第十五条第一款的规定进行审理。"上述规定通过目的解释,将 2001 年《商标法》第十五条规定中的代理人或者代表人扩大到与代理人或者代表人存在特定关系的人,这样能够有效遏制恶意抢注行为。对于其他恶意抢注行为,包括抢注未注册驰名商标、不正当抢注有一定影响的商标以及"以欺骗手段或者其他不正当手段取得注册的"等,均由商标法其他条文予以规范。

此外,需要强调的是,我国《商标法》对于商标权的注册实行"先申请、先注册",但是对于经过使用具有一定影响的商标,如果被他人抢注,在符合《商标法》规定的条件下也受到保护。在现实经济生活中,有的经营者在使用的商标产生一定影响后才想到申请注册商标,而有的经营者则提前进行商标布局,在未使用之前就申请注册商标。对于相关公众来说,可能最为关心的是商品是谁生产的,传统观念认为商品的品质是由生产商决定的。但是,在现代经济生活中,商品的营销对于提高商品的知名度、吸引相关公众购买商品、彰显使用该品牌商品的相关公众的身份具有重要作用,法律也允许委托贴牌生产,即委托他人生产商品,但商品使用委托人的商标。人民法院在适用2001年《商标法》第十五条规定规制代理人恶意抢注商标行为时应当考虑包括商业模式发展状况在内的现实经济生活。

(执笔人:最高人民法院民三庭　郎贵梅
编审人:最高人民法院研究室　马蓓蓓)

指导案例162号　重庆江小白酒业有限公司诉国家知识产权局、第三人重庆市江津酒厂(集团)有限公司商标权无效宣告行政纠纷案

最高人民法院案例指导工作办公室编审人:马蓓蓓

1. 案例推荐单位:最高人民法院民三庭
2. 案例编写人:最高人民法院民三庭　郎贵梅
3. 案件裁判法院:最高人民法院(再审)
4. 案件承办人:郎贵梅(再审)

相关法条

《中华人民共和国商标法》* (2014年5月1日实施)

第十五条　未经授权,代理人或者代表人以自己的名义将被代理人或者被代表人的商标进行注册,被代理人或者被代表人提出异议的,不予注册并禁止使用。

就同一种商品或者类似商品申请注册的商标与他人在先使用的未注册商标相同或者近似,申请人与该他人具有前款规定以外的合同、业务往来关系或者其他关系而明知该他人商标存在,该他人提出异议的,不予注册。

---

* 该法已于2019年修正。——编者注

最高人民法院
关于发布第29批指导性案例的通知

（法〔2021〕228号）

各省、自治区、直辖市高级人民法院，解放军军事法院，新疆维吾尔自治区高级人民法院生产建设兵团分院：

经最高人民法院审判委员会讨论决定，现将江苏省纺织工业（集团）进出口有限公司及其五家子公司实质合并破产重整案等三个案例（指导案例163－165号），作为第29批指导性案例发布，供在审判类似案件时参照。

最高人民法院

2021年9月14日

指导案例163号

江苏省纺织工业（集团）进出口有限公司及其五家子公司实质合并破产重整案

（最高人民法院审判委员会讨论通过　2021年9月18日发布）

关键词　民事/破产重整/实质合并破产/关联企业/债转股/预表决

裁判要点

1. 当事人申请对关联企业合并破产的，人民法院应当对合并破产的必要性、正当性进行审查。关联企业成员的破产应当以适用单个破产程序为原则,在关联企业成员之间出现法人人格高度混同、区分各关联企业成员财产成本过高、严重损害债权人公平清偿利益的情况下,可以依申请例外适用关联企业实质合并破产方式进行审理。

2. 采用实质合并破产方式的,各关联企业成员之间的债权债务归于消灭,各成员的财产作为合并后统一的破产财产,由各成员的债权人作为一个整体在同一程序中按照法定清偿顺位公平受偿。合并重整后,各关联企业原则上应当合并为一个企业,但债权人会议表决各关联企业继续存续,人民法院审查认为确有需要的,可以准许。

3. 合并重整中,重整计划草案的制定应当综合考虑进入合并的关联企业的资产及经营优势、合并后债权人的清偿比例、出资人权益调整等因素,保障各方合法权益;同时,可以灵活设计"现金+债转股"等清偿方案、通过"预表决"方式事先征求债权人意见并以此为基础完善重整方案,推动重整的顺利进行。

相关法条

《中华人民共和国企业破产法》第1条、第2条

基本案情

申请人:江苏省纺织工业(集团)进出口有限公司、江苏省纺织工业(集团)轻纺进出口有限公司、江苏省纺织工业(集团)针织进出口有限公司、江苏省纺织工业(集团)机电进出口有限公司、无锡新苏纺国际贸易有限公司、江苏省纺织工业(集团)服装进出口有限公司共同的管理人。

被申请人:江苏省纺织工业(集团)进出口有限公司、江苏省纺织工业(集团)轻纺进出口有限公司、江苏省纺织工业(集团)针织进出口有限公司、江苏省纺织工业(集团)机电进出口有限公司、无锡新苏纺国际贸易有限公司、江苏省纺织工业(集团)服装进出口有限公司。

2017年1月24日,南京市中级人民法院(以下简称南京中院)根据镇江福源纺织科技有限公司的申请,裁定受理江苏省纺织工业(集团)进出口有限公司(以下简称省纺织进出口公司)破产重整案,并于同日指定江苏东恒律师事务所担任管理人。2017年6月14日,南京中院裁定受理省纺织进出口公司对江苏省纺织工业(集团)轻纺进出口有限公司(以下简称省轻纺公司)、江苏省纺织工业(集团)针织进出口有限公司(以下简称省针织公司)、江苏省纺织工业(集团)机电进出口有限公司(以下简称省机电公司)、无锡新苏纺国际贸易有限公司(以下简称无锡新苏纺公司)的重整申请及省轻纺公司对江苏省纺织工业(集团)服装进出口有限公司(以下简称省服装公司)的重整申请(其中,省纺织进出口公司对无锡新苏纺公司的重

整申请经请示江苏省高级人民法院，指定由南京中院管辖）。同日，南京中院指定江苏东恒律师事务所担任管理人，在程序上对六家公司进行协调审理。2017 年 8 月 11 日，管理人以省纺织进出口公司、省轻纺公司、省针织公司、省机电公司、无锡新苏纺公司、省服装公司等六家公司人格高度混同为由，向南京中院申请对上述六家公司进行实质合并重整。

法院经审理查明：

一、案涉六家公司股权情况

省纺织进出口公司注册资本 5500 万元，其中江苏省纺织（集团）总公司（以下简称省纺织集团）出资占 60.71%，公司工会出资占 39.29%。省轻纺公司、省针织公司、省机电公司、无锡新苏纺公司、省服装公司（以下简称五家子公司）注册资本分别为 1000 万元、500 万元、637 万元、1000 万元、1000 万元，省纺织进出口公司在五家子公司均出资占 51%，五家子公司的其余股份均由职工持有。

二、案涉六家公司经营管理情况

1. 除无锡新苏纺公司外，其余案涉公司均登记在同一地址，法定代表人存在互相交叉任职的情况，且五家子公司的法定代表人均为省纺织进出口公司的高管人员，财务人员及行政人员亦存在共用情形，其中五家子公司与省纺织进出口公司共用财务人员进行会计核算，付款及报销最终审批人员相同。

2. 省纺织进出口公司和五家子公司间存在业务交叉混同情形，五家子公司的业务由省纺织进出口公司具体安排，且省纺织进出口公司与五家子公司之间存在大量关联债务及担保。

为防止随意对关联企业进行合并，损害公司的独立人格，损害部分债权人等利益相关者的合法权益，在收到合并重整申请后，南京中院对申请人提出的申请事项和事实理由进行了审查，同时组织债权人代表、债务人代表、职工代表、管理人、审计机构等进行全面的听证，听取各方关于公司是否存在混同事实的陈述，同时对管理人清理的债权债务情况、审计报告，以及各方提交的证据进行全面的审核，并听取了各方对于合并破产重整的意见。

裁判结果

依照企业破产法第一条、第二条规定，南京中院于 2017 年 9 月 29 日作出（2017）苏 01 破 1、6、7、8、9、10 号民事裁定：省轻纺公司、省针织公司、省机电公司、无锡新苏纺公司、省服装公司与省纺织进出口公司合并重整。

依照企业破产法第八十六条第二款之规定，南京中院于 2017 年 12 月 8 日作出（2017）苏 01 破 1、6、7、8、9、10 号之二民事裁定：一、批准省纺织进出口公司、省轻纺公司、省针织公司、省机电公司、无锡新苏纺公司、省服装公司合并重整计划；二、终止省纺织进出口公司、省轻纺公司、省针织公司、省机电公司、无锡新苏纺公司、省服装公司合并重整程序。

裁判理由

法院生效裁判认为:公司人格独立是公司制度的基石,关联企业成员的破产亦应以适用单个破产程序为原则。但当关联企业成员之间存在法人人格高度混同、区分各关联企业成员财产成本过高、严重损害债权人公平清偿利益时,可以适用关联企业实质合并破产方式进行审理,从而保障全体债权人能够公平受偿。

本案中,案涉六家公司存在人格高度混同情形,主要表现在:人员任职高度交叉,未形成完整独立的组织架构;共用财务及审批人员,缺乏独立的财务核算体系;业务高度交叉混同,形成高度混同的经营体,客观上导致六家公司收益难以正当区分;六家公司之间存在大量关联债务及担保,导致各公司的资产不能完全相互独立,债权债务清理极为困难。在此情形下,法院认为,及时对各关联企业进行实质性的合并,符合企业破产法关于公平清理债权债务、公平保护债权人、债务人合法权益的原则要求。企业破产法的立法宗旨在于规范破产程序,公平清理债权债务,公平保护全体债权人和债务人的合法权益,从而维护社会主义市场经济秩序。在关联企业存在人格高度混同及不当利益输送的情形下,不仅严重影响各关联企业的债权人公平受偿,同时也严重影响了社会主义市场经济的公平竞争原则,从根本上违反了企业破产法的实质精神。在此情形下,对人格高度混同的关联企业进行合并重整,纠正关联企业之间不当利益输送、相互控制等违法违规行为,保障各关联企业的债权人公平实现债权,符合法律规定。具体到债权人而言,在分别重整的情形下,各关联企业中的利益实质输入企业的普通债权人将获得额外清偿,而利益实质输出企业的普通债权人将可能遭受损失。因此,在关联企业法人人格高度混同的情况下,单独重整将可能导致普通债权人公平受偿的权利受到损害。进行合并后的整体重整,部分账面资产占优势的关联企业债权人的债权清偿率,虽然可能较分别重整有所降低,使其利益表面上受损,但此种差异的根源在于各关联企业之间先前的不当关联关系,合并重整进行债务清偿正是企业破产法公平清理债权债务的体现。

依照企业破产法第一条、第二条规定,南京中院于2017年9月29日作出(2017)苏01破1、6、7、8、9、10号民事裁定:省轻纺公司、省针织公司、省机电公司、无锡新苏纺公司、省服装公司与省纺织进出口公司合并重整。

合并重整程序启动后,管理人对单个企业的债权进行合并处理,同一债权人对六家公司同时存在债权债务的,经合并进行抵销后对债权余额予以确认,六家关联企业相互之间的债权债务在合并中作抵销处理,并将合并后的全体债权人合为一个整体进行分组。根据破产法规定,债权人分为有财产担保债权组、职工债权组、税款债权组、普通债权组,本案因全体职工的劳动关系继续保留,不涉及职工债权清偿问题,且税款已按期缴纳,故仅将债权人分为有财产担保债权组和普通债权组。同时设出资人组对出资人权益调整方案进行表决。

鉴于省纺织进出口公司作为省内具有较高影响力的纺织外贸企业,具有优质的经营资质及资源,同时五家子公司系外贸企业的重要平台,故重整计划以省纺织进出口公司等六家公司作为整体,引入投资人,综合考虑进入合并的公司的资产及经营优势、合并后债权人的清偿、出资人权益的调整等,予以综合设计编制。其中重点内容包括:

一、引入优质资产进行重组,盘活企业经营。进入重整程序前,案涉六家公司已陷入严重的经营危机,重整能否成功的关键在于是否能够真正盘活企业经营。基于此,本案引入苏豪控股、省纺织集团等公司作为重整投资方,以所持上市公司股权等优质资产对省纺织进出口公司进行增资近12亿元。通过优质资产的及时注入对企业进行重组,形成新的经济增长因子,盘活关联企业的整体资源,提高债务清偿能力,恢复企业的经营能力,为重塑企业核心竞争力和顺利推进重整方案执行奠定了坚实基础。同时,作为外贸企业,员工的保留是企业能够获得重生的重要保障。重整计划制定中,根据外贸企业特点,保留全部职工,并通过职工股权注入的方式,形成企业经营的合力和保障,从而保障重整成功后的企业能够真正获得重生。

二、调整出资人权益,以“现金 + 债转股”的方式统一清偿债务,并引入“预表决”机制。案涉六家公司均系外贸公司,自有资产较少,在债务清偿方式上,通过先行对部分企业资产进行处置,提供偿债资金来源。在清偿方式上,对有财产担保、无财产担保债权人进行统一的区分。对有财产担保的债权人,根据重整程序中已处置的担保财产价值及未处置的担保财产的评估价值,确定有财产担保的债权人优先受偿的金额,对有财产担保债权人进行全额现金清偿。对无财产担保的普通债权人,采用部分现金清偿、部分以股权置换债权(债转股)的方式清偿的复合型清偿方式,保障企业的造血、重生能力,最大化保障债权人的利益。其中,将增资入股股东的部分股权与债权人的债权进行置换(债转股部分),具体而言,即重整投资方省纺织集团以所持(将其所持的)省纺织进出口公司的部分股份,交由管理人按比例置换债权人所持有的债权的方式进行清偿,省纺织集团免除省纺织进出口公司及五家子公司对其负有的因置换而产生的债务。清偿完毕后,债权人放弃对省纺织进出口公司及五家子公司的全部剩余债权。由于采用了“现金 + 债转股”的复合型清偿方式,债权人是否愿意以此种方式进行受偿,是能否重整成功的关键。因此,本案引入了“预表决”机制,在重整计划草案的制定中,由管理人就债转股的必要性、可行性及清偿的具体方法进行了预先的说明,并由债权人对此预先书面发表意见,在此基础上制定完善重整计划草案,并提交债权人会议审议表决。从效果看,通过“债转股”方式清偿债务,在重整计划制定过程中进行预表决,较好地保障了债权人的知情权和选择权,自主发表意见,从而使“债转股”清偿方式得以顺利进行。

2017年11月22日,案涉六家公司合并重整后召开第一次债权人会议。管理人向债权人会议提交了合并重整计划草案,各关联企业继续存续。经表决,有财产担保债权组100%同意,普通债权组亦93.6%表决通过计划草案,出资人组会议也100%表决通过出资人权益调整方案。法院经审查认为,合并重整计划制定、表决程序合法,内容符合法律规定,公平对待债权人,对出资人权益调整公平、公正,经营方案具有可行性。依照《中华人民共和国企业破产法》第八十六条第二款之规定,南京中院于2017年12月8日作出(2017)苏01破1、6、7、8、9、10号之二民事裁定:一、批准省纺织进出口公司、省轻纺公司、省针织公司、省机电公司、无锡新苏纺公司、省服装公司合并重整计划;二、终止省纺织进出口公司、省轻纺公司、省针织公司、省机电公司、无锡新苏纺公司、省服装公司合并重整程序。

(生效裁判审判人员:姚志坚、荣艳、蒋伟)

指导案例164号

江苏苏醇酒业有限公司及关联公司实质合并破产重整案

(最高人民法院审判委员会讨论通过 2021年9月18日发布)

关键词 民事/破产重整/实质合并破产/投资人试生产/利益衡平/监督

裁判要点

在破产重整过程中,破产企业面临生产许可证等核心优质资产灭失、机器设备闲置贬损等风险,投资人亦希望通过试生产全面了解企业经营实力的,管理人可以向人民法院申请由投资人先行投入部分资金进行试生产。破产企业核心资产的存续直接影响到破产重整目的实现，管理人的申请有利于恢复破产企业持续经营能力，有利于保障各方当事人的利益，该试生产申请符合破产保护理念，人民法院经审查，可以准许。同时，投资人试生产在获得准许后，应接受人民法院、管理人及债权人的监督，以公平保护各方的合法权益。

相关法条

《中华人民共和国企业破产法》第1条、第2条、第26条、第86条

基本案情

江苏苏醇酒业有限公司（以下简称苏醇公司）是江苏省睢宁县唯一一家拥有酒精生产许可证的企业，对于地方经济发展具有重要影响。2013年以来，由于企业盲目扩张，经营管理混乱，造成资金链断裂，并引发多起诉讼。徐州得隆生物科技有限公司、徐州瑞康食品科技有限公司系苏醇公司关联企业，三家公司均是从事农产品深加工的生物科技公司。截至破产重整受理前，三家公司资产总额1.25亿元，负债总额4.57亿元，资产负债率达365.57%。2017年12月29日，三家公司以引进投资人、重振企业为由，分别向江苏省睢宁县人民法院（以下简称睢宁法院）申请破产重整。睢宁法院经审查认为，三家公司基础和发展前景较好，酒精生产资质属于稀缺资源，具有重整价值，遂于2018年1月12日分别裁定受理三家公司的破产重整申请。因三家公司在经营、财务、人员、管理等方面出现高度混同，且区分各关联企业成员财产的成本过高，遂依照《全国法院破产审判工作会议纪要》第32条规定，依据管理人的申请，于2018年6月25日裁定三家公司实质合并破产重整。

重整期间，投资人徐州常青生物科技有限公司在对苏醇公司的现状进场调查后提出：苏醇公司已经停产停业多年，其核心资产酒精生产许可证已经脱审，面临灭失风险，还存在职工流失、机器设备闲置贬损以及消防、环保等安全隐患等影响重整的情况。同时，企业原管理层早已陷于瘫痪状态，无能力继续进行相关工作，公司账面无可用资金供管理人化解危机。在此情况下，管理人提出由重整投资人先行投入部分资金恢复企业部分产能的方案。

裁判结果

2018年6月25日，江苏省睢宁县人民法院作出（2018）苏0324破1号民事裁定书，裁定江苏苏醇酒业有限公司、徐州得隆生物科技有限公司、徐州瑞康食品科技有限公司实质合并破产重整。2019年7月5日，江苏省睢宁县人民法院作出（2018）苏0324破1号之四决定书，准许投资人徐州常青生物科技有限公司进行试生产。2019年11月30日、12月1日，江苏苏醇酒业有限公司第二次债权人会议召开，各代表债权组均表决通过了江苏苏醇酒业有限公司破产管理人提交的重整计

划草案。江苏苏醇酒业有限公司破产管理人向江苏省睢宁县人民法院提请批准江苏苏醇酒业有限公司重整计划草案。江苏省睢宁县人民法院依照企业破产法第八十六条之规定,于2019年12月2日作出(2018)苏0324破1号之一裁定:一、批准江苏苏醇酒业有限公司重整计划;二、终止江苏苏醇酒业有限公司重整程序。同时,依法预留两个月监督期。

裁判理由

法院生效裁判认为,破产管理人所提出的债务人面临的相关问题真实存在,如企业赖以生存的酒精生产许可证灭失,则该企业的核心资产将不复存在,重整亦将失去意义。因债务人目前没有足够的资金供管理人使用,由投资人先行投入资金进行试生产可以解决重整过程中企业所面临的困境,亦能使企业资产保值、增值,充分保障债务人及债权人的利益,维护社会稳定,更有利于重整后企业的发展。破产管理人的申请,符合破产保护理念,亦不违反法律法规的相关规定,应予以准许。

关于是否允许投资人试生产的问题,法院在作出决定前,主要考虑了以下因素:

一、试生产的必要性

首先,破产企业面临着严峻的形势:一是苏醇公司面临停产停业后酒精生产许可证脱审、生产资格将被取消风险,且该资质灭失后难以再行获得,重整也将失去意义;二是该企业还面临环保、消防验收、机器设备长时间闲置受损等外部压力;三是原企业内部技术人员流失严重,职工因企业停产生活困难,极易产生群体事件;四是企业管理层陷于瘫痪状态,无能力继续进行相关工作,公司账面无可用资金供管理人化解危机。

其次,投资人参与重整程序最大的风险在于投出的资金及资产的安全性,投资人希望通过试生产全面了解企业实际状况及生产活力与动能,为重整后恢复经营提供保障。

再次,苏醇公司作为当地生物科技领域的原龙头企业,对区域产业链的优化、转型及发展起到举足轻重的作用,在经济高质量发展的需求下,当地党委、政府亟须企业恢复产能,带动上下游产业发展,解决就业问题,维护社会稳定。

综上,如不准许投资人进行试生产,则会给企业造成不可挽回的巨大损失,一旦失去酒精生产许可证,该企业的核心资产就不复存在,即便最后重整成功,企业也失去了核心竞争力。因此,允许投资人试生产是必要而迫切的。

二、试生产的利益衡平

成熟的破产重整制度应具有以下良性效果:通过重整拯救处于困境但又有存

在价值的企业，使其恢复盈利能力，继续经营，使企业职工就业生存权得到保障，债权人的债权得到合理的清偿，投资人的收益得到实现，各方的利益得到公平保护，从而实现社会安定、经济的稳定和发展。因此，在进行利益衡平时，一些核心的价值理念是公司重整时必须充分考虑的，这些理念就是公平与效率，灵活性与可预见性。允许企业试生产可以均衡各方利益，一是在投资人试生产前，债务人现有资产已经审计、评估后予以确认，根据管理人与投资人达成的投资协议，重整企业的偿债资金数额、来源也已确定，投资人进场试生产与重整企业清偿债务之间并不产生冲突；二是投资人投入部分资金进行试生产，有利于投资人充分了解企业情况及运营能力，为重整后企业发展打下基础；三是试生产能够恢复重整企业部分产能，使企业优质资产保值、增值；四是可以保障债权人的债权不受贬损，提高受偿比例；五是重整企业恢复一定规模的生产亦能解决破产企业因停产而面临的环保、消防安全、职工稳定等迫切问题，对企业重整有利无害。

三、试生产的法律及理论依据

首先，虽然企业破产法及相关司法解释对于投资人能否在接管企业前，提前进场进行试生产，没有具体法律规定，但为了实现破产法的拯救功能，在特定情况下，准许投资人进场试生产，通过市场化、法治化途径挽救困境企业，是符合我国破产审判需要的。

其次，虽然投资人试生产可以解决投资人接管企业前，企业面临的上述问题，但为了避免投资人不合理的生产方式，损害破产重整中其他权利主体的利益，其试生产仍应以取得法院或债权人的批准或同意为宜，并接受法院、管理人以及债权人的监督。

再次，由于我国现行破产法律规定尚不完善，在破产审判工作中，人民法院应强化服务大局意识，自觉增强工作的预见性和创造性，用创新思维解决破产重整过程中遇到的新困难、新问题，探索为企业破产重整提供长效保障机制。

综上，为了维护各方主体的利益，确保重整后的企业能够迅速复工复产，实现企业重整的社会价值和经济价值，睢宁法院在获得各方利益主体同意的前提下，遂允许投资人提前进场试生产。

四、试生产的社会价值

一是法院批准企业在重整期间进行试生产，通过破产程序与企业试生产同步进行，可以保证重整与复工复产无缝衔接、平稳过渡，全力保障尚具潜质企业涅槃重生。二是在疫情防控背景下，试生产为企业复工生产排忧解难，使消毒防疫物资迅速驰援一线，体现了人民法院的司法担当，为辖区民营企业，特别是中小微企业的发展营造了优质高效的营商环境，用精准的司法服务为企业复工复产提供了高质量的司法保障。三是该企业系区域生物科技领域的潜质企业,对经济产业结构优化、转型、升级具有显著推动作用,适应经济高质量发展的大局要求。

(生效裁判审判人员:叶利成、张志瑶、张园园)

指导案例165号

重庆金江印染有限公司、重庆川江针纺有限公司破产管理人申请实质合并破产清算案

(最高人民法院审判委员会讨论通过 2021年9月18日发布)

关键词 民事/破产清算/实质合并破产/关联企业/听证

裁判要点

1. 人民法院审理关联企业破产清算案件,应当尊重关联企业法人人格的独立性,对各企业法人是否具备破产原因进行单独审查并适用单个破产程序为原则。当关联企业之间存在法人人格高度混同、区分各关联企业财产的成本过高、严重损害债权人公平清偿利益时,破产管理人可以申请对已进入破产程序的关联企业进行实质合并破产清算。

2. 人民法院收到实质合并破产清算申请后,应当及时组织申请人、被申请人、债权人代表等利害关系人进行听证,并综合考虑关联企业之间资产的混同程度及其持续时间、各企业之间的利益关系、债权人整体清偿利益、增加企业重整的可能性等因素,依法作出裁定。

相关法条

《中华人民共和国企业破产法》第1条、第2条

基本案情

2015年7月16日,重庆市江津区人民法院裁定受理重庆金江印染有限公司(以下简称金江公司)破产清算申请,并于2015年9月14日依法指定重庆丽达律师

事务所担任金江公司管理人。2016 年 6 月 1 日，重庆市江津区人民法院裁定受理重庆川江针纺有限公司（以下简称川江公司）破产清算申请，于 2016 年 6 月 12 日依法指定重庆丽达律师事务所担任川江公司管理人。

金江公司与川江公司存在以下关联关系：1. 实际控制人均为冯秀乾。川江公司的控股股东为冯秀乾，金江公司的控股股东为川江公司，冯秀乾同时也是金江公司的股东，且两公司的法定代表人均为冯秀乾。冯秀乾实际上是两公司的实际控制人。2. 生产经营场所混同。金江公司生产经营场地主要在江津区广兴镇工业园区，川江公司自 2012 年转为贸易公司后，没有生产厂房，经营中所需的库房也是与金江公司共用，其购买的原材料均直接进入金江公司的库房。3. 人员混同。川江公司与金江公司的管理人员存在交叉，且公司发展后期所有职工的劳动关系均在金江公司，但部分职工处理的仍是川江公司的事务，在人员工作安排及管理上两公司并未完全独立。4. 主营业务混同。金江公司的主营业务收入主要来源于印染加工及成品布销售、针纺加工及产品销售，川江公司的主营业务收入来源于针纺毛线和布的原材料及成品销售。金江公司的原材料大部分是通过川江公司购买而来，所加工的产品也主要通过川江公司转售第三方，川江公司从中赚取一定的差价。5. 资产及负债混同。两公司对经营性财产如流动资金的安排使用上混同度较高，且均与冯秀乾的个人账户往来较频繁，无法严格区分。在营业成本的分担和经营利润的分配等方面也无明确约定，往往根据实际利润及税务处理需求进行调整。两公司对外借款也存在相互担保的情况。

2016 年 4 月 21 日、11 月 14 日重庆市江津区人民法院分别宣告金江公司、川江公司破产。两案审理过程中，金江公司、川江公司管理人以两公司法人人格高度混同，且严重损害债权人利益为由，书面申请对两公司进行实质合并破产清算。2016 年 11 月 9 日，重庆市江津区人民法院召开听证会，对管理人的申请进行听证。金江公司、川江公司共同委托代理人、金江公司债权人会议主席、债权人委员会成员、川江公司债权人会议主席等参加了听证会。

另查明，2016 年 8 月 5 日川江公司第一次债权人会议、2016 年 11 月 18 日金江公司第二次债权人会议均表决通过了管理人提交的金江公司、川江公司进行实质合并破产清算的报告。

裁判结果

重庆市江津区人民法院于 2016 年 11 月 18 日作出（2015）津法民破字第 00001 号之四民事裁定：对金江公司、川江公司进行实质合并破产清算。重庆市江津区人民法院于 2016 年 11 月 21 日作出（2015）津法民破字第 00001 号之五民事裁定：认可《金江公司、川江公司合并清算破产财产分配方案》。重庆市江津区人民法院于

2017年1月10日作出(2015)津法民破字第00001号之六民事裁定:终结金江公司、川江公司破产程序。

裁判理由

法院生效裁判认为,公司作为企业法人,依法享有独立的法人人格及独立的法人财产。人民法院在审理企业破产案件时,应当尊重企业法人人格的独立性。根据企业破产法第二条规定,企业法人破产应当具备资不抵债,不足以清偿全部债务或者明显缺乏清偿能力等破产原因。因此,申请关联企业破产清算一般应单独审查是否具备破产原因后,决定是否分别受理。但受理企业破产后,发现关联企业法人人格高度混同、关联企业间债权债务难以分离、严重损害债权人公平清偿利益时,可以对关联企业进行实质合并破产清算。本案中,因金江公司不能清偿到期债务、并且资产不足以清偿全部债务,法院于2015年7月16日裁定受理金江公司破产清算申请。因川江公司不能清偿到期债务且明显缺乏清偿能力,法院于2016年6月1日裁定受理川江公司破产清算申请。在审理过程中,发现金江公司与川江公司自1994年、2002年成立以来,两公司的人员、经营业务、资产均由冯秀乾个人实际控制,在经营管理、主营业务、资产及负债方面存在高度混同,金江公司与川江公司已经丧失法人财产独立性和法人意志独立性,并显著、广泛、持续到2016年破产清算期间,两公司法人人格高度混同。另外,金江公司与川江公司在管理成本、债权债务等方面无法完全区分,真实性亦无法确认。同时,川江公司将85,252,480.23元经营负债转入金江公司、将21,266,615.90元对外集资负债结算给金江公司等行为,已经损害了金江公司及其债权人的利益。根据金江公司和川江公司管理人实质合并破产清算申请,法院组织申请人、被申请人、债权人委员会成员等利害关系人进行听证,查明两公司法人人格高度混同、相互经营中两公司债权债务无从分离且分别清算将严重损害债权人公平清偿利益,故管理人申请金江公司、川江公司合并破产清算符合实质合并的条件。

(生效裁判审判人员:陈唤忠、程　松、张　迁)

最高人民法院发布
第 29 批指导性案例的指导意义

近日，最高人民法院发布第 29 批共 3 件指导性案例，均为企业实质合并破产案例，供各级人民法院审判类似案件时参照。

指导案例 163 号《江苏省纺织工业（集团）进出口有限公司及其五家子公司实质合并破产重整案》，明确了在关联企业成员之间出现法人人格高度混同、区分各关联企业成员财产成本过高、严重损害债权人公平清偿利益等情况下，人民法院可依申请适用关联企业实质合并破产方式进行审理。采用实质合并破产方式的，各关联企业成员之间的债权债务归于消灭，各成员的财产作为合并后统一的破产财产，由各成员的债权人作为一个整体在同一程序中按照法定清偿顺位公平受偿。该案例对明确关联企业实质合并破产重整的条件及人民法院裁定企业实质合并破产重整后对各关联企业债权债务的处理等法律适用具有积极意义。

指导案例 164 号《江苏苏醇酒业有限公司及关联公司实质合并破产重整案》，明确了在破产重整过程中，破产企业面临核心优质资产灭失、机器设备闲置贬损等风险，管理人申请由投资人先行投入部分资金进行试生产，有利于保障各方当事人利益的，人民法院可以准许。该案例创设了人民法院在审理破产重整案时，允许投资人对具备条件的企业试生产的规则及标准，符合破产保护理念，对保护各方当事人权益等具有积极意义。

指导案例 165 号《重庆金江印染有限公司、重庆川江针纺有限公司破产管理人申请实质合并破产清算案》，明确人民法院审理关联企业破产清算案件，发现关联企业之间存在法人人格高度混同、区分各关联企业财产的成本过高、严重损害债权人公平清偿利益时，可依申请举行听证后对已进入破产程序的关联企业进行实质合并破产清算。该案例为正确适用法律，依法保护清算各方合法权益，确定实质合并破产清算进一步明确了基本规则。

指导案例163号《江苏省纺织工业(集团)进出口有限公司及其五家子公司实质合并破产重整案》的理解与参照

——关联企业破产实质合并审理的适用条件和法律后果

2021年9月18日,最高人民法院发布了第29批指导性案例,包括第163号至第165号共三件指导性案例,均为关联企业实质合并破产案例。其中,第163号指导性案例为《江苏省纺织工业(集团)进出口有限公司及其五家子公司实质合并破产重整案》。为了正确理解和准确参照适用该指导性案例,现对该指导性案例的选编过程、裁判要点、参照适用等有关情况予以解释、论证和说明。

一、案例选编过程

2017年9月29日,南京市中级人民法院(以下简称南京中院)作出(2017)苏01破1、6、7、8、9、10号民事裁定:江苏省纺织工业(集团)轻纺进出口有限公司(以下简称江苏省轻纺公司)、江苏省纺织工业(集团)针织进出口有限公司(以下简称江苏省针织公司)、江苏省纺织工业(集团)机电进出口有限公司(以下简称江苏省机电公司)、无锡新苏纺国际贸易有限公司(以下简称无锡新苏纺公司)、江苏省纺织工业(集团)服装进出口有限公司(以下简称江苏省服装公司)与江苏省纺织工业(集团)进出口有限公司(以下简称江苏省纺织进出口公司)合并重整。2018年6月27日,江苏省高级人民法院审判委员会经讨论决定,将本案作为备选指导性案例向最高人民法院案例指导工作办公室推荐。办公室将该案例送最高人民法院民二庭征求意见。2020年5月25日,民二庭回复同意推荐,并对裁判要点提出了修改意见。6月10日,研究室室务会经过讨论,认为该案例基本符合指导性案例要求,建议修改后提交审委会审议。2021年6月22日,该案例经最高人民法院民专会第376次会议讨论,同意作为指导性案例。9月18日,最高人民法院以法〔2021〕228号文件将该案例编入第29批指导性案例予以发布。

二、关于本案例的基本情况

（一）基本案情及裁判结果

因江苏省纺织进出口公司及下属的五家控股子公司江苏省轻纺公司、江苏省针织公司、江苏省机电公司、无锡新苏纺公司、江苏省服装公司出现债务危机，根据债权人申请，南京中院分别于2017年1月24日、2017年6月14日裁定受理江苏省纺织进出口公司及五家子公司（以下简称“省纺系”）重整案，并指定同一管理人分别接管六家公司，在程序上对六家公司进行合并审理。管理人通过对六家公司的清理发现，“省纺系”六家公司资产、财务、业务、人员高度混同。2017年8月11日，管理人向南京中院提出对上述六家公司合并重整的申请。

南京中院于2017年8月29日组织管理人与债务人代表、部分债权人代表、职工代表、审计机构听证，充分听取了各方对六家公司合并重整的意见。南京中院查明，江苏省轻纺公司等五家子公司均由江苏省纺织进出口公司控股，五家子公司的法定代表人均为江苏省纺织进出口公司的高管人员；六家公司的财务及行政人员存在共用情形；江苏省纺织进出口公司和五家子公司之间业务相互交叉以致收益难以区分；江苏省纺织进出口公司与五家子公司间存在大量关联债务及担保，各公司资产不能完全独立。

南京中院经审查认为，江苏省纺织进出口公司与五家子公司之间人格高度混同，合并重整有利于公平保护“省纺系”六家公司债权人的合法权益。就普通债权人而言，若分别重整，利益实质输入企业的普通债权人将获得额外清偿，而利益实质输出企业的普通债权人将遭受损失；合并重整，部分账面资产占优势的成员企业债权人的债权清偿率虽然可能较分别重整有所降低，表面上显示其利益受损，但此种差异源于各成员企业之间先前的不当关联关系，实质合并重整的目的就是要对此予以纠正，以实现企业破产法公平清理债权债务的立法目的。至于有财产担保的债权人及其他优先权人，其合法权益并不会因实质合并重整遭受损害。管理人在对债务人企业进行全面梳理后，提出实质合并重整的申请是适当的。综合考虑“省纺系”六家公司高度混同的客观事实、各方对实质合并重整的意见、申请主体以及企业破产法关于公平清理债权债务的立法宗旨，南京中院作出（2017）宁商破字第1、6、7、8、9、10号裁定，对“省纺系”六家公司实质合并重整。此后，管理人将六家公司作为一个整体引进战略投资人、制定合并重整计划草案。该合并重整计划草案分别经债权人会议分组和出资人组会议表决通过。经管理人申请，南京中院于2017年12月8日作出（2017）宁商破字第1、6、7、8、9、10号之二裁定，批准“省纺系”六家公司合并重整计划并终止合并重整程序。

(二)推荐理由及指导价值

当前,公司集团化运作已成为广泛存在的社会现象,通过股权或其他关系形成控制关系的关联企业破产亦频繁地出现在公众的视野中。由于目前我国法律并无关于关联企业实质合并破产的规定,实务中关于关联企业破产能否适用实质合并的方式进行审理,还存在不同的认识。[①] 在法律适用层面,公司法关于公司法人格否认的规定虽然与关联企业实质合并破产相关联,但无论在立法目的还是在适用原则、具体规范等方面都存在重大差异。[②] 由此,对于实务中的现实需求,特别是如何把握关联企业实质合并破产的条件与程序,即在何种情况下可以适用实质合并规则对关联企业破产进行合并审理,以及实质合并审理的法律后果等,是学理研究与司法实践共同关心的问题。

该案例的指导意义在于明晰了关联企业破产实质合并审理的适用条件、审理程序及法律后果,能够较好地指导关联企业实质合并破产案件的审判。同时,作为重大复杂的重整案件,在重整计划草案制定过程中,该案将合并后的六家公司作为一个整体,统一作出债权分类、调整及受偿的安排,并灵活设计了"现金+债转股"的偿债方式,预先进行说明和意见征集,强调对债权人知情权、异议权、选择权的保障,亦具有较好的示范作用。

三、裁判要点的理解与说明

该指导性案例的裁判要点确认:

(1)对关联企业合并破产的申请,人民法院应当对合并破产的必要性、正当性进行审查。关联企业成员的破产应当以适用单个破产程序为原则,在关联企业成员之间出现法人人格高度混同、区分各关联企业成员财产成本过高、严重损害债权人公平清偿利益的情况下,可以依申请例外适用关联企业实质合并破产方式进行审理。(2)采用实质合并破产方式审理的,各关联企业成员之间的债权债务归于消灭,各成员的财产作为合并后统一的破产财产,由各成员的债权人作为一个整体在同一程序中按照法定清偿顺位公平受偿。合并重整后,各关联企业原则上应当合并为一个企业,但债权人会议表决各关联企业继续存续,人民法院审查认为确有需要的,可以准许。(3)合并重整中,重整计划草案的制定应当综合考虑进入合并的关联企业的资产及经营优势、合并后债权人的清偿比例、出资人权益调整等因素,保障各方合法权益;同时,可以灵活设计"现金+债转股"等清偿方案、通过"预表

---

① 参见徐阳光:《论关联企业实质合并破产》,载《中外法学》2017年第3期。

② 参见王欣新:《关联企业实质合并破产标准研究》,载《法律适用》2017年第8期。

决"方式事先征求债权人意见并以此为基础完善重整方案，推动重整的顺利进行。

现围绕与该裁判要点相关的问题逐一解释和说明如下：

(1)关联企业破产应当以适用单个破产程序为原则，但当关联企业法人人格高度混同，区分各关联企业成员财产的成本过高，严重损害债权人公平清偿利益时，例外适用实质合并的方式进行审理，不仅是对债权人公平受偿利益的保护，也是对企业破产法公平清理债权债务基本原则的维护，体现了企业破产法公平与效率的价值目标。

法人应当有自己的财产，并以其全部财产独立承担民事责任。[①] 因此，企业法人独立人格的核心要素体现为其财产的独立性，并能够以其独立的财产对外承担民事责任。在企业破产案件审理中，基于企业法人人格独立的原则，应当以适用单个企业独立破产为原则。但随着企业集团化运作的普遍化，进入破产程序的关联企业逐渐增多。企业集团在经营过程中，如存在控制企业在企业集团内部成员之间对资产、债务、营业事务等进行不当利益转移等不规范经营的行为，极易造成关联企业之间出现法人人格高度混同，区分成员企业财产的成本过高，从而损害关联企业债权人公平受偿利益的情形。破产审判中，如何对这一类关联企业破产案件进行审理，公平保护所有债权人的受偿利益，维护企业破产法公平与效率的价值目标，是司法实务需要回答的问题。

笔者认为，《企业破产法》的立法宗旨在于规范破产程序，公平清理债权债务，公平保护全体债权人和债务人的合法权益，从而维护社会主义市场经济秩序。当关联企业存在上述不当利益转移等情形，造成关联企业成员之间资产与负债高度混同，进而构成法人人格高度混同，不仅严重影响各关联企业债权人公平受偿利益，同时也严重影响了社会主义市场经济的公平竞争原则。这一类关联企业进入破产程序后，如仍适用单个破产程序，则从根本上背离了企业破产法所追求的公平清理债权债务的价值目标。与此同时，由于存在资产与负债的高度混同，导致对各成员企业财产进行区分的成本过高，从而必然影响破产效率目标的实现。而效率本身亦是公平，没有效率的过度损耗实质上反而是损害当事人的实际利益。[②] 在此情形下，对构成法人人格高度混同的关联企业进行合并重整，不仅可以纠正关联企业成员之间的不当利益输送行为，对关联企业的资产与负债进行公平清理，同时也可以提高破产审判效率，从而减少无谓的资源损耗，保障各关联企业债权人公平实现债权受偿，维护企业破产法公平与效率的价值目标。"省纺系"六公司实质合并

---

① 参见《民法典》第五十八条、第六十条。

② 参见王欣新：《关联企业的实质合并破产程序》，载《人民司法（应用）》2016年第28期。

破产重整中,南京中院查明了六家公司不仅存在人员任职高度交叉、缺乏完整独立的组织架构,形成高度混同的业务经营混合体等情形;更为重要的是,六家公司缺乏独立的财务核算体系、收益难以正当区分,互相之间存在大量关联债务及担保,各公司的资产不能完全相互独立,从而导致资产、负债的高度混同,债权债务清理极为困难。南京中院在此情况下对"省纺系"六家公司适用合并破产重整方式审理,保护了六家公司全体债权人的公平受偿利益,同时也维护了企业破产法公平与效率的根本价值目标。

(2)关联企业实质合并破产的法律后果,是在破产程序中将各关联企业的资产与负债纳入同一程序中合并处理。

关联企业实质合并破产的法律后果是"使关联企业成员之间的所有债权债务关系完全消灭,财产完全合并,强调对全体债权人利益的维护"。[①] 对关联企业破产进行实质合并审理,意味着在破产程序中,不再认可关联企业成员的独立法人人格,而是对所有成员企业之间的资产与负债合并为一个整体进行处理。具体而言,对关联企业破产采用实质合并方式审理的,各关联企业成员之间的债权债务归于消灭,各成员企业的财产作为合并后统一的破产财产,由各成员企业的债权人作为一个整体在同一程序中按照法定清偿顺位公平受偿。实质合并重整的,重整计划草案中应当制定统一的债权分类、债权调整和债权受偿方案。"省纺系"实质合并破产重整案中,在裁定合并重整后,南京中院指导管理人对同一债权人在六家公司同时存在债权债务的,经合并进行抵销后对债权余额予以确认,六家公司相互之间的债权债务在合并中作抵销处理。在合并重整计划草案中,制定统一的债权分类、债权调整和债权受偿方案,将合并后的全体债权人作为一个整体进行分组。这一实践做法反映了关联企业实质合并破产中资产负债统一处理、债权统一清偿的法律后果。

另外需要关注的是,对于合并重整而言,实质合并处理后,各关联企业的法人资格是否继续保留?破产程序中的实质合并,其根本目标是在企业法人人格构成高度混同的情形下,基于债权人受偿利益公平保护的原则,在实质合并重整中对关联企业的资产与负债进行合并处理。在经过对资产与负债统一处理后,并不影响重整方案中对法人资格作出是否保留的安排。各关联企业的法人资格是否保留,由"经法院批准的重整计划中确定,或者由重整成功后的企业自行决定。"[②]因此,重整计划中确定各关联企业继续存续,经债权人会议表决、人民法院审查批准后,可

① 王欣新、周薇:《论中国关联企业合并破产破产重整制度的确立》,载《北京航空航天大学学报(社会科学版)》2012年(第25卷)第2期。

② 王欣新:《关联企业实质合并破产标准研究》,载《法律适用》2017年第8期。

以继续存续。

(3)关联企业实质合并重整中,应综合考虑成员企业的资产与经营优势、保护债权人清偿利益等因素,灵活设计清偿方案,制定重整计划,从而公平保障各方合法权益。同时,在案件审理中应当充分保障债权人的知情权、异议权与选择权。

关联企业实质合并重整中,在制定重整计划草案时,对于纳入合并范围企业的经营等优势应当进行综合考虑,从挽救企业以及最大化保护债权人清偿利益等角度出发设计重整方案。在"省纺系"重整案重整计划草案制定过程中,管理人综合考虑企业的经营优势、资产状况等进行方案制定。同时,重整计划草案中的债务清偿方案直接涉及债权人清偿利益的保护,管理人制定了"现金 + 债转股"的复合性债务清偿方案。南京中院指导管理人引入"预表决"机制,就债转股的必要性、可行性及清偿的具体方法进行预先说明,并由债权人对此预先书面发表意见,在此基础上完善重整计划草案,并提交债权人会议审议表决,全面地保障了债权人知情权、异议权、选择权,从而全面维护了债权人的合法权益。

"实体合并制度的出发点是实现对债权人利益的公平保护,实体合并必须兼顾不同情况下的债权人期待利益。"①如前所述,人民法院裁定实质合并重整的直接法律后果是各关联企业成员间的债权债务消灭,各公司财产合并、同类债权合并,各公司的债权人在同一程序中按照法定顺序公平受偿。上述法律后果将对各利益相关方带来重大影响,因此在程序上,应本着严格审慎的原则,对是否实质合并重整进行审查。对关联企业破产是否实质合并审理的审查中,亦应当充分保障债权人的知情权、异议权。"省纺系"实质合并重整案中,南京中院在申请人提出实质合并重整申请后,组织债权人代表、债务人代表、职工代表、管理人、审计机构等进行听证,听取各方关于公司是否存在混同事实的陈述,同时对管理人清理债权债务情况、审计报告,以及各方提交的证据进行全面审核,并听取各方对于合并破产重整的意见后作出实质合并重整的裁定,充分保障了债权人对于实质合并重整的知情权与异议权。

四、参照适用时应注意的问题

2018 年 3 月 4 日,最高人民法院印发了《全国法院破产审判工作会议纪要》,纪要中对关联企业实质合并破产的适用原则、审查标准、法律后果等作出了规定。②

---

① 贺丹:《破产实体合并司法裁判标准反思——一个比较的视角》,载《中国政法大学学报》2017 年第 3 期(总第 59 期)。

② 参见《最高人民法院关于印发〈全国法院破产审判工作会议纪要〉的通知》(法〔2018〕53 号),第三十二条至第三十九条。

"省纺系"实质合并重整案是在上述纪要发布之前审结的案件,南京中院在案件审理过程中,对关联企业实质合并重整审查标准与程序的把握,实质合并重整法律后果的处理等,不仅与《全国法院破产审判工作会议纪要》中关于关联企业实质合并破产的规定意旨相符,案件审理中的具体做法也具有较好的示范价值,可以作为适用纪要的参照。

(执笔人:南京市中级人民法院　姚志坚、荣　艳、吴　艳
编审人:最高人民法院案例指导工作办公室　石　磊)

指导案例163号　江苏省纺织工业(集团)进出口有限公司及其五家子公司实质合并破产重整案

最高人民法院案例指导工作办公室编审人:石磊

1. 案例推荐单位:江苏省高级人民法院
2. 案例编写人:江苏省南京市中级人民法院　荣艳、蒋伟、张先砉、吴艳
3. 案件裁判法院:江苏省南京市中级人民法院
4. 案件承办人:姚志坚、荣艳

相关法条

1.《中华人民共和国企业破产法》(2007年6月1日实施)

第一条　为规范企业破产程序,公平清理债权债务,保护债权人和债务人的合法权益,维护社会主义经济秩序,制定本法。

第二条　企业法人不能清偿到期债务,并且资产不足以清偿全部债务或者明显缺乏清偿能力的,依照本法规定清理债务。

企业法人有前款规定情形,或者有明显丧失清偿能力可能的,可以依照本案规定进行重整。

2.《全国法院破产审判工作会议纪要》* (2018年3月4日实施)

六、关联企业破产

会议认为,人民法院审理关联企业破产案件时,要立足于破产关联企业之间的具体关系模式,采取不同方式予以处理。既要通过实质合并审理方式处理法人人格高度混同的关联关系,确保全体债权人公平清偿,也要避免不当采用实质合并审理方式损害相关利益主体的合法权益。

---

* 第六部分以8个条文对关联企业实质合并破产的审查、管辖、法律后果等进行了专门规定。——编者注

32. 关联企业实质合并破产的审慎适用。人民法院在审理企业破产案件时，应当尊重企业法人人格的独立性，以对关联企业成员的破产原因进行单独判断并适用单个破产程序为基本原则。当关联企业成员之间存在法人人格高度混同、区分各关联企业成员财产的成本过高、严重损害债权人公平清偿利益时，可例外适用关联企业实质合并破产方式进行审理。

33. 实质合并申请的审查。人民法院收到实质合并申请后，应当及时通知相关利害关系人并组织听证，听证时间不计入审查时间。人民法院在审查实质合并申请过程中，可以综合考虑关联企业之间资产的混同程序及其持续时间、各企业之间的利益关系、债权人整体清偿利益、增加企业重整的可能性等因素，在收到申请之日起三十日内作出是否实质合并审理的裁定。

34. 裁定实质合并时利害关系人的权利救济。相关利害关系人对受理法院作出的实质合并审理裁定不服的，可以自裁定书送达之日起十五日内向受理法院的上一级人民法院申请复议。

35. 实质合并审理的管辖原则与冲突解决。采用实质合并方式审理关联企业破产案件的，应由关联企业中的核心控制企业住所地人民法院管辖。核心控制企业不明确的，由关联企业主要财产所在地人民法院管辖。多个法院之间对管辖权发生争议的，应当报请共同的上级人民法院指定管辖。

36. 实质合并审理的法律后果。人民法院裁定采用实质合并方式审理破产案件的，各关联企业成员之间的债权债务归于消灭，各成员的财产作为合并后统一的破产财产，由各成员的债权人在同一程序中按照法定顺序公平受偿。采用实质合并方式进行重整的，重整计划草案中应当制定统一的债权分类、债权调整和债权受偿方案。

37. 实质合并审理后的企业成员存续。适用实质合并规则进行破产清算的，破产程序终结后各关联企业成员均应予以注销。适用实质合并规则进行和解或重整的，各关联企业原则上应当合并为一个企业。根据和解协议或重整计划，确有需要保持个别企业独立的，应当依照企业分立的有关规则单独处理。

38. 关联企业破产案件的协调审理与管辖原则。多个关联企业成员均存在破产原因但不符合实质合并条件的，人民法院可根据相关主体的申请对多个破产程序进行协调审理，并可根据程序协调的需要，综合考虑破产案件审理的效率、破产申请的先后顺序、成员负债规模大小、核心控制企业住所地等因素，由共同的上级法院确定一家法院集中管辖。

39. 协调审理的法律后果。协调审理不消灭关联企业成员之间的债权债务关系，不对关联企业成员的财产进行合并，各关联企业成员的债权人仍以该企业成员财产为限依法获得清偿。但关联企业成员之间不当利用关联关系形成的债权，应当劣后于其他普通债权顺序清偿，且该劣后债权人不得就其他关联企业成员提供的特定财产优先受偿。

指导案例164号《江苏苏醇酒业有限公司及关联公司实质合并破产重整案》的理解与参照

——企业破产重整中投资人试生产的法律适用

2021年9月18日,最高人民法院发布了第29批指导性案例,包括第163号至第165号共三件指导性案例,均为实质合并破产案例。其中,第164号指导性案例为《江苏苏醇酒业有限公司及关联公司实质合并破产重整案》。为了正确理解和准确参照适用该指导性案例,现对该指导性案例的选编过程、裁判要点、参照适用等有关情况予以解释、论证和说明。

一、案例选编过程

2018年6月25日,江苏省睢宁县人民法院(以下简称睢宁法院)作出(2018)苏0324破1号民事裁定书,裁定江苏苏醇酒业有限公司(以下简称苏醇公司)、徐州得隆生物科技有限公司(以下简称得隆公司)、徐州瑞康食品科技有限公司(以下简称瑞康公司)破产案适用实质合并破产重整方式进行审理。2019年7月5日,睢宁法院作出(2018)苏0324破1号之四决定书,准许投资人徐州常青生物科技有限公司进行试生产。2019年12月2日,睢宁法院作出(2018)苏0324破1号之一民事裁定书,批准苏醇公司重整计划,终止苏醇公司重整程序。2021年1月9日,江苏省高级人民法院研究室将本案作为备选指导性案例向最高人民法院案例指导办公室推荐。办公室将该案例送最高人民法院民二庭征求意见。2020年5月25日,民二庭回复同意推荐,并对裁判要点提出了修改意见。6月10日,研究室室务会经过讨论,认为该案例基本符合指导性案例要求,建议修改后提交审委会审议。2021年6月22日,该案例经最高人民法院民专会第376次会议讨论,同意作为指导性案例。9月18日,最高人民法院以法〔2021〕228号文件将该案例编入第29批指导性案例予以发布。

二、关于本案例的基本情况

（一）基本案情

苏醇公司是江苏省睢宁县唯一一家拥有酒精生产许可证的企业，对于地方经济发展具有重要影响。2013年以来，由于企业盲目扩张，经营管理混乱，造成资金链断裂，并引发多起诉讼。得隆公司、瑞康公司系苏醇公司关联企业，三家公司均是从事农产品深加工的生物科技公司。截至破产重整受理前，三公司资产总额1.25亿元，负债总额4.57亿元，资产负债率达365.57%。2017年12月29日，三公司以引进投资人、重振企业为由，分别向睢宁法院申请破产重整。睢宁法院经审查认为，三公司基础和发展前景较好，酒精生产资质属于稀缺资源，具有重整价值，遂于2018年1月12日分别裁定受理三家公司的破产重整申请。因三公司在经营、财务、人员、管理等方面出现高度混同，且区分各关联企业成员财产的成本过高，遂依照《全国法院破产审判工作会议纪要》第三十二条规定，依据管理人的申请，于2018年6月25日裁定三公司实质合并破产重整。

重整期间，投资人在对苏醇公司的现状进场调查后提出：苏醇公司已经停产停业多年，其核心资产酒精生产许可证已经脱审，面临灭失风险，还存在职工流失、机器设备闲置贬损以及消防、环保等安全隐患等影响重整的情况。同时，企业原管理层早已陷于瘫痪状态，无能力继续进行相关工作，公司账面无可用资金供管理人化解危机。在此情况下，管理人提出由重整投资人先行投入部分资金恢复企业部分产能的方案。

（二）裁判结果

2018年6月25日，睢宁法院作出（2018）苏0324破1号民事裁定书，裁定苏醇公司、得隆公司、瑞康公司实质合并破产重整。2019年7月5日，睢宁法院作出（2018）苏0324破1号之四决定书，准许投资人徐州常青生物科技有限公司进行试生产。2019年11月30日、12月1日，苏醇公司第二次债权人会议召开，各代表债权组均表决通过了破产管理人提交的重整计划草案。破产管理人向睢宁法院提请批准苏醇公司重整计划草案。睢宁法院依照《企业破产法》第八十六条之规定，于2019年12月2日作出（2018）苏0324破1号之一裁定：（1）批准苏醇公司重整计划；（2）终止苏醇公司重整程序。同时，依法预留两个月监督期。

通过投资人试生产，苏醇公司在重整过程中遇到的酒精生产许可证脱审、职工稳定以及设备安全等问题迎刃而解，企业由停滞状态逐渐恢复活力，并保持在预热状态。投资人提前进场后，对企业现状有了进一步了解，更加坚定了投资意向，在此基础上围绕企业核心价值对企业前景作了规划，为企业重整结束后的发展做足充分准备。同时,在睢宁法院裁定批准重整计划、终结重整程序后,管理人与投资人进行了正式交接,由重整过程中的试生产转为正常生产经营,实现了无缝衔接,使得企业能够从预热状态下快速起步,短时间内恢复正常生产经营,扩大产能与开拓市场同时进行。

三、裁判要点的理解与说明

该指导性案例的裁判要点确认:在破产重整过程中,破产企业面临生产许可证等核心优质资产灭失、机器设备闲置贬损等风险,投资人亦希望通过试生产全面了解企业经营实力的,管理人可以向人民法院申请由投资人先行投入部分资金进行试生产。破产企业核心资产的存续直接影响到破产重整目的实现,管理人的申请有利于恢复破产企业持续经营能力,有利于保障各方当事人的利益,该试生产申请符合破产保护理念,人民法院经审查,可以准许。同时,投资人试生产在获得准许后,应接受人民法院、管理人及债权人的监督,以公平保护各方的合法权益。

现围绕与该裁判要点相关的问题逐一解释和说明如下:

(一)试生产的提出及实务基础

破产重整的顺利实施需要外部公权力介入的保障,也需要内部管理人职权的积极行使,权力在行政权、审判权与管理人职权之间能否进行妥当的配置影响着重整程序的成功与否。裁判者因为享有宣告破产、批准重整计划等程序控制权,应秉持审慎原则运用权力。行政权应以辅助破产程序成功和企业拯救为目的,主要功能在于通过利益的指令性调控和帮助消解利益群体的利益冲突。管理人则以市场化为基础,勤勉尽责,实现债务人财产的保值增值。

意向重整投资人在对苏醇公司的现状进行调查后提出,苏醇公司核心资产酒精生产许可证已经脱审,如不尽快恢复运营将难以再行获得,即便最后重整成功,企业也失去了核心竞争力,未来在市场上无法立足。管理人对此认为,苏醇公司目前所面临的困境仅依靠企业现有条件无法予以解决,重整投资人的运营申请具有可行性,亦不违反相关法律法规,遂向睢宁法院申请由重整投资人提前投入部分资金恢复苏醇公司一定规模的生产,以此保障企业相关资质的延续,保住企业核心价值资产。

睢宁法院认为,重整投资人参与重整程序最大的风险在于投出的资金及资产的安全性,即能否在向管理人支付投资对价后取得目标公司的股权、资产。债务人企业的先进技术、特殊的资质是投资人所最为看重的。苏醇公司最重要的优质资产就是其所具有的酒精生产资质,该资质一旦灭失将再难取得,这也是重整企业对投资人最大的吸引力,如该资质灭失,将无法再行取得,投资人投资重整企业也将失去商业价值。结合重整投资协议订立情况，基于先合同权益视角分析，债务人或管理人在与重整投资人洽谈、签订重整投资协议时，负有一定的附随义务，即先合同义务，如重要事项的告知、忠实、保密以及协作与配合义务。投资人投资重整企业所看重的是企业的优质资源，而在投资人正式接管企业前，重整企业是由企业自行管理或管理人接管，在此期间，重整企业或管理人即负有义务保证企业优质资源安全存续。但重整企业往往没有足够的资金或能力维系企业正常生产，在此情况下，允许投资人提前进场挽救企业优质资产是必要的、也是迫切的。在重整投资人进场试生产前，重整企业现有资产已经审计后予以确认，根据管理人与重整投资人达成的投资协议，重整企业的偿债资金数额、来源也已确定，重整投资人进场试生产与重整企业清偿债务之间并不产生冲突。重整企业恢复一定规模的生产亦能解决企业所面临的环保、消费、职工流失等迫切问题，对企业重整有利无害。故决定准许重整投资人提前进场恢复苏醇公司部分生产。

（二）试生产的理论基础——营业维持原则

破产重整制度作为公司破产制度的重要组成部分，为面临财务危机的企业恢复经营能力提供了机会，本质在于不消灭企业主体资格的情况下，通过债务的清理与营运的重组，以达到维护各方利益的目的。商事营业维持原则，是指作为旨在于促进本国国民经济高效率发展法律工具之商法，必须把对商事营业的大力维护以及对企业发展之全面支持，作为自己制度建构之目的与推行商事法则的核心任务。营业维持原则是破产重整制度的基本原则，破产重整以利益相关者的经济人理性为基础，通过再造企业并释放企业的持续经营价值让企业起死回生。破产法背后的逻辑是以实现债权人整体利益最大化目标下的实质公平追求，而挖掘债务人企业破产期间继续经营能力，能有效实现债务人财产增值。

在破产重整过程中，通过保留核心业务，剥离亏损或者较难盈利的业务，对债务人的整体产业布局进行优化，从而提高债务人资产清偿率。破产法经历了从债权人利益保护到债务人利益兼顾的历史变迁历程，但唯一不变的是利用债务人的财产去清偿债权，债务人财产的保值增值一直贯穿于整个破产法制度。实践中，在人民法院裁定债务人企业进入破产重整后，甚至在后续重整之前的破产清算期间，债务人企业可以持续性地进行经营活动，一方面有利于降低投资人实施运营重组的成本，另一方面便于投资人判断企业的存续价值。本案中，因苏醇公司长期负债，生产线被闲置，自身无力继续经营。结合重整企业现有资产已经审计后确认，根据管理人与投资人达成的投资协议，重整企业的偿债资金数额、来源也已确定，投资人进场试生产与重整企业清偿债务之间并不产生冲突，遂由投资人“取代”债务人企业的地位，在有限范围内进行试生产，使核心资产酒精生产许可证不至于灭失，为重整后的企业保住核心市场竞争力。同时,投资人参与企业治理,深入到企业的具体经营决策行为之中,能够对重整企业的价值进行更加充足的预估,增强投资人的投资意愿。

企业的负债水平、投资的风险概率与收益规模对试生产经营期间企业治理中的章程设计与权力配置产生重要影响,允许投资人试生产的目的不是让投资人盈利,试生产应限定在何种风险范围之内。比如,假定投资人在试生产期间采取风险投资,对债权人而言,其获得潜在收益可能性增大的同时,经营失败的风险也在增加,从而有可能进一步降低资产清偿率。苏醇公司投资人严格按照睢宁法院批准的试生产范围,将试生产限定在某几个车间,并在管理人的监督下,严格限制试生产的规模,试生产只需达到企业生产线基本运转水平,使得酒精生产许可证得以延续即可,防止投资人利用重整中的企业生产盈利,损害重整企业和债权人的利益。

四、参照适用时应注意的问题

(一)投资方试生产应当贯彻有效监督原则

试生产活动是重整投资方提前进场、通过预先投入部分资金的方式恢复债务人企业部分产能的活动。虽然我国《企业破产法》及相关司法解释并未对重整投资方能否在其正式接管企业前开展试生产活动作出明确规定,但从本质上看,试生产活动至少可分为投资方注入资金、债务人企业恢复营业、投资方介入债务人营业活动等若干行为,而上述行为关系着债务人企业在重整程序中的营业效果,对债务人财产状况以及债权人清偿权益等影响巨大。因此,有必要通过破产管理人、人民法院以及债权人会议监督的方式,防止出现投资方在试生产期间开展不合理的经营活动,损害其他利害关系人利益的情形。具体而言,投资方的试生产活动应当属于对债权人利益有重大影响的行为,当以法院或债权人会议的批准或同意为前提,并在具体实施过程中接受人民法院、管理人以及债权人的监督。

(二)投资方试生产应当符合利益衡平原则

此指导性案例中的试生产,在及时挽救重整债务人相关资产的同时,更是对投资方接管企业方式的变通处理,据此,重整投资方可以更早地加入债务人企业的经营管理,以实现对投资对象重整价值以及重整可能性更为全面和真实的评估。此时,为维护重整参与人之间的利益衡平,有必要对重整投资方以“试生产”方式加入债务人企业的后果进行事先的约定和限制,包括试生产结束之后重整投资方应当承担的权利义务:若试生产顺利,那么该投资方应当按照投资协议所约定的条件进一步接管企业;若试生产遭遇困境,那么重整参与人也应当根据失败的具体原因来分摊损失,由此在投资方和债务人之间形成良好的利益衡平。

(执笔人:江苏省睢宁县人民法院　张志瑶、郑　韬、吴皓月
编审人:最高人民法院案例指导工作办公室　石　磊)

指导案例164号　江苏苏醇酒业有限公司及关联公司实质合并破产重整案

最高人民法院案例指导工作办公室编审人:石磊

1. 案例推荐单位:江苏省高级人民法院
2. 案例编写人:江苏省睢宁县人民法院　张志瑶、郑韬、赵参参、吴皓月
3. 案件裁判法院:江苏省睢宁县人民法院
4. 案件承办人:张志瑶

相关法条

1.《中华人民共和国企业破产法》(2007年6月1日实施)

第一条　为规范企业破产程序,公平清理债权债务,保护债权人和债务人的合法权益,维护社会主义市场经济秩序,制定本法。

第二条　企业法人不能清偿到期债务,并且资产不足以清偿全部债务或者明显缺乏清偿能力的,依照本法规定清理债务。

企业法人有前款规定情形,或者有明显丧失清偿能力可能的,可以依照本法规定进行重整。

第二十六条　在第一次债权人会议召开之前,管理人决定继续或者停止债务人的营业或者有本法第六十九条规定行为之一的,应当经人民法院许可。

第八十六条　各表决组均通过重整计划草案时,重整计划即为通过。

自重整计划通过之日起十日内,债务人或者管理人应当向人民法院提出批准重整计划的申请。人民法院经审查认为符合本法规定的,应当自收到申请之日起三十日以内裁定批准,终止重整程序,并予以公告。

2.《全国法院破产审判工作会议纪要》(2018年3月4日实施)

第三十二条　关联企业实质合并破产的审慎适用。人民法院在审理企业破产案件时,应当尊重企业法人人格的独立性,以对关联企业成员的破产原因进行单独判断并适用单个破产程序为基本原则。当关联企业成员之间存在法人人格高度混同、区分各关联企业成员财产的成本过高、严重损害债权人公平清偿利益时,可例外适用关联企业实质合并破产方式进行审理。

3.《中华人民共和国公司法》(2018年10月26日实施)

第二百一十六条　本法下列用语的含义:

……

(四)关联关系,是指公司控股股东、实际控制人、董事、监事、高级管理人员与其直接或者间接控制的企业之间的关系,以及可能导致公司利益转移的其他关系。但是,国家控股的企业之间不仅因为同受国家控股而具有关联关系。

指导案例165号《重庆金江印染有限公司、重庆川江针纺有限公司破产管理人申请实质合并破产清算案》的理解与参照

——关联企业实质合并破产审理适用条件和程序

2021年9月18日,最高人民法院发布了第29批指导性案例,包括第163号至第165号共三件指导性案例,均为实质合并破产案例。其中,第165号指导性案例为《重庆金江印染有限公司、重庆川江针纺有限公司破产管理人申请实质合并破产清算案》。为了正确理解和准确参照适用该指导性案例,现对该指导性案例的选编过程、裁判要点、参照适用等有关情况予以解释、论证和说明。

一、案例选编过程

重庆市江津区人民法院经审判委员会讨论,认为该案例较为典型、具有参考指导价值,遂向重庆市第五中级人民法院报送。重庆市第五中级人民法院经审判委员会研究讨论,决定将该案例向重庆市高级人民法院推荐。经重庆市高级人民法院2018年第1次审判委员会讨论,同意将该案例作为重庆法院第31号参考性案例发布,并作为备选指导性案例向最高人民法院案例指导工作办公室推荐。办公室收到该案例后,经过初审、修改,将该案例送最高人民法院民二庭征求意见。2020年5月25日,民二庭回复同意推荐,并对裁判要点提出了修改意见。6月10日,研究室室务会经过讨论,认为该案例基本符合指导性案例要求,建议修改后提交审委会审议。2021年6月22日,该案例经最高人民法院民专会第376次会议讨论,同意作为指导性案例。9月18日,最高人民法院以法〔2021〕228号文件将该案例编入第29批指导性案例予以发布。

二、关于本案例的基本情况

(一)基本案情

重庆市江津区人民法院于2015年7月16日、2016年6月1日分别受理重庆金江印染有限公司(以下简称金江公司)和重庆川江针纺有限公司(以下简称川江公司)破产清算申请,并依法指定重庆丽达律师事务所担任金江公司和川江公司管理人。经查明,金江公司与川江公司存在以下关联关系:1. 实际控制人均为冯秀乾。川江公司的控股股东为冯秀乾,金江公司的控股股东为川江公司,冯秀乾同时也是金江公司的股东,且两公司的法定代表人和实际控制人均为冯秀乾。2. 生产经营场所混同。川江公司转为贸易公司后没有生产厂房,经营中所需的库房与金江公司共用。3. 人员混同。川江公司与金江公司的管理人员存在交叉,且公司发展后期所有职工的劳动关系均在金江公司,但部分职工处理的仍是川江公司的事务,在人员工作安排及管理上两公司并未完全独立。4. 主营业务混同。金江公司的主营业务收入主要来源于印染加工及成品布销售、针纺加工及产品销售,川江公司的主营业务收入来源于针纺毛线和布的原材料及成品销售。金江公司的原材料大部分是通过川江公司购买而来,所加工的产品也主要通过川江公司转售第三方,川江公司从中赚取一定的差价。5. 资产及负债混同。两公司对经营性财产如流动资金的安排使用上混同度较高,且均与冯秀乾的个人账户往来较频繁,无法严格区分。在营业成本的分担和经营利润的分配等方面也无明确约定,往往根据实际利润及税务处理需求进行调整。两公司对外借款也存在相互担保的情况。

两破产案件审理过程中,金江公司、川江公司管理人以两公司法人人格高度混同,且严重损害债权人利益为由,书面申请对两公司进行实质合并破产清算。2016年11月9日,重庆市江津区人民法院召开听证会,对管理人的申请进行听证。金江公司、川江公司共同委托代理人、金江公司债权人会议主席、债权人委员会成员、川江公司债权人会议主席等参加了听证会。此外,川江公司第一次债权人会议、金江公司第二次债权人会议均表决通过了管理人提交的金江公司、川江公司进行实质合并破产清算的报告。

(二)裁判结果

重庆市江津区人民法院于2016年11月18日作出(2015)津法民破字第00001号之四民事裁定,对金江公司、川江公司进行实质合并破产清算。重庆市江津区人民法院于2016年11月21日作出(2015)津法民破字第00001号之五民事裁定:认可《金江公司、川江公司合并清算破产财产分配方案》。重庆市江津区人民法院于2017年1月10日作出(2015)津法民破字第00001号之六民事裁定:终结金江公司、川江公司破产程序。

（三）本案例的推荐理由及指导价值

本案例旨在明确关联企业实质合并破产程序如何启动以及实质合并破产清算的审查判断标准如何认定问题。近年来，随着中央供给侧结构性改革的深化，人民法院受理的破产案件逐年增多，审判实务中破产企业及其关联企业涉及的法律适用问题困扰突出。在破产程序中，能否将破产所涉多个关联企业视为一个企业合并计算各企业的资产与负债、关联企业破产合并清算程序如何启动等问题，破产法及其司法解释均没有明确规定。司法实践中各地法院对关联企业实质合并破产清算审查裁决标准、审查程序不一。本案裁判明确关联企业间法人人格高度混同、相互之间的债权债务难以分离或分离成本过高、严重侵害债权人公平清偿利益的，可以对关联企业进行实质合并破产清算。在实质合并破产清算审查方式上，本案明确应组织申请人、被申请人、债权人代表等利害关系人进行听证后作出裁定。本案例对及时清退"僵尸企业"、助推经济高质量发展有积极作用，可为法院审理关联企业破产清算类似案件提供指导。

三、裁判要点的理解与说明

该指导性案例的裁判要点确认：(1)人民法院审理关联企业破产清算案件，应当尊重关联企业法人人格的独立性，对各企业法人是否具备破产原因进行单独审查并适用单个破产程序为原则。当关联企业之间存在法人人格高度混同、区分各关联企业财产的成本过高、严重损害债权人公平清偿利益时，破产管理人可以申请对已进入破产程序的关联企业进行实质合并破产清算。(2)人民法院收到实质合并破产清算申请后，应当及时组织申请人、被申请人、债权人代表等利害关系人进行听证，并综合考虑关联企业之间资产的混同程度及其持续时间、各企业之间的利益关系、债权人整体清偿利益、增加企业重整的可能性等因素，依法作出裁定。

现围绕与该裁判要点相关的问题逐一解释和说明如下：

（一）关于关联企业实质合并破产清算程序的启动模式

关联企业实质合并破产是指将破产之多个关联企业视为一个企业，合并计算各企业的资产与负债，并且消除关联企业之间的债权债务和担保关系，将合并后的破产财产分配给关联企业的所有债权人。由于破产法及其司法解释对关联企业实质合并破产程序如何启动均没有明确规定，这也成为实践中审理的难点。司法实践中比较常见的启动方式有三种：第一种是各关联企业同时或者先后分别进入破产程序再对其实施实质合并。该方式适用的前提是各企业均具备破产原因，因而不会将不存在破产原因的企业拉进破产程序，在合并企业范围的确定上不会产生争议。第二种是部分关联企业进入破产程序后,对其他关联企业直接启动实质合并破产程序。第三种是申请人对各关联企业合并申请破产并直接申请对关联企业进行实质破产清算。即合并申请、合并受理、合并宣告的模式。后两种做法实际上将各关联企业自始至终视同一个整体对待,程序上作为一个案件处理,客观上可能将部分尚不具备破产原因的企业直接纳入破产程序,因此不宜采用。即人民法院在审理关联企业破产清算案件,应当对各企业法人是否具备破产原因进行单独审查。当各关联企业均具备破产原因后,关联企业实质合并破产清算程序才具备启动前提。

(二)关于关联企业适用实质合并破产清算的条件

关联企业作为独立的企业法人,其具有独立的人格。因此,各关联企业法人在破产清算时,应适用单个破产程序为原则。但当各关联企业之间法人人格高度混同、区分各关联企业财产与债务的成本过高、严重损害债权人公平清偿利益情形时,可以适用实质合并破产清算。在适用实质合并破产三种情形中,人格高度混同、区分各关联企业财产与债务的成本过高二者相互关联,区分成本过高是识别人格混同程序是否适用实质合并破产条件关键要素,需要作为适用实质合并破产重要事由单列补强,但并不成其为单独标准,也不应视为二者具有相同的内涵。严重损害债权人公平清偿利益情形,是关联企业之间因人格高度混同、区分各关联企业财产与债务成本过高产生的实际结果,应当作为适用实质合并的重要条件。

一是关联企业法人人格高度混同的识别。关联企业法人人格是否混同可以从企业资产、企业经营场所、企业工作人员、企业业务等是否混同进行判断。其中,资产混同包括资金混同、实物资产混同、无形资产混同等。实践中还需要注意,部分关联企业的资产虽然登记在各自名下,但实际上控制企业可以随意处理处分从属企业的资产,这种情形也应当视作资产混同。经营场所混同,主要是指企业开展日常事务、经营主要业务之场所。人员混同,包括关联企业间法定代表人、高管、财务人员和普通工作人员的混同,尤其要注意对企业生产、经营、决策起到决定性作用人员的混同。企业业务混同,表现为主要经营业务相同,交易行为、交易方式、交易价格受控制企业支配。实践中应当注意人格混同的程度,只有持续的高度混同情况下才能适用实质合并。对待“持续高度混同”的认定,仅有公司法意义上的人格混合标准认定是不够的,也就是说,单从关联企业之间人员、营业场所、经营业务混同损害公司或债权人利益的,可以破产撤销权、无效处理等方式予以纠正;或者适用公司人格否认制度,通过揭开公司面纱,依据公司法的规定由控制股东及获利公司对其他关联企业的债务承担连带责任;或者对关联企业之间的债权适用衡平居次原则,列为破产劣后债权顺后清偿;或者三者适当并用,最后还可以在破产程序中通过程序合并、程序协调解决。而实质合并破产条件下的“持续高度混同”认定，是在上述救济方式已经不能达到公平保护破产债权人利益情况下适用实质合并破产的例外。因此，破产法意义上的“持续高度混同”不仅需要具备公司法规定的关联企业之间人员、营业场所、经营业务混同，资产与负债的混同才是判断实质合并破产的重要标准，并且资产与负债的混同会因无法分离，或者分离成本过高，损害全体债权人利益，违背破产法公平清偿目的。

二是区分各关联企业财产的成本是否过高的判断。关联企业之间的资产与负债的区分成本包括直接成本、间接成本以及社会成本。由于区分资产与负债的成本涉及财产与法律调查、性质判断、行为纠正、财务调整、资产回收、诉讼和仲裁费等方面发生的经济与人力等费用，以及使债权人的利益受到的综合性损失，需要通过关联企业实质合并破产专项审计，进行定性定量综合分析。主要从资产所有权、债务及关联交易等方面区分是否容易进行判断。在资产所有权的区分上，主要看各关联企业能否从财务账簿、不动产权属、资金来源等方面厘清各自资产。在债务的区分上，主要看各关联企业能否分辨债务最初产生于某个企业。在关联交易的区分，主要看能否判断各关联企业哪部分是虚假交易，哪部分属于正常交易。实践中，如果区分成本较低，实现可能性较大就不宜适用实质合并原则。反之，如果资产、债务根本无法区分或者区分难度很大，以至于关联企业之间资产与负债的混同程序及其衍生带来的企业独立区分会产生过度费用或迟延，则区分成本过高，应当适用实质合并原则。所以，将关联企业间区分资产与负债成本过高作为适用实质合并破产事由，是符合破产法立法目标的。① 需要强调的是，在目前的司法实践中，存在一些个别地方适用实质合并破产不对事实情况进行客观的定性定量分析和判断，不是为保障全体债权人的公平清偿，而是为了实现其他目的，如为了解决办理破产工作难度与困难，或迁就某些债权人的不合理要求，或是单纯追求重整成功率，受利益诱导将不符合实质合并标准的优质资产或财产较多的企业强拉入合并破产中，这些滥用实质合并破产的做法应予以纠正。②

三是不实质合并破产清算将严重损害债权人公平清偿利益。严重侵害债权人公平清偿利益应否作为实质合并的要件，实践中存在争议。但实际上，人格高度混同的结果通常会导致关联企业中部分企业的债权人受损而部分企业的债权人获益，进而有违公平清偿原则。本案的情况是川江公司利用其对金江公司的控制，损害金江公司及其债权人的利益，属于从属企业及其债权人利益受损的情形。实践

---

① 王欣新：《破产王道——破产法司法文件解读》，法律出版社 2021 年版，第 166 页。

② 王欣新：《最高人民法院第 29 批破产类指导性案例点评》，载微信公众号“人民法院报”，2021 年 10 月 16 日。

中根据不同情况,利益受损的既可能是控制企业及其债权人,也可能是从属企业及其债权人,或者不存在控制关系的关联企业之一及其债权人。因此,只要关联企业行为侵害部分债权人公平清偿利益的,即可作为关联企业是否进行实质合并破产的因素予以考虑。

(三)关于实质合并破产清算的启动主体问题

依启动主体的不同,实质合并破产程序的启动有申请主义和职权主义之分。对于能否由法院依职权启动实质合并破产程序的问题,由于由法院自行下令进行实质性合并对当事人的利益会产生严重影响,所以此类案件不宜由法院依职权启动实质合并程序。有观点认为,关联企业成员、关联企业的债权人、清算义务人、已进入破产程序的关联企业的管理人均可以提出实质合并破产的申请。实践中,受信息不对称和自身客观因素等方面的影响,债权人提起申请,难以正确行使申请权,承担举证能力。债务人虽对企业混同情况最为了解,但因存在不当利益输送等原因,一般不愿主动提出申请。根据《企业破产法》第二十五条规定,管理人在人民法院审理破产案件中负有审查债权,接管、调查、处分债务人财产,代表债务人参加诉讼以及人民法院认为管理人应当履行的其他职责等职责,管理人申请对破产企业及其关联企业实质合并破产清算亦可归入管理人的职责之一。因此,在关联企业符合实质合并破产清算事由的情况下,由管理人提出申请较为合适。

(四)关于实质合并破产清算的审查程序

1. 决定主体。对关联企业是否进行实质合并破产程序,应当由人民法院裁定确定,即决定权在法院而非债权人会议,对此并无争议。但在法院裁定前需否经债权人会议表决,实践中有不同做法。在过去的司法实践中,存在先由各关联企业的债权人会议表决通过后,法院再裁定的做法。但该做法并不妥当,理由如下:首先,关联企业的实质合并是对关联企业是否存在法人人格混同、区分各关联企业财产的成本过高、严重损害债权人公平清偿利益等的认定,并不属于破产法规定的债权人会议的职权范围,而应当属于司法裁决的范围。其次,由于实质合并破产必定会引起清偿率相对较高的部分关联企业债权人的不满,如要求各关联企业的债权人会议必须表决通过法院裁定,可能造成该项制度名存实亡。因此,是否进行实质合并不需要经债权人会议表决。

2. 审查方式。关联企业的实质合并破产可能对当事人尤其是债权人的实体权利义务产生重大影响,因此必须充分保障当事人的知情权和异议权。为充分保障广大债权人的知情权和异议权,本案例明确法院收到实质合并破产清算申请后应当及时组织召开听证会,广泛听取申请人、被申请人及各类债权人代表等相关利害关系人的意见。此外,在法院作出裁定关联企业进入实质合并程序前,管理人应将实质合并的有关情况报告债权人会议，以广泛听取债权人的意见。

四、参照适用时应注意的问题

（一）关于实质合并破产清算后产生的法律后果

在金江公司与川江公司两破产案件审理过程中，两案债权人会议已表决通过破产财产统一变价方案，已通过并裁定统一破产财产分配方案，已清偿全体债权人并终止破产程序。理论与实务中已经广泛知晓联合国国际贸易法委员会制定的《破产法立法指南》第三部分《破产企业集团对待办法》对“实质合并”的定义，并且该定义已被最高人民法院2018年3月印发的《全国法院破产审判工作会议纪要》第三十六条所吸收。因此，关联企业实质合并破产后，各成员间的债权债务应当归于消灭，各成员的财产作为合并后统一的破产财产，由各成员的债权人在同一财产分配方案中按照法定顺序公平清偿。

（二）关于关联企业实质合并破产是否普遍适用欺诈标准

在两破产案件审理过程中发现，金江公司作为印染制造公司，川江公司作为销售公司，相互存在部分正常经销业务往来，并不是所有关联行为都具有主观恶意，并不是所有的经营活动根本没有正当的商业目的，所以两案审理没有参照适用《破产企业集团对待办法》实质合并破产欺诈标准。实践中，随着我国公司法律制度的实施，市场主体活跃，普遍反映在公司治理混乱特别是财务管理混乱方面，通过恶意欺诈方式以空壳公司输送不当利益的现象不多，是否将欺诈标准作为实质合并破产审查判断标准，需要在今后的破产案件审理中不断总结提炼。

（三）关于重整需要是否作为实质合并破产参考因素问题

关联企业实质合并破产案件的审理，在实质合并破产适用条件和程序上不仅适用关联企业实质合并破产清算程序，同样适用实质合并破产重整程序，或者适用实质合并破产重整和清算兼有程序。本案将“重整需要”作为实质合并破产参考因素，符合现代集团企业产业链供应链相互依存的特征，但没有将“重整需要”作为实质合并破产的单独标准或条件适用，“重整需要”是否能够作为实质合并破产的单独标准或条件适用，有待实践中继续总结归纳。

（执笔人：重庆市第五中级人民法院　陈唤忠
重庆市高级人民法院　游中川
编审人：最高人民法院案例指导工作办公室　石　磊）

指导案例165号　重庆金江印染有限公司、重庆川江针纺有限公司破产管理人申请实质合并破产清算案

最高人民法院案例指导工作办公室编审人:石磊

1. 案例推荐单位:重庆市高级人民法院

2. 案例编写人:重庆市第五中级人民法院　陈唤忠;重庆市高级人民法院　游中川、李季宁

3. 案件裁判法院:重庆市江津区人民法院

4. 案件承办人:陈唤忠

相关法条

1.《中华人民共和国公司法》(2018年10月26日实施)

第二百一十六条　本法下列用语的含义:

(一)高级管理人员,是指公司的经理、副经理、财务负责人,上市公司董事会秘书和公司章程规定的其他人员。

(二)控股股东,是指其出资额占有限责任公司资本总额百分之五十以上或者其持有的股份占股份有限公司股本总额百分之五十以上的股东;出资额或者持有股份的比例虽然不足百分之五十,但依其出资额或者持有的股份所享有的表决权已足以对股东会、股东大会的决议产生重大影响的股东。

(三)实际控制人,是指虽不是公司的股东,但通过投资关系、协议或者其他安排,能够实际支配公司行为的人。

(四)关联关系,是指公司控股股东、实际控制人、董事、监事、高级管理人员与其直接或者间接控制的企业之间的关系,以及可能导致公司利益转移的其他关系。但是,国家控股的企业之间不仅因为同受国家控股而具有关联关系。

2.《中华人民共和国企业破产法》(2007年6月1日实施)

第二条　企业法人不能清偿到期债务,并且资产不足以清偿全部债务或者明显缺乏清偿能力的,依照本法规定清理债务。

企业法人有前款规定情形,或者有明显丧失清偿能力可能的,可以依照本案规定进行重整。

3.《全国法院破产审判工作会议纪要》(2018年3月4日实施)

六、关联企业破产

会议认为,人民法院审理关联企业破产案件时,要立足于破产关联企业之间的具体关系模式,采取不同方式予以处理。既要通过实质合并审理方式处理法人人格高度混同的关联关系,确保全体债权人公平清偿,也要避免不当采用实质合并审理方式损害相关利益主体的合法权益。

32. 关联企业实质合并破产的审慎适用。人民法院在审理企业破产案件时,应当尊重企

业法人人格的独立性，以对关联企业成员的破产原因进行单独判断并适用单个破产程序为基本原则。当关联企业成员之间存在法人人格高度混同、区分各关联企业成员财产的成本过高、严重损害债权人公平清偿利益时，可例外适用关联企业实质合并破产方式进行审理。

33. 实质合并申请的审查。人民法院收到实质合并申请后，应当及时通知相关利害关系人并组织听证，听证时间不计入审查时间。人民法院在审查实质合并申请过程中，可以综合考虑关联企业之间资产的混同程序及其持续时间、各企业之间的利益关系、债权人整体清偿利益、增加企业重整的可能性等因素，在收到申请之日起三十日内作出是否实质合并审理的裁定。

34. 裁定实质合并时利害关系人的权利救济。相关利害关系人对受理法院作出的实质合并审理裁定不服的，可以自裁定书送达之日起十五日内向受理法院的上一级人民法院申请复议。

35. 实质合并审理的管辖原则与冲突解决。采用实质合并方式审理关联企业破产案件的，应由关联企业中的核心控制企业住所地人民法院管辖。核心控制企业不明确的，由关联企业主要财产所在地人民法院管辖。多个法院之间对管辖权发生争议的，应当报请共同的上级人民法院指定管辖。

36. 实质合并审理的法律后果。人民法院裁定采用实质合并方式审理破产案件的，各关联企业成员之间的债权债务归于消灭，各成员的财产作为合并后统一的破产财产，由各成员的债权人在同一程序中按照法定顺序公平受偿。采用实质合并方式进行重整的，重整计划草案中应当制定统一的债权分类、债权调整和债权受偿方案。

37. 实质合并审理后的企业成员存续。适用实质合并规则进行破产清算的，破产程序终结后各关联企业成员均应予以注销。适用实质合并规则进行和解或重整的，各关联企业原则上应当合并为一个企业。根据和解协议或重整计划，确有需要保持个别企业独立的，应当依照企业分立的有关规则单独处理。

38. 关联企业破产案件的协调审理与管辖原则。多个关联企业成员均存在破产原因但不符合实质合并条件的，人民法院可根据相关主体的申请对多个破产程序进行协调审理，并可根据程序协调的需要，综合考虑破产案件审理的效率、破产申请的先后顺序、成员负债规模大小、核心控制企业住所地等因素，由共同的上级法院确定一家法院集中管辖。

39. 协调审理的法律后果。协调审理不消灭关联企业成员之间的债权债务关系，不对关联企业成员的财产进行合并，各关联企业成员的债权人仍以该企业成员财产为限依法获得清偿。但关联企业成员之间不当利用关联关系形成的债权，应当劣后于其他普通债权顺序清偿，且该劣后债权人不得就其他关联企业成员提供的特定财产优先受偿。

最高人民法院
关于发布第30批指导性案例的通知

(法〔2021〕272号)

各省、自治区、直辖市高级人民法院,解放军军事法院,新疆维吾尔自治区高级人民法院生产建设兵团分院:

经最高人民法院审判委员会讨论决定,现将北京隆昌伟业贸易有限公司诉北京城建重工有限公司合同纠纷案等六个案例(指导案例166-171号),作为第30批指导性案例发布,供在审判类似案件时参照。

最高人民法院

2021年11月9日

指导案例166号

北京隆昌伟业贸易有限公司诉北京城建重工有限公司合同纠纷案

(最高人民法院审判委员会讨论通过 2021年11月9日发布)

关键词 民事/合同纠纷/违约金调整/诚实信用原则

裁判要点

当事人双方就债务清偿达成和解协议,约定解除财产保全措施及违约责任。

一方当事人依约申请人民法院解除了保全措施后，另一方当事人违反诚实信用原则不履行和解协议，并在和解协议违约金诉讼中请求减少违约金的，人民法院不予支持。

相关法条

《中华人民共和国合同法》*第6条、第114条（注：现行有效的法律为《中华人民共和国民法典》第7条、第585条）

基本案情

2016年3月，北京隆昌伟业贸易有限公司（以下简称隆昌贸易公司）因与北京城建重工有限公司（以下简称城建重工公司）买卖合同纠纷向人民法院提起民事诉讼，人民法院于2016年8月作出（2016）京0106民初6385号民事判决，判决城建重工公司给付隆昌贸易公司货款5 284 648.68元及相应利息。城建重工公司对此判决提起上诉，在上诉期间，城建重工公司与隆昌贸易公司签订协议书，协议书约定：（1）城建重工公司承诺于2016年10月14日前向隆昌贸易公司支付人民币300万元，剩余的本金2 284 648.68元、利息462 406.72元及诉讼费25 802元（共计2 772 857.4元）于2016年12月31日前支付完毕；城建重工公司未按照协议约定的时间支付首期给付款300万元或未能在2016年12月31日前足额支付完毕全部款项的，应向隆昌贸易公司支付违约金80万元；如果城建重工公司未能在2016年12月31日前足额支付完毕全部款项的，隆昌贸易公司可以自2017年1月1日起随时以（2016）京0106民初6385号民事判决为依据向人民法院申请强制执行，同时有权向城建重工公司追索本协议确定的违约金80万元。（2）隆昌贸易公司申请解除在他案中对城建重工公司名下财产的保全措施。双方达成协议后城建重工公司向二审法院申请撤回上诉并按约定于2016年10月14日给付隆昌贸易公司首期款项300万元，隆昌贸易公司按协议约定申请解除了对城建重工公司财产的保全。后城建重工公司未按照协议书的约定支付剩余款项，2017年1月隆昌贸易公司申请执行（2016）京0106民初6385号民事判决书所确定的债权，并于2017年6月起诉城建重工公司支付违约金80万元。

一审中，城建重工公司答辩称：隆昌贸易公司要求给付的请求不合理，违约金数额过高。根据生效判决，城建重工公司应给付隆昌贸易公司的款项为5 284 648.68元及利息。隆昌贸易公司诉求城建重工公司因未完全履行和解协议承担违约金的数额为80万元，此违约金数额过高，有关请求不合理。一审宣判后，城建重工公司

---

* 已失效。——编者注

不服一审判决,上诉称:一审判决在错误认定城建重工公司恶意违约的基础上,适用惩罚性违约金,不考虑隆昌贸易公司的损失情况等综合因素而全部支持其诉讼请求,显失公平,请求适当减少违约金。

裁判结果

北京市丰台区人民法院于2017年6月30日作出(2017)京0106民初15563号民事判决:北京城建重工有限公司于判决生效之日起十日内支付北京隆昌伟业贸易有限公司违约金80万元。北京城建重工有限公司不服一审判决,提起上诉。北京市第二中级人民法院于2017年10月31日作出(2017)京02民终8676号民事判决:驳回上诉,维持原判。

裁判理由

法院生效裁判认为:隆昌贸易公司与城建重工公司在诉讼期间签订了协议书,该协议书均系双方的真实意思表示,不违反法律法规强制性规定,合法有效,双方应诚信履行。本案涉及诉讼中和解协议的违约金调整问题。本案中,隆昌贸易公司与城建重工公司签订协议书约定城建重工公司如未能于2016年10月14日前向隆昌贸易公司支付人民币300万元,或未能于2016年12月31日前支付剩余的本金2 284 648.68元、利息462 406.72元及诉讼费25 802元(共计2 772 857.4元),则隆昌贸易公司有权申请执行原一审判决并要求城建重工公司承担80万元违约金。现城建重工公司于2016年12月31日前未依约向隆昌贸易公司支付剩余的2 772 857.4元,隆昌贸易公司的损失主要为尚未得到清偿的2 772 857.4元。城建重工公司在诉讼期间与隆昌贸易公司达成和解协议并撤回上诉,隆昌贸易公司按协议约定申请解除了对城建重工公司账户的冻结。而城建重工公司作为商事主体自愿给隆昌贸易公司出具和解协议并承诺高额违约金,但在账户解除冻结后城建重工公司并未依约履行后续给付义务,具有主观恶意,有悖诚实信用。一审法院判令城建重工公司依约支付80万元违约金,并无不当。

(生效裁判审判人员:苏丽英、王国才、周　维)

指导案例 167 号

北京大唐燃料有限公司诉山东百富物流有限公司买卖合同纠纷案

（最高人民法院审判委员会讨论通过　2021 年 11 月 9 日发布）

关键词　民事/买卖合同/代位权诉讼/未获清偿/另行起诉

裁判要点

代位权诉讼执行中，因相对人无可供执行的财产而被终结本次执行程序，债权人就未实际获得清偿的债权另行向债务人主张权利的，人民法院应予支持。

相关法条

《最高人民法院关于适用〈中华人民共和国合同法〉若干问题的解释（一）》* 第 20 条（注：现行有效的法律为《中华人民共和国民法典》第 537 条）

基本案情

2012 年 1 月 20 日至 2013 年 5 月 29 日期间，北京大唐燃料有限公司（以下简称大唐公司）与山东百富物流有限公司（以下简称百富公司）之间共签订采购合同 41 份，约定百富公司向大唐公司销售镍铁、镍矿、精煤、冶金焦等货物。双方在履行合同过程中采用滚动结算的方式支付货款，但是每次付款金额与每份合同约定的货款金额并不一一对应。自 2012 年 3 月 15 日至 2014 年 1 月 8 日，大唐公司共支付百富公司货款 1 827 867 179.08 元，百富公司累计向大唐公司开具增值税发票总额为 1 869 151 565.63 元。大唐公司主张百富公司累计供货货值为 1 715 683 565.63 元，百富公司主张其已按照开具增值税发票数额足额供货。

2014 年 11 月 25 日，大唐公司作为原告，以宁波万象进出口有限公司（以下简称万象公司）为被告，百富公司为第三人，向浙江省宁波市中级人民法院提起债权人代位权诉讼。该院作出（2014）浙甬商初字第 74 号民事判决书，判决万象公司向大唐公司支付款项 36 369 405.32 元。大唐公司于 2016 年 9 月 28 日就（2014）浙甬

---

* 该司法解释已失效。——编者注

商初字第74号民事案件向浙江省象山县人民法院申请强制执行。该院于2016年10月8日依法向万象公司发出执行通知书,但万象公司逾期仍未履行义务,万象公司尚应支付执行款36 369 405.32元及利息,承担诉讼费209 684元、执行费103 769.41元。经该院执行查明,万象公司名下有机动车二辆,该院已经查封但实际未控制。大唐公司在限期内未能提供万象公司可供执行的财产,也未向该院提出异议。该院于2017年3月25日作出(2016)浙0225执3676号执行裁定书,终结本次执行程序。

大唐公司以百富公司为被告,向山东省高级人民法院提起本案诉讼,请求判令百富公司向其返还本金及利息。

裁判结果

山东省高级人民法院于2018年8月13日作出(2018)鲁民初10号民事判决:一、山东百富物流有限公司向北京大唐燃料有限公司返还货款75 814 208.13元;二、山东百富物流有限公司向北京大唐燃料有限公司赔偿占用货款期间的利息损失(以75 814 208.13元为基数,自2014年11月25日起至山东百富物流有限公司实际支付之日止,按照中国人民银行同期同类贷款基准利率计算);三、驳回北京大唐燃料有限公司其他诉讼请求。大唐燃料有限公司不服一审判决,提起上诉。最高人民法院于2019年6月20日作出(2019)最高法民终6号民事判决:一、撤销山东省高级人民法院(2018)鲁民初10号民事判决;二、山东百富物流有限公司向北京大唐燃料有限公司返还货款153 468 000元;三、山东百富物流有限公司向北京大唐燃料有限公司赔偿占用货款期间的利息损失(以153 468 000元为基数,自2014年11月25日起至山东百富物流有限公司实际支付之日止,按照中国人民银行同期同类贷款基准利率计算);四、驳回北京大唐燃料有限公司的其他诉讼请求。

裁判理由

最高人民法院认为:关于(2014)浙甬商初字第74号民事判决书涉及的36 369 405.32元债权问题。大唐公司有权就该笔款项另行向百富公司主张。

第一,《最高人民法院关于适用〈中华人民共和国合同法〉若干问题的解释(一)》*(以下简称《合同法解释(一)》)第二十条规定,债权人向次债务人提起的代位权诉讼经人民法院审理后认定代位权成立的,由次债务人向债权人履行清偿义务,债权人与债务人、债务人与次债务人之间相应的债权债务关系即予消灭。根据该规定,认定债权人与债务人之间相应债权债务关系消灭的前提是次债务人已

---

* 该司法解释已失效。——编者注

经向债权人实际履行相应清偿义务。本案所涉执行案件中,因并未执行到万象公司的财产,浙江省象山县人民法院已经作出终结本次执行的裁定,故在万象公司并未实际履行清偿义务的情况下,大唐公司与百富公司之间的债权债务关系并未消灭,大唐公司有权向百富公司另行主张。

第二,代位权诉讼属于债的保全制度,该制度是为防止债务人财产不当减少或者应当增加而未增加,给债权人实现债权造成障碍,而非要求债权人在债务人与次债务人之间择一选择作为履行义务的主体。如果要求债权人择一选择,无异于要求债权人在提起代位权诉讼前,需要对次债务人的偿债能力作充分调查,否则应当由其自行承担债务不得清偿的风险,这不仅加大了债权人提起代位权诉讼的经济成本,还会严重挫伤债权人提起代位权诉讼的积极性,与代位权诉讼制度的设立目的相悖。

第三,本案不违反"一事不再理"原则。根据《最高人民法院关于适用〈中华人民共和国民事诉讼法〉的解释》第二百四十七条规定,判断是否构成重复起诉的主要条件是当事人、诉讼标的、诉讼请求是否相同,或者后诉的诉讼请求是否实质上否定前诉裁判结果等。代位权诉讼与对债务人的诉讼并不相同,从当事人角度看,代位权诉讼以债权人为原告、次债务人为被告,而对债务人的诉讼则以债权人为原告、债务人为被告,两者被告身份不具有同一性。从诉讼标的及诉讼请求上看,代位权诉讼虽然要求次债务人直接向债权人履行清偿义务,但针对的是债务人与次债务人之间的债权债务,而对债务人的诉讼则是要求债务人向债权人履行清偿义务,针对的是债权人与债务人之间的债权债务,两者在标的范围、法律关系等方面亦不相同。从起诉要件上看,与对债务人诉讼不同的是,代位权诉讼不仅要求具备民事诉讼法规定的起诉条件,同时还应当具备《合同法解释(一)》第十一条规定的诉讼条件。基于上述不同,代位权诉讼与对债务人的诉讼并非同一事由,两者仅具有法律上的关联性,故大唐公司提起本案诉讼并不构成重复起诉。

(生效裁判审判人员:李　伟、王毓莹、苏　蓓)

指导案例168号

中信银行股份有限公司东莞分行诉陈志华等金融借款合同纠纷案

(最高人民法院审判委员会讨论通过 2021年11月9日发布)

关键词 民事/金融借款合同/未办理抵押登记/赔偿责任/过错

裁判要点

以不动产提供抵押担保,抵押人未依抵押合同约定办理抵押登记的,不影响抵押合同的效力。债权人依据抵押合同主张抵押人在抵押物的价值范围内承担违约赔偿责任的,人民法院应予支持。抵押权人对未能办理抵押登记有过错的,相应减轻抵押人的赔偿责任。

相关法条

1.《中华人民共和国物权法》*第15条(注:现行有效的法律为《中华人民共和国民法典》第215条);

2.《中华人民共和国合同法》**第107条、第113条第1款、第119条第1款(注:现行有效的法律为《中华人民共和国民法典》第577条、第584条、第591条第1款)。

基本案情

2013年12月31日,中信银行股份有限公司东莞分行(以下简称中信银行东莞分行)与东莞市华丰盛塑料有限公司(以下简称华丰盛公司)、东莞市亿阳信通集团有限公司(以下简称亿阳公司)、东莞市高力信塑料有限公司(以下简称高力信公司)签订《综合授信合同》,约定中信银行东莞分行为亿阳公司、高力信公司、华丰盛公司提供4亿元的综合授信额度,额度使用期限自2013年12月31日起至2014年12月31日止。为担保该合同,中信银行东莞分行于同日与陈志波、陈志华、陈志文、亿阳公司、高力信公司、华丰盛公司、东莞市怡联贸易有限公司(以下简称怡联

---

* 该法已失效。——编者注

** 该法已失效。——编者注

公司）、东莞市力宏贸易有限公司（以下简称力宏公司）、东莞市同汇贸易有限公司（以下简称同汇公司）分别签订了《最高额保证合同》，约定：高力信公司、华丰盛公司、亿阳公司、力宏公司、同汇公司、怡联公司、陈志波、陈志华、陈志文为上述期间的贷款本息、实现债权费用在各自保证限额内向中信银行东莞分行提供连带保证责任。同时，中信银行东莞分行还分别与陈志华、陈志波、陈仁兴、梁彩霞签订了《最高额抵押合同》，陈志华、陈志波、陈仁兴、梁彩霞同意为中信银行东莞分行自2013年12月31日至2014年12月31日对亿阳公司等授信产生的债权提供最高额抵押，担保的主债权限额均为4亿元，担保范围包括贷款本息及相关费用，抵押物包括：1. 陈志华位于东莞市中堂镇东泊村的房产及位于东莞市中堂镇东泊村中堂汽车站旁的一栋综合楼（未取得不动产登记证书）；2. 陈志波位于东莞市中堂镇东泊村陈屋东兴路东一巷面积为4667.7平方米的土地使用权及地上建筑物、位于东莞市中堂镇吴家涌面积为30 801平方米的土地使用权、位于东莞市中堂镇东泊村面积为12 641.9平方米的土地使用权（均未取得不动产登记证书）；3. 陈仁兴位于东莞市中堂镇的房屋；4. 梁彩霞位于东莞市中堂镇东泊村陈屋新村的房产。以上不动产均未办理抵押登记。

另，中信银行东莞分行于同日与亿阳公司签订了《最高额权利质押合同》《应收账款质押登记协议》。

基于《综合授信合同》，中信银行东莞分行与华丰盛公司于2014年3月18日、19日分别签订了《人民币流动资金贷款合同》，约定：中信银行东莞分行为华丰盛公司分别提供2500万元、2500万元、2000万元流动资金贷款，贷款期限分别为2014年3月18日至2015年3月18日、2014年3月19日至2015年3月15日、2014年3月19日至2015年3月12日。

东莞市房产管理局于2011年6月29日向东莞市各金融机构发出《关于明确房地产抵押登记有关事项的函》（东房函〔2011〕119号），内容为："东莞市各金融机构：由于历史遗留问题，我市存在一些土地使用权人与房屋产权人不一致的房屋。2008年，住建部出台了《房屋登记办法》（建设部令第168号），其中第八条明确规定'办理房屋登记，应当遵循房屋所有权和房屋占用范围内的土地使用权权利主体一致的原则'。因此，上述房屋在申请所有权转移登记时，必须先使房屋所有权与土地使用权权利主体一致后才能办理。为了避免抵押人在实现该类房屋抵押权时，因无法在房管部门办理房屋所有权转移登记而导致合法利益无法得到保障，根据《物权法》《房屋登记办法》等相关规定，我局进一步明确房地产抵押登记的有关事项，现函告如下：一、土地使用权人与房屋产权人不一致的房屋需办理抵押登记的，必须在房屋所有权与土地使用权权利主体取得一致后才能办理。二、目前我市个别金融机构由于实行先放款再到房地产管理部门申请办理抵押登记,产生了一些不必要的矛盾纠纷。为了减少金融机构信贷风险和信贷矛盾纠纷,我局建议各金融机构在日常办理房地产抵押贷款申请时,应认真审查抵押房地产的房屋所有权和土地使用权权利主体是否一致,再决定是否发放该笔贷款。如对房地产权属存在疑问,可咨询房地产管理部门。三、为了更好地保障当事人利益,我局将从2011年8月1日起,对所有以自建房屋申请办理抵押登记的业务,要求申请人必须同时提交土地使用权证。”

中信银行东莞分行依约向华丰盛公司发放了7000万贷款。然而,华丰盛公司自2014年8月21日起未能按期付息。中信银行东莞分行提起本案诉讼。请求:华丰盛公司归还全部贷款本金7000万元并支付贷款利息等;陈志波、陈志华、陈仁兴、梁彩霞在抵押物价值范围内承担连带赔偿责任。

裁判结果

广东省东莞市中级人民法院于2015年11月19日作出(2015)东中法民四初字第15号民事判决:一、东莞市华丰盛塑料有限公司向中信银行股份有限公司东莞分行偿还借款本金7000万元、利息及复利并支付罚息;二、东莞市华丰盛塑料有限公司赔偿中信银行股份有限公司东莞分行支出的律师费13万元;三、东莞市亿阳信通集团有限公司、东莞市高力信塑料有限公司、东莞市力宏贸易有限公司、东莞市同汇贸易有限公司、东莞市怡联贸易有限公司、陈志波、陈志华、陈志文在各自《最高额保证合同》约定的限额范围内就第一、二判项确定的东莞市华丰盛塑料有限公司所负中信银行股份有限公司东莞分行的债务范围内承担连带清偿责任,保证人在承担保证责任后,有权向东莞市华丰盛塑料有限公司追偿;四、陈志华在位于广东省东莞市中堂镇东泊村中堂汽车站旁的一栋综合楼、陈志波在位于广东省东莞市中堂镇东泊村陈屋东兴路东一巷面积为4667.7平方米的土地使用权及地上建筑物(面积为3000平方米的三幢住宅)、位于东莞市中堂镇吴家涌面积为30801平方米的土地使用权、位于东莞市中堂镇东泊村面积为12 641.9平方米的土地使用权的价值范围内就第一、二判项确定的东莞市华丰盛塑料有限公司所负中信银行股份有限公司东莞分行债务的未受清偿部分的二分之一范围内承担连带赔偿责任;五、驳回中信银行股份有限公司东莞分行的其他诉讼请求。中信银行股份有限公司东莞分行提出上诉。广东省高级人民法院于2017年11月14日作出(2016)粤民终1107号民事判决:驳回上诉,维持原判。中信银行股份有限公司东莞分行不服向最高人民法院申请再审。最高人民法院于2018年9月28日作出(2018)最高法民申3425号民事裁定,裁定提审本案。2019年12月9日,最高人民法院作出(2019)最高法民再155号民事判决:一、撤销广东省高级人民法院(2016)粤民终1107号民事判决;二、维持广东省东莞市中级人民法院(2015)东中法民四初字第15号民事判决第一、二、三、四项;三、撤销广东省东莞市中级人民法院(2015)东中法民四初字第15号民事判决第五项;四、陈志华在位于东莞市中堂镇东泊村的房屋价值范围内、陈仁兴在位于东莞市中堂镇的房屋价值范围内、梁彩霞在位于东莞市中堂镇东泊村陈屋新村的房屋价值范围内,就广东省东莞市中级人民法院(2015)东中法民四初字第15号民事判决第一、二判项确定的东莞市华丰盛塑料有限公司所负债务未清偿部分的二分之一范围内向中信银行股份有限公司东莞分行承担连带赔偿责任;五、驳回中信银行股份有限公司东莞分行的其他诉讼请求。

裁判理由

最高人民法院认为:《中华人民共和国物权法》*第十五条规定:"当事人之间订立有关设立、变更、转让和消灭不动产物权的合同,除法律另有规定或者合同另有约定外,自合同成立时生效;未办理物权登记的,不影响合同效力。"本案中,中信银行东莞分行分别与陈志华等三人签订的《最高额抵押合同》,约定陈志华以其位于东莞市中堂镇东泊村的房屋、陈仁兴以其位于东莞市中堂镇的房屋、梁彩霞以其位于东莞市中堂镇东泊村陈屋新村的房屋为案涉债务提供担保。上述合同内容系双方当事人的真实意思表示,内容不违反法律、行政法规的强制性规定,应为合法有效。虽然前述抵押物未办理抵押登记,但根据《中华人民共和国物权法》第十五条之规定,该事实并不影响抵押合同的效力。

依法成立的合同,对当事人具有法律约束力,当事人应当按照合同约定履行各自义务,不履行合同义务或履行合同义务不符合约定的,应依据合同约定或法律规定承担相应责任。《最高额抵押合同》第六条"甲方声明与保证"约定:"6.2　甲方对本合同项下的抵押物拥有完全的、有效的、合法的所有权或处分权,需依法取得权属证明的抵押物已依法获发全部权属证明文件,且抵押物不存在任何争议或任何权属瑕疵……6.4　设立本抵押不会受到任何限制或不会造成任何不合法的情形。"第十二条"违约责任"约定:"12.1　本合同生效后,甲乙双方均应履行本合同约定的义务,任何一方不履行或不完全履行本合同约定的义务的,应当承担相应的违约责任,并赔偿由此给对方造成的损失。12.2　甲方在本合同第六条所作声明与保证不真实、不准确、不完整或故意使人误解,给乙方造成损失的,应予赔偿。"根据上述约定,陈志华等三人应确保案涉房产能够依法办理抵押登记,否则应承担相应的违约责任。本案中,陈志华等三人尚未取得案涉房屋所占土地使用权证,因房地权属不一致,案涉房屋未能办理抵押登记,抵押权未依法设立,陈志华等三人构成

* 该法已失效。——编者注

违约,应依据前述约定赔偿由此给中信银行东莞分行造成的损失。

《中华人民共和国合同法》* 第一百一十三条第一款规定:“当事人一方不履行合同义务或者履行合同义务不符合约定,给对方造成损失的,损失赔偿额应当相当于因违约所造成的损失,包括合同履行后可以获得的利益,但不得超过违反合同一方订立合同时预见到或者应当预见到的因违反合同可能造成的损失。”《最高额抵押合同》第6.6条约定:“甲方承诺:当主合同债务人不履行到期债务或发生约定的实现担保物权的情形,无论乙方对主合同项下的债权是否拥有其他担保(包括但不限于主合同债务人自己提供物的担保、保证、抵押、质押、保函、备用信用证等担保方式),乙方有权直接请求甲方在其担保范围内承担担保责任,无需行使其他权利(包括但不限于先行处置主合同债务人提供的物的担保)。”第8.1条约定:“按照本合同第二条第2.2款确定的债务履行期限届满之日债务人未按主合同约定履行全部或部分债务的,乙方有权按本合同的约定处分抵押物。”在《最高额抵押合同》正常履行的情况下,当主债务人不履行到期债务时,中信银行东莞分行可直接请求就抵押物优先受偿。本案抵押权因未办理登记而未设立,中信银行东莞分行无法实现抵押权,损失客观存在,其损失范围相当于在抵押财产价值范围内华丰盛公司未清偿债务数额部分,并可依约直接请求陈志华等三人进行赔偿。同时,根据本案查明的事实,中信银行东莞分行对《最高额抵押合同》无法履行亦存在过错。东莞市房产管理局已于2011年明确函告辖区各金融机构,房地权属不一致的房屋不能再办理抵押登记。据此可以认定,中信银行东莞分行在2013年签订《最高额抵押合同》时对于案涉房屋无法办理抵押登记的情况应当知情或者应当能够预见。中信银行东莞分行作为以信贷业务为主营业务的专业金融机构,应比一般债权人具备更高的审核能力。相对于此前曾就案涉抵押物办理过抵押登记的陈志华等三人来说,中信银行东莞分行具有更高的判断能力,负有更高的审查义务。中信银行东莞分行未尽到合理的审查和注意义务,对抵押权不能设立亦存在过错。同时,根据《中华人民共和国合同法》** 第一百一十九条“当事人一方违约后,对方应当采取适当措施防止损失的扩大;没有采取适当措施致使损失扩大的,不得就扩大的损失要求赔偿”的规定,中信银行东莞分行在知晓案涉房屋无法办理抵押登记后,没有采取降低授信额度、要求提供补充担保等措施防止损失扩大,可以适当减轻陈志华等三人的赔偿责任。综合考虑双方当事人的过错程度以及本案具体情况,酌情认定陈志华等三人以抵押财产价值为限,在华丰盛公司尚未清偿债务的二分之一范围内,向

---

* 该法已失效。——编者注

** 该法已失效。——编者注

中信银行东莞分行承担连带赔偿责任。

（生效裁判审判人员：高燕竹、张颖新、刘少阳）

指导案例 169 号

徐欣诉招商银行股份有限公司上海延西支行银行卡纠纷案

（最高人民法院审判委员会讨论通过 2021 年 11 月 9 日发布）

关键词 民事/银行卡纠纷/网络盗刷/责任认定

裁判要点

持卡人提供证据证明他人盗用持卡人名义进行网络交易，请求发卡行承担被盗刷账户资金减少的损失赔偿责任，发卡行未提供证据证明持卡人违反信息妥善保管义务，仅以持卡人身份识别信息和交易验证信息相符为由主张不承担赔偿责任的，人民法院不予支持。

相关法条

《中华人民共和国合同法》*第 107 条（注：现行有效的法律为《中华人民共和国民法典》第 577 条）

基本案情

徐欣系招商银行股份有限公司上海延西支行（以下简称招行延西支行）储户，持有卡号为××××的借记卡一张。

2016 年 3 月 2 日，徐欣上述借记卡发生三笔转账，金额分别为 50 000 元、50 000 元及 46 200 元，共计 146 200 元。转入户名均为石某，卡号：××××，转入行：中国农业银行。

---

* 该法已失效。——编者注

2016年5月30日,徐欣父亲徐某至上海市公安局青浦分局经侦支队报警并取得《受案回执》。当日,上海市公安局青浦分局经侦支队向徐欣发送沪公(青)立告字(2016)3923号《立案告知书》,告知信用卡诈骗案决定立案。

2016年4月29日,福建省福清市公安局出具融公(刑侦)捕字(2016)00066号《逮捕证》,载明:经福清市人民检察院批准,兹由我局对涉嫌盗窃罪的谢某1执行逮捕,送福清市看守所羁押。

2016年5月18日,福建省福清市公安局刑侦大队向犯罪嫌疑人谢某1制作《讯问笔录》,载明:……我以9800元人民币向我师傅购买了笔记本电脑、银行黑卡(使用别人身份办理的银行卡)、身份证、优盘等设备用来实施盗刷他人银行卡存款。我师傅卖给我的优盘里有受害人的身份信息、手机号码、银行卡号、取款密码以及银行卡内的存款情况。……用自己人的头像补一张虚假的临时身份证,办理虚假的临时身份证的目的是用于到手机服务商营业厅将我们要盗刷的那个受害者的手机挂失并补新的SIM卡,我们补新SIM卡的目的是掌握受害者预留给银行的手机,以便于接收转账等操作时银行发送的验证码,只有输入验证码手机银行内的钱才能被转账成功。而且将受害者的银行卡盗刷后,他手上持有的SIM卡接收不到任何信息,我们转他银行账户内的钱不至于被他发现。……2016年3月2日,我师傅告诉我说这次由他负责办理受害人假的临时身份证,并补办受害者关联银行卡的新手机SIM卡。他给了我三个银行账号和密码(经辨认银行交易明细,……一张是招行卡号为××××,户名:徐欣)。

2016年6月,福建省福清市公安局出具《呈请案件侦查终结报告书》,载明:……2016年3月2日,此次作案由谢某1负责转账取款,上家负责提供信息、补卡,此次谢某1盗刷了周某、徐欣、汪某等人银行卡内存款共计400 700元……。

2016年6月22日,福建省福清市人民检察院向徐欣发送《被害人诉讼权利义务告知书》,载明:犯罪嫌疑人谢某1、谢某2等3人盗窃案一案,已由福清市公安局移送审查起诉……。

徐欣向人民法院起诉请求招行延西支行赔偿银行卡盗刷损失及利息。

裁判结果

上海市长宁区人民法院于2017年4月25日作出(2017)沪0105民初1787号民事判决:一、招商银行股份有限公司上海延西支行给付徐欣存款损失146 200元;二、招商银行股份有限公司上海延西支行给付原告徐欣自2016年3月3日起至判决生效之日止,以146 200元为基数,按照中国人民银行同期存款利率计算的利息损失。招商银行股份有限公司上海延西支行不服一审判决,向上海市第一中级人民法院提起上诉。上海市第一中级人民法院2017年10月31日作出(2017)沪01

民终 9300 号民事判决：驳回上诉，维持原判。

裁判理由

法院生效裁判认为：被上诉人在上诉人处办理了借记卡并将资金存入上诉人处，上诉人与被上诉人之间建立储蓄存款合同关系。《中华人民共和国商业银行法》第六条规定，“商业银行应当保障存款人的合法权益不受任何单位和个人的侵犯”。在储蓄存款合同关系中，上诉人作为商业银行对作为存款人的被上诉人，具有保障账户资金安全的法定义务以及向被上诉人本人或者其授权的人履行的合同义务。为此，上诉人作为借记卡的发卡行及相关技术、设备和操作平台的提供者，应当对交易机具、交易场所加强安全管理，对各项软硬件设施及时更新升级，以最大限度地防范资金交易安全漏洞。尤其是，随着电子银行业务的发展，商业银行作为电子交易系统的开发、设计、维护者，也是从电子交易便利中获得经济利益的一方，应当也更有能力采取更为严格的技术保障措施，以增强防范银行卡违法犯罪行为的能力。本案根据查明的事实，被上诉人涉案账户的资金损失，系因案外人谢某 1 非法获取被上诉人的身份信息、手机号码、取款密码等账户信息后，通过补办手机 SIM 卡截获上诉人发送的动态验证码，进而进行转账所致。在存在网络盗刷的情况下，上诉人仍以身份识别信息和交易验证信息通过为由主张案涉交易是持卡人本人或其授权交易，不能成立。而且，根据本案现有证据无法查明案外人谢某 1 如何获得交易密码等账户信息，上诉人亦未提供相应的证据证明账户信息泄露系因被上诉人没有妥善保管使用银行卡所导致，因此，就被上诉人自身具有过错，应当由上诉人承担举证不能的法律后果。上诉人另主张，手机运营商在涉案事件中存在过错。然，本案被上诉人提起诉讼的请求权基础为储蓄存款合同关系，手机运营商并非合同以及本案的当事人，手机运营商是否存在过错以及上诉人对被上诉人承担赔偿责任后，是否有权向手机运营商追偿，并非本案审理范围。综上，上诉人在储蓄存款合同履行过程中，对上诉人账户资金未尽到安全保障义务，又无证据证明被上诉人存在违约行为可以减轻责任，上诉人对被上诉人的账户资金损失应当承担全部赔偿责任。上诉人的上诉请求，理由不成立，不予支持。

（生效裁判审判人员：崔　婕、周　欣、桂　佳）

指导案例170号

饶国礼诉某物资供应站等房屋租赁合同纠纷案

(最高人民法院审判委员会讨论通过 2021年11月9日发布)

关键词 民事/房屋租赁合同/合同效力/行政规章/公序良俗/危房

裁判要点

违反行政规章一般不影响合同效力,但违反行政规章签订租赁合同,约定将经鉴定机构鉴定存在严重结构隐患,或将造成重大安全事故的应当尽快拆除的危房出租用于经营酒店,危及不特定公众人身及财产安全,属于损害社会公共利益、违背公序良俗的行为,应当依法认定租赁合同无效,按照合同双方的过错大小确定各自应当承担的法律责任。

相关法条

《中华人民共和国民法总则》* 第153条、《中华人民共和国合同法》** 第52条、第58条(注:现行有效的法律为《中华人民共和国民法典》第153条、第157条)

基本案情

南昌市青山湖区晶品假日酒店(以下简称晶品酒店)组织形式为个人经营,经营者系饶国礼,经营范围及方式为宾馆服务。2011年7月27日,晶品酒店通过公开招标的方式中标获得租赁某物资供应站所有的南昌市青山南路1号办公大楼的权利,并向物资供应站出具《承诺书》,承诺中标以后严格按照加固设计单位和江西省建设工程安全质量监督管理局等权威部门出具的加固改造方案,对青山南路1号办公大楼进行科学、安全的加固,并在取得具有法律效力的书面文件后,再使用该大楼。同年8月29日,晶品酒店与物资供应站签订《租赁合同》,约定:物资供应站将南昌市青山南路1号(包含房产证记载的南昌市东湖区青山南路1号和东湖区青山南路3号)办公楼4120平方米建筑出租给晶品酒店,用于经营商务宾馆。租赁期

---

* 已失效。——编者注

** 已失效。——编者注

限为十五年,自2011年9月1日起至2026年8月31日止。除约定租金和其他费用标准、支付方式、违约赔偿责任外,还在第五条特别约定:1.租赁物经有关部门鉴定为危楼,需加固后方能使用。晶品酒店对租赁物的前述问题及瑕疵已充分了解。晶品酒店承诺对租赁物进行加固,确保租赁物达到商业房产使用标准,晶品酒店承担全部费用。2.加固工程方案的报批、建设、验收(验收部门为江西省建设工程安全质量监督管理局或同等资质的部门)均由晶品酒店负责,物资供应站根据需要提供协助。3.晶品酒店如未经加固合格即擅自使用租赁物,应承担全部责任。合同签订后,物资供应站依照约定交付了租赁房屋。晶品酒店向物资供应站给付20万元履约保证金,1000万元投标保证金。中标后物资供应站退还了800万元投标保证金。

2011年10月26日,晶品酒店与上海永祥加固技术工程有限公司签订加固改造工程《协议书》,晶品酒店将租赁的房屋以包工包料一次包干(图纸内的全部土建部分)的方式发包给上海永祥加固技术工程有限公司加固改造,改造范围为主要承重柱、墙、梁板结构加固新增墙体全部内粉刷,图纸内的全部内容,图纸、电梯、热泵。开工时间2011年10月26日,竣工时间2012年1月26日。2012年1月3日,在加固施工过程中,案涉建筑物大部分垮塌。

江西省建设业安全生产监督管理站于2007年6月18日出具《房屋安全鉴定意见》,鉴定结果和建议是:1.该大楼主要结构受力构件设计与施工均不能满足现行国家设计和施工规范的要求,其强度不能满足上部结构承载力的要求,存在较严重的结构隐患。2.该大楼未进行抗震设计,没有抗震构造措施,不符合《建筑抗震设计规范》(GB50011-2001)的要求。遇有地震或其他意外情况发生,将造成重大安全事故。3.根据《危险房屋鉴定标准》(GB50292-1999),该大楼按房屋危险性等级划分,属D级危房,应予以拆除。4.建议:(1)应立即对大楼进行减载,减少结构上的荷载。(2)对有问题的结构构件进行加固处理。(3)目前,应对大楼加强观察,并应采取措施,确保大楼安全过渡至拆除。如发现有异常现象,应立即撤出大楼的全部人员,并向有关部门报告。(4)建议尽快拆除全部结构。

饶国礼向一审法院提出诉请:一、解除其与物资供应站于2011年8月29日签订的《租赁合同》;二、物资供应站返还其保证金220万元;三、物资供应站赔偿其各项经济损失共计281万元;四、本案诉讼费用由物资供应站承担。

物资供应站向一审法院提出反诉诉请:一、判令饶国礼承担侵权责任,赔偿其2463.5万元;二、判令饶国礼承担全部诉讼费用。

再审中,饶国礼将其上述第一项诉讼请求变更为:确认案涉《租赁合同》无效。物资供应站亦将其诉讼请求变更为:饶国礼赔偿物资供应站损失418.7万元。

裁判结果

江西省南昌市中级人民法院于2017年9月1日作出(2013)洪民一初字第2号民事判决:一、解除饶国礼经营的晶品酒店与物资供应站2011年8月29日签订的《租赁合同》;二、物资供应站应返还饶国礼投标保证金200万元;三、饶国礼赔偿物资供应站804.3万元,抵扣本判决第二项物资供应站返还饶国礼的200万元保证金后,饶国礼还应于本判决生效后十五日内给付物资供应站604.3万元;四、驳回饶国礼其他诉讼请求;五、驳回物资供应站其他诉讼请求。一审判决后,饶国礼提出上诉。江西省高级人民法院于2018年4月24日作出(2018)赣民终173号民事判决:一、维持江西省南昌市中级人民法院(2013)洪民一初字第2号民事判决第一项、第二项;二、撤销江西省南昌市中级人民法院(2013)洪民一初字第2号民事判决第三项、第四项、第五项;三、物资供应站返还饶国礼履约保证金20万元;四、饶国礼赔偿物资供应站经济损失182.4万元;五、本判决第一项、第三项、第四项确定的金额相互抵扣后,物资供应站应返还饶国礼375.7万元,该款项限物资供应站于本判决生效后10日内支付;六、驳回饶国礼的其他诉讼请求;七、驳回物资供应站的其他诉讼请求。饶国礼、物资供应站均不服二审判决,向最高人民法院申请再审。最高人民法院于2018年9月27日作出(2018)最高法民申4268号民事裁定,裁定提审本案。2019年12月19日,最高人民法院作出(2019)最高法民再97号民事判决:一、撤销江西省高级人民法院(2018)赣民终173号民事判决、江西省南昌市中级人民法院(2013)洪民一初字第2号民事判决;二、确认饶国礼经营的晶品酒店与物资供应站签订的《租赁合同》无效;三、物资供应站自本判决发生法律效力之日起10日内向饶国礼返还保证金220万元;四、驳回饶国礼的其他诉讼请求;五、驳回物资供应站的诉讼请求。

裁判理由

最高人民法院认为:根据江西省建设业安全生产监督管理站于2007年6月18日出具的《房屋安全鉴定意见》,案涉《租赁合同》签订前,该合同项下的房屋存在以下安全隐患:一是主要结构受力构件设计与施工均不能满足现行国家设计和施工规范的要求,其强度不能满足上部结构承载力的要求,存在较严重的结构隐患;二是该房屋未进行抗震设计,没有抗震构造措施,不符合《建筑抗震设计规范》国家标准,遇有地震或其他意外情况发生,将造成重大安全事故。《房屋安全鉴定意见》同时就此前当地发生的地震对案涉房屋的结构造成了一定破坏、应引起业主及其上级部门足够重视等提出了警示。在上述认定基础上,江西省建设业安全生产监督管理站对案涉房屋的鉴定结果和建议是,案涉租赁房屋属于应尽快拆除全部结构的D级危房。据此,经有权鉴定机构鉴定,案涉房屋已被确定属于存在严重结构隐患、或将造成重大安全事故的应当尽快拆除的D级危房。根据中华人民共和国住房和城乡建设部《危险房屋鉴定标准》(2016年12月1日实施)第6.1条规定,房屋危险性鉴定属D级危房的,系指承重结构已不能满足安全使用要求,房屋整体处于危险状态,构成整幢危房。尽管《危险房屋鉴定标准》第7.0.5条规定,对评定为局部危房或整幢危房的房屋可按下列方式进行处理:1. 观察使用;2. 处理使用;3. 停止使用;4. 整体拆除;5. 按相关规定处理。但本案中,有权鉴定机构已经明确案涉房屋应予拆除,并建议尽快拆除该危房的全部结构。因此,案涉危房并不具有可在加固后继续使用的情形。《商品房屋租赁管理办法》第六条规定,不符合安全、防灾等工程建设强制性标准的房屋不得出租。《商品房屋租赁管理办法》虽在效力等级上属部门规章,但是,该办法第六条规定体现的是对社会公共安全的保护以及对公序良俗的维护。结合本案事实,在案涉房屋已被确定属于存在严重结构隐患、或将造成重大安全事故、应当尽快拆除的D级危房的情形下,双方当事人仍签订《租赁合同》,约定将该房屋出租用于经营可能危及不特定公众人身及财产安全的商务酒店,明显损害了社会公共利益、违背了公序良俗。从维护公共安全及确立正确的社会价值导向的角度出发,对本案情形下合同效力的认定应从严把握,司法不应支持、鼓励这种为追求经济利益而忽视公共安全的有违社会公共利益和公序良俗的行为。故依照《中华人民共和国民法总则》* 第一百五十三条第二款关于违背公序良俗的民事法律行为无效的规定,以及《中华人民共和国合同法》第五十二条第四项关于损害社会公共利益的合同无效的规定,确认《租赁合同》无效。关于案涉房屋倒塌后物资供应站支付给他人的补偿费用问题,因物资供应站应对《租赁合同》的无效承担主要责任,根据《中华人民共和国合同法》第五十八条"合同无效后,双方都有过错的,应当各自承担相应的责任"的规定,上述费用应由物资供应站自行承担。因饶国礼对于《租赁合同》无效亦有过错,故对饶国礼的损失依照《中华人民共和国合同法》**第五十八条的规定,亦应由其自行承担。饶国礼向物资供应站支付的220万元保证金,因《租赁合同》系无效合同,物资供应站基于该合同取得的该款项依法应当退还给饶国礼。

(生效裁判审判人员:张爱珍、何　君、张　颖)

---

* 已失效。——编者注

** 已失效。——编者注

指导案例171号

中天建设集团有限公司诉河南恒和置业有限公司建设工程施工合同纠纷案

(最高人民法院审判委员会讨论通过 2021年11月9日发布)

关键词 民事/建设工程施工合同/优先受偿权/除斥期间

裁判要点

执行法院依其他债权人的申请,对发包人的建设工程强制执行,承包人向执行法院主张其享有建设工程价款优先受偿权且未超过除斥期间的,视为承包人依法行使了建设工程价款优先受偿权。发包人以承包人起诉时行使建设工程价款优先受偿权超过除斥期间为由进行抗辩的,人民法院不予支持。

相关法条

《中华人民共和国合同法》第286条*(注:现行有效的法律为《中华人民共和国民法典》第807条)

基本案情

2012年9月17日,河南恒和置业有限公司与中天建设集团有限公司签订一份《恒和国际商务会展中心工程建设工程施工合同》约定,由中天建设集团有限公司对案涉工程进行施工。2013年6月25日,河南恒和置业有限公司向中天建设集团有限公司发出《中标通知书》,通知中天建设集团有限公司中标位于洛阳市洛龙区开元大道的恒和国际商务会展中心工程。2013年6月26日,河南恒和置业有限公司和中天建设集团有限公司签订《建设工程施工合同》,合同中双方对工期、工程价款、违约责任等有关工程事项进行了约定。合同签订后,中天建设集团有限公司进场施工。施工期间,因河南恒和置业有限公司拖欠工程款,2013年11月12日、11月26日、2014年12月23日中天建设集团有限公司多次向河南恒和置业有限公司送达联系函,请求河南恒和置业有限公司立即支付拖欠的工程款,按合同约定支付

* 已失效。——编者注

违约金并承担相应损失。2014年4月、5月，河南恒和置业有限公司与德汇工程管理（北京）有限公司签订《建设工程造价咨询合同》，委托德汇工程管理（北京）有限公司对案涉工程进行结算审核。2014年11月3日，德汇工程管理（北京）有限公司出具《恒和国际商务会展中心结算审核报告》。河南恒和置业有限公司、中天建设集团有限公司和德汇工程管理（北京）有限公司分别在审核报告中的审核汇总表上加盖公章并签字确认。2014年11月24日，中天建设集团有限公司收到通知，河南省焦作市中级人民法院依据河南恒和置业有限公司其他债权人的申请将对案涉工程进行拍卖。2014年12月1日，中天建设集团有限公司第九建设公司向河南省焦作市中级人民法院提交《关于恒和国际商务会展中心在建工程拍卖联系函》中载明，中天建设集团有限公司系恒和国际商务会展中心在建工程承包方，自项目开工，中天建设集团有限公司已完成产值2.87亿元工程，中天建设集团有限公司请求依法确认优先受偿权并参与整个拍卖过程。中天建设集团有限公司和河南恒和置业有限公司均认可案涉工程于2015年2月5日停工。

2018年1月31日，河南省高级人民法院立案受理中天建设集团有限公司对河南恒和置业有限公司的起诉。中天建设集团有限公司请求解除双方签订的《建设工程施工合同》并请求确认河南恒和置业有限公司欠付中天建设集团有限公司工程价款及优先受偿权。

裁判结果

河南省高级人民法院于2018年10月30日作出（2018）豫民初3号民事判决：一、河南恒和置业有限公司与中天建设集团有限公司于2012年9月17日、2013年6月26日签订的两份《建设工程施工合同》无效；二、确认河南恒和置业有限公司欠付中天建设集团有限公司工程款288 428 047.89元及相应利息（以288 428 047.89元为基数，自2015年3月1日起至2018年4月10日止，按照中国人民银行公布的同期贷款利率计付）；三、中天建设集团有限公司在工程价款288 428 047.89元范围内，对其施工的恒和国际商务会展中心工程折价或者拍卖的价款享有行使优先受偿权的权利；四、驳回中天建设集团有限公司的其他诉讼请求。宣判后，河南恒和置业有限公司提起上诉，最高人民法院于2019年6月21日作出（2019）最高法民终255号民事判决：驳回上诉，维持原判。

裁判理由

最高人民法院认为：《最高人民法院关于审理建设工程施工合同纠纷案件适用法律问题的解释（二）》第二十二条规定："承包人行使建设工程价款优先受偿权的期限为六个月，自发包人应当给付建设工程价款之日起算。"根据《最高人民法院关于建设工程价款优先受偿权问题的批复》第一条规定，建设工程价款优先受偿权的效力优先于设立在建设工程上的抵押权和发包人其他债权人所享有的普通债权。人民法院依据发包人的其他债权人或抵押权人申请对建设工程采取强制执行行为,会对承包人的建设工程价款优先受偿权产生影响。此时,如承包人向执行法院主张其对建设工程享有建设工程价款优先受偿权的,属于行使建设工程价款优先受偿权的合法方式。河南恒和置业有限公司和中天建设集团有限公司共同委托的造价机构德汇工程管理(北京)有限公司于2014年11月3日对案涉工程价款出具《审核报告》。2014年11月24日,中天建设集团有限公司收到通知,河南省焦作市中级人民法院依据河南恒和置业有限公司其他债权人的申请将对案涉工程进行拍卖。2014年12月1日,中天建设集团有限公司第九建设公司向河南省焦作市中级人民法院提交《关于恒和国际商务会展中心在建工程拍卖联系函》,请求依法确认对案涉建设工程的优先受偿权。2015年2月5日,中天建设集团有限公司对案涉工程停止施工。2015年8月4日,中天建设集团有限公司向河南恒和置业有限公司发送《关于主张恒和国际商务会展中心工程价款优先受偿权的工作联系单》,要求对案涉工程价款享有优先受偿权。2016年5月5日,中天建设集团有限公司第九建设公司又向河南省洛阳市中级人民法院提交《优先受偿权参与分配申请书》,依法确认并保障其对案涉建设工程价款享有的优先受偿权。因此,河南恒和置业有限公司关于中天建设集团有限公司未在6个月除斥期间内以诉讼方式主张优先受偿权,其优先受偿权主张不应得到支持的上诉理由不能成立。

(生效裁判审判人员:包剑平、杜　军、谢　勇)

最高人民法院发布
第30批指导性案例的指导意义

近日，最高人民法院发布第30批共6件指导性案例，主要为民事合同类相关案例，供各级人民法院审判类似案件时参照。

指导案例166号《北京隆昌伟业贸易有限公司诉北京城建重工有限公司合同纠纷案》，明确了当事人双方就债务清偿达成和解协议，并约定了解除财产保全措施及违约责任的情形下，违约方主观恶意明显、严重违反诚实信用原则不履行和解协议，人民法院对和解协议违约金诉讼中请求减少违约金的请求是否支持的问题。本案例根据公平原则和诚实信用原则明确了人民法院可不调整违约金的情形，对于有效防范当事人规避执行、"假和解、真逃债"等行为，保护遵守协议方受损害的合法利益，引导当事人诚实守信具有积极意义。

指导案例167号《北京大唐燃料有限公司诉山东百富物流有限公司买卖合同纠纷案》，明确了代位权诉讼执行中，因相对人无可供执行的财产而被终结本次执行程序，债权人就未实际获得清偿的债权另行向债务人主张权利的，人民法院应予支持。本案例阐释了代位权诉讼主债权债务消灭的前提是相对人实际履行了清偿义务。在相对人未实际履行清偿义务时，主债务人向债务人另行诉讼主张权利不构成重复诉讼。案例确立这一裁判规则对于人民法院贯彻执行《民法典》的相关规定，正确审理此类案件具有重要意义。

指导案例168号《中信银行股份有限公司东莞分行诉陈某等金融借款合同纠纷案》，明确了以不动产提供抵押担保，抵押人未依抵押合同约定办理抵押登记的，不影响抵押合同的效力。债权人依据抵押合同主张抵押人在抵押物的价值范围内承担违约赔偿责任的，人民法院应予支持。并明确了抵押权人对未能办理抵押登记有过错的，相应减轻抵押人的赔偿责任。该案例解决了当前审判实践中不动产抵押人未办理抵押登记导致抵押权未设立，抵押人是否应承担责任以及如何承担责任等法律适用不统一的问题。

指导案例169号《徐欣诉招商银行股份有限公司上海延西支行银行卡纠纷

案》,明确了持卡人提供证据证明他人盗用持卡人名义进行网络交易,请求发卡行承担被盗刷账户资金减少的损失赔偿责任,发卡行未提供证据证明持卡人违反信息妥善保管义务,仅以持卡人身份识别信息和交易验证信息相符为由主张不承担赔偿责任的,人民法院不予支持。本案例对于人民法院认定网络盗刷后风险及责任分担具有指导意义,对于规范刷卡行的行为、保障银行卡交易安全,维护持卡人合法权益具有积极作用。

指导案例170号《饶国礼诉某物资供应站等房屋租赁合同纠纷案》明确了当事人签订的房屋租赁合同,违反的虽然是行政规章,但涉案房屋已经鉴定为危房必须拆除,约定将该房屋出租用于经营可能危及不特定公众人身及财产安全的商务酒店,明显损害了社会公共利益、违背了公序良俗,因而应当依法认定租赁合同无效。本案例确认的裁判规则符合《民法典》及"九民会纪要"精神,有利于规范建筑物租赁市场秩序,减少危险房屋进入租赁市场,避免重大人身及财产损害事故发生,对于引导合同当事人及社会公众在民事活动和日常生活中遵守法律、行政法规和规章制度,依法诚实守信经营、弘扬社会主义核心价值观和善良风俗具有导向意义。

指导案例171号《中天建设集团有限公司诉河南恒和置业有限公司建设工程施工合同纠纷案》,明确了执行法院依其他债权人的申请,对发包人的建设工程强制执行,承包人向执行法院主张其享有建设工程价款优先受偿权且未超过除斥期间的,视为承包人依法行使了建设工程价款优先受偿权。发包人以承包人起诉时行使建设工程价款优先受偿权超过除斥期间为由进行抗辩的,人民法院不予支持。本案例对于人民法院准确把握建设工程价款优先受偿权的行使方式具有指导意义。

指导案例166号《北京隆昌伟业贸易有限公司诉北京城建重工有限公司合同纠纷案》的理解与参照

——违反诉讼中达成的和解协议是否调整违约金问题

2021年11月9日，最高人民法院发布了第30批指导性案例，包括第166号至第171号共六件指导性案例，主要为合同纠纷相关案例。其中，第166号指导性案例为《北京隆昌伟业贸易有限公司诉北京城建重工有限公司合同纠纷案》。为了正确理解和准确参照适用该指导性案例，现对该指导性案例的选编过程、裁判要点、参照适用等有关情况予以解释、论证和说明。

一、案例选编过程

本案由北京市丰台区人民法院于2017年6月30日作出(2017)京0106民初15563号民事判决。北京市第二中级人民法院于2017年10月31日作出(2017)京02民终8676号民事判决。该案例由北京市高级人民法院研究室向最高人民法院案例指导工作办公室推荐。该案例征求了最高人民法院民一庭、民二庭、审监庭的意见，以及相关专家学者意见。研究室室务会经过讨论，同意推荐该案例。2021年8月31日，该案例经最高人民法院民专会第377次会议讨论，同意作为指导性案例。同年11月9日，最高人民法院以法〔2021〕272号文件将该案例编入第30批指导性案例予以发布。

二、关于案例的基本情况

(一)案件基本情况及裁判结果

北京隆昌伟业贸易有限公司(以下简称隆昌贸易公司)曾将北京城建重工有限公司(城建重工公司)以买卖合同纠纷为由向一审院提起民事诉讼，一审法院判决城建重工公司给付隆昌贸易公司货款5 284 648.68元及相应利息。城建重工公司对此判决提起上诉,在上诉期间,甲方城建重工公司与乙方隆昌贸易公司签订协议书,协议书约定:(1)城建重工公司承诺于2016年10月14日前向隆昌贸易公司支付人民币300万元,剩余的本金2 284 648.68元、利息462 406.72元及诉讼费25 802元(共计2 772 857.4元)于2016年12月31日前支付完毕;城建重工公司未按照协议约定的时间支付首期给付款300万元或未能在2016年12月31日前足额支付完毕全部款项的,应向隆昌贸易公司支付违约金80万元;如果城建重工公司未能在2016年12月31日前足额支付完毕全部款项的,隆昌贸易公司可以自2017年1月1日起随时以(2016)京0106民初6385号民事判决为依据向人民法院申请强制执行,同时有权向城建重工公司追索本协议确定的违约金80万元。(2)隆昌贸易公司申请解除在他案中对城建重工公司名下财产的保全措施。双方达成协议后城建重工公司向二审法院申请撤回上诉并按约定于2016年10月14日给付隆昌贸易公司首期款项300万元,隆昌贸易公司按协议约定申请解除了他案中对城建重工公司名下财产的保全。后续城建重工公司未按照协议书的约定支付剩余款项,2017年1月隆昌贸易公司申请执行(2016)京0106民初6385号民事判决书所确定的债权。2017年6月,隆昌贸易公司提出诉讼,请求判令城建重工公司立即向隆昌贸易公司支付违约金80万元。城建重工公司辩称,双方之间达成的和解协议未完全履行,双方当事人权利义务应以一审生效判决为准。此外,城建重工公司因未完全履行和解协议承担违约金的数额为80万元,数额过高。一审法院判决支持了隆昌贸易公司的诉讼请求,城建重工公司不服一审判决,上诉称,一审判决在错误认定城建重工公司恶意违约的基础上,适用惩罚性违约金,不考虑隆昌贸易公司的损失情况等综合因素而全部支持其诉讼请求,显失公平,请求适当减少违约金。二审判决驳回上诉,维持原判。

(二)主要争议问题

关于诉讼过程中达成的和解协议是否具有可诉性问题,目前的主流观点认可诉讼中达成的和解协议具备合同的属性,缔约各方应当遵守。关于违约金调整问题,尽管《合同法》(已失效)第一百一十四条以及《最高人民法院关于适用〈中华人民共和国合同法〉若干问题的解释(二)》(已失效)第二十九条对于违约金的调整问题进行了规定,但实践中对于合同约定的违约金是惩罚性违约金还是补偿性违约金的认定、违约金调整的因素考量和尺度、违约金过高的举证责任等都存在一定的分歧。本案的核心争议焦点是违反诉讼中达成的和解协议是否调整违约金问题。本案中,隆昌贸易公司在上诉案件审理过程中与城建重工公司达成和解协议,隆昌贸易公司按协议约定申请解除了对城建重工公司账户的冻结,而城建重工公司没有按照约定支付第二期款项。此种情况下,城建重工公司的和解目的已经达到，城建重工公司违反和解协议约定，不仅造成了买卖合同案件强制执行的拖延，也违背了诚实信用原则。本案生效判决根据公平原则和诚实信用原则明确了此种情况下违约金调整的申请不予支持。对于有效防范被执行人规避执行、“假和解、真逃债”等行为，保护守约方合法权益，引导市场主体诚实守信具有积极意义。

三、裁判要点的理解与说明

该指导性案例的裁判要点确认：当事人双方就债务清偿达成和解协议，约定解除财产保全措施及违约责任。一方当事人依约申请人民法院解除了保全措施后，另一方当事人违反诚实信用原则不履行和解协议，并在和解协议违约金诉讼中请求减少违约金的，人民法院不予支持。现围绕与该裁判要点相关的问题解释和说明如下：

根据我国《合同法》（已失效）第一百一十四条的规定，约定的违约金过分高于实际损失时，当事人可以申请人民法院予以酌减。但实践中对该条如何适用争议颇大。本案系当事人在二审诉讼期间达成和解并撤诉后，当事人未履行和解协议而产生的违约金争议案件，争议的焦点在于如何把握调整过高违约金时各考量因素的关系，特别是当事人恶意违约，具有重大过错、严重违反诚实信用原则的情形下，如何处理违约金调整问题。

从全国法院案件审理情况看，对于恶意违约的处理大致有三种不同的方式：一是经审查认定构成恶意违约，对违约方调整违约金的请求不予支持。二是经审查认定构成恶意违约，对违约方调整违约金的请求酌情予以支持。三是经审查认定不构成恶意违约，法院对违约方调整违约金的请求予以支持。本案生效裁判认为，违约方的恶意违约行为严重违反诚信原则，主观过错严重，对其减少违约金的请求不予支持。

（一）恶意违约的认定标准

违约金作为合同履行的保障方式之一，是当事人意思自治的结果，即使约定的违约金高于实际损失，如果综合考量其他因素后，法院认为不调整违约金符合公平原则和诚实信用原则的，也可以不予调整违约金。从当前的司法实践来看，针对当事人恶意违约的情形，法院需要根据其主观恶意的程度进行综合判断，做出是否调整违约金的裁判，这就涉及如何认定恶意违约。

恶意违约不同于普通违约行为，前者需要考虑违约方的主观状态，后者则无须考虑。同时恶意违约也不同于一般侵权案件中侵权人的主观过错，恶意违约的违约方主观上有一定的恶性，而非单纯的疏忽大意，相比较于侵权过错程度更重一些。司法实践中，与违约金调整相关的恶意违约是通过一些客观情形进行界定的，主要有四种情形:一是违反纠纷解决协议,在出现纠纷后,双方进行协商达成清算或补充协议等纠纷解决协议,后其中一方不履行该纠纷解决协议,在诉讼中违约方主张纠纷解决协议中的违约金过高,请求减少,认为构成恶意违约;二是违约谋利,违约方具备履约能力的情况下,故意违约并从中获得利益,在诉讼中又请求减少违约金,认定为恶意违约;三是拒不停止违约行为,守约方多次要求违约方停止违约行为,违约方在具备停止违约行为条件的前提下,拒不停止违约行为,后在诉讼中又请求减少违约金的,认定为恶意违约;四是违反诉讼中达成的为解除强制措施的和解协议,违约方为解除诉讼中的强制措施,与守约方达成和解协议,在强制措施解除后,不履行和解协议确定的义务,且又请求减少违约金的,认定为恶意违约行为。上述四种情况中,违约方均具有明显的主观过错,违约的主观恶性、违约情节、违约后果严重,可以认定为恶意违约。

(二)恶意违约情形下调整过高违约金的逻辑起点及其考量因素

法定的考量因素。《最高人民法院关于适用〈中华人民共和国合同法〉若干问题的解释(二)》(已失效)第二十九条规定:"当事人主张约定的违约金过高请求予以适当减少的,人民法院应当以实际损失为基础,兼顾合同的履行情况、当事人的过错程度以及预期利益等综合因素,根据公平原则和诚实信用原则予以衡量,并作出裁决。当事人约定的违约金超过造成损失的百分之三十的,一般可以认定为合同法第一百一十四条第二款规定的'过分高于造成的损失'。"《最高人民法院关于当前形势下审理民商事合同纠纷案件若干问题的指导意见》第七条规定,人民法院根据《合同法》第一百一十四条第二款调整过高违约金时,应当根据案件的具体情形,以违约造成的损失为基准,综合衡量合同履行程度、当事人的过错、预期利益、当事人缔约地位强弱、是否适用格式合同或条款等多项因素,根据公平原则和诚实信用原则予以综合权衡,避免简单地采用固定比例等"一刀切"的做法,防止机械司法而可能造成的实质不公平。可见,最高人民法院将违约金调整的逻辑起点限定于当事人不能通过违约金获得超额利润,只有在达到这个逻辑起点时,才可能启动违约金调整程序。根据上述司法解释与司法政策,影响违约金调整的考量因素主要有:违约造成的实际损失、合同履行程度、当事人的过错、预期利益、当事人缔约地位强弱、是否适用格式合同或条款等。

恶意违约方对诉讼秩序的破坏也可以成为调整违约金的参考因素。当前的法律和司法解释没有明确规定法院在调减违约金时,是否应当考虑违约方对诉讼秩序的破坏等因素,但根据《民法总则》(已失效)第一百三十二条,民事主体权利不得滥用民事权利损害国家利益、社会公共利益,实际上是禁止滥用权利破坏诉讼秩序,损害公共利益。违约方为解除对己方财产的保全措施,签订和解协议并承诺高额违约金，在解除对已方的财产保全后又不履行和解协议约定的义务，破坏了诉讼秩序，损害了社会公共利益，对其在情形下减少违约金的请求可以做负面评价。

可见针对恶意违约方减少违约金的请求，违约造成的守约方的损失、违约方的过错程度、对诉讼秩序等公共利益的破坏等可以成为调整违约金的考量因素。

（三）恶意违约方请求减少违约金法院应当如何处理

从上述司法实践的情况来看，大多数裁判观点在认定恶意违约后，对恶意违约方减少违约金的请求不予支持，也有少数裁判虽然认定构成恶意违约但基于违约的恶性程度尚不大，或者违约金数额特别高，对于违约方申请减少违约金的请求酌情予以支持。

《最高人民法院关于适用〈中华人民共和国合同法〉若干问题的解释（二）》（已失效）起草中，对当事人故意违约情形下的违约金调整进行过讨论，但未就严重恶意违约的情形进行讨论。司法解释起草中，当事人故意违约情形下，当事人又请求减少违约金的是否可以不予支持的问题，曾经有赞成的观点，但最终认为违约金的调整要根据《合同法》（已失效）第一百一十四条的精神，以约定的违约金过分高于造成的损失为基础，进行适当调整，不宜单纯以违约方故意违约而不予调整违约金，否则可能出现有不公正的情况。但恶意违约情况下，如果恶意程度很重，损害了合同相对方的利益，则不属于单纯的故意违约情形，司法解释起草时并未涉及。根据一般的民法原则，对于严重违反诚信原则法律行为，可以否定该行为的效力、不支持相关权利。一般情况下，恶意违约可以认定为严重违反诚信原则，对减少违约金的请求不予支持。当然，特殊情况下亦应考虑到利益衡量的问题，如果认为违约金的数额与恶意违约的主观过错程度相比，尚有需要进一步衡量的余地，则可不认定为恶意违反诚信原则，对违约金予以适当调整。违约方为解除对已方财产的保全措施，签订和解协议并承诺高额违约金，在解除对已方的财产保全后又不履行和解协议约定的义务，显然属于严重违反诚信原则的情形，可以对减少和解协议违约金的请求不予支持。

本案中，当事人双方在诉讼中达成了和解协议并约定了高额违约金，一方当事人违约后，如果全额支持该违约金，确实很可能出现违约金过分高于损失的情形。但在综合考量其他因素时，人民法院发现隆昌伟业贸易有限公司依约在其他案件中撤回了对城建重工有限公司名下财产的保全措施，而城建重工有限公司违反和解协议的约定在其银行账户解除冻结后并未依约履行后续给付义务。可见，城建重工有限公司的行为存在规避执行、“假和解、真逃债”的嫌疑，具有极强的主观恶意，严重违反诚实信用原则，扰乱诉讼秩序。而且，在对其银行账户解除冻结后，守约方在后续的胜诉执行中是否能够执行到位尚不可知。此时若依据实际损失情况对和解协议中违约金进行酌减,则有可能助长这种不诚信做法,损害守约方的利益,也不利于司法权威的树立以及诚信社会建设。因此,该恶意违约已经足够严重,可以构成对减少违约金的请求不予支持的理由。

综上,本案中,双方当事人在二审中达成的和解协议合法有效,城建重工公司作为商事主体在诉讼中自愿达成和解协议并约定高额违约金,其违约行为具有较强的主观恶意,严重违反诚实信用原则。此种情形下,人民法院应侧重考虑违约金惩罚性功能,对恶意违约方减少违约金的请求,可以不予支持。

四、参照适用时应注意的问题

本案的特殊性在于双方当事人达成的和解协议是在双方的买卖合同纠纷案件二审上诉过程中达成的。此时,城建重工公司的基本账户被冻结,已经影响了公司的正常经营。此外,买卖合同纠纷案件中,城建重工公司一审已经败诉,在二审中是否能够上诉成功,按照常理,城建重工公司已经有一定的研判。在账户被冻结影响公司经营和案件继续审理的利益取舍中,城建重工公司作为理性的商业主体做出了谨慎的考量。双方签订的和解协议应是双方经过合理、谨慎的权衡后做出的决策。城建重工公司未依约履行应视为较强的主观恶意,严重违反诚实信用原则。实践中,在执行环节也存在本案类似的自行和解情形,如果被执行人主观恶意较大,严重违约,也可以参照适用本案的审理思路。

(执笔人:北京市第二中级人民法院　王国才
编审人:最高人民法院研究室　李予霞)

指导案例166号　北京隆昌伟业贸易有限公司诉北京城建重工有限公司合同纠纷案

最高人民法院案例指导工作办公室编审人:李予霞

1. 案例推荐单位:北京市高级人民法院
2. 案例编写人:北京市高级人民法院　刘书星,北京市第二中级人民法院　王国才、林文彪
3. 案件裁判法院:北京市丰台区人民法院(一审)、北京市第二中级人民法院(二审)
4. 案件承办人:袁艳玲(一审)、王国才(二审)

相关法条

1.《中华人民共和国合同法》(1999年10月1日实施)(已失效)

第六条　当事人行使权利、履行义务应当遵循诚实信用原则。

第一百一十四条　当事人可以约定一方违约时应当根据违约情况向对方支付一定数额

的违约金,也可以约定因违约产生的损失赔偿额的计算方法。

约定的违约金低于造成的损失的,当事人可以请求人民法院或者仲裁机构予以增加;约定的违约金过分高于造成的损失的,当事人可以请求人民法院或者仲裁机构予以适当减少。

当事人就迟延履行约定违约金的,违约方支付违约金后,还应当履行债务。

2.《中华人民共和国民法典》(2021 年 1 月 1 日实施)

第五百八十五条　当事人可以约定一方违约时应当根据违约情况向对方支付一定数额的违约金,也可以约定因违约产生的损失赔偿额的计算方法。

约定的违约金低于造成的损失的,人民法院或者仲裁机构可以根据当事人的请求予以增加;约定的违约金过分高于造成的损失的,人民法院或者仲裁机构可以根据当事人的请求予以适当减少。

当事人就迟延履行约定违约金的,违约方支付违约金后,还应当履行债务。

3.《最高人民法院关于适用〈中华人民共和国合同法〉若干问题的解释(二)》(2009 年 5 月 13 日实施)(已失效)

第二十九条　当事人主张约定的违约金过高请求予以适当减少的,人民法院应当以实际损失为基础,兼顾合同的履行情况、当事人的过错程度以及预期利益等综合因素,根据公平原则和诚实信用原则予以衡量,并作出裁决。

当事人约定的违约金超过造成损失的百分之三十的,一般可以认定为合同法第一百一十四条第二款规定的"过分高于造成的损失"。

指导案例167号《北京大唐燃料有限公司诉山东百富物流有限公司买卖合同纠纷案》的理解与参照

——代位权诉讼执行中,因次债务人无可供执行的财产而被终结本次执行程序,债权人可就未实际获得清偿的债权另行向债务人主张权利

2021年11月9日,最高人民法院发布了第30批指导性案例,包括第166号至第171号共六件指导性案例,主要为合同纠纷相关案例。其中,第167号指导性案例为《北京大唐燃料有限公司诉山东百富物流有限公司买卖合同纠纷案》。为了正确理解和准确参照适用该指导性案例,现对该指导性案例的选编过程、裁判要点、参照适用等有关情况予以解释、论证和说明。

一、案例选编过程及指导意义

本案由山东省高级人民法院作出(2018)鲁民初10号民事判决。最高人民法院于2019年6月20日作出(2019)最高法民终6号民事判决。该案例由最高人民法院民二庭作为备选指导性案例推荐。最高人民法院案例指导工作办公室收到案例后,征求了最高人民法院立案庭、民一庭等相关部门以及部分专家学者的意见。2020年12月4日,研究室室务会讨论通过了该案例。2021年8月31日,该案例经最高人民法院民专会第377次会议讨论,同意作为指导性案例。2021年11月9日,最高人民法院以法〔2021〕272号文件将该案例编入第30批指导性案例予以发布。

该指导性案例解决的是代位权诉讼执行中,因次债务人无可供执行的财产而被终结本次执行程序,债权人能否就未实际获得清偿的债权另行向债务人主张权利的问题。该指导性案例通过阐释,明确了代位权诉讼执行中,主债权债务消灭的前提是相对人实际履行了清偿义务,在相对人未实际履行清偿义务时,债权人向债务人另行诉讼主张权利不构成重复诉讼。该指导性案例确立的这一裁判规则,对

正确理解和适用《最高人民法院关于适用〈中华人民共和国合同法〉若干问题的解释(一)》(以下简称《合同法解释一》)(已失效)第二十条规定,进一步保护债权人合法权利提供了更加明确、具体的指引,同时,对于人民法院贯彻执行《民法典》相关规定,正确审理此类案件具有重要意义。

二、关于本案例的审理情况

该指导性案例的主要案情是:2012 年 1 月 20 日至 2013 年 5 月 29 日,大唐公司与百富公司之间签订采购合同,约定百富公司向大唐公司销售镍铁、镍矿、精煤、冶金焦等货物。截至 2014 年 1 月 8 日,大唐公司共支付百富公司货款 18.28 亿元,并主张百富公司累计供货货值为 17.16 亿元。2014 年 11 月 25 日,大唐公司作为原告,以万象公司为被告,百富公司为第三人,向浙江省宁波市中级人民法院提起债权人代位权诉讼。该院作出(2014)浙甬商初字第 74 号民事判决书,判决万象公司向大唐公司支付款项 0.36 亿余元。大唐公司于 2016 年 9 月 28 日就(2014)浙甬商初字第 74 号民事案件向浙江省象山县人民法院申请强制执行。该院于 2016 年 10 月 8 日依法向万象公司发出执行通知书,但万象公司逾期仍未履行义务,万象公司尚应支付执行款 0.36 亿余元及相应的利息、诉讼费、执行费。大唐公司在限期内未能提供万象公司可供执行的财产,也未向该院提出异议。该院于 2017 年 3 月 25 日作出(2016)浙 0225 执 3676 号执行裁定书,终结本次执行程序。

后大唐公司以百富公司为被告提起本案诉讼,请求判令百富公司向其返还本金及利息。一审法院认为,就争议的 0.36 亿余元债权,因另案中已就该笔债权作出判决,根据一事不再理原则,本案中不应重复判决。

最高人民法院经二审改判,认定大唐公司有权就该笔款项另行向百富公司主张权利,理由如下:

第一,根据《合同法解释一》第二十条规定,认定债权人与债务人之间相应债权债务关系消灭的前提是次债务人已经向债权人实际履行相应清偿义务。本案所涉执行案件中,因并未执行到万象公司的财产,故在万象公司并未实际履行清偿义务的情况下,大唐公司与百富公司之间的债权债务关系并未消灭,大唐公司有权向百富公司另行主张。

第二,代位权诉讼属于债的保全制度,该制度是为防止债务人财产不当减少或者应当增加而未增加,给债权人实现债权造成障碍,而非要求债权人在债务人与次债务人之间择一选择作为履行义务的主体。

第三,本案不违反“一事不再理”原则。根据《最高人民法院关于适用〈中华人民共和国民事诉讼法〉的解释》*(2018年)第二百四十七条规定，判断是否构成重复起诉的主要条件是当事人、诉讼标的、诉讼请求是否相同，或者后诉的诉讼请求是否实质上否定前诉裁判结果等。代位权诉讼与对债务人的诉讼并不相同，从当事人角度、诉讼标的、诉讼请求、起诉要件上看，代位权诉讼与对债务人的诉讼并非同一事由，两者仅具有法律上的关联性，故大唐公司提起本案诉讼并不构成重复起诉。

三、裁判要点的理解与说明

该指导性案例的裁判要点为，代位权诉讼执行中，因相对人无可供执行的财产而被终结本次执行程序，债权人就未实际获得清偿的债权另行向债务人主张权利的，人民法院应予支持。现围绕与该裁判要点相关的问题解释和说明如下：

(一)争议由来

关于代位权诉讼执行中，因次债务人无可供执行的财产而被终结本次执行程序，债权人能否就未实际获得清偿的债权另行向债务人主张权利的问题，实践中存在争议。《合同法解释一》(已失效)第二十条规定，债权人向次债务人提起的代位权诉讼经人民法院审理后认定代位权成立的，由次债务人向债权人履行清偿义务，债权人与债务人、债务人与次债务人之间相应的债权债务关系即予消灭。该条规定主要解决的是代位权行使的效力问题。按照传统民法理论，代位权诉讼的效力采用“入库规则”，即代位权诉讼的效力只及于债务人与次债务人，当债权人行使代位权后，其受领效果直接归于债务人，即使债权人在债务人怠于受领的情况下可代为受领，债务人仍可请求债权人向其交付受领财产。但考虑到诉讼经济、实质公平等多种因素，《合同法解释一》(已失效)第二十条规定对此进行了改造，明确债权人有权直接受领通过代位权诉讼取得的财产，也即采用“直接受偿规则”。但无论“入库规则”还是“直接受偿规则”，解决的均是债权人之间对通过行使代位权取得的财产的分配问题，并不关涉债权人在行使代位权后，其与债务人之间原债权债务关系如何处理的问题，导致司法实践中出现分歧。一种观点认为，债权人行使代位权实际上等同于受让了债权，不能仅因为次债务人不具备履行能力，再行回转向债务人主张权利。另一种观点则认为，如果代位权诉讼所获得的金钱给付数额小于债权人对债务人的债权额，则债权人的债权因部分受偿而只在受偿范围内归于消灭，其余没有受偿部分的债权，债权人仍得向债务人主张。①

---

* 该司法解释已于2022年修正。——编者注

① 朱广新、谢鸿飞:《民法典评注:合同编通则(2)》,中国法制出版社2020年版,第32页。

（二）理论辨析

代位权制度中，存在债权人与债务人、债权人与次债务人之间两个债的法律关系。于债权人而言，前者可称为旧债，后者可称为新债。如何正确理解新债与旧债之间的关系，是解决此类问题的关键所在。首先，新债于旧债而言，并非债之变更。代位权作为债的保全的方式之一，目的是通过保全债务人责任财产进而保障债权人债权的实现。[①] 债的关系成立后，债务人对于第三人的权利，也应加入债务人的责任财产中，作为履行债务的一般担保。[②] 如果将新债认定为旧债之变更，于债权人实现债权而言并无裨益，也与代位权制度功能不符。其次，新债之目的在于清偿旧债，符合间接给付的特征。所谓间接给付，又称新债清偿、为清偿的给付等，系"为使债权人得受清偿之方法为给付，故旧债务不即归消灭，债权人实际上自其给付受满足时，其债务使得消灭。"[③]在间接给付理论中，只有在新债实际获得清偿的情况下，旧债才得以消灭。本案中，大唐公司之所以对万象公司提起代位权诉讼，目的在于实现其对百富公司所享有的债权，符合间接给付的特征。最后，次债务人基于其特殊地位符合间接给付中的主体要件。传统间接给付理论中，新债和旧债的主体需一致。但在代位权制度中，次债务人基于法定原因，对债权人负有了清偿债权的法定义务，故其作为债务人的履行辅助人，符合间接给付中的主体构成要件。综上，在间接给付理论基础上，债权人若未能以新债实现清偿，其对债务人所享有的旧债并不消灭。

（三）相关案例

在本指导性案例之前，最高人民法院在相关案例中也体现了这一裁判观点。例如，成都市国土资源局武侯分局与招商（蛇口）成都房地产开发有限责任公司、成都港招实业开发有限责任公司、海南民丰科技实业开发总公司债权人代位权纠纷案[（2011）民提字第210号]中，最高人民法院明确指出，"招商房地产公司向武侯国土局履行21 441 941元的清偿责任后，武侯国土局与成都港招公司、武侯国土局与四川港招公司、成都港招公司与招商房地产公司（原招商局公司）之间相应的债权债务关系即予消灭。"从"后"字上足以看出，在次债务人清偿债务之前，债权人对债务人的债权债务关系并未消灭。

在本指导性案例之后，最高人民法院在中国华融资产管理股份有限公司、山西省代县白峪里矿山冶炼有限公司借款合同纠纷二审民事裁定书[（2019）最高法民终1591号]中明确指出，"本案中，浦发银行忻州支行提起的代位权诉讼已经得到

① 韩世远：《合同法总论》，法律出版社2018年版，第432页。
② 王洪亮：《债法总论》，北京大学出版社2016年版，第137页。
③ 史尚宽：《债法总论》，中国政法大学出版社2000年版，第819页。

法院支持,在次债务人实际履行清偿义务前,即债权人与债务人间的债务未实际清偿前,债权人有权向债务人提起普通的债权债务诉讼。原审法院在没有审查案涉债权是否已经实际履行的情况下,仅以'债权人与债务人、债务人与次债务人之间相应的债权债务关系消灭的条件是人民法院审理后认定代位权成立'为由作出裁判,适用法律不当",撤销了一审判决。

四、参照适用时应注意的问题

《民法典》于2021年1月1日正式施行,原《合同法解释一》已经失效。《民法典》第五百三十七条规定吸收了《合同法解释一》第二十条的规定,即人民法院认定代位权成立的,由债务人的相对人向债权人履行义务,债权人接受履行后,债权人与债务人、债务人与相对人之间相应的权利义务终止。债务人对相对人的债权或者与该债权有关的从权利被采取保全、执行措施,或者债务人破产的,依照相关法律的规定处理。《民法典》中增加了"债权人接受履行后"的表述,与本指导性案例的裁判规则思路相同,因此,对于《民法典》施行前的法律事实引起的民事纠纷案件,不仅可以参照本指导性案例,也可以根据《民法典》第五百三十七条规定的精神进行裁判说理。

(执笔人:中国政法大学法律硕士学院　王毓莹
江苏省高级人民法院　翟如意
编审人:最高人民法院研究室　李予霞)

指导案例167号　北京大唐燃料有限公司诉山东百富物流有限公司买卖合同纠纷案

最高人民法院案例指导工作办公室编审人:李予霞

1. 案例推荐单位:最高人民法院民二庭
2. 案例编写人:最高人民法院民二庭　王毓莹
3. 案件裁判法院:最高人民法院(二审)
4. 案件承办人:王毓莹(二审)

相关法条

1.《中华人民共和国民法典》(2021年1月1日实施)

第五百三十七条　人民法院认定代位权成立的,由债务人的相对人向债权人履行义务,债权人接受履行后,债权人与债务人、债务人与相对人之间相应的权利义务终止。债务人对相对人的债权或者与该债权有关的从权利被采取保全、执行措施,或者债务人破产的,依照相关法律的规定处理。

2.《最高人民法院关于适用〈中华人民共和国合同法〉若干问题的解释(一)》(1999 年 12 月 29 日)(已失效)

第二十条　债权人向次债务人提起的代位权诉讼经人民法院审理后认定代位权成立的,由次债务人向债权人履行清偿义务,债权人与债务人、债务人与次债务人之间相应的债权债务关系即予消灭。

3.《最高人民法院关于适用〈中华人民共和国民事诉讼法〉的解释》(2015 年 2 月 4 日实施)

第二百四十七条　当事人就已经提起诉讼的事项在诉讼过程中或者裁判生效后再次起诉,同时符合下列条件的,构成重复起诉:

(一)后诉与前诉的当事人相同;

(二)后诉与前诉的诉讼标的相同;

(三)后诉与前诉的诉讼请求相同,或者后诉的诉讼请求实质上否定前诉裁判结果。

当事人重复起诉的,裁定不予受理;已经受理的,裁定驳回起诉,但法律、司法解释另有规定的除外。

指导案例168号《中信银行股份有限公司东莞分行诉陈志华等金融借款合同纠纷案》的理解与参照

——抵押人违约导致抵押权未设立，抵押人应对抵押合同债权人承担违约责任

2021年11月9日，最高人民法院发布了第30批指导性案例，包括第166号至第171号共六件指导性案例，主要为合同纠纷相关案例。其中，第168号指导性案例为《中信银行股份有限公司东莞分行诉陈志华等金融借款合同纠纷案》。为了正确理解和准确参照适用该指导性案例，现对该指导性案例的选编过程、裁判要点、参照适用等有关情况予以解释、论证和说明。

一、案例选编过程

本案由广东省东莞市中级人民法院于2015年11月19日作出（2015）东中法民四初字第15号民事判决。宣判后，中信银行东莞支行提出上诉。广东省高级人民法院于2017年11月14日作出（2016）粤民终1107号民事判决：驳回上诉，维持原判。中信银行不服向最高人民法院申请再审，最高人民法院于2018年9月28日作出（2018）最高法民申3425号民事裁定：提审本案。最高人民法院于2019年12月9日作出（2019）最高法民再155号民事判决。该案例由最高人民法院第一巡回法庭推荐。最高人民法院案例指导工作办公室收到该案例后，征求了最高人民法院民一庭、民二庭、审监庭等有关部门意见。2020年12月4日，研究室室务会对该案例进行了讨论，同意作为备选指导性案例。2021年8月31日，该案例经最高人民法院民专会第377次会议讨论，同意作为指导性案例。2021年11月9日，最高人民法院以法〔2021〕272号文件将该案例编入第30批指导性案例予以发布。

二、关于本案例的相关情况

（一）基本情况

2013年12月31日，中信银行股份有限公司东莞分行（以下简称中信银行东莞分行）与东莞市华丰盛塑料有限公司（以下简称华丰盛公司）等签订综合授信合同，约定中信银行东莞分行为华丰盛公司提供1.5亿元的综合授信额度。为担保上述合同，中信银行东莞分行分别与陈某1、陈某2、梁某某签订了最高额抵押合同，约定：陈某1、陈某2、梁某某以其所有的房屋向中信银行东莞分行提供最高额抵押，担保的主债权限额均为4亿元，担保范围包括贷款本息及相关费用；抵押人保证其对抵押物拥有完全的、有效的、合法的所有权或处分权，需依法取得权属证明的抵押物已依法获发全部权属证明文件，且抵押物不存在任何争议或任何权属瑕疵，设立本抵押不会受到任何限制或不会造成任何不合法的情形；抵押人的保证不真实、不准确、不完整或故意使人误解，给债权人造成损失的，应予赔偿；任何一方不履行或不完全履行本合同约定的义务的，应当承担相应的违约责任，并赔偿由此给对方造成的损失。

案涉房产在向中信银行东莞分行提供抵押之前曾办理过抵押登记。2011年6月29日，东莞市房产管理局向东莞市各金融机构发函，向其告知房地权属不一致的房屋不能再办理抵押登记，建议各金融机构在日常办理房地产抵押贷款申请时，认真审查抵押房地产的房屋所有权和土地使用权权利主体是否一致。

案涉房屋办理抵押登记时，因陈某1、陈某2、梁某某未取得抵押房屋所占土地的使用权，房地权属不一致，当地房地产管理部门不予办理抵押登记。

基于综合授信合同，中信银行东莞分行与华丰盛公司签订了一系列人民币流动资金贷款合同，并向华丰盛公司发放贷款共计7000万元。

因华丰盛公司未能按期支付利息，中信银行东莞分行起诉请求华丰盛公司支付借款本息及律师费，并请求抵押人陈某1、陈某2、梁某某在抵押物价值范围内对前述债务承担连带赔偿责任。

2015年11月19日，广东省东莞市中级人民法院作出（2015）东中法民四初字第15号民事判决，判决由华丰盛公司向中信银行东莞分行偿还借款本息并支付律师费，并驳回中信银行东莞分行请求抵押人陈某1、陈某2、梁某某在抵押物价值范围内对前述债务承担连带赔偿责任的诉讼请求。中信银行东莞分行不服，提起上诉。广东省高级人民法院于2017年11月14日作出（2016）粤民终1107号民事判决：驳回上诉，维持原判。中信银行股份有限公司东莞分行仍不服，向最高人民法院申请再审。最高人民法院于2018年9月28日作出（2018）最高法民申3425号民事裁定,提审本案。2019年12月9日,最高人民法院作出(2019)最高法民再155号民事判决,维持广东省东莞市中级人民法院(2015)东中法民四初字第15号民事判决关于华丰盛公司责任的判项,改判抵押人陈某1、陈某2、梁某某在各自的抵押物价值范围内,就原审判决确定的华丰盛公司所负债务未清偿部分的二分之一范围内向中信银行东莞分行承担连带赔偿责任。

(二)法律适用难点

本案的法律适用难点在于不动产未办理抵押登记情形下抵押人的责任如何认定。我国法律对于基于法律行为的不动产物权变动采取区分原则。不动产抵押未经登记,抵押权不能依法设立,但该事实并不影响抵押合同的效力。在抵押合同合法有效的前提下,抵押人是否应承担责任、应承担何种责任,司法实践中存在争议。本案中,由于陈某1等三人未取得案涉房屋所占土地的使用权证,案涉房屋因房地权属不一致,未能办理抵押登记,抵押权并未依法设立,但中信银行东莞分行分别与陈某1、陈某2、梁某某签订的最高额抵押合同均系双方当事人的真实意思表示,内容不违反法律、行政法规的强制性规定,合法有效。未办理抵押登记的事实并不导致合同义务的消灭,陈某1等人仍应就抵押合同项下的相关义务承担合同责任。陈某1等三人对于抵押物未能办理抵押登记是否存在过错、是否应向中信银行东莞分行承担违约责任,如应承担责任,其责任范围如何确定,是本案审理的重点和难点。

(三)推荐理由

物权变动是否发生,应依照法律规定的物权变动规则判定;相关法律行为是否生效,应依照法律行为生效的标准判定。因不符合物权变动规则而不能发生物权变动效果的,法律行为的效力不必然因此而受到影响。本案精准阐释了不动产物权变动的区分原则,对不动产物权变动的效力和法律行为的效力进行了区分,确立了抵押物未办理抵押登记并不影响抵押合同的效力,因抵押人违约导致未能办理抵押登记的,抵押人应对合同债权人承担违约责任的裁判规则,对类似案件具有很好的指导示范作用。同时,本案还考虑到合同双方对抵押权不能设立均有过错,依据《合同法》(已失效)第一百一十九条关于减损规则的规定,妥善地将损失在当事人之间进行了分配,更有利于实现公平正义,其裁判思路对今后类似案件的处理具有很强的指导意义。

三、裁判要点的理解与说明

该指导性案例的裁判要点为:以不动产提供抵押担保,抵押人未依抵押合同约定办理抵押登记的,不影响抵押合同的效力。债权人依据抵押合同主张抵押人在抵押物的价值范围内承担违约赔偿责任的,人民法院应予支持。抵押权人对未能办理抵押登记有过错的，相应减轻抵押人的赔偿责任。

现围绕与该裁判要点涉及的重点问题逐一解释和说明如下：

1. 未办理抵押登记的事实不影响抵押合同的效力

《物权法》（已失效）第十五条规定："当事人之间订立有关设立、变更、转让和消灭不动产物权的合同，除法律另有规定或者合同另有约定外，自合同成立时生效；未办理物权登记的，不影响合同效力。"本案中，因陈某1等三人尚未取得案涉房屋所占土地使用权证，房地权属不一致，导致案涉房屋未能办理抵押登记，抵押权未依法设立。但是，根据不动产物权变动的区分原则，未办理抵押登记的事实并不影响抵押合同的效力，中信银行东莞分行分别与陈某1、陈某2、梁某某签订的最高额抵押合同均系双方当事人的真实意思表示，内容不违反法律、行政法规的强制性规定，合法有效，陈某1等人仍应就抵押合同项下的相关义务承担合同责任。

2. 因抵押人违约导致未能办理抵押登记的，抵押人应对合同债权人承担违约责任

依法成立的合同，对当事人具有法律约束力，当事人应当按照合同约定履行各自义务，不履行合同义务或履行合同义务不符合约定的，应依据合同约定或法律规定承担相应的违约责任。根据最高额抵押合同的约定，陈某1等三人有义务确保自己对案涉房屋"拥有完全的、有效的、合法的所有权或处分权""依法取得权属证明的抵押物已依法获发全部权属证明文件，且抵押物不存在任何争议或任何权属瑕疵"，合同双方"不履行或不完全履行本合同约定的义务的，应当承担相应的违约责任，并赔偿由此给对方造成的损失"。本案中，陈某1等三人尚未取得土地使用权证，从而导致案涉房屋未能办理抵押登记。因此，陈某1等三人构成违约，应当承担违约责任，赔偿由此给中信银行东莞分行造成的损失。

3. 抵押人应承担的赔偿责任应以抵押物的实际价值为限，并相当于债权人因抵押权不能实现所遭受的损失

根据《合同法》（已失效）第一百一十三条的规定，当事人一方不履行合同义务或者履行合同义务不符合约定，给对方造成损失的，损失赔偿额应当相当于因违约所造成的损失，包括合同履行后可以获得的利益，但不得超过违反合同一方订立合同时预见到或者应当预见到的因违反合同可能造成的损失。在抵押合同正常履行的情况下，主债务人未履行到期债务时，债权人既可以要求主债务人清偿债务，也可以要求抵押人承担抵押担保责任，且无须等待对主债务人强制执行即可要求抵押人承担担保责任。当实现抵押权的条件已成就而债权人无法行使优先受偿权时，其损失已经实际发生，该损失应根据抵押权正常实现所产生的价值来认定。具体而言，抵押物的实际价值低于债务人未清偿债务的，抵押人应以抵押物的实际价

值为限承担赔偿责任;抵押物的实际价值高于债务人未清偿债务的,抵押人应以未清偿债务为限承担赔偿责任。本案中,中信银行东莞分行向一审法院起诉时,抵押合同约定的行使抵押权的条件已成就。因陈某1等抵押人的违约行为,中信银行东莞分行无法行使抵押权,就处置抵押物所得价款优先受偿,其损失已实际发生,故中信银行东莞分行有权依据合同约定请求陈某1等抵押人承担违约损害赔偿责任。

4. 在确定违约责任范围时,应酌情考虑双方当事人的过错程度

《合同法》(已失效)第一百一十九条规定:"当事人一方违约后,对方应当采取适当措施防止损失的扩大;没有采取适当措施致使损失扩大的,不得就扩大的损失要求赔偿。"案涉房产曾办理过抵押登记,后因相关政府部门的政策性规定发生变化,房地权属不一致的房屋不能再办理抵押登记。东莞市房产管理局已于2011年将该政策函告辖区各金融机构。据此可以推定,中信银行东莞分行对于房地权属不一致的房屋无法办理抵押登记的情况是明知或应知的,其在签订抵押合同时未尽到合理的审查义务,对抵押权不能设立亦有过错。此外,中信银行东莞分行在知晓案涉房屋无法办理抵押登记后,没有采取降低授信额度、不予(或减少)发放贷款、要求提供补充担保等措施防止损失扩大。故根据前述减损规则,可适当减轻陈某1等三人的赔偿责任。

四、参照适用时应注意的问题

本案的裁判思路主要适用于债权人请求未办理抵押登记的抵押人承担赔偿责任的情形。实践中,债权人的请求可能有所不同,案件情况亦有所不同,应根据债权人的诉讼请求内容和案件具体情况作出不同的处理。债权人请求抵押人承担相应合同责任,法院应在依法审查认定抵押合同的效力的基础上,结合合同约定、未能办理抵押登记的原因及双方当事人的过错程度等实际情况,合理认定抵押人的责任。当事人对违约责任的承担方式有约定的,原则上应从其约定;对违约责任没有特别约定时,债权人对抵押人享有登记请求权与违约损害赔偿请求权;登记无法实现或已无必要的,抵押人应赔偿合同债权人因违约行为而遭受的损失,该损失应以债务人未清偿债务为限,且不高于抵押物的实际价值;合同债权人对其损失亦有过错的,可以减少相应的损失赔偿额。

(执笔人:最高人民法院　高燕竹
广东省深圳市中级人民法院　王智锋
湖南省娄底市中级人民法院　王晶晶
编审人:最高人民法院研究室　李予霞)

指导案例 168 号　中信银行股份有限公司东莞分行诉陈志华等金融借款合同纠纷案

最高人民法院案例指导工作办公室编审人:李予霞

1. 案例推荐单位:最高人民法院第一巡回法庭

2. 案例编写人:最高人民法院第一巡回法庭　高燕竹

3. 案件裁判法院:最高人民法院(再审)

4. 案件承办人:高燕竹(再审)

相关法条

1.《中华人民共和国物权法》(2007 年 10 月 1 日实施)(已失效)

第十五条　当事人之间订立有关设立、变更、转让和消灭不动产物权的合同,除法律另有规定或者合同另有约定外,自合同成立时生效;未办理物权登记的,不影响合同效力。

2.《中华人民共和国民法典》(2021 年 1 月 1 日实施)

第二百一十五条　当事人之间订立有关设立、变更、转让和消灭不动产物权的合同,除法律另有规定或者当事人另有约定外,自合同成立时生效;未办理物权登记的,不影响合同效力。

第五百七十七条　当事人一方不履行合同义务或者履行合同义务不符合约定的,应当承担继续履行、采取补救措施或者赔偿损失等违约责任。

第五百八十四条　当事人一方不履行合同义务或者履行合同义务不符合约定,造成对方损失的,损失赔偿额应当相当于因违约所造成的损失,包括合同履行后可以获得的利益;但是,不得超过违约一方订立合同时预见到或者应当预见到的因违约可能造成的损失。

第五百九十一条　当事人一方违约后,对方应当采取适当措施防止损失的扩大;没有采取适当措施致使损失扩大的,不得就扩大的损失请求赔偿。

当事人因防止损失扩大而支出的合理费用,由违约方负担。

3.《中华人民共和国合同法》(1999 年 10 月 1 日实施)(已失效)

第一百零七条　当事人一方不履行合同义务或者履行合同义务不符合约定的,应当承担继续履行、采取补救措施或者赔偿损失等违约责任。

第一百一十三条第一款　当事人一方不履行合同义务或者履行合同义务不符合约定,给对方造成损失的,损失赔偿额应当相当于因违约所造成的损失,包括合同履行后可以获得的利益,但不得超过违反合同一方订立合同时预见到或者应当预见到的因违反合同可能造成的损失。

第一百一十九条第一款　当事人一方违约后,对方应当采取适当措施防止损失的扩大;没有采取适当措施致使损失扩大的,不得就扩大的损失要求赔偿。

指导案例169号《徐欣诉招商银行股份有限公司上海延西支行银行卡纠纷案》的理解与参照

——网络盗刷中发卡行与持卡人的责任认定

2021年11月9日,最高人民法院发布了第30批指导性案例,包括第166号至第171号共六件指导性案例,主要为合同纠纷相关案例。其中,第169号指导性案例为《徐欣诉招商银行股份有限公司上海延西支行银行卡纠纷案》。为了正确理解和准确参照适用该指导性案例,现对该指导性案例的选编过程、裁判要点、参照适用等有关情况予以解释、论证和说明。

一、案例选编过程

本案上海市长宁区人民法院于2017年4月25日作出(2017)沪0105民初1787号民事判决。上海市第一中级人民法院2017年10月31日作出(2017)沪01民终9300号民事判决。该案例为上海市高级人民法院研究室推荐报送。最高人民法院案例指导工作办公室经初步审查,认为基本符合指导性案例要求,后征求了最高人民法院民二庭等有关审判业务部门意见,均同意该案例作为备选指导性案例。2020年12月4日,该案例提交研究室室务会研究讨论。根据研究室室务会讨论决定,同意推荐该案例作为指导性案例。2021年8月31日,该案例经最高人民法院民专会第377次会议讨论,同意作为指导性案例。同年11月9日,最高人民法院以法〔2021〕272号文件将该案例编入第30批指导性案例予以发布。

二、关于本案例的相关情况

(一)案件基本情况

徐欣系招商银行股份有限公司上海延西支行(以下简称招行延西支行)储户,持有卡号为××××的借记卡一张。2016年3月2日,徐欣上述借记卡发生三笔转账,金额分别为50 000元、50 000元及46 200元,共计146 200元。转入户名均为石某，卡号：××××，转入行：中国农业银行。2016 年 5 月 30 日，徐欣父亲徐某至上海市公安局青浦分局经侦支队报警并取得受案回执。当日，上海市公安局青浦分局经侦支队向徐欣发送沪公（青）立告字（2016）3923 号立案告知书，告知信用卡诈骗案决定立案。2016 年 6 月，福建省福清市公安局出具呈请案件侦查终结报告书，载明：……2016 年 3 月 2 日，此次作案由谢某 1 负责转账取款，上家负责提供信息、补卡，此次谢某 1 盗刷了周某、徐欣、汪某等人银行卡内存款共计 400 700 元……2016 年 6 月 22 日，福建省福清市人民检察院向徐欣发送《被害人诉讼权利义务告知书》，载明：犯罪嫌疑人谢某 1、谢某 2 等 3 人盗窃案一案，已由福清市公安局移送审查起诉……

徐欣向人民法院起诉请求招行延西支行赔偿银行卡盗刷损失及利息。

（二）裁判结果

一审法院认为，申请办理借记卡，发卡行与持卡人形成储蓄存款合同法律关系，该合同关系合法有效，应当受到法律的保护。根据在案证据，发生不法侵害的原因是犯罪嫌疑人盗刷所致，而非持卡人未尽基本的注意义务。作为借记卡的发卡行及相关技术、操作平台的提供者，在其与储户的关系中明显占据优势地位，其应承担伪卡的识别义务。发卡行在没有证据证明持卡人存在违约或违法犯罪情形的前提下，理应先行向储户承担因银行安全系统漏洞及技术风险所形成的储户资金损失。因此，一审法院判决招行延西支行给付原告存款损失。二审法院亦认为，在储蓄存款合同关系中，商业银行对存款人具有保障账户资金安全的法定义务。商业银行作为发卡行及相关技术、设备和操作平台的提供者，应当对交易机具、交易场所加强安全管理，对各项软硬件设施及时更新升级，以最大限度地防范资金交易安全漏洞。根据本案现有证据无法查明案外人如何获得交易密码等账户信息，上诉人亦未提供相应的证据证明账户信息泄露系因被上诉人没有妥善保管使用银行卡所导致，上诉人仅以持卡人身份识别信息和交易验证信息相符为由主张不承担赔偿的，人民法院不予支持。

（三）推荐理由

近些年随着电子银行的迅速发展，因网络盗刷引发的银行卡纠纷也持续增多。本案根据持卡人提供的刑事侦查程序查明的事实，可以认定网络盗刷的事实。在存在网络盗刷的场合，能否以身份识别信息和交易验证信息相符认定相关交易为持卡人本人交易？在持卡人基于与发卡行成立合同法律关系而提起的违约之诉中，发卡行能否以无证据证明自身存在过错要求免除违约责任？能否仅以交易密码验证通过认定持卡人存在银行卡保管方面的过错？这些都是涉网络盗刷的银行卡纠纷中法院在认定持卡人与发卡行之间的责任时经常面临的争议，也是理论界和实务界高度关注的问题。审判实践中存在争议,裁判规则也不统一。在如本案查明存在网络盗刷,但并无证据证明银行信息验证、持卡人信息保管存在过错的情况下,有的判决由发卡行承担全部责任,有的判决由发卡行、持卡人分担损失,甚至有个别法院判决发卡行不承担责任。“类案不同判”不仅严重损害司法公信力,也难以发挥司法的规范、指引作用。该案的裁判对以合同为请求权基础的网络盗刷类案件持卡人与发卡行的责任认定,具有较强的参考价值。

三、裁判要点的理解与说明

该指导性案例的裁判要点确认:持卡人提供证据证明他人盗用持卡人名义进行网络交易,请求发卡行承担被盗刷账户资金减少的损失赔偿责任,发卡行未提供证据证明持卡人违反信息妥善保管义务,仅以持卡人身份识别信息和交易验证信息相符为由主张不承担赔偿责任的,人民法院不予支持。现围绕与该裁判要点相关的问题解释和说明如下:

在借记卡合同法律关系中,当持卡人将货币存入银行时,即与银行所有的其他资金发生混同,持卡人不再对其享有所有权,而是获得依合同约定请求银行支付本息的债权。虽然本案中持卡人的诉请表述为“赔偿损失”,但实为确认其与发卡行之间就被盗刷金额的债权债务关系仍然存在,要求发卡行承担继续履行的违约责任。争议焦点在于:持卡人与发卡行之间因网络盗刷发生纠纷的责任认定。

(一)网银交易中持卡人本人交易与盗刷事实的认定

无论持卡人持实体卡至柜台、自动终端取款或至商户消费,还是开通网络银行后通过电子指令要求转账、支付等,在法律性质上均为要求银行履行相应的给付之债。银行通过工作人员、机器设备或电子交易系统向持卡人交付相应金额款项,或者执行持卡人转账、支付指令的行为,则系向作为债权人的持卡人履行债务而使相应债权消灭。债务人必须向正确的债权人履行债务,否则不发生清偿的效果。对合同是否正确履行发生争议的,由负有履行义务的当事人承担举证责任。因此,在银行卡合同的履行中,发卡行应采取措施识别银行卡的使用人是否为持卡人本人或经授权的人;在诉讼中,发卡行还应对系争交易是向持卡人本人或其授权的人履行承担举证责任。

网上银行业务不同于物理卡交易,不需要使用银行卡物理介质,银行无法凭借真实有效的银行卡来验证持卡人身份,而是通过卡号、登录及交易密码、动态验证码等持卡人网络交易身份识别信息和交易验证信息的一致性来核实持卡人身份。因此,银行提供的证据证明上述信息验证通过的,通常即认定构成具有受领权的权利外观、银行的给付属于适当履行。本案根据查明的事实,涉案银行卡的网上交易须输入正确的用户名、银行卡号、取款密码以及手机动态验证码，方能完成网银转账交易。招行延西支行亦是以相关信息验证通过为由，主张其在债务履行过程中并不存在违约。然上述网银交易中债务履行适当性的认定，在性质上属于事实推定。即以相关身份识别信息和交易验证信息的私密性为前提，推定系争交易由持卡人或其授权所为。如果持卡人提供证据证明相关交易系他人使用通过盗窃所得的持卡人网络交易认证信息所为，该交易显然并非持卡人本人意思，即可推翻上述事实推定。本案中，根据徐欣提供的询问笔录，涉案资金损失系因案外人谢洪斌非法获取被上诉人的身份信息、手机号码、取款密码等银行卡信息后，通过补办手机SIM卡截获上诉人发送的动态验证码，进而完成转账所致。徐欣提供的证据已经足以推翻网银交易中的上述事实推定，本案可以认定存在网络盗刷的事实。

（二）网络盗刷交易不应认定为持卡人本人或其授权交易

网络盗刷行为，实质系他人冒用持卡人名义向银行主张债权。关于网络盗刷的责任认定，首先需要解决的是银行卡被网上盗刷，能否认定相关交易为持卡人本人行为。持卡人与银行签订的合同中通常也约定，所有认证信息验证通过的交易，交易后果由持卡人承担。该规则是否公平合理？这涉及冒名行为能否类推适用表见代理，或者对债权准占有人清偿规则问题。就此，理论界和实务中一直存在分歧。有观点认为，代理为民法上的一种特殊制度，只能在代理人表明代理人身份时才能适用，不应随意扩大解释或类推适用。另有观点认为，可类推适用无权代理制度，但在被冒名者拒绝追认的情况下行为效果通常不能归属于被冒名者。还有观点认为，第三人冒名交易行为可类推适用表见代理制度。① 也有学者认为，冒用人的身份为债权准占有人，善意清偿者对债权准占有人的给付发生清偿的效力。② 实践中，有的判决即认为，银行在收到网上支付指令核验输入相关信息正确后，完全有理由相信该笔交易系持卡人本人的合法交易，故银行的付款行为构成表见代理，无需就盗刷款项承担责任。

对于包括网络盗刷在内的冒名行为，我国现行法律并无明文规定。诚如最高人民法院在相关判决中所言，代理制度下对相对人而言明知存在代理人与被代理人两个主体、行为主体与责任主体不一致，而冒名行为对相对人而言只有一个主体、其主观意识是认为行为人与责任主体是一致的，两者存在明显区别。③ 当然，衡量当事人间的利益状态，冒名行为并非无类推适用代理制度、对债权准占有人清偿规则的空间。而且，在盗刷情形下，由于相关信息验证通过使银行有理由相信为持

① 梁慧星：《民法总则》，法律出版社2011年版，第245页。
② 杨立新、王玲芳：《债法视角下的信用卡冒用损害责任》，载《求是学刊》2015年第1期。
③ (2019)最高法民申6149号民事裁定书。

卡人本人操作，这和表见代理中无权代理人具有代理权外观使得相对人认为其具有代理权、债权准占有人具有债权人的外观征象使得债务人认为其为债权人相似。然而，即便类推适用代理制度、对债权准占有人清偿规则，尽管就被代理人、真实债权人的可归责性应否作为认定表见代理、对债权准占有人有效清偿的构成要件一直存在分歧，但持无须该要件者也并不否认该考量因素存在的正当性，只是适用过失相抵原则予以平衡。① 因为表见代理、对债权准占有人有效清偿实际是以牺牲被代理人、真实债权人的利益而成全相对人的信赖利益，如果在被代理人、真实债权人对形成权利外观没有任何过错，尤其是即便履行注意义务也无能力阻止该外观形成的情形下承担责任，有违公平原则，也会导致利益的失衡。《民法典》第三百一十二条、第三百一十九条关于遗失物、漂流物等不适用善意取得制度的规定，正体现了法律在对动态的信赖利益与静态的所有权保护之间的利益平衡。最高人民法院司法解释的相关规定也体现了这一精神。②

网络盗刷应否适用表见代理制度、对债权准占有人有效清偿规则，认定为持卡人本人交易，实质关涉银行卡盗刷的风险及责任分配问题。因此，应考量谁更有能力控制风险的发生和提升、谁更有能力转嫁风险、谁由此风险而获益等。银行卡是由银行设计、发行的一种服务于大众的交易结算方式和金融产品。网银交易模式不同，交易流程及所需交易要素也不相同。但银行作为专业金融机构，对其所提供的供客户选择的任何一种网上交易模式，均具有保障账户资金安全的义务。对此，《商业银行法》《电子银行业务管理办法》等均有规定。持卡人之所以选择将案涉款项存入银行，也正是基于对其作为商业银行的信任。为此，作为发卡行及相关技术、设备和操作平台的提供者，应当对各项软硬件设施加强安全管理、及时更新升级，以最大限度地防范交易安全漏洞。尤其是随着电子银行业务的发展，银行作为电子交易系统的开发、设计、维护者，也是从电子交易的风险中获得经济利益的一方，且相较于持卡人而言，更有能力采取措施防范和分散风险。因此，从利益衡量和风险防范的角度，将盗刷的风险及责任分配给银行也更为合理。

---

① 于对债权准占有人给付效力规则，我国现行法律无相应规定。关于表见代理制度，虽然根据《民法总则》（已失效）第一百七十二条以及《民法典》第一百七十二条的规定，我国现行立法采用的是“相对人是否有理由相信行为人有代理权”这一标准，但该规定系基于一般来说表见代理的产生与被代理人的过错有关，考虑相对人很多情况下难以证明被代理人的过错而做出的规定，并不意味着否认应当考量被代理人过错这一因素的正当性。

② 《最高人民法院关于在审理经济纠纷案件中涉及经济犯罪嫌疑若干问题的规定》第五条直接将“盗窃、盗用单位的公章、业务介绍信、盖有公章的空白合同书，或者私刻单位的公章”排除在表见代理之外。《最高人民法院关于适用〈中华人民共和国公司法〉若干问题的规定（三）》第二十六条、第二十八条区别冒名股东和借名股东，就公司债权人等要求对公司债务承担责任作出了不同规定。

综上，从理论以及利益衡量和风险防范角度考量，在网络盗刷的场合不应认定身份识别信息和交易验证信息相符的交易为持卡人本人或其授权交易。

（三）网络盗刷违约责任的认定应采用无过错归责原则

银行卡网络盗刷纠纷往往涉及多方主体，本案就包括发卡行、持卡人、诈骗方、电信运营商等。有些案件还涉及第三方交易平台、特约商户、收单行等。每一个主体均与案涉交易的发生存在一定的关联甚至因果关系，各个主体之间的法律关系也错综复杂。因网络盗刷发生纠纷时，发卡行经常会以盗刷并非自身原因所导致进行抗辩。本案中招行延西支行即提出，自身在信息验证等方面并不存在过错，徐欣账户被盗刷是由于犯罪行为所致，手机运营商在涉案事件中亦存在过错，不应由其承担民事责任。

银行卡纠纷既包括合同纠纷，也包括侵权纠纷。本案徐欣起诉时选择的请求权基础为合同法律关系。《合同法》（已失效）第一百零七条规定，"当事人一方不履行合同义务或履行合同义务不符合约定的，应当承当承担继续履行、采取补救措施或者赔偿损失等违约责任"。第一百二十一条规定，"当事人一方因第三人的原因造成违约的，应当向对方承担违约责任。……"可见，我国法律违约责任的认定采无过错归责原则，同时坚持合同的相对性。根据无过错责任原则，在违约责任的一般构成中不考虑过错，不因违约方的无过错而免除违约方的违约责任，这有利于减轻非违约方举证负担，保护非违约方利益，增强当事人的守约意识。基于合同的相对性，在债务人因第三人的原因造成违约时，仍应当先向债权人承担违约责任，债务人与第三人之间的纠纷，可以另行依照法律规定或者按照约定处理，这有助于保护债权人的合理期待，进而保障交易的安全。因此，在网络盗刷的情形下，持卡人以合同纠纷要求发卡行承担责任的，虽然发卡行在信息验证方面不存在过错，案涉资金损失是由合同以外的第三人造成的，与持卡人存在合同关系的发卡行，对借记卡的持卡人仍应当先行承担本息的支付责任。本案中，招行延西支行关于信息验证方面自身不存在过错，以及手机运营商存在过错应免除其违约责任的抗辩，法院均未予采纳。至于招行延西支行对徐欣承担违约责任后向手机运营商、犯罪嫌疑人的追偿，也并非本案审理范围。

（四）不能仅以信息验证通过认定持卡人未尽妥善保管义务具有过错

涉网络盗刷的银行卡合同纠纷中，以下两种情形下持卡人自身亦应当承担相应的责任：一是持卡人未尽到妥善保管银行卡卡号、密码等银行卡信息的义务具有过错；二是持卡人未及时采取挂失等措施防止损失扩大，就扩大的损失应自行承担责任。实践中，在没有直接证据证明持卡人存在过错的情况下，发卡行经常会以个人信息及密码等由客户设置、修改并保管为由，主张推定密码等被案外人使用系持卡人保管疏忽所致。还有银行在银行卡章程等中规定持卡人不能将银行业务密码与其他用途密码设置为相同,诉讼中以持卡人在其他网站使用了与案涉银行卡相同的密码主张持卡人存在过错。本案中,招行延西支行即以取款密码由徐欣自行设置为由主张徐欣自身存在泄露信息的过错。

关于持卡人是否尽到妥善保管义务的认定,应当从持卡人是否依照相关法律、行政法规、行政规章等的规定和通常做法,妥善保管银行卡卡片、卡面信息、密码等身份识别信息和交易验证信息,以具有安全性的方式使用银行卡等方面进行综合考量。发卡行以信息验证通过为由进行的上述抗辩,是以密码等信息的私密性,即银行账户信息只有持卡人知晓为前提进行的推定。然而,网银交易系统的安全性不高、银行对网银交易环境的管理不善等均有可能导致银行卡信息泄露。在上述事实推定的前提不成立的情况下,发卡行的该等主张显然也是不能成立的。至于银行卡章程中关于各类密码设置应不同的内容,按照社会的一般认知,也应仅属提醒性质,而非使持卡人负有此项义务,否则对持卡人未免过于严苛。因此,本案在招行延西支行就徐欣违反信息保管义务未提供其他证据证明的情况下,对其仅以信息验证通过为由要求持卡人自身承担相应责任的主张,法院未予支持。

(执笔人:上海金融法院　崔　婕
编审人:最高人民法院研究室　李予霞)

指导案例169号　徐欣诉招商银行股份有限公司上海延西支行银行卡纠纷案

最高人民法院案例指导工作办公室编审人:李予霞

1. 案例推荐单位:上海市高级人民法院

2. 案例编写人:上海市第一中级人民法院　崔婕

3. 案件裁判法院:上海市长宁区人民法院(一审)、上海市第一中级人民法院(二审)

4. 案件承办人:上海市长宁区人民法院　邓鑫(一审)、上海市第一中级人民法院　崔婕(二审)

相关法条

1.《中华人民共和国合同法》(1999年10月1日实施)(已失效)

第六十条　当事人应当按照约定全面履行自己的义务。

当事人应当遵循诚实信用原则,根据合同的性质、目的和交易习惯履行通知、协助、保密等义务。

第一百零七条　当事人一方不履行合同义务或者履行合同义务不符合约定的,应当承担继续履行、采取补救措施或者赔偿损失等违约责任。

第一百二十一条　当事人一方因第三人的原因造成违约的，应当向对方承担违约责任。当事人一方和第三人之间的纠纷，依照法律规定或者按照约定解决。

2.《中华人民共和国民法典》(2021 年 1 月 1 日实施)

第五百零九条　当事人应当按照约定全面履行自己的义务。

当事人应当遵循诚信原则，根据合同的性质、目的和交易习惯履行通知、协助、保密等义务。

当事人在履行合同过程中，应当避免浪费资源、污染环境和破坏生态。

第五百七十七条　当事人一方不履行合同义务或者履行合同义务不符合约定的，应当承担继续履行、采取补救措施或者赔偿损失等违约责任。

第五百九十三条　当事人一方因第三人的原因造成违约的，应当依法向对方承担违约责任。当事人一方和第三人之间的纠纷，依照法律规定或者按照约定处理。

指导案例170号《饶国礼诉某物资供应站等房屋租赁合同纠纷案》的理解与参照

——出租应予拆除的危房用于经营酒店违背公序良俗

2021年11月9日,最高人民法院发布了第30批指导性案例,包括第166号至第171号共六件指导性案例,主要为合同纠纷相关案例。其中,第170号指导性案例为《饶国礼诉某物资供应站等房屋租赁合同纠纷案》。为了正确理解和准确参照适用该指导性案例,现对该指导性案例的选编过程、裁判要点、参照适用等有关情况予以解释、论证和说明。

一、案例选编过程

本案由江西省南昌市中级人民法院于2017年9月1日作出(2013)洪民一初字第2号民事判决,江西省高级人民法院于2018年4月24日作出(2018)赣民终173号民事判决,最高人民法院于2018年9月27日作出(2018)最高法民申4268号民事裁定,于2019年12月19日作出(2019)最高法民再97号民事判决。该案例原由江西高院研究室向最高人民法院案例指导工作办公室推荐,鉴于该案后经最高人民法院第三巡回法庭再审,对判决理由做了调整,后由第三巡回法庭案件承办法官修改完善了案例文本,并正式推荐。该案例征求了最高人民法院民一庭、民二庭意见,以及相关专家学者意见。研究室室务会经过讨论,同意推荐该案例。各方面总体上认为本案是按照《中华人民共和国民法总则》(已失效)及《全国法院民商事审判工作会议纪要》(以下简称九民会议纪要)精神进行裁判的典型案例,对于审判实践具有普遍适用性和较强指导性;同时,也是符合社会主义核心价值观的典型案例,对于引领诚信守法经营的社会风尚具有重要意义。2021年8月31日,该案例经最高人民法院民专会第377次会议讨论,同意作为指导性案例。同年11月9日,最高人民法院以法〔2021〕272号文件将该案例编入第30批指导性案例予以发布。

二、关于本案例的基本情况

南昌市青山湖区晶品假日酒店(以下简称晶品酒店)经营者系饶国礼,经营范围及方式为宾馆服务。2011 年 8 月 29 日,晶品酒店与某物资供应站(以下简称物资供应站)签订租赁合同,约定:物资供应站将上述办公楼出租给晶品酒店,用于经营商务宾馆。合同签订后,物资供应站依照约定交付了租赁房屋。同年 10 月 26 日,晶品酒店将租赁的房屋发包给上海永祥加固技术工程有限公司加固改造。2012 年 1 月 3 日,在加固施工过程中,案涉建筑物大部分垮塌。江西省建设业安全生产监督管理站于 2007 年 6 月 18 日出具房屋安全鉴定意见,鉴定结果和建议是:根据《危险房屋鉴定标准》(GB 50292—1999),该大楼按房屋危险性等级划分,属 D 级危房,应予以拆除。

饶国礼诉讼请求:(1)解除《租赁合同》;(2)物资供应站返还其保证金 220 万元;(3)物资供应站赔偿其各项经济损失共计 281 万元;(4)本案诉讼费用由物资供应站承担。物资供应站提出反诉诉请:(1)饶国礼承担侵权责任,赔偿其 2463.5 万元;(2)饶国礼承担全部诉讼费用。再审中,饶国礼将其上述第一项诉讼请求变更为:确认案涉租赁合同无效。物资供应站亦将其诉讼请求变更为:饶国礼赔偿损失 418.7 万元。

江西省南昌市中级人民法院一审判决:(1)解除租赁合同;(2)物资供应站返还饶国礼投标保证金 200 万元;(3)饶国礼赔偿物资供应站 804.3 万元,抵扣本判决第二项物资供应站返还饶国礼的 200 万元保证金后,饶国礼给付物资供应站 604.3 万元;(4)驳回饶国礼其他诉讼请求;(5)驳回物资供应站其他诉讼请求。一审判决后,饶国礼提出上诉。江西省高级人民法院二审判决:(1)维持一审判决第一项、第二项;(2)撤销一审判决第三项、第四项、第五项;(3)物资供应站返还饶国礼履约保证金 20 万元;(4)饶国礼赔偿物资供应站经济损失 182.4 万元;(5)本判决第一项、第三项、第四项确定的金额相互抵扣后,物资供应站应返还饶国礼 37.6 万元;(6)驳回饶国礼的其他诉讼请求;(7)驳回物资供应站的其他诉讼请求。饶国礼、物资供应站均不服二审判决,向最高人民法院申请再审。最高人民法院提审后,再审判决:(1)撤销一审、二审判决;(2)确认租赁合同无效;(3)物资供应站向饶国礼返还保证金 220 万元;(4)驳回饶国礼的其他诉讼请求;(5)驳回物资供应站的诉讼请求。

审判实践中,对于违反行政规章的合同效力认定问题存在较大争议。根据九民会议纪要精神,违反规章一般不影响合同效力,但该规章的内容涉及金融安全、市场秩序、国家宏观政策等公序良俗的,应当认定合同无效。何为违背公序良俗?

不同案件涉及的法益不同,即在认定是否违背公序良俗方面,《民法典》赋予了法官一定的自由裁量权。除了上述列举的金融安全、市场秩序、国家宏观政策之外,人民法院在处理个案时,应当统筹各方面因素进行考虑,不可滥用兜底条款否定合同效力。

本案是九民会议纪要发布后,最高人民法院适用该纪要精神裁判的一个典型案例。本案树立了正确的社会价值导向,对于当事人片面追求经济利益而忽视公序良俗的民事行为的效力,司法应当作出否定性判断。另外,本案确立了新的裁判规则。具体而言,一是违反规章的合同效力认定规则;二是再审中认定合同无效后的案件处理规则。关于违反规章合同效力的认定规则,一般情形下违反规章并不影响合同效力,但是合同内容涉及违反公共安全、金融安全、市场秩序、国家宏观政策等公序良俗的,应当从保护社会公众人身财产安全、市场交易安全等角度考虑,认定合同无效。关于再审程序中认定合同无效后的案件处理规则,一审、二审程序认定合同有效,再审程序认定合同无效后,可以直接释明并改判。

三、裁判要点的理解与说明

该指导性案例的裁判要点确认:违反行政规章一般不影响合同效力,但违反行政规章签订租赁合同,约定将经鉴定机构鉴定存在严重结构隐患,或将造成重大安全事故的应当尽快拆除的危房出租用于经营酒店,危及不特定公众人身及财产安全,属于损害社会公共利益、违背公序良俗的行为,应当依法认定租赁合同无效,按照合同双方的过错大小确定各自应当承担的法律责任。现围绕与该裁判要点相关的问题解释和说明如下:

首先,关于合同效力的一般认定标准。合同效力问题是合同纠纷案件审判的基石,在尊重当事人意思自治的前提下,人民法院应依法审查合同是否存在违背公序良俗,违反法律、行政法规的强制性规定等无效情形,此种审查为依职权审查,不以当事人主张与否为转移。即使合同当事人不主张合同无效,仅要求判令解除合同或追究对方的违约责任,人民法院仍应当依职权认定合同无效,并向当事人释明合同无效的法律后果,引导当事人重新调整诉讼请求。人民法院依职权审查合同效力问题,体现了当事人意思自治和国家强制力之间的平衡。在《民法典》实施以前,人民法院对合同效力的认定是依据《最高人民法院关于适用〈中华人民共和国合同法〉若干问题的解释(一)》(已失效)第四条"合同法实施后,人民法院确认合同无效,应当以全国人大及其常委会制定的法律和国务院制定的行政法规为依据,不得以地方性法规、行政规章为依据"和《最高人民法院关于适用〈中华人民共和国合同法〉若干问题的解释(二)》(已失效)第十四条"合同法第五十二条第(五)项规定的‘强制性规定’，是指效力性强制性规定”等规定。对于违反法律、行政法规的效力性强制性规定的，一般对合同效力做否定性评价；对于违反法律、行政法规的管理性强制性规定以及违反相关行政规章规定的合同效力，一般不予以否定。理论界和实务界对于导致合同无效的效力性强制性规定范围理解不一，总体来说，第一，应当以规定的表述为准，如果法律、行政法规明确规定违反禁止性规定将导致合同无效或者不成立，则属于效力性强制规定无疑；第二，虽未明确规定违反禁止性规定将导致合同无效或者不成立，但如合同有效将损害国家利益或者社会公共利益的，也应当认定是效力性强制性规定；第三，如果不具备上述两种情形，而只是损害当事人利益的，就不属于效力性强制性规范。[①] 也有学者认为，“如果具体强制性规范旨在保障公共利益，则契约应为无效；如果具体强制性规范旨在保障私人利益，则契约应为有效。在适用过程中应当坚持最小工具标准，即只有当行政处罚、刑事处罚或其他民事处罚不足以实现法律目的时才有必要否定合同效力”。[②] 对于在中国裁判文书网上以“《中华人民共和国合同法》第五十二条”“违反法律、行政法规的强制性规定”“行政规章”等关键词进行检索，截至 2021 年 12 月 10 日，包括本案在内共检索到最高人民法院作出的 50 个裁判结果，其中，租赁合同纠纷包括本案在内有 3 个裁判结果，其他类型的纠纷有 47 个裁判结果。其中，有 2 个裁判对于违反规章或者规范性文件的合同的效力作出无效的认定；其余 48 个裁判均作出有效的认定。但并非意味着对于违反行政规章的行为一概不作审查，对于涉及金融安全、市场秩序、国家宏观政策等公序良俗等，应当根据案情审查合同效力。比如在（2021）最高法知民终 494 号江西某置业有限公司与深圳某科技有限公司计算机软件开发合同纠纷一案中，最高人民法院认为，“违反规章一般情况下不影响合同效力，但该规章的内容涉及金融安全、市场秩序、国家宏观政策等公序良俗的，应当认定合同无效”，“中国人民银行等七部委发布的《公告》虽不属于全国人大及其常委会制定的法律或国务院制定的行政法规或行政规章，但其内容涉及金融安全、市场秩序、国家宏观政策等公序良俗，故不能仅因其非法律、行政法规、行政规章的属性就不予考虑”。

其次，关于违反公序良俗的判断标准。公序良俗，意指公共秩序和善良风俗的统称，其中公共秩序指的是国家社会的一般法律秩序，善良风俗是指为社会、国家的存在和发展所必要的一般道德。公序良俗的概念起源于罗马法，并逐渐被各国法律所采纳，作为国家公权力对契约绝对自由的限制，契约只有在不违反公序良俗

---

① 王利明：《合同法研究》（第一卷），中国人民大学出版社 2011 年版，第 638 页。

② 刘凯湘、夏小雄：《论违反强制性规范的合同效力》，载《中国法学》2011 年第 1 期。

的前提下才能够实现当事人预期的法律后果。公序良俗第一次作为法律规定是在1804年《法国民法典》,该法典第6条规定:“个人不得以特别约定违反有关公共秩序和善良风俗的法律。”此外,德国、日本和我国台湾地区均对公序良俗原则有类似规定。我国《民法典》第一百五十三条第二款规定,“违背公序良俗的民事法律行为无效”,此规定是对《民法总则》(已失效)第一百五十三条和《合同法》(已失效)第五十二条的延续。在大多数人看来,公序良俗是一个抽象且富有弹性的概念,其内涵具有极大的不确定性,于是部分学者对违反公序良俗的行为进行了具体罗列,以便于普通民众和法官理解和贯彻执行。其中,日本学者我妻荣将违反公序良俗的行为归纳为:(1)违反人伦的行为;(2)违反正义观念的行为;(3)乘他人的无思虑、危难而谋取不正当利益;(4)对个人自由的极度限制行为;(5)对营业自由的限制行为;(6)对作为生存基础的财产进行处分的行为;(7)显著的射幸行为。① 我国学者梁慧星认为,违反公序良俗的行为可以分为10类,具体包括:(1)危害国家公序型,比如以从事犯罪或帮助犯罪行为为内容的合同。(2)危害家庭关系型,比如约定父母子女别居的协议;约定夫妻别居的协议;约定断绝亲子关系的协议等。(3)违反性道德型,比如妓馆之开设、转让合同;为开设妓馆而购买或承租房屋等契约;对婚外同居人所作之赠与或遗赠;以同居为条件的财产转移等。(4)射幸行为型,比如赌博、买空卖空、彩票、巨奖销售等,但经政府特许者除外。(5)违反人权和人格尊重行为型,比如过分限制人身自由的劳动合同;以债务人人身为抵押的约款等。(6)限制经济自由型,比如分割市场、封锁市场的协议;限制原材料输出或者商品进入的协议等。(7)违反公正竞争型,比如拍卖或招标中的围标行为;以贿赂方式诱使对方的雇员或代理人与自己订立的合同等。(8)违反消费者保护型,主要表现为利用欺诈性的交易方式、不当劝诱方法、虚假广告等方法与消费者发生的交易行为。(9)违反劳动者保护型,比如“工伤概不负责”条款、“单身条款”等。(10)暴利行为型。② 私法主体如果违反了法律强制性规定或者公序良俗原则,将导致法律行为的无效。审判实践中,经常遇到某些违反公共秩序或者善良风俗的行为,而由于法律的滞后性,往往没有明确的法律规定,因此可以适用而对于违反公序良俗情形的判定,在不同个案的适用将有所不同。一方面,上述列举不能够穷尽所有的情形,规定过于笼统,以至于实务中难以准确判断;另一方面,有些列举的情形本不属于违反公序良俗的范畴,且在不同的国情下,对于公序良俗的理解和适用会有所偏差。比如我妻荣归纳的“对作为生存基础的财产进行处分的行为”,该情形是否一

---

① 赵万一、吴晓锋:《契约自由与公序良俗》,载《现代法学》2003年第3期。

② 梁慧星:《民法学说判例与立法研究》(第2册),国家行政学院出版社1999年版,第16页。

定属于违反公序良俗的行为值得商榷。审判实践中，法官必须结合具体案件进行利益分析和价值衡量，将规范背后的评价标准加以具体化，使之能够符合切合案件事实的基本价值，因此自由裁量的作用就显得尤为重要，法官一般应当从规范对象、交易安全保护因素、监管强度和社会影响等方面进行多方面考察，进而确定某种法律行为是否违反公序良俗。比如在(2020)最高法民再328号辽宁某冷气体液化设备有限公司与徐沛欣、曾塞外案外人执行异议之诉一案中，最高人民法院认为，“徐沛欣在当时已有两套住房的情况下仍借曾塞外之名另行买房，目的在于规避国务院和北京市的限购政策，通过投机性购房获取额外不当利益。司法对于此种行为如不加限制而任其泛滥，则无异于纵容不合理住房需求和投机性购房快速增长，鼓励不诚信的当事人通过规避国家政策红线获取不当利益，不但与司法维护社会诚信和公平正义的职责不符，而且势必导致国家房地产宏观调控政策落空，阻碍国家宏观经济政策落实，影响经济社会协调发展，损害社会公共利益和社会秩序。故徐沛欣与曾塞外为规避国家限购政策签订的房产代持协议因违背公序良俗而应认定无效。”具体到本案而言，《商品房屋租赁管理办法》第六条规定，不符合安全、防灾等工程建设强制性标准的房屋不得出租。《商品房屋租赁管理办法》虽在效力等级上属部门规章，但是，该办法第六条体现了对社会公共安全的保护以及对公序良俗的维护。对本案情形下合同效力的认定应当从严把握，司法不应支持、鼓励为追求经济利益而忽视公共安全的有违社会公共利益和公序良俗的行为。在租赁房屋已被权威机构确定属于存在严重结构隐患、或将造成重大安全事故、应当尽快拆除的D级危房的情形下，双方当事人签订租赁合同，约定将该房屋出租用于经营可能危及不特定公众人身及财产安全的商务酒店，违背了公序良俗。依照《民法总则》(已失效)第一百五十三条第二款、《合同法》(已失效)第五十二条第四项(现《民法典》第一百五十三条第二款)的规定，租赁合同应确认无效。人民法院通过示范性裁判对公序良俗原则在合同纠纷中的适用进行解释和说明，树立正确的裁判方向，对于引导合同当事人及社会公众在民事活动和日常生活中遵守法律、行政法规和规章制度，依法诚实守信经营、弘扬社会主义核心价值观和善良风俗具有导向意义。

最后，关于合同无效时的释明问题。审判实践中，经常存在原告起诉主张合同有效，最终法院认定合同无效；或者原告主张合同无效，最终法院认定合同有效的情形。因法院认定的合同效力与原告主张相左，如机械地适用“不告不理”原则，驳回原告的诉讼请求，则会造成当事人讼累，增加诉讼成本。为了避免仅就原告诉讼请求进行审理的机械办案方式，根据九民会议纪要精神，人民法院可以根据审理需要，在认定合同效力与原告主张不一致的情况下，在审理过程中向原告释明变更或者增加诉讼请求,或者向被告释明提出同时履行抗辩,尽量在一次诉讼中解决问题。根据九民会议纪要精神,如果一审法院未予释明的,二审法院认为应当对合同不成立、无效或者被撤销的法律后果作出判决的,仍然可以直接释明并改判。本案中,鉴于再审法院对合同效力作出无效的认定,而原审双方当事人的诉讼请求及反诉请求均建立在合同有效的基础上,故再审审理中,合议庭对对方当事人进行了释明,双方当事人分别变更了诉讼请求及反诉请求,再审法院依据新的诉请直接作出改判,极大地提高了审判效率。

四、参照适用时应注意的问题

审判实践中,要防止过分扩张"违反公序良俗"的范围,以防止此概念的滥用,造成法律适用上的混乱。对此,法官和专家学者应当在综合判例积累的基础上,不断丰富"公序良俗"概念的内涵和外延,以便提炼更多的共性以为司法裁判提供标准。

另外,要注意区分诚实信用原则和公序良俗原则,因两者均属于民法的基本原则范畴,且具有填补法律漏洞、克服成文法局限性的功能,因此两者在适用上容易产生混淆。诚实信用原则的经典法典表述参见《瑞士民法典》第二条:"任何人行使权利及履行义务,须遵循诚实信用原则"。可见,诚实信用原则调节的更多是交易关系,即涉及合同当事人以及与特定第三人之间的利益平衡,是对个体合同正义私法自治的限制,通常不会涉及社会公共利益,因此违反诚实信用原则通常不影响合同效力。而公序良俗原则的保护重心,是以秩序底线和伦理底线为表征的非特定当事人的利益,①体现了公权力对于公共利益的保护,违反公序良俗原则会导致合同无效。因此,对于实践中存在的"违反诚实信用原则导致合同无效"的观点,应当予以纠正②。

(执笔人:最高人民法院　张爱珍
编审人:最高人民法院研究室　石　磊)

---

① 于飞:《公序良俗原则与诚实信用原则的区分》,载《中国社会科学》2015年第11期。

② 最高人民法院民事审判第二庭:《全国法院民商事审判工作会议纪要理解与适用》,人民法院出版社2019年版,第257页。

指导案例170号 饶国礼诉某物资供应站等房屋租赁合同纠纷案

最高人民法院案例指导工作办公室编审人:石磊

1. 案例推荐单位:最高人民法院第三巡回法庭
2. 案例编写人:最高人民法院第三巡回法庭 张爱珍、潘琳,江西省高级人民法院 胡国运、李平
3. 案件裁判法院:最高人民法院(再审)
4. 案件承办人:张爱珍(再审)

相关法条

1.《中华人民共和国民法总则》(2017年10月1日实施)(已失效)

第一百五十三条 违反法律、行政法规的强制性规定的民事法律行为无效,但是该强制性规定不导致该民事法律行为无效的除外。

违背公序良俗的民事法律行为无效。

2.《中华人民共和国合同法》(1999年10月1日实施)(已失效)

第五十二条 有下列情形之一的,合同无效:……(四)损害社会公共利益……

第五十八条 合同无效或者被撤销后,因该合同取得的财产,应当予以返还;不能返还或者没有必要返还的,应当折价补偿。有过错的一方应当赔偿对方因此所受到的损失,双方都有过错的,应当各自承担相应的责任。

3.《商品房屋租赁管理办法》(2011年2月1日实施)

第六条 有下列情形之一的房屋不得出租:……(二)不符合安全、防灾等工程建设强制性标准的……

4.《全国法院民商事审判工作会议纪要》(2019年11月8日实施)

第三十一条 违反规章一般不影响合同效力,但该规章的内容涉及金融安全、市场秩序、国家宏观政策等公序良俗的,应当认定合同无效。人民法院在认定规章是否涉及公序良俗时,要在考察规范对象基础上,兼顾监管强度、交易安全保护以及社会影响等方面进行慎重考量,并在裁判文书中进行充分说理。

5.《中华人民共和国民法典》(2021年1月1日实施)

第一百五十三条 违反法律、行政法规的强制性规定的民事法律行为无效。但是,该强制性规定不导致该民事法律行为无效的除外。

违背公序良俗的民事法律行为无效。

指导案例171号《中天建设集团有限公司诉河南恒和置业有限公司建设工程施工合同纠纷案》的理解与参照

——承包人向执行法院主张其享有建设工程价款优先受偿权且未超过除斥期间的,视为承包人依法行使了建设工程价款优先受偿权

2021年11月9日,最高人民法院发布了第30批指导性案例,包括第166号至第171号共六件指导性案例,主要为合同纠纷相关案例。其中,第171号指导性案例为《中天公司诉河南恒和置业有限公司建设工程施工合同纠纷案》。为了正确理解和准确参照适用该指导性案例,现对该指导性案例的选编过程、裁判要点、参照适用等有关情况予以解释、论证和说明。

一、案例选编过程

本案由河南省高级人民法院于2018年10月30日作出(2018)豫民初3号民事判决。最高人民法院于2019年6月21日作出(2019)最高法民终255号民事判决。该案例为最高人民法院第四巡回法庭推荐报送。最高人民法院案例指导工作办公室收到该案例后,征求了最高人民法院立案庭、民一庭、民二庭、审监庭意见,以及相关专家学者意见。研究室室务会经过讨论,同意推荐该案例。2021年8月31日,该案例经最高人民法院民专会第377次会议讨论,同意作为指导性案例。同年11月9日,最高人民法院以法〔2021〕272号文件将该案例编入第30批指导性案例予以发布。

二、关于本案例的基本情况

(一)基本案情

2012年9月17日,河南恒和置业有限公司(以下简称恒和公司)与中天建设集

团有限公司(以下简称中天公司)签订建设工程施工合同约定,由中天公司对案涉工程进行施工。2013 年 6 月 25 日,恒和公司向中天公司发出中标通知书,通知中天公司中标案涉工程。2013 年 6 月 26 日,恒和公司和中天公司又签订一份建设工程施工合同。合同签订后,中天公司进场施工。2014 年 4、5 月,恒和公司委托造价咨询公司对案涉工程进行结算审核。2014 年 11 月 3 日,造价咨询公司出具结算审核报告。恒和公司、中天公司均在审核报告中的审核汇总表上加盖公章并签字确认。2014 年 12 月 1 日,中天公司第九建设公司向河南省焦作市中级人民法院提交在建工程拍卖联系函载明,中天公司系案涉在建工程承包方,自项目开工,中天公司已完成产值 2.87 亿元,中天公司请求依法确认优先受偿权并参与整个拍卖过程。双方均认可案涉工程于 2015 年 2 月 5 日停工。中天公司因恒和公司欠付工程款向一审法院起诉请求:解除双方签订的建设工程施工合同,确认恒和公司欠付中天公司工程款 288 428 047.89 元,中天公司在欠付工程款范围内对案涉工程享有优先受偿权等。一审法院判决:双方签订的建设工程施工合同无效;恒和公司欠付中天公司工程款 288 428 047.89 元,中天公司在工程价款 288 428 047.89 元范围内,对其施工的恒和国际商务会展中心工程折价或者拍卖的价款享有行使优先受偿权的权利。恒和公司不服该判决,提起上诉称,一审法院判令中天公司对 2.88 亿余元享有优先受偿权适用法律错误。根据相关法律规定,承包人行使建设工程价款优先受偿权的期限为 6 个月,自发包人应当给付建设工程价款之日起算。案涉工程于 2015 年 2 月 5 日停工。中天公司行使优先受偿权的除斥期间截止日期应为 2015 年 8 月 5 日之前。根据最高人民法院的相关判例,建设工程价款优先受偿权的行使期限属于除斥期间,且承包人需在法定期限内通过诉讼的方式予以主张。中天公司于 2017 年 4 月 26 日提起本案诉讼,已经超过 6 个月的法定期限。中天公司未在 6 个月除斥期间内以诉讼方式主张优先受偿权,其优先受偿权主张不应得到支持。中天公司对此答辩称,一审法院判决中天公司对 2.88 亿元工程价款享有优先受偿权并无不当。根据最高人民法院相关判例以及部分地方法院的指导意见,当事人主张优先受偿权并非必须通过诉讼方式,中天公司以发函的形式主张优先受偿权应为有效的行使方式。中天公司先后于 2014 年 12 月向河南省焦作市中级人民法院、2015 年 8 月 4 日向恒和公司主张了优先受偿权,上述以发函的形式主张优先受偿权均在 6 个月的法定期限内。二审法院认为,中天公司和恒和公司共同委托的造价机构于 2014 年 11 月 3 日对案涉工程价款出具审核报告。2014 年 11 月 24 日,中天公司收到通知,河南省焦作市中级人民法院依据恒和公司其他债权人的申请将对案涉工程进行拍卖。2014 年 12 月 1 日,中天公司第九建设公司向河南省焦作市中级人民法院提交《关于恒和国际商务会展中心在建工程拍卖联系函》,请求依法确认对案涉建设工程的优先受偿权。2015 年 2 月 5 日,中天公司对案涉工程停止施工。中天公司向案涉工程的执行法院行使建设工程价款优先受偿权未超过 6 个月的法定除斥期限,视为其依法行使了建设工程价款优先受偿权。恒和公司关于中天公司未在 6 个月除斥期间内以诉讼方式主张优先受偿权,其优先受偿权主张不应得到支持的上诉理由不能成立。故判决:驳回上诉,维持原判。

(二)主要争议问题

《民法典》第八百零七条规定:"发包人未按照约定支付价款的,承包人可以催告发包人在合理期限内支付价款。发包人逾期不支付的,除根据建设工程的性质不宜折价、拍卖外,承包人可以与发包人协议将该工程折价,也可以请求人民法院将该工程依法拍卖。建设工程的价款就该工程折价或者拍卖的价款优先受偿。"关于承包人应以何种方式行使建设工程价款优先受偿权的问题。实践中存在争议,主要有以下几种观点:第一种观点认为,承包人应当通过诉讼的方式行使建设工程价款优先受偿权。主要理由是,承包人是否享有建设工程价款优先受偿权、在多大范围内行使建设工程价款优先受偿权、行使权利时是否超出了规定的除斥期间等问题都应当由人民法院作出认定。如果承包人不通过诉讼的方式行使建设工程价款优先受偿权,上述争议无法解决。第二种观点认为,诉讼不是建设工程承包人行使建设工程价款优先受偿权的唯一方式。承包人不仅可以通过诉讼的方式行使建设工程价款优先受偿权,还可以通过与发包人协商折价的方式行使建设工程价款优先受偿权。根据《民法典》第八百零七条规定,承包人行使建设工程价款优先受偿权的方式有二:一是与发包人协议将该工程折价,二是申请人民法院将该工程依法拍卖。将承包人行使建设工程价款优先受偿权的方式限定为诉讼方式,与《民法典》第八百零七条的规定不符。第三种观点认为,承包人不应当以诉讼的方式行使建设工程价款优先受偿权。根据《民法典》第八百零七条规定,承包人可以与发包人协议将该工程折价,也可以申请人民法院将该工程依法拍卖。其建设工程的价款可就该工程折价或拍卖的价款优先受偿。该条所规定的申请人民法院将该工程依法拍卖不属于普通的民事诉讼,而是一种特殊救济程序,类似于申请人民法院强制执行公证债权文书,属于非诉程序。本案例采取了第二种观点,认为诉讼不是建设工程承包人行使建设工程价款优先受偿权的唯一方式,执行法院依其他债权人的申请,对发包人的建设工程强制执行,承包人向执行法院主张其享有建设工程价款优先受偿权且未超过除斥期间的,视为承包人依法行使了建设工程价款优先受偿权。这一规则将更有利于保护作为建设工程弱势一方的承包人享有的建设工程价款优先受偿权,从而更好地保护农民工等建筑工人的工资权益。

三、裁判要点的理解与说明

该指导性案例的裁判要点确认:执行法院依其他债权人的申请,对发包人的建设工程强制执行,承包人向执行法院主张其享有建设工程价款优先受偿权且未超过除斥期间的,视为承包人依法行使了建设工程价款优先受偿权。发包人以承包人起诉时行使建设工程价款优先受偿权超过除斥期间为由进行抗辩的,人民法院不予支持。现围绕与该裁判要点相关的问题解释和说明如下:

(一)建设工程价款优先受偿权的权利主体

《民法典》第八百零七条规定:"发包人未按照约定支付价款的,承包人可以催告发包人在合理期限内支付价款。发包人逾期不支付的,除根据建设工程的性质不宜折价、拍卖外,承包人可以与发包人协议将该工程折价,也可以请求人民法院将该工程依法拍卖。建设工程的价款就该工程折价或者拍卖的价款优先受偿。"《最高人民法院关于审理建设工程施工合同纠纷案件适用法律问题的解释(一)》(以下简称《建设工程施工合同司法解释(一)》)第三十五条规定:"与发包人订立建设工程施工合同的承包人,依据民法典第八百零七条的规定请求其承建工程的价款就工程折价或者拍卖的价款优先受偿的,人民法院应予支持。"根据上述法律及司法解释规定,建设工程价款优先受偿权的行使主体应为与发包人订立建设工程施工合同的承包人。实践中,承包人包括勘察人、设计人和施工人。对于勘察人、设计人是否享有建设工程价款优先受偿权,实践中存在争议。一种观点认为,《民法典》第八百零七条规定的建设工程合同,应作狭义解释,仅指建设工程施工合同,不应包括勘察合同与设计合同。其基本理由是当年《合同法》(已失效)第二百八十六条的立法初衷:解决长期存在的拖欠工程价款问题。解决施工企业的工程款被拖欠问题在于保障建筑工人的劳动报酬得以实现。尽管勘察费用、设计费用也有可能被拖欠,但远没有拖欠工程价款严重。客观上,勘察人员、设计人员的境遇大大优于建筑工人的境遇。更为重要的一点在于勘察单位、设计单位处于有利的位置,如果发包人拖欠费用,勘察单位、设计单位可以不向发包人提交有关基础资料和概预算等文件。另外,由于勘察、设计费用相对有限,开发商都有相应的支付能力,也不愿意在工程施工前就陷入诉讼纠纷。实践中,发包人拖欠勘察费、设计费的问题并不突出。故建设工程价款优先受偿权制度没有适用勘察合同与设计合同的余地。另一种观点认为,《民法典》第七百八十八条第二款明确规定建设工程合同包括勘察、设计、施工合同。依据文义解释,《民法典》第八百零七条规定的承包人应当包括勘察人、设计人。前述第一种观点更为合理。建设工程价款优先受偿权的立法本意是保护农民工等社会弱势群体的利益。实践中,转包、违法分包、出借资质等情形大量存在。在转包、违法分包、多层转包、多层违法分包情况下的转承包人、分承包人、实际施工人等,不属于与发包人签订建设工程施工合同的承包人,不享有建设工程价款优先受偿权。

(二)建设工程价款优先受偿权的行使条件

根据《民法典》第八百零七条规定,承包人行使建设工程价款优先受偿权,应当具备以下条件:一是发包人未按照建设工程施工合同约定支付工程价款;二是发包人经承包人催告后,在合理期限内仍未支付工程价款;三是依据建设工程的性质,不存在不宜折价、拍卖的情形。满足上述条件后,承包人可以与发包人协议将工程折价或请求人民法院将工程依法拍卖,并在建设工程价款的范围内就该工程折价或者拍卖的价款优先受偿。关于建设工程价款优先受偿权的行使条件,《建设工程施工合同司法解释(一)》第三十八条规定:"建设工程质量合格,承包人请求其承建工程的价款就工程折价或者拍卖的价款优先受偿的,人民法院应予支持。"根据该规定,承包人行使建设工程价款优先受偿权还应满足建设工程质量合格的条件。如果承包人施工完成的建设工程质量不合格,发包人的合同目的就不能实现,发包人可以据此拒绝支付建设工程价款。需要注意的是,承包人享有建设工程价款优先受偿权以建设工程质量合格为前提,建设工程施工合同是否有效并非必要条件。即使建设工程施工合同无效,只要建设工程质量合格,且满足《民法典》第八百零七条规定的行使条件,承包人就应当享有建设工程价款优先受偿权,即建设工程施工合同无效不影响承包人享有建设工程价款优先受偿权。

(三)承包人行使建设工程价款优先受偿权的除斥期间

《建设工程施工合同司法解释(一)》第四十一条规定:"承包人应当在合理期限内行使建设工程价款优先受偿权,但最长不得超过十八个月,自发包人应当给付建设工程价款之日起算。"该条规定将建设工程价款优先受偿权的除斥期间从原来的6个月延长为18个月。同时,根据该条规定,建设工程价款优先受偿权的除斥期间自发包人应当给付建设工程价款之日起算。对于应当给付建设工程价款之日的确定,在建设工程施工合同正常履行完毕,双方经过竣工、验收、结算或对工程款进行了确定的情况下,发包人在工程款数额确定后支付工程价款,对应付工程款的日期不存在争议。但实践中的情况非常复杂,如果建设工程未经结算或建设工程施工合同未对付款时间作出约定,应当从何时确定应付工程款之日,实践中认识不一。建设工程施工合同对付款时间及方式有明确约定且合同已正常履行完毕,一般应当遵从当事人约定。如果双方对付款时间没有约定或者约定不明的,应付工程款时间的确定应当依照《建设工程施工合同司法解释(一)》第二十七条的规定,即一是建设工程已实际交付的,为交付之日;二是建设工程没有交付的,为提交竣工结算文件之日;三是建设工程未交付,工程价款也未结算的,为当事人起诉之日。

(四)建设工程价款优先受偿权的行使方式

根据《民法典》第八百零七条规定,承包人行使建设工程价款优先受偿权的方式有两种:一是与发包人协议折价;二是向人民法院申请拍卖。实践中,承包人行使建设工程价款优先受偿权的方式大部分为诉讼。这导致实践中产生一种误解,认为承包人行使建设工程价款优先受偿权的方式只能为诉讼,这与《民法典》第八百零七条的规定不符,亦不符合法律设立建设工程价款优先受偿权的目的。而且随着社会经济的发展,实践中的情况更加复杂。承包人行使建设工程价款优先受偿权的方式也更加多样。只要承包人并非怠于行使建设工程价款优先受偿权,原则上都应予保护①。

(五)建设工程价款优先受偿权的优先效力

《建设工程施工合同司法解释(一)》第三十六条规定:"承包人根据民法典第八百零七条规定享有的建设工程价款优先受偿权优于抵押权和其他债权。"实践中,同一建设工程常常存在多种权利。当多个权利存在冲突,应该按照上述规定,认定承包人享有的建设工程价款优先受偿权优先于建立在建设工程之上的抵押权和其他普通债权。

四、参照适用时应注意的问题

(一)承包人应向对案涉工程采取强制措施的执行法院提出

发包人的其他债权人申请强制执行,人民法院对案涉工程采取强制措施,准备拍卖的,承包人可以向该执行法院主张其对案涉工程享有优先受偿权。在人民法院没有对案涉工程采取强制措施的情况下,承包人的建设工程价款优先受偿权不会因人民法院的执行行为受到损害,此时承包人向执行法院提出对案涉工程享有优先受偿权,亦无必要。

(二)承包人应在建设工程价款优先受偿权的法定除斥期间内向执行法院提出

根据《建设工程施工合同司法解释(一)》第四十一条的规定,建设工程价款优先受偿权的除斥期间为18个月,自发包人应当给付建设工程价款之日起算。对于应当给付建设工程价款之日的确定,在建设工程施工合同正常履行完毕,双方经过竣工、验收、结算或对工程款进行了确定的情况下,发包人在工程款数额确定后支付工程价款。如果双方对工程付款时间及方式有明确约定且合同已正常履行完

① 最高人民法院民法典贯彻实施工作领导小组主编:《中华人民共和国民法典合同编理解与适用(三)》,人民法院出版社2020年版,第2043页。

毕,一般应当遵从当事人约定。在承包人对建设工程继续施工期间,如果债权人与发包人已经准备折价偿债或者人民法院已经准备拍卖的,即使此时建设工程价款数额尚未最终确定或者双方约定的付款时间未到,承包人亦有权就建设工程向执行法院主张建设工程优先受偿权,可视为其依法行使了建设工程价款优先受偿权。

(三)承包人向执行法院主张对建设工程享有建设工程价款优先受偿权,属于行使建设工程价款优先受偿权的合理方式

建设工程价款优先受偿权的效力优先于设立在建设工程上的抵押权和发包人其他债权人所享有的普通债权。如果建设工程被发包人的其他债权人申请强制执行,债权人与发包人已经准备折价偿债或者人民法院已经准备拍卖的,承包人就有权向执行法院主张建设工程价款优先受偿权,否则会对其建设工程价款优先受偿权造成损害。承包人向执行法院主张其对建设工程享有建设工程价款优先受偿权的,属于承包人行使建设工程价款优先受偿权的合理方式。

(执笔人:最高人民法院　谢　勇
湖北省鄂州市中级人民法院　郭培培
编审人:最高人民法院研究室　李予霞)

指导案例171号　中天建设集团有限公司诉河南恒和置业有限公司建设工程施工合同纠纷案

最高人民法院案例指导工作办公室编审人:李予霞

1.案例推荐单位:最高人民法院第四巡回法庭

2.案例编写人:最高人民法院第四巡回法庭　谢勇、湖北省鄂州市中级人民法院　郭培培

3.案件裁判法院:河南省高级人民法院(一审)、最高人民法院(二审)

4.案件承办人:李红芬(一审)、谢勇(二审)

相关法条

1.《中华人民共和国合同法》(1999年10月1日实施)(已失效)

第五十二条　有下列情形之一的,合同无效:

(一)一方以欺诈、胁迫的手段订立合同,损害国家利益;

(二)恶意串通,损害国家、集体或者第三人利益;

(三)以合法形式掩盖非法目的;

(四)损害社会公共利益;

(五)违反法律、行政法规的强制性规定。

第二百八十六条　发包人未按照约定支付价款的，承包人可以催告发包人在合理期限内支付价款。发包人逾期不支付的，除按照建设工程的性质不宜折价、拍卖的以外，承包人可以与发包人协议将该工程折价，也可以申请人民法院将该工程依法拍卖。建设工程的价款就该工程折价或者拍卖的价款优先受偿。

2.《中华人民共和国民法典》(2021 年 1 月 1 日实施)

第八百零七条　发包人未按照约定支付价款的，承包人可以催告发包人在合理期限内支付价款。发包人逾期不支付的，除根据建设工程的性质不宜折价、拍卖外，承包人可以与发包人协议将该工程折价，也可以请求人民法院将该工程依法拍卖。建设工程的价款就该工程折价或者拍卖的价款优先受偿。

【参考性案例】

福建省高级人民法院第20号参考性案例

大田县吴山乡阳春村、东埔村委会诉荷兰奥斯卡等章公祖师肉身坐佛像物权保护案

（福建省高级人民法院审判委员会
2022年11月4日讨论通过）

关键词 民事 涉外物权 文化财产 物权返还

裁判要点

1.章公祖师像兼具人类遗骸、历史文物、供奉信物等多重属性，是反映我国闽南地区传统习俗和历史印记的宋代文物，是区别于普通动产的文化财产。

2.《中华人民共和国涉外民事关系法律适用法》第三十七条规定，在当事人没有协议选择动产物权适用的法律时，适用法律事实发生时动产所在地法律。佛像被盗流失海外，并被跨国交易，原所有权人因被盗而丧失对佛像的占有，即产生物权返还请求权，偷盗事实是产生物权返还关系的法律事实，准据法应确定为偷盗事实发生时佛像所在地法律。偷盗时本案章公祖师佛像位于中国境内，本案应当适用中华人民共和国法律。

相关法条

《中华人民共和国涉外民事关系法律适用法》第三十七条

《中华人民共和国物权法》* 第一百零六条、第一百零七条

《中华人民共和国文物保护法》**（1991年修正）第二十七条

---

* 该法已失效。——编者注

** 该法已于2017年修正。——编者注

基本案情

1995年12月26日,福建省大田县吴山乡阳春村村民到大田县公安局报案称,放在该村普照堂大厅内的一尊宋代章公祖师肉身佛像12月14日晚被盗,要求立案查处。大田县公安局于12月27日同意立案侦查,但至今未破案。据《阳春林氏族谱》等史料记载,涉案的章公祖师肉身坐佛,自宋代坐化以来,就由原告村民先人在中国福建省大田县吴山乡阳春村洋中自然村建造普照堂供奉。历史上,原告先人多次修缮普照堂,供奉章公祖师像与其祖先像。普照堂作为林氏宗祠,一直受到当地民众供奉崇拜,延续至今。

1996年中,被告奥斯卡·凡·奥沃雷姆(以下简称"奥斯卡")在荷兰阿姆斯特丹买受取得涉案佛像,但未提供佛像来源的相应交易凭证。荷兰乌特勒支大学于1997年7月1日对涉案佛像进行碳-14测验显示,佛像源自中国宋代(960年—1279年),可追溯至公元1013年—1173年间;佛像装饰图案源自中国明代(1368年—1644年)。佛像内部坐垫(麻布文卷)可追溯至公元1290年-1406年间,比佛像本身晚约200年。佛像背部文字可追溯至20世纪40年代。2015年3月3日至20日,涉案佛像在匈牙利自然科学博物馆展出。新华社驻布达佩斯记者在匈牙利自然科学博物馆展览现场拍摄的照片显示,展出的佛像坐垫上的文字载明:"本堂普照章公六全祖师自显化后,历经年载不记,其详始缘自誓镇斯堂迄今。大元丙子,岁劫一至,人物零丁,香火不兴,灾难屡至,始得本里劝首林章新、世兴等,运心抄愿当坊众户宝钞,卜择壬辰年、乙巳月、壬辰日、乙巳时,重塑祖师宝相,装饰一新。祝愿乡闾肃静,人物康安,雨畅时若,百谷丰成,子孙旺盛,灾难潜消,凡有祷祈,立符心愿,太岁属吉。至元二十九年五月朔,住普照堂一崇谨题,流传后世观记耳。"

2016年5月13日,中国国家文物局出具《关于章公祖师像有关问题的说明》指出:"根据文物保护法和1960年标准以及2007年标准,章公祖师像从未被允许出境,也从未获得过相关出境许可。因此,章公祖师像是在未经中国政府许可的情况下非法出口到国外的。"2018年11月12日,福建省文物鉴定中心出具《专家意见书》认定,匈牙利展出的肉身佛像应是阳春村1995年被盗流失的宋代章公六全祖师坐像。

自2015年新华社等媒体报道涉案的章公祖师肉身坐佛在匈牙利自然科学博物馆展出以后,原告即发现该坐佛与被盗坐佛同属一物,并尝试多种方法与被告进行交涉,要求提供坐佛来源并返还原告,但均告失败。

阳春村委会、东埔村委会向一审法院起诉请求:判令被告奥斯卡、设计咨询公司、奥斯卡凡公司返还章公祖师肉身佛像,停止侵害,并支付精神损害赔偿金人民币20万元。诉讼过程中,原告东埔村委会增加诉请,要求被告奥斯卡等支付其主张债权的费用5万欧元。

裁判结果

三明市中级人民法院于2020年12月4日作出(2015)三民初字第626号民事判决:一、被告奥斯卡·凡·奥沃雷姆应当在本判决生效之日起三十日内向原告福建省大田县吴山乡阳春村民委员会、福建省大田县吴山乡东埔村民委员会返还案涉章公祖师肉身佛像;二、驳回原告福建省大田县吴山乡阳春村民委员会、福建省大田县吴山乡东埔村民委员会的其他诉讼请求。宣判后,被告奥斯卡提出上诉。福建省高级人民法院于2022年7月15日作出(2021)闽民终302号民事判决,驳回上诉,维持原判。

裁判理由

法院生效裁判认为:

一、阳春村委会、东埔村委会主张返还的章公祖师像与奥斯卡送展的涉案佛像是否同一问题

阳春村委会、东埔村委会提交的历史文献、文字研究、形象比对、遗物核查、报案记录、出庭证人证言、专家意见书、文物部门的文件、展出佛像的视频和照片等诸多证据能够证明奥斯卡所持有的佛像与被盗的章公祖师像系同一物。奥斯卡虽否认阳春、东埔两村供奉的章公祖师与其送展的佛像具有同一性,但其在获知相关情况后撤展,并称其已将佛像转让给案外人。因奥斯卡拒绝披露交易情况及佛像下落,导致不能将奥斯卡送展佛像与阳春村委会、东埔村委会所举证据进行实物对比或鉴定,由此造成的举证困难,责任不在阳春村委会和东埔村委会。综上,可以认定阳春村委会、东埔村委会主张返还的章公祖师像与奥斯卡送展的涉案佛像具有同一性。

二、本案应适用的准据法问题

本案应参照适用《中华人民共和国涉外民事关系适用法》第三十七条的规定:"当事人可以协议选择动产物权适用的法律,当事人没有选择的,适用法律事实发生时动产所在地法律。"本案中,涉案佛像形成、供奉、管理于中国福建省大田县的普照堂,于1995年被盗而流失中国境外,偷盗时涉案佛像位于中国境内,本案应当适用偷盗事实发生时物之所在地法即中华人民共和国法律。

三、关于奥斯卡是否应当向阳春村委会、东埔村委会返还涉案佛像的问题

1.关于章公祖师像的所有权问题。阳春村委会和东埔村委会自成立后一直依法管理集体所有的普照堂,长期保管、供奉章公祖师像。章公祖师像作为普照堂内的传世文物,理应由阳春村、东埔村的集体成员集体所有,有权依法代表村民集体行使章公祖师像的所有权。

2. 关于奥斯卡是否因买受而取得涉案佛像所有权的问题。该问题核心在于奥斯卡的买受行为是否适用中国《物权法》的善意取得制度。奥斯卡的买受行为不适用善意取得制度，具体理由如下：

第一，偷盗后贩卖的文物不应适用善意取得制度。《中华人民共和国物权法》未规定盗赃文物是否适用善意取得，故需结合相关法条进行系统解释。《中华人民共和国物权法》对于拾得遗失物和漂流物、发现埋藏物或者隐藏物，均规定原则上不适用善意取得制度，由于偷盗文物违背文物原始所有权人的意思表示，导致原始所有权人丧失对文物的占有，相较遗失物、埋藏物、隐藏物、漂流物等脱离原始所有权人占有的情形而言，该种情形对原始所有权人的损害更大，保护买受人法益的必要性相应更低。根据"举轻以明重"的法理，在遗失物、埋藏物、隐藏物、漂流物不适用善意取得制度的情况下，盗赃文物亦不应适用善意取得制度。

第二，涉案佛像属于禁止出售给外国人、禁止出境的文物。从本案证据看，经营文物拍卖资质的企业没有在中国境内公开市场拍卖过章公祖师像，章公祖师像从未被允许出境，也从未获得过相关出境许可。奥斯卡亦不能举证证明其买受的涉案佛像曾向中国海关申报并取得许可出口的凭证，故涉案佛像是在未经中国政府许可的情况下非法出口到国外的，奥斯卡非法买受涉案佛像的交易行为属非法交易，不应适用善意取得制度。

第三，章公祖师像属于人类遗骸之文化财产，不适用善意取得制度，亦有其道德伦理基础。章公祖师像由当地村民长期供奉，对于历代供奉其的原始所有权人以及原属社群却有着特殊的情感、文化、宗教和历史价值。因此，对章公祖师像这一人类遗骸的交易不适用善意取得制度，使其尽快回归与其具有紧密联系的原属社群和文化环境，亦具有道德伦理上的正当性。

3. 关于奥斯卡是否负有返还义务的问题。奥斯卡是章公祖师像的最后占有人，也是知晓章公祖师像目前下落的唯一知情人，其主张章公祖师像由其通过以物易物的方式转让给案外人，但经法院释明后其拒绝说明并不予提供转让记录。可以推定章公祖师像仍为奥斯卡占有，奥斯卡应当依法承担返还章公祖师像的责任。

陕西省高级人民法院第166号参考性案例

深圳市腾讯计算机系统有限公司、腾讯科技(深圳)有限公司诉成都融思科技有限公司、罗金龙不正当竞争纠纷案

——以挂机软件破坏网络平台正常运行的不正当竞争行为认定

(陕西省高级人民法院审判委员会民事行政审判专业委员会2022年第18次会议讨论通过)

关键词 挂机软件 群监控 群发邮件 大数据 不正当竞争

裁判要旨

1.网络服务经营者未经其他网络服务平台允许,以挂机软件等手段侵入其平台服务器,获取平台大数据信息,依附使用平台基本功能,并以信息监控、骚扰邮件等形式破坏平台正常运行,实质性取代并损害网络经营者正常经营的,属于反不正当竞争法第十二条第二款第四项规定的"其他妨碍、破坏其他经营者合法提供的网络产品或者服务正常运行的行为"。

2.网络经营者未经个人同意,在经营活动中损害不特定网络用户的个人信息数据保护权利,影响其他网络经营者维护网络数据安全义务的履行,可以认定为反不正当竞争法第十二条第二款第四项规定的"其他妨碍、破坏其他经营者合法提供的网络产品或者服务正常运行的行为"。

相关法条

《中华人民共和国反不正当竞争法》第二条、第十二条第二款第四项

案件索引

一审：陕西省西安市中级人民法院（2020）陕01知民初1965号民事判决书（2021年3月29日）

基本案情

腾讯科技（深圳）有限公司（以下简称腾讯科技公司）系腾讯QQ软件及其各升级版本的著作权人。2008年7月17日，腾讯科技公司出具授权书，授权腾讯计算机公司运营QQ软件及其各升级版本，并将上述软件及其各升级版本的著作权（包括但不限于软件中所使用的相关元素、作品的著作权）在不排除腾讯科技公司使用的情况下，授权腾讯计算机公司专有使用。腾讯计算机公司可对侵犯其上述合法权益的行为单独或与腾讯科技公司共同以诉讼和非诉讼方式进行权利救济。用户在注册、使用QQ软件前，必须签署《QQ软件许可及服务协议》等协议，方可使用该软件。

成都融思科技有限公司（以下简称融思公司）研发并向收费会员提供"群盯盯"软件，该软件通过模拟腾讯QQ客户端，调用QQAPI端口，实现与腾讯服务器交互，并将信息回传至其自建服务器。"群盯盯"软件用户在融思公司网站下载"群盯盯电脑客户端程序"以及"挂机软件"后，缴纳数额不等的费用，即可通过使用"群盯盯"软件登录QQ，对一个或若干个QQ用户、QQ群聊天信息进行监控和检索，获取其所需要的信息内容。即使该用户并非被监控QQ群成员，也可批量导出成员信息，抓取新入群、退群、活跃发言成员等信息。通过对QQ用户进行抓取，以修改IP地址的方式，让用户可以单发或批量发送电子邮件给任意QQ用户，并对所谓"重点客户"三连发电子邮件。罗金龙在其运营的"迅龙软件"网站上为融思公司软件进行推广，并可通过其网站链接到融思公司网站。

腾讯计算机公司、腾讯科技公司认为融思公司通过"群盯盯""挂机软件"等软件进行不正当竞争，罗金龙帮助融思公司推广、销售上述软件并在首页设置超链接向融思公司官方网站导流，帮助侵权。请求判令二被告立即停止不正当竞争行为，于新浪网、《人民日报》连续七日刊载声明，赔礼道歉，消除影响；并连带赔偿经济损失500万元及合理费用20万元。

裁判结果

西安市中级人民法院审理后判决：一、被告成都融思科技有限公司、罗金龙于判决生效之日立即停止不正当竞争行为；二、被告成都融思科技有限公司于判决生效之日十五日内赔偿原告深圳市腾讯计算机系统有限公司、腾讯科技（深圳）有限公司经济损失100万元；三、被告成都融思科技有限公司于判决生效之日十五日内向原告深圳市腾讯计算机系统有限公司、腾讯科技（深圳）有限公司支付律师费、公证费等维权费用156 300元;四、被告罗金龙于判决生效之日十五日内赔偿原告深圳市腾讯计算机系统有限公司、腾讯科技(深圳)有限公司经济损失7600元;五、驳回原告深圳市腾讯计算机系统有限公司、腾讯科技(深圳)有限公司其余诉讼请求。宣判后,双方均未上诉。

裁判理由

法院生效裁判认为:从表面看,腾讯计算机公司、腾讯科技公司与融思公司并不是具有直接竞争关系的市场主体,但涉案群盯盯软件及挂机软件系针对腾讯QQ软件指向性研发的营销软件,其功能的实现有赖于腾讯QQ软件相关功能正常运行。此种运营模式实际上是利用腾讯QQ软件已经发展成熟的功能设置及数据积累,来实现其软件的运行、营销等功能,从而获取经济利益和交易机会。故腾讯计算机公司、腾讯科技公司和融思公司均属于《中华人民共和国反不正当竞争法》规定的利用网络从事生产经营活动的经营者,其市场经营活动应受到该法的约束。

关于融思公司是否存在不正当竞争行为问题。《中华人民共和国反不正当竞争法》第十二条第一款第(四)项规定中的"妨碍",既包括通过不当手段让合法运营的网络产品或服务不能正常运营,也包括通过不当手段对正常运营的网络产品或服务产生不利影响,包括客户流失、流量劫持、用户体验度下降、安全性降低等情形。两原告作为腾讯QQ软件运营主体,对腾讯QQ用户基于使用软件产生的大数据信息负有管理职责,并通过对大数据信息的分析整合形成互联网"大数据"的重要组成部分,融思公司未经许可,擅自调用QQ软件API端口,实现与腾讯服务器数据交互,并向自己的客户提供基于这些大数据而产生的搜索等服务,部分取代了腾讯QQ软件正常功能,违反了《中华人民共和国反不正当竞争法》第二条有关经营者应该遵守商业道德的规定。融思公司不当获取腾讯QQ软件数据后,在具体使用中存在向其收费用户提供对一个或若干个QQ用户、QQ群聊天信息予以监控和检索的行为,并提供关键词匹配导出群消息、群成员信息等功能,破坏了腾讯QQ软件长期形成的数据管理体系,造成数据安全隐患,属于《中华人民共和国反不正当竞争法》第十二条第二款第(四)项规定的妨碍其他经营者合法提供的网络产品或者服务正常运行的不正当竞争行为。此外,群盯盯及其挂机软件通过修改IP地址等方式,不当避开腾讯邮箱设置的安全措施,实现为群盯盯用户提供邮件群发、重点客户多次发送目的,影响QQ用户体验,可能造成用户流失,也应属于《中华人民共和国反不正当竞争法》第十二条第二款第(四)项规定的不正当竞争行为。综上,融思公司通过群盯盯软件及挂机软件实施的行为违反了《中华人民共和国反不正当竞争法》第二条、第十二条的规定,属于不正当竞争行为,应当承担相应的民事责任。

案例注解

2019 年反不正当竞争法修订时，专门制定第十二条对互联网领域的不正当竞争行为进行规制，被誉为互联网专条，但对大数据权益如何保护未作出明确规定。2021 年最高人民法院起草了《关于适用〈中华人民共和国反不正当竞争法〉若干问题的解释》征求意见稿*，其中第二十六条第一款规定："经营者违背诚实信用原则和商业道德，擅自使用其他经营者征得用户同意、依法收集且具有商业价值的数据，并足以实质性替代其他经营者提供的相关产品或服务，损害公平竞争的市场秩序的，人民法院可以依照反不正当竞争法第十二条第二款第四项予以认定。"该款对大数据权益的反不正当竞争保护作出了规定，但未保留在最终审议通过的司法解释中，从而仍将此问题留给审判实践探索。大数据保护的悖论在于，要同时实现数据共享与数据保护的双重价值，不能在保护数据价值的同时损害了社会共享数据的利益。经营者利用挂机软件等手段爬取其他网络平台所运行的大数据信息，也可能是促进数据共享的一种技术手段。但其获取其他经营者大数据信息的行为仍有界限：一是应当尊重其他经营者的正当经营权利；二是应当尊重网络用户的法律权利。分述如下：

一、网络经营者实质性取代并损害其他网络经营者的正常经营，可以认定为反不正当竞争法第十二条第二款第四项所规定的不正当竞争行为

网络经营者之间的竞争具有较强的博弈性和对抗性，但也必须遵循起码的网络伦理底线。经营者从其他经营主体处获取大数据信息，只能在数据共享所允许的范围内进行使用，不能对其他经营者的主要软件功能直接进行使用，或者损害其他经营者软件功能运行的价值效果。本案中，群盯盯及其挂机软件，将 QQ 软件作为其运行功能，以添附其未经允许的不正当的软件运行功能，一方面，从其直接借用 QQ 软件系统整体功能的角度来看，其已经部分取代了 QQ 软件的运行功能，实际上是对 QQ 系统软件使用权的私自窃用，已经构成对 QQ 软件系统使用权的侵害，足以认定为具有主观恶意的侵权行为，故在反不正当竞争法上也不应作出不同判断；另一方面，其所添附的软件功能，对于 QQ 软件功能运行的效果和价值进行了实质性破坏，其所提供的监控、邮件群发等服务，不在 QQ 软件本身的运行范围之内，损害了 QQ 软件用户的使用体验，显然也是对软件正常运行的一种破坏。故该案裁判中明确提出了"《中华人民共和国反不正当竞争法》第十二条第一款第（四）项规定中的"妨碍"，既包括通过不当手段让合法运营的网络产品或服务不能正常运营，也包括通过不当手段对正常运营的网络产品或服务产生不利影响"的裁判观点，颇具参考价值，对反不正当竞争法第十二条的适用提出了具体化的解释观点。

---

* 该司法解释 2022 年 3 月 16 日已公布正式稿。——编者注

反不正当竞争法第二条第一款规定:“经营者在生产经营活动中,应当遵循自愿、平等、公平、诚信的原则,遵守法律和商业道德。”上述行为即使从该款来看,也明显属于违反商业道德的行为,故认定为不正当竞争行为具有充分的法律依据。

二、网络经营者在经营活动中损害不特定网络用户的个人信息数据保护权利,影响其他网络经营者维护网络数据安全义务的履行,也应属于反不正当竞争法第十二条第二款第四项所规定的不正当竞争行为

在大数据权利及个人信息保护领域,反不正当竞争法与个人信息保护法、网络安全法等具有紧密配合关系,应当相结合进行体系化解释。个人信息保护法第二条规定:“自然人的个人信息受法律保护”,第十三条规定,个人信息处理者处理个人信息必须取得个人同意。网络安全法第九条规定:“网络运营者开展经营和服务活动,必须遵守法律、行政法规,尊重社会公德,遵守商业道德,诚实信用,履行网络安全保护义务,接受政府和社会的监督,承担社会责任。”虽然反不正当竞争法没有直接对保护个人信息权利进行规定,但在大数据时代,网络空间中的个人信息转化为数据流量,已经成为平台企业争相竞夺的竞争优势,对于竞争秩序的维护,势必涉及网络空间个人信息权利的保护。个人信息数据分为公开数据与非公开数据,对于非公开数据,按照个人信息保护法的规定,未经个人同意,网络经营者不得获取并使用。网络经营者未经个人同意获取个人信息数据的行为,首先是侵犯网络用户个人信息权利的行为,但由于此种行为的结果,还将导致被侵入的平台经营者不能正常履行网络安全保障义务,从而破坏了其正常服务的提供。故同时应构成反不正当竞争法第十二条第二款第四项意义上的不正当竞争行为。

我国互联网经济历经网络经济、大数据经济再到平台经济的迭代升级,平台业已成为互联网经济的核心要素之一,但由于互联网空间的虚拟性、泛在性、信息的海量性等特征,一些恶意软件对互联网平台的破坏禁而不绝,乃至形成一条潜滋暗长的“黑灰产业”,严重损害互联网平台经济健康发展。一审裁判明确判定恶意挂机软件经营者承担不正当竞争责任,符合信息时代新经济新产业发展的需要,具有较强的示范性和典型性,对于互联网新兴领域所带来的大数据权益保护等问题具有重要启示价值。

一审合议庭成员:陈　晶　杨　婷　许　扬
编写人:陕西省高级人民法院　袁辉根　郑亚非
陕西省西安市中级人民法院　陈　晶

陕西省高级人民法院第 167 号参考性案例

陕西空港美术城发展有限公司
与孙某名誉权纠纷案

——侵害法人名誉权界限的认定

（陕西省高级人民法院审判委员会民事行政审判专业委员会
2022 年第 18 次会议讨论通过）

关键词 法人名誉权 民法保护 利益冲突平衡

裁判要点

对产品质量或者服务质量进行批评、评论是消费者的法定权利，国家鼓励、支持一切组织和个人对损害消费者合法权益的行为进行社会监督。消费者对经营者、销售者的产品质量或者服务质量进行批评、评论，即便评价中有过激言论，但没有借机诽谤、诋毁，普通公众能够结合实际语言场景对消费者的情绪予以理解并对评价者的评论进行正确识别，不应当认定为侵害法人的名誉权。

相关法条

《中华人民共和国民法总则》* 第一百一十条

《中华人民共和国民法典》第一千零二十四条

案件索引

一审：咸阳市渭城区人民法院（2020）陕 0404 民初 51 号民事判决书（2020 年 2 月 17 日）

二审：咸阳市中级人民法院（2020）陕 04 民终 1298 号民事判决书（2020 年 8 月 26 日）

---

* 该法已失效。——编者注

再审审查:陕西省高级人民法院(2021)陕民申2087号民事裁定书(2021年6月30日)

基本案情

2018年6月9日,陕西空港美术城发展有限公司与孙某签订有一份《西安国际美术城项目一期认购书》,认购书约定孙某自愿认购原告所有的西安国际美术城项目一套商品房,同时约定孙某需在2018年6月20日前办理完银行按揭贷款手续,否则孙某应承担违约金。该认购书末尾由陕西空港美术城发展有限公司注明:“若银行贷款40%办不下来,补交到50%首付。”上述认购书签订后,孙某按照协议约定支付了首付款,首付款比例为40.14%。嗣后,孙某要求陕西空港美术城发展有限公司配合其在银行办理剩余购房款,陕西空港美术城发展有限公司认为孙某所交付的购房款未达到总购房款50%的金额,不能办理银行按揭贷款手续。2018年8月16日,孙某在某媒体“网络民生”栏目以“西安国际美术城虚假承诺欺诈销售请政府关注”题目发表个人意见,内容为:“我6月份在西安国际美术城认购了一套房子,签了认购合同,当时售楼中心承诺首付40%,我们付了首付款,签了购房合同后,准备好了按揭材料想办按揭,但售楼人员再三拖延办理时间,现在突然收到开发商的催款函十天之内让交到50%的首付。之后我联系售楼人员就怎么也联系不上了,现在由于受到欺骗,我们想解除认购,追回已付179万款项,但售楼处无人出面配合解决。他们这样故意欺瞒买方让签认购书交首付款后再随意抬高首付比例不是一次,之前也有人说过类似情况。目前国家正在开展打击房地产乱象专项整治,其中一点就是进行不实承诺等欺骗,望相关主管部门协助解决后续钱款退回问题并给予售楼处和开发商整治。希望相关主管部门协助解决后续钱款退回问题,并给予售楼处和开发商整治”。2018年8月28日,该栏目将孙某所反映的问题反馈至行政管理部门,随后行政管理机关通过该栏目对孙某投诉的问题予以回复,此后孙某又分别在两家当地论坛注册账号发表与上述内容一致的个人意见。原审法院还查明,西安市人民政府2017年4月18日下发的市政发〔2017〕23号《西安市人民政府关于进一步加强管理保持房地产市场平稳健康发展的若干意见》规定,购买非普通住房的,首付比例不低于50%。本案涉案房屋属于非普通住房。

裁判结果

咸阳市渭城区人民法院于2020年2月17日作出(2020)陕0404民初51号民事判决:一、孙某在本判决生效后停止侵害陕西空港美术城发展有限公司名誉权的行为,在本判决生效后七日内删除在论坛内涉及陕西空港美术城发展有限公司售房负面内容的个人留言。二、驳回陕西空港美术城发展有限公司的其他诉讼请求。宣判后,双方均提出上诉。

咸阳市中级人民法院于2020年8月26日作出(2020)陕04民终1298号民事判决:一、撤销咸阳市渭城区人民法院(2020)陕0404民初51号民事判决;二、驳回陕西空港美术城发展有限公司全部诉讼请求。

陕西空港美术城发展有限公司提出再审申请,陕西省高级人民法院再审审查后,于2021年6月30日作出(2021)陕民申2087号民事裁定:驳回陕西空港美术城发展有限公司的再审申请。

裁判理由

咸阳市渭城区人民法院认为,孙某在购房过程中与原告产生矛盾,应通过法律诉讼的方式解决问题,其通过互联网以陕西空港美术城发展有限公司虚假承诺欺诈销售发布个人意见,确有不妥,其行为侵害了陕西空港美术城发展有限公司的名誉权,应删除在互联网留存的上述个人意见。考虑到陕西空港美术城发展有限公司在本案负有一定责任,对陕西空港美术城发展有限公司要求孙某公开赔礼道歉,并通过在本市报纸刊登道歉信的方式消除影响、恢复名誉的诉讼请求不予支持。

咸阳市中级人民法院认为,消费者享有知悉其购买、使用的商品或者接受的服务的真实情况的权利。经营者与消费者进行交易,应当遵循自愿、平等、公平、诚实信用的原则。陕西空港美术城发展有限公司作为涉案房屋的开发者和销售者,明知涉案房屋为非普通住房,按照西安市人民政府的规定首付比例不低于50%,但却在销售过程及认购书中告知“若银行贷款40%办不下来,补交到50%首付”,误导消费者认为首付40%有可能办理银行按揭贷款,违背了诚实信用原则。孙某在缴纳了40%的首付后知不能办理银行按揭,作为消费者为了维护自己的合法权益,在网络媒体上以“西安国际美术城虚假承诺欺诈销售请政府关注”题目发表个人意见,其内容基本属实,并没有侮辱、诽谤的内容,不构成对陕西空港美术城发展有限公司的名誉侵权,原判认定孙某侵害了陕西空港美术城发展有限公司的名誉侵权无事实依据,孙某上诉要求驳回陕西空港美术城发展有限公司诉讼请求的上诉理由和请求成立,予以支持。

陕西省高级人民法院认为,消费者对生产者、经营者、销售者的产品质量或者服务质量进行批评、评论,不应当认定为侵害他人名誉权。但借机诽谤、诋毁,损害其名誉的,应当认定为侵害名誉权。消费者一般不是专门从事舆论监督工作的,因而不能苛求他们全面了解情况,核对事实,不发生差错。况且,根据本案查明的事实,陕西空港美术城发展有限公司在销售过程及认购书中告知“若银行贷款40%办不下来,补交到50%首付”,明显与西安市政府出台的意见相悖,误导消费者认为首付40%有可能办理银行按揭贷款,陕西空港美术城发展有限公司虽称金融机构提供服务时并不按照西安市规定严格执行,但其并未提交证据予以证明,故原审认定孙某的行为不构成侵权并无不当。关于美术城主张孙某的行为已经超出合理限度的问题。消费者对生产者、经营者、销售者的产品质量或者服务质量进行批评、评论以及检举、揭发是当然所享有的权利。经营者应当听取消费者对其提供的商品或者服务的意见,接受消费者的监督。

案例注解

法人作为社会组织这一角色,面临着法人的成员对其内部运作的监督、社会的舆论监督、消费者的售后监督、法人相关市场竞争对手的监督等多种市场压力,从正当性方面来讲,上述监督的存在都具有一定的必要性且对法人的健康良性发展起到了不可磨灭的作用。但从消极方面来讲,监督尺度把握不当也极易使法人的名誉权遭受一定程度的打击,从而导致法人现存利益的损失,甚至丧失一些潜在的市场交易机会。我国有关法人名誉权侵权保护的规则规定在《中华人民共和国民法典》以及之前的《中华人民共和国民法总则》《中华人民共和国民法通则》和关涉名誉权的司法解释中,这些规则确立了对法人名誉权的保护。但是这些规则仍然是概括性,并没有明确规范名誉权的构成要件,也没有为言论自由和名誉权冲突情况下应当进行裁判的条文依据,导致人民法院在审理名誉权案件时遇到法律适用不统一的情况,进而导致掌握尺度不一、标准不同的局面。本案的裁判规则,对类案处理,甚至对完善相关法律规定、制定有关司法解释具有一定参考价值。

一、营利法人虽然享有名誉权,但应对正当维权等行为承担一定的容忍义务

名誉是指每个人因其自身的品行、德行、名声、信用等,所应该得到的世人相应评价。法人,同样会受到来自相关群体、社会大众的外部评价,因此法人也当然具有名誉,法人的名誉即是社会公众对法人的评价。而法人所享有的名誉权的内涵,具体指的是法人对其全部获得所产生的社会评价而享有的不可侵犯的权利。《中华人民共和国民法典》第一千零二十四条规定,民事主体享有名誉权。任何组织或者个人不得以侮辱、诽谤等方式侵害他人的名誉权。名誉是对民事主体的品德、声望、才能、信用等的社会评价。法人若因他人的侮辱、诽谤行为而导致其获得的社会评价遭受侵害后果,即可寻求相应的法律救济。

实践中,侵害营利法人名誉权的案件类型根据侵害主体的区别主要有以下几种:股东或关联公司基于经营期间的矛盾而侵害营利法人的名誉权;有竞争关系的营利法人进行的商业诋毁行为;公开报道对于营利法人名誉权的侵害;消费者对于营利法人名誉权的侵害。以上几种侵害营利法人名誉权的行为因其主体不同在衡量上应存在不同区别。

人民法院在认定其他权益的边界与法人名誉权侵害利益冲突的尺度有时会形成各不一致的局面,因此,为了实现对消费者权益、正当维权权利、公众知情等权益

的保护,应当赋予法人需对正当维权等行为承担一定的容忍义务。首先,营利法人作为团体组织,无论在经济实力或是影响上都优于个人,当他们以名誉权受到损害向法院提起名誉权侵权诉讼时,诉讼双方是处于一种实质上的不平等法律关系之中。为了在减少这种实质性的不平等,需要对所保护的利益进行倾斜,以平衡言论自由和名誉权两者之间的关系。其次,消费者对于其所购买的产品或者服务的评价,对其他消费者而言是重要的信息参考,属于公众社会事务。如《中华人民共和国消费者权益保护法》第六条规定,国家鼓励、支持一切组织和个人对损害消费者合法权益的行为进行社会监督。最后,对于媒体客观、公正、基本属实的报道,法人也应当承担一定的容忍义务。媒体舆论监督比个人更有实力或手段获取到法人组织的相关信息,新闻媒体的舆论监督不仅对公众有益,更是促进营利法人组织向良性发展道路的有力举措。因此,法人应当对媒体正当舆论监督报道也负有一定的容忍义务。

基于上述原因,我国法律法规或司法解释中明确了容忍义务。如《中华人民共和国民法典》第一千零二十五条对名誉权的限制作出了特别规定,明确了行为人为公共利益实施新闻报道、舆论监督等行为,若不存在捏造、歪曲事实等情形的,不承担侵害名誉权的民事责任,《最高人民法院关于审理名誉权案件若干问题的解释》* 第九条对生产经营者的产品服务质量的批评、评论与侵害名誉权的关系问题作出了特别规定。

二、消费者侵害营利法人名誉权的认定方法

人民法院在审理消费者批评、评论进而造成营利法人名誉权受到侵害的这类纠纷案时,应当区分言论的两种类型,即事实陈述与意见表达。在不加以区分这两种言论的情况下,则会导致对营利法人名誉权的保护过于宽泛,即出现消费者的言辞稍有激烈,就可能会被认定为侵权。

首先,人民法院应当查明消费者对产品、服务的体验所依赖的事实基础是否真实。即查明消费者对于营利法人所提供的产品、服务所作出的言论是否与客观事实相一致,该事实虽然属于消费者的主观感受,但也属于依据证据可以查明的事实。若消费者凭空捏造事实并以此作为评价的事实基础,此种行为显然属于恶意评价。

其次,人民法院应当考虑消费者基于所观察体验的事实基础之上的批评、评论是否正当。消费者的批评、评论具有较强的主观性,需要人民法院依据经验来判断其行为是否合理。例如虽然事实基础真实存在,但消费者并未予以公开,而直接以

---

* 该司法解释已失效。——编者注

诋毁性语言进行情感上的宣泄,此种行为并不具有正当性。或者消费者虽然阐述了事实基础,但据此形成的推论与判断无法成立,如消费者仅以外国商品没有中文标签就主张产品系假货,以上这种推论显然与普通大众的判断方法相悖。

最后,人民法院在最终认定消费者是否侵权时还应当站在一般社会大众的角度来认定消费者是否侵权。有的案件并未充分考虑消费者的立场,即消费者所作出的判断虽然未必合理,但普通消费者在相同情况下都可能同样形成此观点。推论与判断本身即是消费者的主观评价,而表达自由所要保护的主观评价合理的标准应当从普通消费者角度出发,而非行业或专业标准。

具体到本案,孙某在公开网络中发表的文字中已经清楚展示了其所作出评价的"事实基础",即房地产开发企业承诺首付比例按照40%交纳,然而根据当地规范性文件,案涉房屋的首付比例至少应交纳50%。在该"事实基础"之上,孙某进而做出"虚假承诺""欺诈销售"的评价,孙某的意见表达基于前述事实是符合一般大众的推论与判断。在此基础之上,法院认定孙某的行为并不属于侵害法人名誉权并无不当。

一审审判组织成员:赵云峰

二审合议庭成员:张宇童　赵建辉　魏永锋

再审审查合议庭成员:赵学玲　张奋霆　张叡杰

编写人:陕西省高级人民法院　高　高

陕西省高级人民法院第 168 号参考性案例

西安天虹电气有限公司破产管理人诉尉犁县江阴浚鑫光伏发电有限公司、中船重工西安东仪科工集团有限公司对外追收债权纠纷案

——关联关系中破产清偿无效行为的认定

（陕西省高级人民法院审判委员会民事行政审判专业委员会
2022 年第 18 次会议讨论通过）

关键词 关联关系 破产清偿 无效

裁判要点

当从属关联公司面临破产时，作为控制公司的债权人具有天然的信息优势和止损便利条件，鉴于此，对关联关系中破产清偿行为的审查，应以破产清偿无效的相关规定为依据，从行为主体、行为客体、主观意图、行为结果等方面综合考量，其中，主观意图的审查应结合控制关系的程度、破产清偿行为发生的时间以及破产清偿行为发生时公司的财务和经营状况等事实作出全面判断。

相关法条

《中华人民共和国企业破产法》第三十一条、第三十二条、第三十三条

案件索引

一审：西安市中级人民法院（2021）陕 01 民初 936 号民事判决书（2021 年 12 月 15 日）

二审：陕西省高级人民法院（2022）陕民终 142 号民事判决书（2022 年 5 月 27 日）

基本案情

原告西安天虹电气有限公司破产管理人（以下简称天虹公司管理人）诉称，

2020年11月19日,天虹公司破产管理人接管天虹公司后发现,2020年10月16日上海仲裁委员会根据天虹公司和尉犁县江阴浚鑫光伏发电有限公司(以下简称浚鑫光伏公司)达成的调解协议出具了(2020)沪仲案字第0980号调解书。据该调解书,浚鑫光伏公司于2020年10月30日向天虹公司指定的收款账号即中船重工西安东仪科工集团有限公司(以下简称西安东仪公司)银行账户转款5 138 366.38元。根据《企业破产法》相关规定,天虹公司的应收款项属于天虹公司财产,在天虹公司2020年10月22日被法院受理破产清算申请后,浚鑫光伏公司欠付天虹公司的工程款应当交付给天虹公司管理人。浚鑫光伏公司向西安东仪公司的支付行为,在天虹公司被裁定受理破产清算后依法归于无效,西安东仪公司应当将收取的款项返还给天虹公司管理人,由天虹公司管理人在破产程序中依法向全体债权人进行分配。原告诉请:1.确认浚鑫光伏公司2020年10月30日向西安东仪公司支付工程款5 138 366.38元的行为无效;2.判令西安东仪公司立即向其返还5 138 366.38元;3.本案诉讼费用由浚鑫光伏公司及西安东仪公司承担。

被告浚鑫光伏公司答辩称,2020年9月25日其与天虹公司达成《调解协议》,上海仲裁委员会亦据此出具了仲裁调解书,明确其应于2020年10月31日前向天虹公司指定账户支付6 500 000元。在签订调解协议时,天虹公司仍处于正常经营状态,尚未处于破产阶段。基于上述情况,其于2020年10月30日向西安东仪公司支付5 138 366.38元款项。其作为仲裁案件被申请人,按照调解协议履行调解书载明的付款义务合情合理,不存在任何过错。

西安东仪公司答辩称,2019年12月6日,天虹公司与西安东仪公司签订债权转让协议,约定天虹公司将对浚鑫光伏公司的EPC工程的工程款及利息转让给西安东仪公司,用于清偿等额债务,该债权转让协议生效时间在天虹公司破产受理前一年,不应属于个别清偿债务。浚鑫光伏公司向西安东仪公司付款的行为既是依据已经发生法律效力的仲裁调解书所确定的义务,也是依据天虹公司与西安东仪公司在2019年签订的债权转让协议,在该协议生效后就浚鑫光伏公司的工程款及利息即变成浚鑫光伏公司对西安东仪公司所欠付的款项,该款项与天虹公司管理人无关,因此浚鑫光伏公司的付款行为是合法有效的。综上,本案天虹公司管理人所诉500余万元款项其本质是在债权转让后浚鑫光伏公司对西安东仪公司的债务清偿行为,与天虹公司管理人无关,天虹公司申请仲裁并协助向浚鑫光伏公司索要工程款及利息的行为是履行债权转让协议的附随合同义务,至于浚鑫光伏公司何时付款,均与天虹公司管理人无关。

一审法院认定事实:2020年5月15日,上海仲裁委员会受理了申请人天虹公司与被申请人浚鑫光伏公司工程承包合同项下仲裁案件。2020年9月25日,天虹公司与浚鑫光伏公司签订《调解协议》,上海仲裁委员会依据该《调解协议》内容于2020年10月16日出具了(2020)沪仲案字第0980号仲裁调解书。主要内容如下:双方确认:根据《新疆巴州尉犁20MW光伏并网发电项目EPC总承包合同》及《项目结算协议》,双方项目结算金额为人民币177 354 000元,浚鑫光伏公司已向天虹公司支付人民币168 295 700元,剩余未付款项为人民币9 058 300元;浚鑫光伏公司同意向天虹公司支付逾期付款产生的利息人民币3 939 909元;天虹公司已向浚鑫光伏公司开具发票金额为人民币180 250 000元;浚鑫光伏公司应向天虹公司支付的工程款和逾期付款利息共计人民币12 998 209元。浚鑫光伏公司应于2020年10月31日前向天虹公司支付人民币6 500 000元;浚鑫光伏公司应于2020年12月31日前向天虹公司支付人民币6 498 209元。上述款项浚鑫光伏公司应支付至天虹公司指定的如下户名:中船重工西安东仪科工集团有限公司账号:0200049219008××××××,开户行:交行北京翠微路支行;天虹公司应于浚鑫光伏公司支付上述第二笔款项前,向天虹公司开具剩余金额为人民币1 043 909元的增值税专用发票;双方就本案合同项下再无其他纠纷。

2020年10月29日、30日,浚鑫光伏公司向天虹公司指定的西安东仪公司账户支付款项5 138 366.38元。

2020年10月12日,天虹公司向本院申请破产清算,2020年10月22日本院依法裁定受理了天虹公司的破产申请。2020年11月19日本院为天虹公司指定陕西三英律师事务所为破产管理人。天虹公司管理人称其接管天虹公司后,于2020年12月4日按照天虹公司的审计报告向浚鑫光伏公司发送了《偿付债务通知书》。2020年12月11日浚鑫光伏公司就该《偿付债务通知书》内容向天虹公司管理人出具《异议函》称:1.通知书所载金额有误。贵单位通知书所载工程款及逾期利息12 998 209元,同其与天虹公司的《调解协议》及上海仲裁委员会《仲裁调解书》(以下合称"调解文书",见附件1)中确认的其应付天虹公司的工程款及利息总额相一致。根据调解文书约定,浚鑫光伏公司应于2020年10月31日前向天虹公司支付人民币6 500 000元,该款项支付至天虹公司指定的西安东仪公司账户。调解文书履行中,天虹公司又于2020年10月12日向浚鑫光伏公司出具了《委托付款函》(见附件2),说明根据尉犁县人民法院(2019)新2823民初763号民事判决,天虹公司应向陕西建工安装集团有限公司(以下简称:陕西建工)支付工程款1 361 633.62元,浚鑫光伏公司对此承担连带清偿责任,天虹公司要求浚鑫光伏公司在2020年10月31日前,向陕西建工支付人民币1 361 633.62元,余款5 138 366.38元,仍向天虹公司指定的西安东仪公司账户支付。根据天虹公司的委托,浚鑫光伏公司已于2020年10月30日向天虹公司指定的西安东仪公司账户支付余款5 138 366.38

元(支付凭证见附件3),应支付给陕西建工的款项,履行情况如下:因陕西建工已于2020年1月8日向尉犁县人民法院申请强制执行,法院于执行过程中通知国网电力公司冻结浚鑫光伏公司一年的应收电费,截至2020年10月,浚鑫光伏公司已产生待结算电费1 353 909.7元,根据法院进一步的协助执行通知,国网电力公司将应付浚鑫光伏公司电费直接支付至法院账户(其中,790 985.08元付款回单见附件4,另562 924.62元回单待法院提供);可结算电费与应付陕西建工金额的差额部分7723.92元,浚鑫光伏公司已于2020年10月30日支付至尉犁县法院账户(支付凭证见附件5)。综上,浚鑫光伏公司剩余应付天虹公司金额仅为6 498 209元,并非通知书所载金额12 998 209元;2.剩余金额支付的前提条件。根据调解文书,浚鑫光伏公司支付剩余款项6 498 209元前,天虹公司应向浚鑫光伏公司开具金额为1043 909元的增值税专用发票,截至本函出具之日,其尚未收到。请天虹公司在其付款前予以协调开具;根据调解文书,浚鑫光伏公司应向天虹公司指定的西安东仪公司账户支付调解文书相应款项,请通知西安东仪公司,后续款项将由浚鑫光伏公司付至贵单位账户,并请提供西安东仪公司已知悉前述事宜的回执。

审理中,西安东仪公司委托诉讼代理人称,天虹公司系西安东仪公司的全资子公司,其曾作为天虹公司代理人参与了涉案上海仲裁委员会的涉案仲裁案件。西安东仪公司(甲方)称其与天虹公司(乙方)于2019年12月6日签订了《债权转让协议》约定:由于乙方对甲方负有债务,出于债权债务清偿的需要,乙方自愿将其与浚鑫光伏公司及其关联公司之间尚未实现的建设工程款本金:¥9 058 300元及逾期付款利息作为标的债权全部转让于甲方。甲方已知悉转让事宜并同意受让上述标的债权。债权转让完成后,乙方对甲方负有的债务,应等额抵消已转让的标的债权部分。双方就剩余债务的具体金额、偿还方式、偿还期限等细节由甲乙双方另行签订书面协议进行约定;乙方应就上述标的债权转让事宜向债务人浚鑫光伏公司书面通知;自本协议签订之日起,债权转让行为生效。上述款项可采用任何经甲方与浚鑫光伏公司双方认可的方式向甲方清偿,具体事宜由甲方和浚鑫光伏公司另行签订书面合同进行约定;债权转让生效并实际履行完成后,甲乙双方之间关于标的债权抵消的债务归于消灭,乙方对该抵消的债务不再承担对于甲方的还款义务。甲方亦无权要求乙方按照原各项合同、协议约定承担逾期付款、拒绝付款等违约责任;本协议自双方盖章之日起生效。协议壹式肆份,合同签订方各执贰份,具有同等法律效力。

浚鑫光伏公司称其因不知情向西安东仪公司进行了付款,知情后其现应将剩余款项支付给天虹公司管理人。经核,西安东仪公司提交的债权转让通知书、微信聊天记录及EMS邮寄凭证等不足以证明其向浚鑫光伏公司履行了债权转让的通知义务。

另查,西安东仪公司系天虹公司债权人,西安东仪公司在向天虹公司管理人申报债权时将仲裁调解书所涉款项以已经清偿为由未予申报。

裁判结果

西安市中级人民法院于2021年12月15日作出(2021)陕01民初936号民事判决,判令:1.确认被告尉犁县江阴浚鑫光伏发电有限公司于2020年10月29日、30日向被告中船重工西安东仪科工集团有限公司支付工程款5 138 366.38元的行为无效;2.本判决生效之日起十日内,被告中船重工西安东仪科工集团有限公司向原告西安天虹电气有限公司破产管理人返还5 138 366.38元;3.驳回原告西安天虹电气有限公司破产管理人其余诉讼请求。

一审宣判后,西安东仪公司提出上诉。陕西省高级人民法院于2022年5月27日作出(2022)陕民终142号民事判决,判令:驳回上诉,维持原判。

裁判理由

法院生效裁判认为,本案争议焦点为:俊鑫光伏公司向西安东仪公司支付工程款的效力问题。本案中,《债权转让协议》的签订实际为涉及债务人天虹公司的财产行为。《企业破产法》第三十三条规定,涉及债务人财产的下列行为无效:(一)为逃避债务而隐匿、转移财产的;(二)虚构债务或者承认不真实的债务的。据此,本案焦点转化为签订《债权转让协议》是否为《企业破产法》第三十三条所规定的"为逃避债务而隐匿、转移财产"的行为。

首先,从行为主体上看,《债权转让协议》的签订主体涉及破产债务人天虹公司。

其次,从行为性质上看,签订《债权转让协议》旨在发生债务人天虹公司财产的转移,系债务人天虹公司处置其财产的行为。

再次,从主观意图上看。其一,天虹公司系西安东仪公司的全资子公司。其二,天虹公司管理人称,天虹公司与西安东仪公司于2019年12月6日签订《债权转让协议》时,天虹公司已经严重资不抵债。西安东仪公司虽不确定天虹公司当时存在资不抵债的情况,但其承认天虹公司当时已存在大量债务。其三,天虹公司与西安东仪公司签订《债权转让协议》后,仍然由天虹公司向浚鑫光伏公司主张债权,申请仲裁并达成调解,天虹公司仍为案涉款项增值税发票的出具主体。天虹公司管理人接管天虹公司后,公司审计报告中仍将天虹公司对浚鑫光伏公司所欠工程款及利息列为天虹公司的应收账款,未根据《债权转让协议》作任何账务处理。据此,可以看出天虹公司与西安东仪公司在该本案所涉款项处理中,存在人格混同情形。其四,天虹公司于《债权转让协议》签订后不足一年即申请破产清算。综合上述客观事实,在天虹公司已存在大量债务的客观情形下,作为天虹公司母公司的西安东仪公司,在其具有对天虹公司经营控制力、信息获取便利等优势的情况下,在天虹公司申请破产前不足一年,通过与天虹公司签订《债权转让协议》将其债权优先受偿,并在案涉款项处理中与天虹公司发生人格混同,难谓西安东仪公司具有诚信,亦表明西安东仪公司具有滥用其控股股东权利的意图。同时,作为被西安东仪公司全资控股的天虹公司签订《债权转让协议》的行为,亦表明天虹公司受控并配合西安东仪公司的滥用控制权行为,具有转移财产,逃避债务的主观意图。

最后,从行为损害结果上看,天虹公司偏颇清偿其控股股东个别债务的行为,无疑损害了全体债权人的利益,使得债务人作为履行债务担保的一般责任财产减少,使得债权人整体在破产分配中可以获得的清偿减少。

综合上述四点分析,天虹公司与西安东仪公司签订《债权转让协议》的行为,在行为主体、行为性质、主观意图、行为损害结果等方面皆符合《企业破产法》第三十三条规定的破产无效行为的主、客观要件。据此,《债权转让协议》应为无效,浚鑫光伏公司向西安东仪公司支付工程款的行为无事实及法律依据,亦为无效。综上所述,西安东仪公司的上诉请求不能成立。判决:驳回上诉,维持原判。

案例注解

关联公司体系中,从属的成员公司往往徒具形式上的独立性,决策能力、财务能力等难免被凌驾于其上的控制公司削弱甚或剥夺了。关联公司之间,由于业务和组织的特殊联系,常常发生债权债务关系,当从属关联公司面临破产时,作为控制公司的债权人,具有天然的信息优势和止损便利条件,在此背景之下,如何于现有法律框架下防止关联公司利用关联关系不正当地得到优先受偿利益,系破产衍生纠纷裁判中应当深入思考的问题。本案确定的裁判规则,对于解决上述问题以及如何在关联关系的情况下准确理解适用《企业破产法》第三十三条规定有一定的借鉴意义。

一、应否审查:对关联关系中的破产清偿予以规制的必要性

当破产债务人与债权人存在关联关系如本案债权人为破产债务人控股股东时,关联企业天然地具备了个别清偿的土壤和条件,控制公司具有得天独厚的信息优势和止损便利,其总能在债务发生危机之前第一时间内知悉债务履行的不确定性,规避法定清偿红线,利用控制权以看似合法的债务偿还方式,于事实上获得优先受偿,使得债权人的公平地位失衡,原本处于劣势的普通债权主体雪上加霜,严重破坏公平受偿原则。因而,司法裁判中,应当在现有的法律框架下,对于此类地位差异与利益失衡给予特别的关注与调整,方可维护公平的破产生态,达致破产法应有之功能。美国司法实践针对关联关系的破产清偿发展出深石原则或称衡平居次

原则[①],以修补关联关系带来的失衡,我国理论界对此原则亦有较高的呼声,足见对关联关系中的破产清偿予以规制的必要性。

二、审查依据:依托《企业破产法》第三十三条对关联关系中的破产清偿予以规制

《企业破产法》的功能在于实现社会资源财富重新配置的有序化和公平化,保护债权人和债务人的合法权益,维护市场经济运行的正常秩序。[②] 由此,在破产诉讼中,需要同时兼顾社会利益、债权人利益以及债务人利益,唯科学地、合理地协调这三者关系,才可真正彰显破产法的公平本质。在我国信用文化和信用制度尚未成熟建立的情况下,破产企业以利驱之惯用欺诈手段巧取不法利益,造成三利益的失衡,信用链条的进一步断裂,造成大面积的失信现象,造成市场、企业生存与发展的"生态环境"的不断恶化。在破产清偿行为中,因直接涉及破产财产的去向,涉利颇丰,故而往往成为破产欺诈的重灾区。鉴于此,我国《企业破产法》第三十一条、第三十二条规定了破产撤销权,第三十三条规定了破产无效行为,为遏制破产欺诈、防止破产财产被不法侵蚀筑起了防火墙。其中第三十一条、第三十二条规定从时间、交易对价等方面作出了较为清晰的限制,毋须从主观意图予以判断,单从行为形式即可作出客观的效力判断——是否可撤销,此可称为形式判断。第三十三条规定尤其第一项从主观意图予以规定,效力判断标准不再客观且显性,毋宁为主观的、实质的判断,与前述相对,此可称为实质判断。

当破产清偿行为形式上具有如上述三十一条、三十二条规定期限内的不当行为时,自可依法律规定赋予管理人撤销权,而当破产清偿行为刻意规避法定清偿红线(如在法定清偿期限外清偿、非无偿或明显低价交易等),第三十一条及三十二条规定自无适用之余地。此时,破产清偿行为形式上虽不具备上述客观判断标准,但若具备隐蔽的特质足以破坏破产债权公平受偿的可能,如破产债务人与债权人具备关联关系,事实上,司法实践中,当事人鲜少鲜明地触犯限制条件明晰的第三十一条和第三十二条规定,隐蔽的破坏手段更为当事人所取,在该情况下,涉及实质判断标准的第三十三条规定无疑是现有法律框架下尚可依赖的根据。

---

① 该原则适用于具有母子公司关系的关联企业中的破产债务处理上,即将母公司视为一般债权人可能造成不公平时,法院可裁定母公司的债权应次于其他债权人而受清偿。深石原则的适用有两种主张:一种为相对居次理论,即当母公司对子公司实施不合法的行为(包括资本不足、控制权实施违背诚信、否定独立人主体准则、资产混同等)时,母公司债权才居次。另一种为自动居次或绝对居次理论,即无论母公司是否对子公司实施不合法行为其债权皆居次。参见施天涛:《对从属公司债权人的法律保护》,载《中国法学》1997 年第 1 期;赵旭东主编:《公司法学》(第四版),高等教育出版社 2015 年版,第 55 页。

② 参见李曙光:《新破产法的制定与中国信用文化和信用制度》,载《法学家》2005 年第 2 期。

三、审查要点:《企业破产法》第三十三条在关联关系情况下如何具体适用

第三十三条规定:“涉及债务人财产的下列行为无效:(一)为逃避债务而隐匿、转移财产的……”结合关联关系的事实以及第三十三条规定的内容,对关联关系中破产清偿行为的效力应从四个方面予以审查:其一,从行为主体看,当以破产债务人为主体之一,系第三十三条所称的涉及“债务人”财产的行为。其二,从行为客体或称内容看,涉及破产债务人对债权人为清偿行为,系第三十三条所称的涉及债务人“财产”的行为,具体说来应属转移财产行为。其三,从行为主观意图看,具有逃避债务之目的,系第三十三条所称“为逃避债务”。对此目的要素当结合具体案件事实从以下几方面综合考量:1. 控制关系的程度。作为控制公司的债权人持有债务人的股份比例越高其控制程度越高,反之越低;作为控制公司的债权人与债务人的人格混同程度,包括财务、人事等的混同,混同程度越高其控制程度越高,反之越低;作为控制公司的债权人与债务人的管理决策权力较量,债权人对债务人公司管理决策事项介入越多、权力越大其控制程度越高,反之越低。另需注意的是,当债权人虽非控制公司,但其与债务人被同一控制公司操纵时,所谓集团公司关系,亦应纳入关联关系,对控制公司与债务人之间的控制关系予以审查。2. 破产清偿行为发生的时间。我国《企业破产法》第三十二条规定了偏颇性清偿可撤销的期限为受理破产申请前六个月,很明显,该规定未将关联关系因素考虑在内。《美国破产法》对临界期区分为对一般债权人的临界期与内部人(关系人)的临界期,后者相比前者时长多一倍达一年之久;《德国破产法》对临界期的规定亦同美国,对关联人的临界期规定为破产申请前2年。两国作此区分,皆为防止关系人利用信息不对称而损害其他债权人之利益。参酌上述国家的规定,结合关联关系存在的事实,关联关系中破产清偿行为发生的时间不应参照《企业破产法》第三十二条规定之受理破产申请前六个月,而应结合案情适当延长为一年甚或更长。期限延长的合理程度应与公司的财务状况、债权人与债务人之间的控制关系相关,即一方面,公司资不抵债的时间越长(资产负债不清晰时,看大额债务负担时间越长),对期限延长的合理长度容忍度越高,长度应越久,毕竟财务出现状况时长越久,不公平的破产清偿发生的概率越大;另一方面,债权人对债务人的控制程度越高,对期限延长的合理长度容忍度越高,长度亦应越久,毕竟控制公司的控制力从财产转移层面上观察,控制力越强,得知内幕消息的速度越快,对债务人财产转移的自由度越大,完成财产转移的时间越短。3. 破产清偿行为发生时公司的财务、经营状况。从公司财务状况看,当破产清偿行为发生时,公司已然资不抵债,或当资产负债不清晰时,公司已经负担了大额债务,财务状况陷入困境。从公司经营管理情况看,当破产清偿行为发生时,其业务已陷入危机,难以为继,管理混乱,此皆可辅助证明破产清偿行为的主观意

图非正当。其四,从行为结果看,该破产清偿行为减少了破产债务人作为履行债务担保的一般责任财产,不当地打破了公平受偿原则,损害了其他破产债权人的共同权益,使得债权人整体在破产分配中可以获得的清偿减少。唯有以上四个方面标准皆具备,方有适用第三十三条规定之余地,其中以行为主观意图的判断最为复杂,不可一蹴而就,既须从控制关系的程度、破产清偿行为发生的时间以及破产清偿行为发生时公司的财务和经营状况等方面综合判断,更须配合合理的举证责任分配制度以作出较为客观的判断。

本案中,从行为主体上看,《债权转让协议》的签订主体涉及破产债务人天虹公司。从行为性质上讲看,签订《债权转让协议》旨在发生债务人天虹公司财产的转移,系债务人天虹公司处置其财产的行为。从主观意图上看,其一,天虹公司系西安东仪公司的全资子公司。其二,天虹公司管理人称,天虹公司与西安东仪公司于2019年12月6日签订《债权转让协议》时,天虹公司已经严重资不抵债。西安东仪公司虽不确定天虹公司当时存在资不抵债的情况,但其承认天虹公司当时已存在大量债务。其三,天虹公司与西安东仪公司签订《债权转让协议》后,仍然由天虹公司向浚鑫光伏公司主张债权,申请仲裁、并达成调解,天虹公司仍为案涉款项增值税发票的出具主体。天虹公司管理人接管天虹公司后,公司审计报告中仍将天虹公司对浚鑫光伏公司所欠工程款及利息列为天虹公司的应收账款,未根据《债权转让协议》作任何账务处理。据此,可以看出天虹公司与西安东仪公司在该本案所涉款项处理中,存在人格混同情形。其四,天虹公司于《债权转让协议》签订后不足一年即申请破产清算。综合上述客观事实,在天虹公司已存在大量债务的客观情形下,作为天虹公司母公司的西安东仪公司,在其具有对天虹公司经营控制力、信息获取便利等优势的情况下,在天虹公司申请破产前不足一年,通过与天虹公司签订《债权转让协议》将其债权优先受偿,并在案涉款项处理中与天虹公司发生人格混同,难谓西安东仪公司具有诚信,亦表明西安东仪公司具有滥用其控股股东权利的意图。同时,作为被西安东仪公司全资控股的天虹公司签订《债权转让协议》的行为,亦表明天虹公司受控并配合西安东仪公司的滥用控制权行为,具有转移财产,逃避债务的主观意图。从行为损害结果上看,天虹公司偏颇清偿其控股股东个别债务的行为,无疑损害了全体债权人的利益,使得债务人作为履行债务担保的一般责任财产减少,使得债权人整体在破产分配中可以获得的清偿减少。综合上述四点分析,天虹公司与西安东仪公司签订《债权转让协议》的行为符合《企业破产法》第三十三条规定的破产无效行为的主、客观要件,据此,浚鑫光伏公司向西安东仪公司支付工程款的行为应为无效。一审法院未援引《企业破产法》第三十三条对清偿行为予以审查,而径行以债权转让协议效力未生效为由否定破产清偿行为,实为法律适用之错,以一审法院之逻辑,若债权转让协议生效,则关联关系中破产清偿行为应为有效,该逻辑实在有悖破产法欲实现之功能,欲保护之利益,应于纠正。

最后,在破产清偿行为效力的审查中,主观意图的审查最为复杂,且所涉证据多为破产债务人公司内部材料,作为原告的其他债权人或管理人因获取破产债务人信息能力的薄弱,故应将举证责任较重的分配给获取信息能力的强者即被告,方为公平。作为原告的其他债权人或管理人仅须证明关联关系存在即可完成初步证明。至此,举证责任应当移至债务人和作为控制公司的债权人,当其无法证明破产清偿行为不具有逃债目的,基于公平原则而成立时,应当承当举证不能的后果,即认定其具有逃避债务的主观意图。

一审合议庭成员:孙　敏　岳新文　周向红

二审合议庭成员:李晓锋　杨晓梅　黄存宏

编写人:陕西省高级人民法院　张　洁

安徽省高级人民法院第59号参考性案例

李静诉黄山泰华旅游发展有限公司普通破产债权确认纠纷案

（安徽省高级人民法院审判委员会讨论通过
2021年12月27日发布）

关键词 民事 破产债权确认 主债务未到期 保证人 破产 保证期间

裁判要点

1. 主债务未到期，保证人被裁定进入破产程序的，保证债权视为到期，债权人有权申报债权。

2. 保证人破产，保证期间不受其破产申请受理时间影响，债权人可在主债务履行期限届满后保证期间内补充申报债权，但不得就保证人已分配的财产主张担保权利。

相关法条

《中华人民共和国企业破产法》第46条、第56条

基本案情

2012年4月24日，胡继权与李静签订《借款合同》，约定胡继权因经营需要向李静借款2564万元，期限一年，利息按同期银行贷款利息四倍计算，到期后支付。同日，李静向胡继权出具委托书："本人李静委托胡继权将2564万元借给周剑锋及黄山泰华旅游发展有限公司（以下简称泰华公司），借款收益与风险都由本人承担，与胡继权无关；胡继权应积极配合将借款及费用收回。"后李静转给胡继权2564万元。2013年5月20日，胡继权、李静及泰华公司签订《借款担保合同》，确认：胡继权向李静借款2564万元已于2013年4月到期，因胡继权不能按时还本付息，李静同意泰华公司为此笔借款提供担保，直至还清借款本息。

2018年6月4日，李静向安徽省芜湖市中级人民法院提起诉讼，请求胡继权等

人归还借款本金2564万元及利息,后李静申请撤诉,法院裁定准许。2019年7月1日,李静向安徽省芜湖市中级人民法院提起诉讼,请求胡继权等人归还借款本金2564万元及利息。安徽省芜湖市中级人民法院于2019年12月19日作出民事判决:胡继权等人归还李静借款本金2564万元及利息。胡继权等人不服提起上诉,安徽省高级人民法院于2020年9月10日作出民事判决:驳回上诉,维持原判。

2015年8月3日,因泰华公司资不抵债,黄山鸿运小额贷款股份有限公司向安徽省黟县人民法院提出破产清算申请。2015年8月17日,安徽省黟县人民法院受理该案。2015年9月11日,泰华公司管理人发出债权申报通知,通知债权人于2015年11月30日前申报债权。2018年11月12日,李静向管理人申报债权,要求确认债权借款本金2564万元及利息500万元。泰华公司管理人向李静确认债权为0元,理由为:《中华人民共和国企业破产法》第四十六条规定"未到期债权在破产申请受理时视为到期",李静于2018年11月12日向管理人申报债权,已超过法律规定诉讼时效,依法不再予以保护。李静遂诉至法院,请求确认李静对泰华公司享有债权本金2564万元及利息500万元。

裁判结果

安徽省黟县人民法院于2020年10月27日作出(2019)皖1023民初321号民事判决:驳回李静的诉讼请求。李静不服一审判决,提起上诉。安徽省黄山市中级人民法院于2021年3月31日作出(2021)皖10民终16号民事判决:一、撤销安徽省黟县人民法院(2019)皖1023民初321号民事判决;二、确认李静对黄山泰华旅游发展有限公司享有保证债权3064万元。

裁判理由

法院生效裁判认为:本案争议焦点为李静申报债权是否已过保证期间,其申报债权数额是否应予确认。

关于李静申报债权是否已过保证期间问题。案涉《借款担保合同》确认了胡继权向李静借款2564万元的事实,并约定由泰华公司为案涉借款提供担保,但未明确主债务还款期限。依据《中华人民共和国合同法》*第六十二条规定,李静可以随时主张主债权。李静于2018年6月4日起诉请求胡继权、章蕊璇归还案涉借款2564万元及利息,主债务履行期即届满,保证期限应从2018年6月4日李静起诉之日起计算。依据《最高人民法院关于适用〈中华人民共和国担保法〉若干问题的解释》**第三十二条之规定,保证合同约定保证人承担保证责任直至主债务本息还清时为

---

* 现已失效。——编者注

** 现已失效。——编者注

止等类似内容的,视为约定不明,保证期间为主债务履行期届满之日起二年。故李静于2018年11月12日向泰华公司管理人申报债权,并未超出二年保证期间。

关于李静申报债权数额应否予以确认问题。依据《中华人民共和国担保法》* 第十九条之规定,案涉《借款担保合同》约定“泰华公司为此笔借款提供担保,直至还清借款本息”应视为对保证方式约定不明,泰华公司应按照连带责任保证对李静承担保证责任,保证期间为主债务履行期届满之日起二年。依据《中华人民共和国企业破产法》第四十六条、第五十六条规定,泰华公司被裁定进入破产程序时,李静对其享有的2564万元保证债权视为到期,可向泰华公司管理人申报债权。同时,李静申报债权期限不受泰华公司破产受理时间影响,其可在二年保证期间内补充申报债权,但其不得对泰华公司先前已分配财产主张担保权利。李静主张利息500万元,未超出2012年4月25日至2015年8月17日案涉借款的实际利息,亦未超出债权人会议通过的年利率6%标准。故对李静申报的债权本息数额应予支持。

案例编写人:谢慧慧　樊　坤

生效裁判审判人员:宋浩之　戴英杰　谢慧慧

* 现已失效。——编者注

安徽明博律师事务所诉中国江苏国际经济技术合作集团有限公司等法律服务合同纠纷案

(安徽省高级人民法院审判委员会讨论通过
2022年6月29日发布)

关键词 民事 法律服务合同纠纷 买卖合同 民间借贷 委托 货物所有权风险

裁判要点

1. 对融资性买卖中通谋虚伪行为的认定,需综合合同实质内容、有无真实的货物流转以及是否存在封闭式循环交易等因素判断,并依据隐藏行为判定真实法律关系及效力。如名为买卖合同实为民间借贷,当事人对货物流转及货物所有权转移的约定只是为了维系买卖合同外观而设定的虚假表象,货物及货物所有权并不必然发生实际流转。

2. 受托人怠于履行受托义务导致委托人利益受损,应根据受托人的过错程度与损失之间的因果关系等因素确定相应责任。

相关法条

《最高人民法院关于审理民间借贷案件适用法律若干问题的规定》(2020年12月23日修订)第10条[本案适用的《最高人民法院关于审理民间借贷案件适用法律若干问题的规定》(2015年8月6日)第11条]

《中华人民共和国民法典》第929条第1款(本案适用的是自1999年10月1日起施行的《中华人民共和国合同法》*第406条第1款)

基本案情

法院经审理查明:2012年2月13日,南京商杰物资贸易有限公司(以下简称商杰公司)(甲方)与中国江苏国际经济技术合作集团有限公司(以下简称中江公司)

* 已失效。——编者注

（乙方）签订两份《代理采购合同》：甲方委托乙方采购角钢共6000吨，由乙方代理甲方并以乙方名义与供应商签订《工矿产品采购合同》；甲方确认供货商为安徽中杭股份有限公司（以下简称中杭公司）；1—3个月内打款提货，代理费逐月递增为提货金额的0.6%、0.9%、1.1%。同日，中江公司签订两份共6000吨角钢《工矿产品采购合同》。2012年3月5日，中江公司（乙方）与南京坤阳仓储有限公司（以下简称坤阳公司）（甲方）签订2份《物资储存协议书》，约定甲方为乙方提供6000余吨角钢的进货、保管（验收）和发货运输等储运服务，甲方凭乙方的书面“放货通知单”办理货权转移手续。后中江公司支付中杭公司2550万元。商杰公司将从中杭公司所进角钢的重量，在进入坤阳公司的单证上虚增了1600余吨。商杰公司向中江公司支付定金及货款的2586万元均源自中杭公司。2012年5月22日、7月26日，中江公司出具2份委托放货通知单。2011年7月11日，商杰公司与坤阳公司签订《物资储存协议书》，约定坤阳公司为商杰公司钢材提供储运服务。2012年5月21日，南京伟亚钢材有限公司（以下简称伟亚公司）将案涉钢材出质给银行。坤阳公司系伟亚公司、许付营（实际经营人）及其妻共同投资设立。

2012年8月27日，商杰公司（委托人）与中江公司（受托人）签订《委托协议》，约定受委托人已将货权转移给委托人；受托人采取协商、发送律师函、民事诉讼、举报刑事犯罪等方式协助委托人主张权利；货权转移手续已经办理，代理采购合同已全部履行，如受托人向坤阳公司主张权利后，委托人仍存在损失，委托人不得以任何理由向受托人主张权利。2012年8月28日，另案法院查封了伟亚公司出质的钢材。中江公司向公安局报案。

2014年起，安徽明博律师事务所（以下简称明博所）陆续接受中杭公司委托处理法律事务，经中杭公司确认尚欠律师代理费18 931 004元。2016年5月6日，商杰公司（甲方）、明博所（乙方）、中杭公司（丙方）、安徽金都融资担保有限公司（以下简称金都公司）（丁方）签订《债权转让协议》约定：甲方将《代理采购合同》项下对中江公司的所有合同权利转让给乙方，丁方为《代理采购合同》项下中江公司全部义务履行向乙方提供连带责任保证担保。当日，商杰公司向中江公司发送债权转让通知书。

明博所要求中杭公司支付代理费被拒绝后诉至法院请求判令：中杭公司支付其律师费18 931 004元；商杰公司、金都公司对上述律师费承担连带清偿责任；中江公司在应退还的货款18 822 854.40元范围内对上述律师费承担共同还款责任。

裁判结果

安徽省马鞍山市花山区人民法院于2017年9月27日作出（2016）皖0503民初5023号民事判决：一、中国江苏国际经济技术合作集团有限公司于判决生效后十日内给付安徽明博律师事务所18 822 854.40元;二、驳回安徽明博律师事务所其他诉讼请求。宣判后,中国江苏国际技术合作集团有限公司提出上诉。安徽省马鞍山市中级人民法院于2018年1月19日作出(2017)皖05民终1287号民事判决:驳回上诉,维持原判。后中国江苏国际经济技术合作集团有限公司申请再审,安徽省高级人民法院于2019年5月28日作出裁定提审本案,并于2021年1月13日作出(2019)皖民再111号民事判决:一、撤销安徽省马鞍山市中级人民法院(2017)皖05民终1287号民事判决和安徽省马鞍山市花山区人民法院(2016)皖0503民初5023号民事判决;二、安徽中杭股份有限公司于本判决生效之日起十日内,向安徽明博律师事务所支付18 931 004元。南京商杰物资贸易有限公司、安徽金都融资担保有限公司对上述款项承担连带清偿责任;三、驳回安徽明博律师事务所的其他诉讼请求。

裁判理由

法院生效裁判认为:

一、中江公司与商杰公司之间法律关系的性质

中江公司与商杰公司先后签订《代理采购合同》和《委托协议》,明确约定的要旨包括:1.中江公司对中杭公司与商杰公司之间的钢材交易仅承担垫资的责任与义务。2.中江公司享有到期收回垫付资金及利润的权利,虽然其与商杰公司、中杭公司分别签订有《代理采购合同》和《工矿产品采购合同》,但不承担两份合同中买方和卖方的权利义务。无论中杭公司是否履行合同,商杰公司均需支付全部货款。3.中江公司与商杰公司的货款结算方式系以其向中杭公司实际支付的采购金额为基数,中江公司的收益与垫资时间成正比,即利息按固定的月利率计算,最长借期不超过90天,与一般转售合同的计价方式不同,而类似于借款合同的结算方式。

中江公司对自身权利义务的约定非常明确,所有垫资风险基本均由商杰公司承担,包括非因中江公司原因致使中江公司违约,商杰公司亦不得拒绝付款,且需赔偿中江公司损失。案涉钢材被质押后,中江公司与商杰公司签订的《委托协议》实质上延续并重申了《代理采购合同》中风险均由商杰公司承担的约定。前述双方关于权利义务的约定有别于通常情况下买卖及委托双方的权利义务范围。

中江公司、明博所与商杰公司均认可中杭公司与商杰公司为关联公司。中杭公司系商杰公司指定的供货商。商杰公司向中江公司支付定金及货款的4笔资金全部来源于中杭公司。案涉交易资金在中杭公司、商杰公司和中江公司之间封闭式循环流动。当事人的真实意图并非买卖或垫付资金型的融资贸易,而系通过委托采购钢材的方式实现融资借款,当事人间法律关系的性质应为企业间借贷。

二、中江公司应否退还货款 18 822 854.4 元

(一)本案货权是否转移至商杰公司,如未转移,风险由谁承担。多份证据内容冲突,分别显示可能存在或不存在真实的货物及货权流转,再审依据优势证据规则判断案件事实。1.《委托协议》中商杰公司认可货权已从中江公司转移至商杰公司。2. 在银行诉伟亚公司的另案中,商杰公司申请作为第三人参加诉讼,主张质押钢材所有权。3. 商杰公司原法定代表人在公安局称"许付营做了两张假的《中江公司物质出库单》,私自将我放在中江名下的钢材转给了伟亚公司",显然更认可商杰公司为钢材的实际所有人。综合上述证据,可印证本案名为买卖,实为借贷,案涉钢材一直储存于坤阳公司仓库,并由商杰公司控制,当事人之间系以走款、走单、不走货的形式进行交易,所谓货物及货权转移的约定只是为了维系买卖合同外观而设定的虚假表象,货物及货权一直在商杰公司手中,亦不受到质押的影响。退一步说,即便按明博所主张的中江公司未转移货权,中江公司也已完成指示交付,货权亦转移至商杰公司,该风险应由商杰公司承担。故商杰公司无权基于《代理采购合同》要求中江公司退还货款。

(二)中江公司未适当履行《委托协议》的法律后果。本案是否符合《合同法》* 第四百零六条第一款规定的赔偿条件,需考量:1. 中江公司是否构成重大过失;2. 商杰公司是否存在损失;3. 重大过失与损失之间是否具有因果关系。商杰公司与中江公司签订《委托协议》是希望通过中江公司采用多种手段挽回损失。中江公司未适当履行约定义务,尤其是未提起民事诉讼。但商杰公司无法取得案涉钢材,系由坤阳公司实际经营人将该笔货物作为伟亚公司财产出质所致,并非中江公司不当履行《委托协议》导致,且商杰公司仍可自行向坤阳公司主张,该货款损失与中江公司不当履行《委托协议》不具有因果关系。中江公司对其怠于履行受托义务所导致的损失,如延迟主张权利导致的扩大损失及权利因此而灭失的损失,应根据其过错程度及与损失之间的因果关系确定相应责任。但商杰公司尚未向坤阳公司主张,该项损失是否存在及损失的具体数额不能确定,故本案不予处理,商杰公司可待损失确定后另行主张。

编写人:贾庆霞　张　婴　吴经芳

生效裁判审判人员:贾庆霞　袁玉清　张　婴

---

* 已失效。——编者注

段香枝、季必桂等诉中国人民财产保险股份有限公司南京市分公司人身保险合同纠纷案

(安徽省高级人民法院审判委员会讨论通过
2021年12月27日发布)

关键词 民事 人身保险合同 保险受益人 格式条款 民事赔偿 “众包骑手”

裁判要点

1.“众包骑手”与外卖平台之间的关系归属并不唯一,人身依附性并不紧密。“众包骑手”在外卖平台首次接单时投保商业保险,保险受益人是骑手而非外卖平台。

2.“众包骑手”发生保险事故时,保险公司除向骑手明确提示配送投保平台之外的订单发生保险事故免赔外,应就“众包骑手”在跨平台配送中发生的事故承担赔偿责任。

相关法条

《中华人民共和国保险法》第13条、第14条、第17条

基本案情

2020年5月14日,美团平台注册骑手叶朝红从美团平台首次接单时,福建人力宝科技有限公司为其在中国人民财产保险股份有限公司南京市分公司(以下简称人保南京公司)投保了美团骑手保障组合产品保险,其中意外身故、残疾保额60万元,叶朝红为此支付保费3元,由美团平台扣收。投保后,叶朝红的美团APP中“保险说明”第1条载明“突发疾病身故:最高赔偿限额60万元人民币。在保险合同保险期间内,被保险人在工作时间和工作岗位突发疾病死亡或者在48小时之内经抢救无效死亡(既往症原因除外),保险人按照保险合同约定的保险金额给付突发疾病身故保险金,本附加保险合同终止”。第2条载明“保险期间为被保险人当日第一次接单开始至当日24时,如在当日24时送单尚未结束的,保险期间最长可延续至次日凌晨1时30分,最长为25.5小时”。第3条第3款载明“由既往病史导致的突发疾病身故不属于保险责任;如发生猝死事故,必须由有鉴定资格的医院或

者公安部门指定法医鉴定机构进行尸检以确定死亡原因,如未能提供相关证明材料导致无法确定死亡原因的,在已有证据可排除既往症原因的情况下,保险人按不超过身故限额的10%进行赔付”。

当日18时40分,叶朝红在万春商业街晕倒,被接警民警送至芜湖市第一人民医院救治,门诊诊断叶朝红为脑出血。后叶朝红被转往皖南医学院弋矶山医院继续救治,该院门诊病历记载处理意见为:脑干出血、双瞳散大、无自主呼吸,无手术指征、预后不良,随时有死亡可能、维持生命体征。2020年5月15日,叶朝红出院,出院诊断为“脑干出血、高血压”,出院情况为“深昏迷、双侧瞳孔散大固定、对光反射消失、刺痛无反应、机械通气中,去甲肾上腺素维持血压”。当日,叶朝红在家中死亡。

叶朝红妻子段香枝、母亲季必桂、儿子叶瑞遂提起诉讼,请求法院判令人保南京公司支付叶朝红死亡赔偿金60万元。人保南京公司辩称,叶朝红配送“饿了么”平台订单,不符合保险合同生效条件;叶朝红真实死因未能查明,保险公司仅应承担不超过身故责任限额10%的赔偿责任。

裁判结果

安徽省芜湖经济技术开发区人民法院于2020年12月17日作出(2020)皖0291民初3635号民事判决:中国人民财产保险股份有限公司南京市分公司于判决生效后十五日内支付段香枝、季必桂、叶瑞死亡赔偿金60万元。中国人民财产保险股份有限公司南京市分公司不服一审判决,提起上诉。安徽省芜湖市中级人民法院于2021年5月20日作出(2021)皖02民终799号民事判决:驳回上诉,维持原判。

裁判理由

法院生效裁判认为:本案争议焦点为案涉保险合同是否生效,案涉事故是否属于保险理赔范围,人保南京公司主张的免赔事由是否成立。

关于案涉保险合同是否生效问题。外卖骑手分为专送骑手和“众包骑手”,后者是指通过面向公众开放的外卖平台APP注册,自行决定是否接单配送的骑手。外卖平台对“众包骑手”的工作时间、接单数量等不作硬性要求。“众包骑手”具有工作时间碎片化以及工作地点自由化特征,可同时选择在多个外卖平台工作,与平台之间的关系归属并不唯一,人身依附性并不紧密。叶朝红虽在美团平台注册,但美团平台并未对叶朝红工作时间、接单数量等作出限制,其可接其他外卖平台订单配送业务,显然属于“众包骑手”。案涉保险为商业保险而非工伤保险,投保目的是为保障骑手的人身安全及分担致人损害的赔偿责任,保费出自骑手,保险受益人是骑手而非美团平台。案涉保险投保方式系电子投保,叶朝红在接受第一单外卖派送时购买当天的“众包骑手”意外险,自系统扣收骑手保费之时,保险合同生效。

关于案涉事故是否属于保险理赔范围问题。案涉“保险说明”载明,最长保险期间是从骑手首次接单时起至次日凌晨1时30分;保险范围包括被保险人在工作时间和工作岗位突发疾病死亡或者在48小时之内经抢救无效死亡。案涉保险保障的是骑手人身权益而非美团平台权益,客户群体为“众包骑手”。人保南京公司作为保险格式合同的提供方,应知悉该类被保险人的工作特性及可能存在的风险隐患,若其基于降低自身赔付风险的考量,则需对“众包骑手”的兼职属性进行限制,并在保险条款中明确注明若“众包骑手”配送投保平台之外的订单发生保险事故时不予理赔,但其在保险条款中并未特别说明。故投保人叶朝红在保险期间内因脑内出血死亡,符合保险合同约定的48小时之内经抢救无效死亡情形,属于保险理赔范围。

关于人保南京公司主张的免赔事由是否成立问题。案涉保险单及“众包骑手”意外保险说明系格式条款,该条款由人保南京公司单方提供,供不特定投保人重复使用。人保南京公司有义务对保险合同中免除保险人责任的条款,在投保单、保险单或其他保险凭证上作出足以引起投保人注意的提示,并对该条款的内容以书面或口头形式向投保人作出说明;未作提示或说明的,该条款不产生效力。案涉保险以电子投保的形式购买,人保南京公司主张的因既往病史导致突发身故,以及需有相关鉴定资质机构确定死因的免赔条款,显然属于免除保险人责任条款,其应提交充分有效的证据证明已提请对方注意,如在合同中用黑体字予以特别标记,或以颜色、大小、下划线等方式进行特别标记等。但从本案现有证据看,人保南京公司并未履行相应的提示和说明义务,故人保南京公司主张的免赔事由不能成立。

案例编写人:丁必勇　鲁晨辉　夏　敏

生效裁判审判人员:丁必勇　肖　珍　陈　勇

四川省高级人民法院参考性案例

上海万翠堂餐饮管理有限公司诉温江五阿婆青花椒鱼火锅店侵害商标权纠纷案

（四川省高级人民法院审判委员会 2022 年第 7 次会议讨论通过）

关键词　知识产权　注册商标专用权　通用名称　正当使用

裁判规则

已注册的服务商标含有商品通用名称，经营者在服务中将与该通用名称相同或相似的文字使用在其店招上，用以描述其提供服务的品质、特色等，不易导致相关公众混淆的，注册商标专用权人无权禁止该经营者的正当使用行为。

相关法条

《中华人民共和国商标法》第五十七条第二项、第五十九条第一款

案件索引

一审：四川省成都市中级人民法院（2021）川 01 民初 8367 号（2021 年 11 月 26 日）

二审：四川省高级人民法院（2021）川知民终 2152 号（2022 年 1 月 13 日）

基本案情

上海万翠堂餐饮管理有限公司（以下简称万翠堂公司）系第 12046607 号“”注册商标、17320763 号“”注册商标、第 23986528 号“”注册商标的权利人，上述三枚商标的核定服务项目均包括第 43 类中的饭店、餐厅等，且均在有效期内。

2021 年 5 月 21 日，万翠堂公司发现温江五阿婆青花椒鱼火锅店（以下简称五阿婆火锅店）在其店招上使用了“青花椒鱼火锅”字样“”，遂以五阿婆火锅

店侵害其注册商标专用权为由,向四川省成都市中级人民法院提起本案诉讼,请求判令五阿婆火锅店立即停止商标侵权并赔偿万翠堂公司经济损失及合理开支共计5万元。

裁判结果

四川省成都市中级人民法院于2021年11月26日作出(2021)川01民初8367号民事判决:一、五阿婆火锅店于本判决生效之日起30日内,立即停止在店招上使用"青花椒"字样的标识;二、五阿婆火锅店于判决生效之日起15日内,赔偿万翠堂公司经济损失25 000元及合理开支5000元,共计3万元;三、驳回万翠堂公司的其他诉讼请求。

宣判后,五阿婆火锅店提起上诉。四川省高级人民法院于2022年1月13日作出(2021)川知民终2152号民事判决:一、撤销四川省成都市中级人民法院(2021)川01民初8367号民事判决;二、驳回万翠堂公司的全部诉讼请求。

裁判理由

法院生效裁判认为,本案的争议焦点是:五阿婆火锅店在店招上使用"青花椒"字样的行为是否侵犯万翠堂公司的注册商标专用权。

一、依法注册的商标受法律保护。万翠堂公司系涉案三枚注册商标专用权人,万翠堂公司的合法权利应受法律保护,未经权利人许可,他人不得非法使用。

二、注册商标专用权的保护范围与其显著性相一致。商标的作用在于识别商品或服务的来源,故应当具有显著性。通常情况下,显著性越强的商标,其识别商品或服务来源的作用就高,商标专用权的保护范围相对较大;反之,显著性越弱的商标,商标专用权的保护范围相对较小。本案中,青花椒作为川菜的调味料已广为人知,不能作为商标注册在调味料上。万翠堂公司将"青花椒"申请注册在饭店、餐厅服务上,可以认为具有一定的显著性,能够起到区分服务来源的作用。但由于饭店、餐厅服务和菜品调味料之间的天然联系,使得涉案商标和含有"青花椒"字样的菜品名称在辨识上界限微妙、相互混同,极大地降低了其商标的显著性,几乎难以起到识别服务来源的作用。涉案商标的弱显著性特点决定了其保护范围不宜过宽,否则会妨碍其他市场主体的正当使用,影响公平竞争的市场秩序。

三、五阿婆火锅店对"青花椒"字样的使用是正当使用。五阿婆火锅店店招上的"青花椒"字样后面带有"鱼火锅"三个字,且"青花椒"与"鱼火锅"在字体、字号、色彩、高度、字间距等方面均保持一致,没有单独突出使用,店招中包含的"青花椒"是对其提供的菜品鱼火锅中含有青花椒调味料这一特点的客观描述,没有攀附万翠堂公司涉案商标的意图,相关公众一般也不会将其与经营活动主要在上海等地的万翠堂公司的涉案商标联系起来,不会导致相关公众产生混淆或误认,其使用行为不构成商标侵权。万翠堂公司对五阿婆火锅店就“青花椒”字样的正当使用,无权干预和禁止,其诉讼请求不应得到支持。

推荐单位:省法院民三庭

推荐人:省法院民三庭　杨丽

编写人:省法院民三庭　韦丽婧、鲁虎

福建省高级人民法院参考性案例

哈尔滨工业大学与福建哈工大发展有限公司侵害商标权及不正当竞争纠纷案

(福建省高级人民法院审判委员会2022年11月4日讨论通过)

关键词 不正当竞争 哈工大

裁判要点

审查被告的行为是否构成不正当竞争行为,并不以其与权利人之间是否具有直接的竞争关系或与权利人之间经营范围相同或近似为前提。

相关法条

《中华人民共和国反不正当竞争法》第二条、第六条

基本案情

原告哈尔滨工业大学始建于1920年,1938年来一直沿用哈尔滨工业大学的校名至今,是首批进入国家“211工程”“985工程”重点建设的高校,2017年入选“双一流”建设A类高校名单。各新闻媒体在对原告进行报道时,多使用“哈工大”泛指哈尔滨工业大学。哈尔滨工业大学还陆续注册了包含“哈工大”文字在内多个图文组合商标。被告福建哈工大发展有限公司成立于2015年7月14日,经营范围为信息、环保、生物、农业、软硬件、智慧城市交通、新能源、新材料、机器人科技技术的研发、转让、投资及咨询;航空设备、机器人制造、销售等。哈尔滨工业大学认为福建哈工大发展有限公司在其企业名称中使用了“哈工大”字样,侵害了其商标权,并构成不正当竞争,请求法院判令被告变更企业名称,变更后的名称中不得包含“哈工大”等字样。

裁判结果

泉州市中级人民法院一审认为被告并未突出使用“哈工大”三字,也没有使用原告商标中所特有的美工字体,因此,被告在其企业名称中使用“哈工大”三个字并

不属于商标使用行为，原告住所地在黑龙江省，被告企业住所地在福建省，被告也不构成不正当竞争行为，判决驳回原告哈尔滨工业大学的诉讼请求。哈尔滨工业大学不服一审判决，提出上诉。

福建省高级人民法院二审改判：一、撤销福建省泉州市中级人民法院(2020)闽05民初1656号民事判决；二、福建哈工大发展有限公司应停止对哈尔滨工业大学的不正当竞争行为，即其应于判决生效之日起三十日内变更其企业名称，变更后的企业名称中不得含有“哈工大”字样；三、驳回哈尔滨工业大学其他上诉请求。

裁判理由

法院生效裁判认为，《中华人民共和国反不正当竞争法》第二条规定该法调整的不正当竞争行为，包括扰乱市场竞争秩序，损害其他经营者或者消费者的合法权益。从该立法目的出发，审查被告的行为是否构成不正当竞争行为，并不以其与权利人之间是否具有直接的竞争关系或与权利人之间经营范围相同或近似为前提。本案二审中，福建哈工大发展有限公司以其已变更经营范围，与哈尔滨工业大学不存在权利冲突为由，主张其不构成商标侵权及不正当竞争。二审认为福建哈工大发展有限公司经营范围是否与哈尔滨工业大学存在重合，并非其行为是否构成不正当竞争的前提条件，被上诉人在企业字号中使用“哈工大”三字，且未能给予合理解释，哈尔滨工业大学也有大量合作的企业开展生产活动，故被上诉人明显有攀附上诉人声誉的故意，容易误导相关公众误认为其与上诉人存在某种特定的联系，构成不正当竞争，遂依法进行了改判。

河南省高级人民法院第47号参考性案例

河南小李补胎服务有限公司诉谭双有商业诋毁纠纷案

(河南省高级人民法院2022年8月10日发布,
2022年第76次审判委员会讨论通过)

关键词 知识产权 不正当竞争 商业诋毁 责任承担

裁判要点

同业竞争者以举报、揭露事实真相为名,在没有确凿证据证明的前提下,使用大量的否定性、侮辱性言论,刻意贬低竞争对手,损害其商誉,使社会公众对竞争对手的商品质量、服务水平、商业信誉产生怀疑,进而削弱其竞争优势的,构成商业诋毁行为。

相关法条

《中华人民共和国反不正当竞争法》第二条第三款,第十一条,第十七条第一、二、三款

基本案情

河南小李补胎服务有限公司(以下简称小李补胎)成立于2016年6月,法定代表人为王晓娜,经营范围:汽车维修服务;汽车配件销售等。

河南谭双有汽车维修服务公司成立于2016年3月,法定代表人为谭双有,经营范围:机动车维修服务;汽车配件销售等。

2017年2月至2020年3月,谭双有先后在新浪微博、新浪博客、凯迪社区、百度、美团等平台发布:"小李补胎李保堆,冒充'轮胎安全专家'……坑害消费者近20年……""如果郑州这样明目张胆的骗子补胎企业,是补胎标杆企业!那么,这是对所有轮胎人的侮辱!网友总结:'身边轮胎安全专家'='炸药包',只等点火!"等有关小李补胎的言论共计65条。

郑州市机动车维修业服务中心向郑州市交通运输局出具的《关于谭双有举报

小李补胎连锁企业有关问题的调查报告》载明：执法人员对小李补胎连锁店进行随机抽查和检查，未发现其有违反《机动车维修管理规定》的行为。通过对部分客户的随机回访，反馈意见总体较好。通过调取相关进货单据，小李补胎连锁所使用的补胎物料进货渠道正规，符合国家相关质量技术要求。通过现场随机抽查、询问维修工人，了解到轮胎修补所用材料都经车主同意，价格在各店内都有公示。通过查询国家标准《充气轮胎修补》（GB/T 21286 - 2007）和网络搜索轮胎修补相关文献资料，对比小李补胎《轮胎修复选材工艺标准及价格公示》，未发现其有违背相关标准和规定的行为。通过查询资料、走访群众车主、向公安交管部门查询、检索媒体报道，暂没有发现因在小李补胎连锁企业补胎后发生车辆爆胎、补丁开胶等问题造成车毁人亡事故或者交通事故的报道。

小李补胎认为：谭双有在经营过程中，为了削弱竞争对手的优势，在新浪微博等相关网站及网络平台发布不实言论对小李补胎进行恶意攻击，严重损害了小李补胎多年来取得的商誉，造成了严重的经济损失。请求判令谭双有停止编造、传播虚假信息或者误导性信息，消除影响，赔偿经济损失及维权费用30万元等。

裁判结果

河南省郑州市中级人民法院于2020年6月28日作出（2020）豫01知民初2号民事判决：一、谭双有立即停止编造、传播小李补胎的虚假信息或者误导性信息；二、谭双有于判决生效之日起十日内在新浪微博、新浪博客、百度贴吧、凯迪社区、百度简书、百度百家、美团发布声明，以消除对小李补胎商业信誉和商品声誉造成的不良影响（上述声明内容须经法院审核，如谭双有拒不履行，法院将依据小李补胎的申请，在以上平台公开判决书的主要内容，费用由谭双有负担）；三、赔偿小李补胎经济损失及维权费用共计16万元；四、驳回小李补胎的其他诉讼请求。宣判后，谭双有不服，提出上诉。河南省高级人民法院于2020年12月15日作出（2020）豫知民终426号民事判决，驳回上诉，维持原判。谭双有不服，向最高人民法院申请再审，最高人民法院于2021年10月29日作出（2021）最高法民申5878号民事裁定：驳回谭双有的再审申请。

裁判理由

法院生效裁判认为：一、谭双有的行为是否构成商业诋毁行为。商业诋毁是指经营者通过捏造、散布虚假事实等不正当手段，损害竞争对手的商业信誉、商品声誉，削弱竞争对手竞争能力的行为。商业诋毁的不正当竞争构成要件包括：1. 行为主体必须是经营者；2. 经营者主观上存在诋毁故意；3. 客观上表现为经营者采用了捏造、散布虚假事实的手段；4. 诋毁行为的客体表现为竞争对手的商业信誉和商品声誉受到了损害。

谭双有和小李补胎均是从事汽车维修行业,经营范围均包括补胎业务,属于同业竞争者。谭双有从2017年2月到2020年3月持续在上述平台发布了大量辱骂、羞辱等贬低小李补胎的言论,其持续时间长,言辞恶劣程度高。在郑州市机动车维修业服务中心已经出具《关于谭双有举报小李补胎连锁企业有关问题的调查报告》,证明谭双有实名举报的问题不存在的情况下,谭双有仍然通过新浪微博等网络平台发布与其实名举报内容基本一致的言论。由此看出,谭双有的上述行为不是言行不慎,而是故意为之。

谭双有上诉称,因小李补胎存在虚假宣传、误导消费者、欺诈消费者行为,其发表上述言论的行为属于陈述事实,并提供证据予以证明。但根据法院查明事实,谭双有所发表的言论存在大量侮辱、辱骂的措辞,其中充斥着贬低成分,绝不是对一个企业进行举报正常使用的言辞表述,也没有体现出揭露事实所应具备的客观态度,从一个理性人的客观视角来看,无法相信谭双有是在真实地揭露问题而非在刻意贬低竞争对手。有意于汽车维修的相关公众在看到谭双有所发表的言论后,必然会对小李补胎产品的服务质量、技术能力以及是否诚信经营产生怀疑,小李补胎的商誉也必然因此受到损害,客观上也对小李补胎的商业信誉和商品声誉造成了减损。这种行为有悖于诚实守信的商业道德,不利于形成良好的竞争秩序,符合商业诋毁的构成要件,构成商业诋毁的不正当竞争行为,谭双有应当依法承担相应的侵权责任。

二、谭双有应当承担的法律责任。本案中,小李补胎并未举证证明其因被侵权所受的实际损失及谭双有因侵权所获得的利益,综合考量案涉侵权行为的时间、情节、过错程度及造成的损害后果等因素,酌定由谭双有赔偿小李补胎经济损失及维权费用共计16万元。根据责任承担与损害后果相一致的原则,综合考虑谭双有的主观过错程度及侵权情节,判定谭双有在侵权行为影响的范围内,在上述平台发表声明以消除影响。

生效裁判审判人员:龚　磊　薛永松　董小斐(一审)
宋旺兴　赵　筝　梁培栋(二审)
案例编写人:河南省高级人民法院　赵　筝

【典型案例】

人民法院助力全国统一大市场建设典型案例

（发布时间:2022 年 7 月 25 日）

目　录

一、北京市通州区梨园镇大马庄村村民委员会与北京前榆顺达养殖有限公司房屋租赁合同纠纷案

【基本案情】

2011年,原告北京市通州区梨园镇大马庄村村民委员会(以下简称村委会)与被告北京市前榆顺达养殖有限公司(以下简称前榆顺达公司)签订《房屋租赁合同》,村委会将集体所有一栋建筑面积13 000平米四层建筑物出租给前榆顺达公司,租期20年。前榆顺达公司将涉案房屋转租给案外人,用于经营宾馆、健身房、美容院等。2022年2月9日,村委会以"合同约定逾期三个月未足额交纳租金,甲方有权解除合同"为由,将前榆顺达公司起诉至法院,要求解除《房屋租赁合同》,前榆顺达公司支付占用费及违约金。前榆顺达公司辩称涉案房屋经营宾馆、健身房、美容院等受疫情冲击大,资金紧张导致迟延支付租金;涉案房屋涉及多家企业和经营者,若解除合同,将影响众多中小微企业切身利益。

本案经开庭审理后,为充分了解涉案房屋使用情况、前榆顺达公司经营状况,承办法官至现场进行调查勘验。根据庭审及现场勘验情况,承办人有针对性地在现场开展调解工作,最终促成双方调解并当场履行完毕。

调解结束后,双方均表示理解对方,前榆顺达公司现场捐助5万元防疫物资款,感谢村委会在常态化防疫工作中辛苦付出。

【裁判结果】

本案涉及受疫情影响的中小微企业违约行为判断认定问题。根据双方合同约定,村委会已然享有合同解除权。前榆顺达公司是否受到疫情因素的影响,能否对抗村委会行使合同解除权是本案争议焦点。经现场走访调查发现,案涉宾馆入住率极低、健身房大门紧闭、美容院生意惨淡,前榆顺达公司与次承租人的租赁合同纠纷也在法院审理过程中,前榆顺达公司确实遭遇严重经济困难。本案在现场勘验过程中立足于前榆顺达公司受到疫情影响进行现场调解,最终促使双方达成调解协议,并及时履行完毕。

双方达成调解协议如下:一、双方继续履行《房屋租赁合同》及补充协议。二、2022年度租金标准调整为4 603 366元,前榆顺达公司于2022年3月25日前支

付村委会 2 301 683 元(已履行完毕),于 2022 年 6 月 15 日前支付 2 301 683 元;以后租金的递增以本条款调整的 2022 年度租金金额为基数,按照补充协议约定的方式和标准递增。

【典型意义】

一是准确评价受疫情影响的中小微企业违约行为,司法助力中小微企业健康发展。本案租赁合同存续是关乎被告公司生存发展的重大事件。人民法院贯彻落实最高人民法院《关于充分发挥司法职能作用助力中小微企业发展的指导意见》,立足前榆顺达公司受疫情影响较大,促成双方和解并及时履行,有效保护前榆顺达公司生存大计,强力为中小微企业发展解忧纾困。

二是全面依法平等保护不同所有制经济主体的合法权益。坚持对各类市场主体平等对待,依法保护基层群众性自治组织和民营企业的合法权益,降低纠纷解决成本。本案立案后,及时组织开庭审理、现场勘验,并在勘验现场过程中,抓住时机,促成调解。本案从立案到结案,用时 45 天,及时高效化解纠纷。

三是汇聚正能量,调解助企又助疫。对手变朋友,从针锋相对到互相理解再到互让一步,让社会关系不再那么冰冷,调解结果折射出时代温度。纠纷变公益,在疫情防控的大背景下,作为企业能充分理解防疫工作,力所能及为防疫工作贡献自己的力量,携手抗疫,展现和谐、友善的社会主义核心价值观。

二、张文中诈骗、单位行贿、挪用资金再审改判无罪案

【基本案情】

河北省衡水市中级人民法院一审认定:1. 被告张文中构成诈骗罪。2002 年初,张文中得知国家对重点企业、重点项目实行国债贴息补贴政策,且该批国债技改贴息资金主要用于支持国有企业技术改造项目、物美集团作为民营企业不属于国债技改贴息资金支持范围,遂与同案被告人张伟春商量决定以国有企业诚通公司下属企业的名义进行申报。张文中申报的物流项目和信息化项目获得原国家经贸委审批后,物美集团未实施项目,并以签订虚假合同和开具虚假发票为手段,获得 1.3 亿元贷款,用于公司日常经营。2003 年 10 月 29 日,财政部将 3190 万元国债技改贴息资金拨付到诚通公司,后诚通公司将该款汇入物美集团账户,物美集团将该款用于偿还公司贷款。2. 被告张文中构成单位行贿罪。2002 年物美集团收购国旅总社持有的泰康公司 5000 万股股份,国旅总社办公室主任赵某积极协调帮助,事后张文

中安排张某某给付赵某30万元。同年,物美集团收购粤财公司持有的泰康公司5000万股股份,希望得到粤财公司总经理梁某帮助,事后张文中安排张某某给付梁某500万元。3.被告张文中构成挪用资金罪。1997年3月,张文中与泰康公司董事长陈某某商定挪用泰康公司的4000万元资金申购新股谋利。张文中指使张某某从泰康公司转出4000万元用于申购新股,盈利1000余万元。事后,张某某归还泰康公司4000万元。河北省衡水市中级人民法院于2008年10月9日作出一审判决,认定张文中犯诈骗罪、单位行贿罪、挪用资金罪,数罪并罚,判处有期徒刑十八年,并处罚金五十万元;违法所得予以追缴,上缴国库。同时,对物美集团、张伟春也判处了相应刑罚。一审宣判后,张文中、张伟春、物美集团不服,提出上诉。河北省高级人民法院于2009年3月30日作出二审判决,认定张文中犯诈骗罪、单位行贿罪、挪用资金罪,数罪并罚,改判有期徒刑十二年,并处罚金五十万元。判决生效后,张文中不服,向最高人民法院申诉,最高人民法院于2017年12月27日作出再审决定,提审本案。

【裁判结果】

最高人民法院再审认为,物美集团在申报国债技改贴息项目时,国债技改贴息政策已有所调整,民营企业具有申报资格,且物美集团所申报的物流项目和信息化项目均属于国债技改贴息重点支持对象,符合国家当时的经济发展形势和产业政策。张文中、张伟春在物美集团申报项目过程中,虽然存在违规行为,但未实施虚构事实、隐瞒真相以骗取国债技改贴息资金的诈骗行为,并无非法占有3190万元国债技改贴息资金的主观故意,不符合诈骗罪的构成要件。故原判认定张文中、张伟春的行为构成诈骗罪,属于认定事实和适用法律错误,应当依法予以纠正。物美集团在收购国旅总社所持泰康公司股份后,给予赵某30万元好处费的行为,并非为了谋取不正当利益,亦不属于情节严重,不符合单位行贿罪的构成要件;物美集团在收购粤财公司所持泰康公司股份后,向李某某公司支付500万元系被索要,且不具有为谋取不正当利益而行贿的主观故意,亦不符合单位行贿罪的构成要件,故物美集团的行为不构成单位行贿罪,张文中作为物美集团直接负责的主管人员,对其亦不应以单位行贿罪追究刑事责任。原判认定物美集团及张文中的行为构成单位行贿罪,属于认定事实和适用法律错误,应当依法予以纠正。张文中与陈某某、田某某共谋,并利用陈某某职务上的便利,将陈某某所在泰康公司4000万元资金转至卡斯特投资咨询中心股票交易账户进行营利活动的事实清楚,证据确实。但原判认定张文中挪用资金归个人使用、为个人谋利的事实不清、证据不足。故原判认定张文中的行为构成挪用资金罪,属于认定事实和适用法律错误,应当依法予以纠正。2018

年5月30日，最高人民法院作出再审判决，撤销原一、二审判决，改判张文中、张伟春、物美集团无罪，原审判决已执行的罚金及追缴的财产，依法予以返还。

【典型意义】

党的十八大以来，以习近平同志为核心的党中央践行以人民为中心的发展思想，大力加强产权保护，高度重视涉产权冤错案件的纠正工作。张文中案启动再审并改判无罪，充分体现了党中央依法平等保护包括非公有制经济在内的各种所有制经济产权，坚决消除影响民营企业生存发展的政策、法律和体制性障碍以及传统观念的束缚，毫不动摇地鼓励、支持、引导民营经济发展，努力打造法治化营商环境的坚强决心；也充分彰显了人民法院充分发挥审判职能作用，切实加强产权司法保护，坚持有错必纠的责任担当。对于依法妥善处理历史形成的涉产权案件，严格遵循罪刑法定、证据裁判、疑罪从无等法律原则，严禁把经济纠纷当作经济犯罪，把一般违法违规当作刑事犯罪来处理，切实保护企业家合法权益，促进经济社会持续健康发展，具有标杆性和重大现实意义。

三、宜宾丰源盐业有限公司延边分公司诉吉林省敦化市盐务管理局行政强制案

【基本案情】

宜宾丰源盐业有限公司（以下简称宜宾公司）具有四川省盐业主管部门颁发的食盐批发许可证。2018年7月24日，宜宾公司在吉林省敦化市设立宜宾丰源盐业有限公司延边分公司（以下简称延边分公司），经营范围为多品种盐的批发、销售等。宜宾公司向吉林省盐务管理局告知了相关信息，延边分公司也将其营业执照、食品经营许可证、负责人身份证明等向吉林省敦化市盐务管理局（以下简称敦化市盐务局）报备。2018年8月间，延边分公司从宜宾公司批进食盐，此后向当地多家零售商店批量销售，并以该分公司名义开具发票和销售配送单。2018年9月11日，敦化市盐务局以延边分公司涉嫌无食盐批发许可证从事食盐批发业务，违反《食盐专营办法》为由，根据《中华人民共和国行政强制法》的相关规定，作出《查封（扣押）决定书》，对延边分公司存储的食盐予以查封扣押。2018年11月2日，敦化市盐务局解除行政强制措施，将查封扣押财物退还。延边分公司提起诉讼，请求确认敦化市盐务局作出的《查封（扣押）决定书》违法。

【裁判结果】

人民法院生效裁判认为,宜宾公司已经合法取得四川省盐业主管部门颁发的食盐批发许可证,延边分公司以总公司的行政许可跨省销售食盐不违反《食盐专营办法》的相关规定,亦符合《国务院关于印发盐业体制改革方案的通知》(国发〔2016〕25号)等有关盐业体制改革的精神。敦化市盐务局以延边分公司未取得当地盐业主管部门的销售许可为由作出被诉行政强制措施,缺乏事实和法律依据,故判决确认敦化市盐务局作出的《查封(扣押)决定书》违法。

【典型意义】

自2014年起,国家出台了一系列政策,对食盐生产、运输、销售行政许可等进行重大体制改革。国务院于2016年4月22日颁布的《国务院关于印发盐业体制改革方案的通知》,明确提出要释放市场活力,取消食盐产销区域限制。国家发展和改革委员会、工业和信息化部配套下发的相关文件进一步明确:从2017年1月1日开始,现有省级食盐批发企业、中国盐业总公司和取得食盐批发许可证的食盐定点生产企业可以开展跨省(自治区、直辖市)自主经营,食盐批发企业可以通过跨区"自建分公司"的形式进行食盐销售业务。《国务院关于印发盐业体制改革方案的通知》系国家有关盐业体制改革的政策文件,与《食盐专营办法》的立法宗旨一致。《食盐专营办法》等未明确要求食盐生产批发企业通过跨区"自建分公司"的形式进行食盐销售业务时,必须取得当地盐业主管部门另行颁发的行政许可。本案中,宜宾公司持有有效的食盐批发许可证。敦化市盐务局作出《查封(扣押)决定书》缺乏事实和法律依据,亦与国家盐业体制改革方向相悖。人民法院立足国家盐业体制改革大局,正确领会《国务院关于印发盐业体制改革方案的通知》精神,准确适用《食盐专营办法》,监督市场监管执法,破除盐业区域壁垒,有利于持续优化法治化营商环境,促进统一市场高效畅通。

四、如皋市金鼎置业有限公司、叶宏滨与吴良好等股东资格确认纠纷案

【基本案情】

如皋市金鼎置业有限公司(以下简称金鼎公司)为有限责任公司(港澳台与内

地合资)，经营范围为房地产开发。2013 年，金鼎公司召开股东会，形成《金鼎公司股东会议纪要》，对金鼎公司实际股东及股权进行确认，即金鼎公司工商登记在叶宏滨和大地公司名下股权的实际股东及股权比例为：叶宏滨占股 52.5%、吴良好占股 20%……叶宏滨同意将登记在其名下的金鼎公司股权，依照会议确认的比例分别转让给吴良好等实际股东。因叶宏滨、金鼎公司未办理股权变更登记，吴良好提起诉讼，要求叶宏滨将金鼎公司 20% 股权变更登记至其名下。

【裁判结果】

江苏省南通市中级人民法院一审认为，叶宏滨与吴良好之间的股权转让行为有效。金鼎公司系合资企业，虽然根据修正前的《中华人民共和国中外合资经营企业法》* 规定，金鼎公司的股权变更需报经审批机关批准后方才生效，但修正后的《中华人民共和国中外合资经营企业法》规定，举办合营企业不涉及国家规定实施准入特别管理措施的，适用备案管理。涉案合资企业不在负面清单内，故案涉股权变更仅需向有关部门备案即可，并非经审批机关批准后才生效，叶宏滨、金鼎公司应当将叶宏滨持有的股权变更到吴良好名下。叶宏滨和金鼎公司不服一审判决，提起上诉。江苏省高级人民法院二审认为，虽然《金鼎公司股东会议纪要》形成于《中华人民共和国外商投资法》实施之前，但是金鼎公司并不属于外商投资负面清单的管理范围。在全体股东已确认吴良好的实际出资人身份，且约定叶宏滨配合办理变更登记的情形下，叶宏滨、金鼎公司应当将叶宏滨持有的股权变更到吴良好名下，故判决驳回上诉，维持原判。

【典型意义】

本案参照适用《中华人民共和国外商投资法》有关“准入前国民待遇加负面清单管理”的规定，以及有关对负面清单以外的领域“按照内外资一致的原则实施管理”的规定，明确以下规则：虽然相关投资行为发生在《中华人民共和国外商投资法》实施之前，但是外商投资企业不属于“负面清单”管理范围的，人民法院应当依照“给予国民待遇”和“内外资一致”原则，不需要征得外商投资审批机关同意才生效。本案对于统一外商投资相关法律适用，平等保护投资者合法权益，促进优化投资环境，具有积极作用。

---

* 现已失效。——编者注

五、天际国际集团公司(Skyline International Corp.)申请扣押“尼莉莎”轮(M/V NERISSA)案

【基本案情】

因新加坡船东违约一船两卖,利比里亚申请人天际国际集团公司于伦敦仲裁前向青岛海事法院申请扣押约30万吨马绍尔群岛籍油轮“尼莉莎”轮,请求责令提供500万美元担保。青岛海事法院依法将该轮扣押于青岛港。该轮原定计划于青岛港卸下13万多吨原油后,继续前往天津卸剩余的15万多吨,如无法如期前往天津卸货,将产生滞期费3万美元/天,且将导致交付迟延、工厂停产。为避免损失扩大,防止引发连环纠纷,法院灵活适用《中华人民共和国海事诉讼特别程序法》第二十七条规定,准许被扣押外轮前往天津港卸货。

【裁判结果】

2019年3月11日,青岛海事法院作出(2019)鲁72财保108号民事裁定,裁定如下:一、准许天际国际集团公司提出的海事请求保全申请;二、扣押“尼莉莎”轮船舶所有人和/或光船承租人所有或经营的停泊于青岛港(锚地)的马绍尔群岛籍“尼莉莎”轮;三、责令船舶所有人和/或光船承租人提供美元500万元的现金担保或其他可靠担保;四、天际国际集团公司应当在三十日内提起诉讼或者仲裁,逾期不起诉或者仲裁的,本院将解除海事请求保全。青岛海事法院于当日发出(2019)鲁72财保108号扣押船舶命令,将该轮扣押于青岛港。

2019年4月9日,青岛海事法院作出(2019)鲁72财保108号之一号民事裁定书,裁定如下:一、准许离岸控股私人有限公司(Offshore Holding Company Pte. Ltd.)所有的马绍尔群岛籍“尼莉莎”轮继续营运,完成自中华人民共和国青岛港经天津港至秦皇岛港的航次;二、将离岸控股私人有限公司所有的马绍尔群岛籍“尼莉莎”轮继续扣押于秦皇岛港。青岛海事法院于当日发出(2019)鲁72财保108号之一号扣押船舶命令,并于2019年4月20日将该轮继续扣押于秦皇岛港。后法院组织各方当事人调解成功。

【典型意义】

本案系当事人拟就船舶买卖合同纠纷在伦敦提起仲裁前,向我国海事法院申

请扣押船舶的案件。青岛海事法院根据船载货物的实际情况，准许该轮继续到目的港完成卸货，并成功促成当事人和解，继续履行原船舶买卖合同。当事人最终放弃伦敦仲裁，一揽子解决所有纠纷。该案的成功处理，为来自希腊、新加坡、印度、迪拜、巴西、中国等“一带一路”沿线国家、金砖国家的当事人和货主、租船人、抵押人等利害关系人避免了巨额损失，化解了连环诉讼风险。该案体现了我国海事法院积极推进矛盾纠纷源头治理、着力构建市场化法治化国际化营商环境、依法平等保护当事人合法权益的司法理念。案涉船舶买卖合同在法院调解下得以履行后，新船东特意将船名更名为“尊重”(RESPECT)，向中国法官和中国法治致以崇高的敬意。该案的成功处理，向国际社会充分展现了中国海事司法的良好国际形象，彰显了中国海事司法的国际公信力和影响力。

六、力帆实业(集团)股份有限公司及其10家全资子公司司法重整案

【基本案情】

力帆实业(集团)股份有限公司(简称力帆股份)成立于1997年，2010年在上海证券交易所上市，是中国首家在A股上市的民营乘用车企业。力帆股份及其持有的10家全资子公司已形成主营汽车、摩托车及发动机产销的跨国性企业集团，曾十度入选中国企业500强，连续多年出口金额位居重庆市第一。然而，因汽车、摩托车行业深度转型，同时受战略投资亏损、内部管理不善等综合因素影响，力帆系企业自2017年起逐渐陷入经营和债务危机，主要资产被抵押、质押，主营业务基本处于停滞状态。2020年6月至7月，债权人以不能清偿到期债务且资产不足以清偿全部债务或明显缺乏清偿能力为由，向重庆市第五中级人民法院申请对力帆股份及其10家全资子公司实施重整。重庆市第五中级人民法院裁定受理了重整申请，并分别指定力帆系企业清算组为管理人。截至2020年评估基准日，力帆股份资产评估总值为38.4亿余元，同期截至2020年11月，债权人申报债权共计116.7亿余元，在假定破产清算状态下，力帆股份普通债权清偿率为12.65%。

【裁判结果】

为维持企业营运价值，重庆市第五中级人民法院在受理重整申请后，决定力帆股份及10家子公司继续营业，同时从2020年8月开始，指导管理人发布重整投资

人招募公告,经过严格审查,最终确定国有投资平台重庆两江股权投资基金管理有限公司和民营企业吉利迈捷投资有限公司组成的联合体,作为战略投资人。2020年11月,力帆股份及其出资人会议以及10家全资子公司债权人会议,均高票通过重整计划草案。重庆市第五中级人民法院批准重整计划。2021年2月,法院作出裁定,确认重整计划执行完毕并终结重整程序。

【典型意义】

力帆系企业司法重整案,是国内首家汽摩行业上市公司司法重整案。通过司法重整,整体化解了企业危机,维护了6万余户中小投资者、5700余名职工的合法利益,保障了上下游产业链千余家企业的正常生产经营。重庆市第五中级人民法院在该案的司法重整中,充分发挥"府院"协调机制作用,创新采用"财务投资人+产业投资人"的模式引入战略投资,形成推动企业重生的双重"驱动力":既为企业发展给予资金支持,又通过行业龙头企业导入新技术、新业态,将传统汽摩制造业升级为智能新能源汽车产业新生态,助力力帆股份产业转型升级,推动了民营企业高质量发展。之后,上海证券交易所撤销了对力帆股份(601777)退市风险警示及其他风险警示。力帆股份及10家子公司也都实现了扭亏为盈,全面实现企业脱困重生。

七、远大石化有限公司、吴向东操纵期货市场案

【基本案情】

被告人吴向东时任被告单位远大石化有限公司董事长、法定代表人。被告单位远大石化有限公司经被告人吴向东召集会议决定,于2016年5月24日至8月31日间,利用其实际控制的18个账户通过以市场价大量连续买入开仓的手法,将资金优势转化为持仓优势。同时通过直接购买、代采代持、售后回购等方式大量囤积聚丙烯现货,制造聚丙烯需求旺盛氛围,以反作用影响期货市场,跨期货、现货市场操纵PP1609价格。被告单位远大石化有限公司违法所得共计人民币4.36亿余元,被告人吴向东违法所得共计人民币487万余元,涉案其他11个账户违法所得共计人民币1亿余元。案发后,被告单位远大石化有限公司退缴违法所得。

【裁判结果】

辽宁省抚顺市中级人民法院认为,被告单位远大石化有限公司通过囤积现货

影响期货品种市场行情等手段操纵期货市场，情节特别严重，其行为已构成操纵期货市场罪；被告人吴向东系直接负责的主管人员，其行为亦构成操纵期货市场罪，均应依法惩处。被告单位远大石化有限公司能够积极配合调查，并积极退缴违法所得，可以从轻处罚。被告人吴向东能够如实供述自己的罪行，构成坦白，可以依法从轻处罚。据此，依法以操纵期货市场罪对被告单位远大石化有限公司判处罚金人民币三亿元，对被告人吴向东判处有期徒刑五年，并处罚金五百万元；依法追缴被告单位远大石化有限公司违法所得人民币四亿余元，依法追缴被告人吴向东违法所得四百八十万余元，继续追缴涉案的其他11个账户违法所得。一审宣判后，被告单位远大石化有限公司及被告人吴向东均提出上诉。辽宁省高级人民法院作出二审裁定，驳回上诉，维持原判。

【典型意义】

操纵证券、期货市场等犯罪，严重损害广大投资者合法权益，严重破坏证券、期货市场管理秩序，危害国家金融安全和资本市场健康稳定。本案中，被告单位通过直接采购、代采代持、售后回购等多种方式囤积现货，影响期货品种市场行情，并利用实际控制的多个期货账户，集中资金优势连续交易期货合约，操纵期货合约价格，情节特别严重，应依法严惩。法院根据被告单位、被告人的犯罪事实、性质、情节和社会危害程度，依法作出上述判决，充分贯彻宽严相济的刑事政策，也充分表明人民法院对金融领域犯罪“零容忍”的态度和立场，对增强资本市场各类主体和投资者法治意识、预防违法犯罪具有重要警示教育作用。

八、“驾校联营”横向垄断协议纠纷案

【基本案情】

浙江省台州市路桥区15家汽车驾驶培训单位签订联营协议及自律公约，约定共同出资设立联营公司即台州市路桥区浙东驾驶员培训服务有限公司（以下简称浙东公司），固定驾驶培训服务价格、限制驾驶培训机构间的教练车辆及教练员流动，涉案15家驾培单位原先分散的辅助性服务（如报名、体检、制卡等）均由浙东公司统一在同一现场处理，浙东公司收取服务费850元。联营协议第三条具体约定了联营公司设立的注册资本与股本结构。涉案15家驾培单位中的台州市路桥吉利机动车驾驶培训有限公司（以下简称吉利公司）、台州市路桥区承融驾驶员培训有限公司（以下简称承融公司）以该15家单位构成垄断经营为由，诉至法院，请求确认

联营协议及自律公约无效。

【裁判结果】

一审法院认为,浙东公司统一处理原先分散的辅助性服务,可提高服务质量、降低成本、增进效率,其收取服务费850元并无不当,有关股本结构条款和服务收费条款可以依法适用反垄断豁免,故一审判决仅确认涉案联营协议及自律公约中构成横向垄断协议的条款无效。吉利公司等不服,向最高人民法院提起上诉,请求改判确认联营协议中股本结构条款和服务收费条款无效。最高人民法院二审认为,达成垄断协议的经营者主张适用垄断豁免的,应当提供充分证据证明其符合有关法定情形,不得在缺乏证据支持的情况下仅仅依据一般性推测或者抽象推定垄断豁免抗辩成立。违反《中华人民共和国反垄断法》关于横向垄断协议规定的合同条款,与横向垄断协议条款紧密联系的条款,以及服务于横向垄断协议行为实施的条款均应属无效,否则不足以消除和降低垄断行为风险。最高人民法院二审判决,撤销一审判决,确认涉案联营协议及自律公约全部无效。

【典型意义】

该案是典型的横向垄断纠纷案件。最高人民法院通过裁判澄清了横向垄断协议豁免事由的适用标准,阐明了违反《中华人民共和国反垄断法》的横向垄断协议应归于无效的一般原则,且无效范围不限于横向垄断协议条款本身,还包括与之具有紧密关联、缺乏独立存在意义的条款和服务于横向垄断协议行为实施的条款。该案裁判有力维护了市场公平竞争秩序,有利于从源头上制止垄断行为。

九、丹东天茂气体有限公司诉辽宁省市场监督管理局行政处罚及国家市场监督管理总局行政复议案

【基本案情】

2018年4月11日,辽宁省市场监督管理局对丹东天茂气体有限公司(以下简称天茂公司)作出《行政处罚决定书》,认定该公司于2017年7月29日参加了丹东市另一气体有限公司组织的聚会,与会气体企业对《丹东市气体行业协会市场销售标准》进行了讨论,就40升瓶装工业氧气市场销售价格达成一致意见。自2017年8月2日开始,该公司采取下发《调价通知单》、销售人员直接告知等形式,通知客户

调整40升瓶装工业氧气价格,实施相关产品的串通价格。相关10家气体企业通过相互价格串通,在丹东市所辖振安区、振兴区、元宝区、东港市范围内共同操纵了40升瓶装工业氧气的市场销售价格,造成相关地域工业氧气价格普遍上涨。该公司的行为违反了《中华人民共和国价格法》第十四条的规定,故责令该公司立即改正上述价格违法行为,并决定罚款12万元。该公司不服,向国家市场监督管理总局申请行政复议。2018年7月26日,国家市场监督管理总局作出《行政复议决定书》,维持上述处罚决定。该公司提起诉讼,请求撤销上述行政处罚决定及行政复议决定。

【裁判结果】

人民法院生效判决认为,依照《中华人民共和国价格法》第六条、第七条、第八条及第十四条第一项的规定,除适用政府指导价或者政府定价外,经营者对其所经营的商品具有自主定价权。经营者自主定价,应当遵循公平、合法和诚实信用原则,以生产经营成本及市场供求状况为据进行。不得相互串通,操纵市场价格,损害其他经营者或者消费者的合法权益。本案中,天茂公司参加了丹东市另一气体有限公司组织的聚会,与会企业讨论涉案气体产品价格并形成一致意见、会后上调涉案气体产品价格等事实存在。该公司与其他9家气体企业串通,导致当地涉案气体产品价格普遍上涨。该公司的行为违反了《中华人民共和国价格法》第十四条第一项的规定,依法应予处罚。辽宁省市场监督管理局作出的行政处罚决定及国家市场监督管理总局作出的行政复议决定认定事实清楚、适用法律正确、程序合法,故判决驳回天茂公司的诉讼请求。

【典型意义】

本案系人民法院依法支持市场监管部门强化统一市场监管执法的典型案例。涉案气体易燃易爆,具有危化属性,需危险货物专用车辆运输,且需办理多项行政审批手续,经营者数量有限、市场进入壁垒高及本地化特征明显。当地的涉案气体产品经营者数量者有限。天茂公司与其他9家气体企业实施价格串通,直接导致当地涉案气体产品价格普遍上涨,扰乱市场竞争秩序,损害气体用户的合法权益。人民法院在案件办理中,全面查清事实、准确适用法律,依法支持市场监管部门查处垄断及妨碍公平竞争行为,有利于维护市场竞争秩序,促进商品资源要素在统一大市场畅通流动。

十、王力军非法经营再审改判无罪案

【基本案情】

内蒙古自治区巴彦淖尔市临河区人民法院一审认定,2014 年 11 月 13 日至 2015 年 1 月 20 日,被告人王力军未办理粮食收购许可证,未经工商行政管理机关核准登记并颁发营业执照,违法收购玉米卖给粮库,非法经营数额 218 288.6 元,非法获利 6000 元。一审法院认为,被告人王力军违反国家法律和行政法规规定,未经粮食主管部门许可及工商行政管理机关核准登记并颁发营业执照,非法收购玉米,非法经营数额 218 288.6 元,数额较大,其行为构成非法经营罪。鉴于王力军案发后主动到公安机关投案自首,主动退缴全部违法所得,有悔罪表现,对其适用缓刑确实不致再危害社会,决定对王力军依法从轻处罚并适用缓刑。该院于 2016 年 4 月 15 日作出(2016)内 0802 刑初 54 号刑事判决,以王力军犯非法经营罪,判处其有期徒刑一年,缓刑二年,并处罚金人民币二万元。宣判后,王力军未上诉,检察机关未抗诉,判决发生法律效力。

王力军收购玉米被以非法经营罪判刑后,引起了舆论争议。最高人民法院主动对本案进行了复查,并依照《中华人民共和国刑事诉讼法》第二百四十三条第二款之规定作出再审决定,指令内蒙古自治区巴彦淖尔市中级人民法院对本案进行再审。

【裁判结果】

内蒙古自治区巴彦淖尔市中级人民法院再审认为,原判决认定的原审被告人王力军于 2014 年 11 月至 2015 年 1 月期间,没有办理粮食收购许可证及工商营业执照买卖玉米的事实清楚,其行为违反了当时的国家粮食流通管理有关规定,但尚未达到严重扰乱市场秩序的危害程度,不具备与《中华人民共和国刑法》第二百二十五条规定的非法经营罪相当的社会危害性和刑事处罚必要性,不构成非法经营罪。原审判决认定王力军构成非法经营罪适用法律错误。该院于 2017 年 2 月 14 日作出再审判决,撤销内蒙古自治区巴彦淖尔市临河区人民法院(2016)内 0802 刑初 54 号刑事判决,改判王力军无罪。

【典型意义】

本案由最高人民法院依职权主动指令再审,表明人民法院对公民权利的积极保护，并通过案件审理推动了相关法规的修订，2016 年 9 月 14 日国家粮食局印发《粮食收购资格审核管理办法》*，规定农民、粮食经纪人、农贸市场粮食交易者等从事粮食收购活动，无需办理粮食收购资格。本案对破解地方粮食流通体制障碍，鼓励农民等多元市场主体入市收购粮食，推动解决一些地方粮食连年增产背景下农民“卖粮难”问题，切实保障农民利益和市场稳定，依法服务农业供给侧结构性改革都具有重要意义。本案入选“2017 年推动法治进程十大案件”。

---

* 现已失效。——编者注

人民法院服务保障自由贸易试验区建设典型案例

(发布时间:2022年2月28日)

自由贸易试验区是改革开放的“试验田”,是我国构建开放型经济新体制的重要窗口。自2013年9月29日中国(上海)自由贸易试验区破土而出,我国已建立21个自由贸易试验区、70个片区,从最初的“一枝独秀”到如今的“雁阵齐飞”,形成了全方位、有梯度的开放格局。党和国家的战略部署,指引着人民法院的前行方向。近年来,最高人民法院先后出台一系列司法文件,要求人民法院深刻认识建设自由贸易试验区的重大意义,加强涉自由贸易试验区案件的审判工作,以更好服务推进更高水平对外开放,为自由贸易试验区的建设提供优质高效的司法保障。

本次发布的人民法院服务保障自由贸易试验区建设典型案例,具有较强的案例示范和引导作用,集中展现了人民法院积极营造法治化国际化便利化的营商环境的丰硕成果。

一是坚持法治引领,平等保护中外当事人合法权益。Carson与纽鑫达公司股东资格确认纠纷案,根据外商投资准入特别管理措施(负面清单)制度的实施,及时明确隐名投资审查标准,依法保护外国投资者的合法权益。翰瑟公司与中意公司买卖合同纠纷案,明确进口固体废物合同系违反我国法律规定的无效合同,依法有效切断洋垃圾进入我国境内,确保中外投资者诚实守信、合法经营。

二是坚持协同创新,健全国际商事纠纷多元化解机制。锐速公司申请确认仲裁协议效力案,体现了支持体育产业商事仲裁的司法立场,对于我国体育产业的健康发展具有积极促进作用。俄罗斯EL公司与重庆KH旅行社委托合同纠纷案以及中建二局公司与英孚公司建设工程施工合同纠纷案,依托“一站式”纠纷化解等联动调解机制,高效化解当事人的纠纷。

三是坚持规范引导,促进新兴产业健康发展。罗某某诉前海通利华公司、天津启隆公司买卖合同纠纷案以及范某某诉星瀚公司游艇买卖合同纠纷案,明确了平行进口汽车销售商以及游艇销售商应承担严格的质量保障义务，彰显了司法对自由贸易试验区平行进口汽车产业和游艇经销等新兴产业健康发展的引导和保障功能。

四是坚持恪守国际条约，展现我国良好法治形象。新时代公司上海分公司与National FZE、National Group航空货物运输合同纠纷管辖权异议案，体现了中国法院恪守国际条约义务、切实保障自由贸易试验区法治化国际化便利化营商环境的司法立场。

1. 锐速公司申请确认仲裁协议效力案

基本案情：

国家体育总局冬季管理中心（以下简称冬运中心）与星际集团签署《合作协议》，约定冬运中心授权星际集团负责国际雪联自由式滑雪空中技巧世界杯中国站的运营，并约定因协议产生的纠纷，任何一方均可提交中国国际经济贸易仲裁委员会北京总会依据该委员会当时有效的仲裁规则解决。锐速公司加入《合作协议》，与星际集团共同享有《合作协议》项下相应权利与义务。其后，三方签署《补充协议二》，约定变更锐速公司全权承办赛事，星际集团协助锐速公司，并就锐速公司赛事承办工作与该补充协议的履行向冬运中心承担补充责任。2019年，冬运中心作为申请人，以锐速公司、星际集团为被申请人，向中国国际经济贸易仲裁委员会提起仲裁申请。2021年1月，锐速公司向北京市第四中级人民法院申请确认仲裁协议无效。

裁判结果：

北京市第四中级人民法院审查认为，冬运中心系以平等主体身份与星际集团、锐速公司订立体育赛事运营合作协议，而非代表政府进行特许经营，故本案纠纷属于平等主体之间的商事合同纠纷，依法可仲裁。《合作协议》中的仲裁条款明确约定了仲裁机构，其合法有效。锐速公司作为《合作协议》的加入方，知悉协议内容，在加入时已表明遵守协议全部条款，其应受《合作协议》中仲裁条款的约束。故裁定驳回锐速公司的申请。

典型意义：

推动体育产业高质量发展、促进体育消费新增长，是北京建设国家服务业扩大开放综合示范区和中国(北京)自由贸易试验区的重要内容。本案对国际体育赛事运营合作协议的可仲裁性予以确认,展现了支持体育仲裁的司法立场,为体育产业运营过程中产生的商事纠纷通过仲裁解决营造良好法治环境,对于我国体育产业的健康发展具有积极促进作用。

2. Carson 与纽鑫达公司股东资格确认纠纷案

基本案情:

美国公民 Carson 与我国公民张某、程某约定在我国境内设立一家贸易公司。按照当时我国法律的规定,外国自然人不能与国内自然人成立合资公司,三人遂签订《股份协议书》,约定以张某、程某名义成立纽鑫达公司。后 Carson 诉请确认张某名下部分纽鑫达公司股权系其所有,纽鑫达公司配合将该部分股权变更登记到 Carson 名下。

裁判结果:

上海市浦东新区人民法院审理认为,根据《中华人民共和国外商投资法》的规定,外籍隐名股东显名的审查标准应符合以下三项条件:1. 实际投资者已实际投资;2. 名义股东以外的其他股东半数以上同意;3. 对外商投资负面清单内的限制类领域,人民法院及当事人在诉讼期间将实际投资者变更为股东,应征得外商投资企业主管机关的同意;对负面清单外的准入类领域,无须再征得外商投资企业主管机关的同意。Carson 的诉讼请求符合法律规定,故判决支持其诉请。纽鑫达公司不服,提起上诉。上海市第一中级人民法院二审判决驳回上诉,维持原判。

典型意义:

《中华人民共和国外商投资法》对外资实施准入前国民待遇加负面清单管理制度,同时放开了国内自然人与外国投资者共同成立外商投资企业的限制。上述变化对外籍隐名股东要求显名的司法审查标准产生了重大影响。本案一、二审法院根据外商投资法关于外资市场准入的规定,及时调整相应审查标准,依法保护外国投资者权益,有利于打造自由贸易试验区法治化营商环境。

3. 新时代公司上海分公司与 National FZE、National Group 航空货物运输合同纠纷管辖权异议案

基本案情：

新时代公司上海分公司与阿联酋 National FZE 公司签订包机合同，约定 National FZE 承运新时代公司上海分公司的货物，由上海运至美国芝加哥。新时代公司上海分公司依约向 National FZE 支付运费后，收到 National FZE 的通知，称飞机无法依约运输货物。新时代公司上海分公司因另寻其他公司运输产生经济损失 31.80 万元，诉请 National FZE 和美国 National Group 赔偿。National FZE、National Group 主张人民法院对本案无管辖权，应驳回新时代公司上海分公司的起诉。

裁判结果：

上海市浦东新区人民法院一审认为，中国、阿联酋、美国均系《统一国际航空运输某些规则的公约》（以下简称蒙特利尔公约）缔约国，本案包机合同约定货物从中国运至美国，属于公约适用的国际航空运输，应适用公约确定本案管辖。公约第三十三条第一款规定："损害赔偿必须在一个当事国领土内，由原告选择，向承运人住所地、主要营业地或者订立合同的营业地的法院，或者向目的地法院提起。"上述地点均不在中国境内，故人民法院对本案无管辖权，裁定驳回新时代公司上海分公司的起诉。

典型意义：

本案合同约定的运输始发地是上海，故新时代公司上海分公司依照我国民事诉讼法的规定在上海法院提起诉讼。蒙特利尔公约未约定运输始发地法院的管辖权，这与我国民事诉讼法有关航空运输合同纠纷管辖的规定不同。根据我国民事诉讼法的规定，我国缔结或者参加的国际条约有不同规定的，适用国际条约的规定，但我国声明保留的条款除外，故本案应优先适用蒙特利尔公约的规定。一、二审法院准确适用国际条约，依法驳回新时代公司上海分公司的起诉，展示了中国法院恪守国际条约义务、切实保障自由贸易试验区法治化国际化便利化营商环境的司法立场。由于蒙特利尔公约对于管辖权的规定较为严格，如何解释订立合同的营业地尤其是外国航空承运人订立合同时在中国的营业地，今后仍值得进一步研究。

4. 中交浚航公司与福建中海公司、中海控股公司买卖合同纠纷案

基本案情:

中交浚航公司与福建中海公司长期进行大宗油品交易,因国际油价行情波动剧烈,福建中海公司资金周转困难,累计拖欠中交浚航公司货款及违约金6500余万元。中海控股公司与中交浚航公司签订《关于油品销售合同的最高额保证合同》,为福建中海公司的债务提供连带责任保证。中交浚航公司因多次催讨欠付货款未果,提起诉讼并要求保全福建中海公司、中海控股公司的银行账户、股权、房产、土地、海域使用权及油罐等多项财产。

裁判结果:

浙江省舟山市中级人民法院自贸试验区法庭受理案件后,从既要保障原告合法权益,也要尽可能减少对被告生产经营影响的角度出发,确定了先查控银行账户,后逐步保全其他资产的方案,并抓紧保调对接,款项每到位一笔即裁定解除部分保全。经各方努力,案件最终成功调解。

典型意义:

建设以油气为核心的大宗商品资源配置基地是浙江自贸试验区最重要的功能定位,也是舟山片区的主要发展方向。大宗油品交易具有标的大、金额大、行情波动大等特点,每单交易都对企业经营有重大影响。本案针对性地确立"灵活保全、平衡保护、保调对接"的工作思路,采取符合企业经营现状与发展需要、对企业经营影响最小的司法措施,努力做到不中断企业的指挥系统,不中断企业的资金往来,不影响企业的正常生产经营,不扩大对企业声誉的负面影响,最大限度地避免对涉案企业正常生产的影响,助力企业有序开展经营活动,体现了审慎、善意、文明的司法理念,有效优化了自由贸易试验区的法治营商环境。

5. 中建二局公司与英孚公司建设工程施工合同纠纷案

基本案情：

英孚公司（台企）8 吋晶圆生产线建设项目是福州高新区重点高科技项目，具有良好的经济社会效益。中建二局公司中标该项目建筑安装第一期工程，合同总金额1.4亿元。工程施工过程中，中建二局诉至福州市中级人民法院，要求英孚公司支付预付款、进度款及各项损失共计约4200万元。福州市中级人民法院启动福州市台胞权益保障法官工作室（以下简称工作室）主持调解。应英孚公司的请求，工作室还邀请在大陆律师事务所执业的台胞律师和涉台案件特邀调解员参与庭外调解工作。

裁判结果：

通过多场调解会，双方最终握手言和，协商一致解除合同，英孚公司分五期向中建二局公司支付各项款项共计3600万元。双方在工作室签订了调解协议，这起标的额逾4200万元的纠纷得到了圆满解决。

典型意义：

福州中院回应自贸试验区台胞的司法需求，构建自贸试验区涉台纠纷诉前、诉中、诉后全程调解体系，以福州市台胞权益保障法官工作室为平台，建立台胞律师联动调解机制，邀请在大陆律师事务所执业的台胞律师参与调解，并聘请在大陆的台胞担任涉台案件特邀调解员，为台胞、台企在大陆的发展创造了优良的法治环境。本案充分反映了福州市台胞权益保障法官工作室"联调联动+资源整合"工作机制的良好实践效果。

6. 翰瑟公司与中意公司买卖合同纠纷案

基本案情：

中意公司是在湖南自贸试验区内设立的外商投资企业，专营进出口贸易。翰瑟公司与中意公司签订了两份买卖合同，约定由中意公司从意大利供应商处为翰瑟公司购买碎皮料,并约定因海关检查等原因致合同不能履行的,免除相应违约责任。涉案货物经海关查验并取样送检被认定为“成品皮革、皮革制品或再生皮革的边角料”,为我国禁止进口的固体废物。海关对中意公司作出处罚。翰瑟公司诉请解除两份买卖合同,判令中意公司返还货款204 100元并支付资金占用利息。

裁判结果:

长沙市中级人民法院一审认为,涉案买卖合同的标的属于我国禁止进口的固体废物,该合同违反法律、行政法规的强制性规定,故合同无效。两公司明知涉案货物属于我国禁止进口的固体废料,双方对合同的签订和履行均有过错,应按照各自过错承担责任。判决中意公司返还翰瑟公司货款204 100元。双方均不服,提起上诉。湖南省高级人民法院二审判决驳回上诉,维持原判。

典型意义:

既要依法保护、也要依法监管,是自贸试验区法治化营商环境的完整内涵。近年来,我国深化对固体废物的管理制度改革并取得了明显成效。本案明确了进口固体废物合同系违反我国法律规定的无效合同,依法有效切断洋垃圾进入我国境内,规范和引导中外投资者诚信、合法经营,对优化自由贸易试验区生态环境、保护人民身体健康具有重要意义。

7. 罗某某诉前海通利华公司、天津启隆公司买卖合同纠纷案

基本案情:

罗某某委托他人向天津启隆公司购车,支付购车款107万元。涉案车辆由KIMBERLY ANN MURPHY从美国4S店购买,后出售给美国环球公司,美国环球公司又销售给中信港通公司,之后转运到前海通利华公司仓库。罗某某提车后不久,发现所购车辆是事故车。经鉴定,涉案车辆的后备箱覆盖件、钣金件有焊接、修复痕迹。罗某某遂提起本案诉讼。

裁判结果:

深圳前海合作区人民法院一审判决天津启隆公司退还罗某某购车款107万元

及利息,赔偿罗某某购买涉案车辆价款的三倍金额 321 万元。天津启隆公司不服,提起上诉。深圳市中级人民法院二审判决驳回上诉,维持原判。

典型意义:

本案买卖标的物为平行进口汽车,是汽车经销商未经品牌厂商授权,直接从海外市场购买并进入国内市场销售的产品。平行进口汽车是自贸试验区探索性政策的重要内容之一,拓宽了消费者选择渠道,但在售后保障、质量保证方面需加强对消费者权益的保护。本案中,人民法院依照消费者权益保护法的规定,认定经销商的行为构成欺诈,并适用惩罚性赔偿,对经销商施以严格的说明义务,督促经销商严格把关汽车质量、认真审核车辆来源,彰显了司法对自贸试验区平行进口汽车产业健康发展的引导和保障功能。

8. 范某某诉星瀚公司游艇买卖合同纠纷案

基本案情:

范某某与星瀚公司签订《销售合同》,约定以总价款 1 284 000 元从星瀚公司处购买一艘美国进口 Four Winns 品牌游艇,星瀚公司保证游艇是全新进口,且按 Four Winns 公司保修条款提供产品质保期。收货后,在范某某及其家人使用过程中,游艇的发动机等多次出现故障。范某某发现该游艇并非全新,且该游艇进口时配备的《装置概述与信息表》记载发动机主要部件质量保证到期日应为 2021 年 10 月 10 日。范某某诉请撤销《销售合同》,星瀚公司返还货款 1 284 000 元,支付赔偿款 3 852 000 元。

裁判结果:

海口海事法院一审支持范某某全部诉请。星瀚公司不服,提起上诉。海南省高级人民法院二审认为,范某某为其本人及家人生活消费购买游艇,属于消费者权益保护法规定的消费者。星瀚公司隐瞒其曾经出售游艇的事实并缩短发动机质保期,对范某某造成实质性损害,构成欺诈。依照消费者权益保护法的规定,星瀚公司应当按照购买游艇价款的三倍赔偿范某某的损失。二审判决驳回上诉,维持原判。

典型意义：

旅游业是海南自由贸易港重点发展产业，游艇产业是海南旅游消费提质升级的助推器。本案不仅明确个人购买、使用游艇可依消费者权益保护法主张惩罚性赔偿，而且将“造成实质性损害”作为认定销售欺诈的要件之一，合理兼顾了消费者权益的保护和销售商质量保证义务的承担，对海南自由贸易港旅游业与游艇业的健康发展具有积极促进作用。

9. 俄罗斯EL公司与重庆KH旅行社委托合同纠纷案

基本案情：

俄罗斯EL公司承接国际旅游服务。自2017年起，EL公司受重庆KH旅行社委托，负责接待该旅行社组织的赴俄旅游地接服务工作。地接服务费用由EL公司垫付，KH旅行社按照团期支付给EL公司。因KH旅行社迟延支付费用，EL公司提起诉讼，要求KH旅行社支付地接服务费及逾期付款利息。

裁判结果：

重庆自贸试验区法院受理案件后，在充分尊重当事人意愿前提下，依托重庆自贸试验区法院牵头搭建的涉外商事诉讼、仲裁与调解“一站式”纠纷解决机制，双方当事人一致同意本案由中国国际经济贸易仲裁委员会西南分会(以下简称贸仲西南分会)仲裁。EL公司向人民法院提交撤诉申请，同时贸仲西南分会提出仲裁申请，人民法院准予撤诉并将案件材料移交贸仲西南分会。贸仲西南分会积极组织双方调解，最终以仲裁调解解决纠纷。

典型意义：

为配合自贸试验区各项改革措施落实落地，重庆法院积极构建涉外商事“一站式”纠纷化解机制，为市场主体提供多元化纠纷解决方式，有效节约司法资源，优化自贸试验区营商环境。本案成功实现诉讼、仲裁与调解的对接，丰富了“诉仲对接”实践，有效化解了涉自贸试验区商事纠纷，切实保障了当事人的合法权益。

10. 长城控股公司与中德西拉子公司担保合同纠纷案

基本案情：

2017年，中德西拉子公司与香港长城控股公司、华西银行成都分行签订《监管协议》。约定以中德西拉子公司名义在华西银行成都分行开立监管账户，进入监管账户的全部资金将进行封闭管理，用于清偿中德西拉子公司的德国子公司欠付香港长城控股公司的债务，账户监管期限于债务清偿完毕之日止。协议签订后，香港长城控股公司与中德西拉子公司的德国子公司签订《借款合同》，向该子公司出借1.7亿欧元。其后，中德西拉子公司在华西银行成都分行开立专门账户，向该账户划入监管资金共计人民币25 000万元。香港长城控股公司提起诉讼，要求确认其对涉案专门账户中的8100万元存款享有优先受偿权，中德西拉子公司在8100万元范围内承担质押担保责任。

裁判结果：

四川省高级人民法院一审认为，中德西拉子公司和华西银行成都分行均设立在成都自贸试验区内，本案纠纷因中德西拉子公司为其境外子公司外币借款提供担保产生，涉案担保合同依法有效，判决确认香港长城控股公司对涉案账户中的8100万元存款享有质权。中德西拉子公司不服，提起上诉。最高人民法院二审判决驳回上诉，维持原判。

典型意义：

涉外担保是自贸试验区商事活动的常见形态。2014年国家外汇管理局发布施行的《跨境担保外汇管理规定》，明确外汇管理部门对跨境担保合同的核准、登记、备案等外汇管理要求，不构成涉外担保合同的生效要件。本案判决明确了涉外担保合同效力的认定规则，依法保障国际贸易自由化、便利化，对促进自贸试验区开放型经济发展具有重要意义。

人民法院助力中小微企业发展典型案例

(发布时间:2022年4月19日)

案例目录

案例1

某投资公司、陆某某与某油品公司、王某股权转让纠纷执行案

——执行法院推动案外融资盘活被执行企业无形资产

【执行要旨】

被执行企业名下有一加油站且已办理成品油零售经营批准证书,但无法对相

关资质进行价值判断。执行法院通过积极促成其他成品油经营企业进行注资,实现被执行企业无形资产的有形变现。

【基本案情】

本案被执行企业是一家经营成品油的中小企业。在法院执行过程中,江苏省苏州工业园区人民法院(以下简称苏州工业园区法院)查封并裁定拍卖其名下一加油站。经现场评估调查后,评估机构向法院反馈该加油站的价值在人民币1000万元左右,而经法院调查,该加油站已设定优先债权人民币1800万元。同时经调查发现,该加油站已办理了成品油零售经营批准证书,且已投入经营。据了解,成品油零售经营资质许可非常严格,申请公司不但在硬件设施上要符合许可条件,而且公司的经营状况以及辖区内市场零售经营分配状况也要符合许可条件。因此,成品油零售经营资质不但是加油站的"户籍"证明,而且也是油品经营企业的"香饽饽",具有很高的经济价值。而受评估方式限制,评估机构仅能对加油站的固定建筑和资产进行评估,无法对加油站已经具备的相关资质的经济价值进行估价。因此,对上述财产的处置陷入两难境地。如果按照传统财产处置方式,被执行企业的财产有被低价出售的可能,而花费大量成本办理的经营资质也可能会被取消,企业也可能因此陷入债务困境。针对上述情况,苏州工业园区法院组织双方当事人进行协商,在征得双方同意,且不损害案外人合法权益的情况下,积极促成第三方成品油经营公司对本次处置的财产进行收购,对加油站及成品油零售经营资质进行整体变现,最大程度地实现被执行财产价值。最终,本案债权1500万余元全部执行到位,被执行企业也顺利脱困。

【典型意义】

人民法院认真贯彻落实善意文明执行理念,充分发挥司法职能作用,为中小微企业发展解忧纾困,服务"六稳""六保"工作。本案办理过程中,苏州工业园区法院充分考虑到被执行企业财产的特殊性,在对固定资产及经营资质的经济价值进行综合分析基础上,灵活采取财产处置方式,力求真实反映被执行财产的经济价值。最终,不但使案件顺利执结,保护了债权人的利益,而且避免了被执行企业财产被低价出售,使被执行企业获得重生,有力保护了企业产权和企业家合法权益。

案例2

某银行与某铜业公司、某材料公司等金融借款合同纠纷系列执行案

——借助“物联网+执行”技术盘活企业资产

【执行要旨】

执行法院利用“物联网查封财产监管系统”对财产进行全面灵活监管,确保企业“边查封边经营”,开创了大数据时代人民法院执行工作的新模式。

【基本案情】

某铜业公司因担保产生的债务约8亿元,先后被7家金融机构诉至法院,经审理后进入强制执行程序。江苏省无锡市中级人民法院(以下简称无锡中院)经财产调查,发现该公司可供执行财产只有4.4万平方米的厂房及相关机器设备,生产经营尚属正常,如果采取以往的查封后拍卖等措施,不仅会影响该公司的正常经营,还会因此导致该公司财产情况进一步恶化,最终损害申请执行人的利益。为实现在执行中保障企业正常生产经营的目标,无锡中院利用“物联网查封财产监管系统”,在该公司安装了近300个电子封条、40多台监控设备,组成严密的物联网电子查封财产监管系统,全时段动态监管该公司所有的厂房、原材料、生产设备等财产,实时感知和预警现场情况,并及时回传至监管平台,实现企业“边查封边经营”。同时,借助系统实时采集该公司生产经营中用电、原料投入、成品产出等十个维度信息,通过终端协同和边缘计算,建模还原企业日常生产状况,帮助法院判断企业经营是否正常以及查封的财产价值是否发生变化。上述执行措施实施后,变“死封”为“活封”,既看住了厂房设备,又能让企业正常生产经营,让人民法院看似冷冰冰的执行更有了温度。这一温度也提升了拍卖热度,由于是一家仍在正常生产的“活着的企业”,在随后对该公司的司法拍卖中,该公司整体资产的拍卖价达1.6亿元,溢价4000万元,远超第一次流拍的拍卖底价。

【典型意义】

无锡中院通过物联网查封财产监管系统,不仅贯彻了“适度、合理、必要”的善意文明执行理念,而且扩大了“活查封”范围,使查封财产监管由物理控制变为信息控制,真正实现“活查封”。最终达到了既最大限度降低对被执行企业正常生产经

营影响，又最大程度兑现了胜诉方实体权益的双赢效果。无锡中院通过个案应用，积极总结并推广工作经验，初步探索出一条“物联网+执行”促进善意文明执行的新路径，充分体现了人民法院充分运用物联网技术赋能执行的信息化新理念。

案例 3

周某某等 12 名员工与江西某旅游开发有限公司劳动争议纠纷执行案

——执行法院帮助欠债企业恢复经营，12 名员工重返工作岗位

【执行要旨】

中小微企业容易受到疫情影响，人民法院办理涉中小微企业执行案件时，走访调查被执行企业生产经营状况，为企业融资提供便利，减少因强制执行对企业正常生产经营的影响。

【基本案情】

周某某等 12 名员工因被江西某旅游开发有限公司解雇，向鹰潭市劳动人事仲裁委员会申请劳动仲裁。2021 年 7 月，该仲裁委作出多份仲裁裁决或调解书，确认江西某旅游开发有限公司应支付周某某等 12 名员工工资、加班工资、赔偿金等合计 20 余万元。仲裁生效后，江西某旅游开发有限公司未履行付款义务，周某某等 12 名员工向法院申请强制执行。2021 年 7 月 23 日，江西省贵溪市人民法院（以下简称贵溪法院）立案执行。执行调查发现，被执行人江西某旅游开发有限公司在江西省鹰潭市中级人民法院还有作为被执行人的建设工程合同纠纷案，欠债金额巨大且其名下房屋均已被查封。为履行判决义务，被执行人主动提出分期还款请求，但各方当事人未能达成一致意见，案件执行陷入停滞。贵溪法院一方面督促被执行人向上级公司报告，争取资金支持；另一方面赴该公司走访调查，了解到该公司的旅游观光车、运营卡车等 30 余辆未被查封，漂流、亲子乐园等项目仍在正常经营。考虑正值夏季“漂流、亲子、避暑”等旅游项目的黄金期，贵溪法院决定对观光车等车辆采取“活封活扣”措施，即查封部分车辆后仍交由该公司继续经营使用，暂不进行评估拍卖。2021 年 12 月，该公司成功引入第三方投资，并一次性清偿了全部欠款。同时，为解决周某某等人再就业问题，经执行法院耐心做工作，该公司同意继续聘用周某某等 12 名员工。2022 年 2 月，该案得以圆满解决。

【典型意义】

本案是人民法院依法适用“活封活扣”措施,盘活企业、执结案件和解决再就业问题的典型案例。在这起系列案中,贵溪法院面对执行困难,主动走访调查了解被执行人经营状况和困难,对旅游车辆等采取“活封活扣”措施。这一措施既给企业提供了融资时间,又避免影响其正常生产经营,有效帮助被执行人引入第三方资金促进案件顺利执结。同时,贵溪法院耐心细致做该公司工作,帮助周某某等12名员工重返岗位再就业,实现了社会效果和法律效果的统一。

案例4

江西某科技公司与某信业公司建设工程施工合同纠纷执行保全案

——人民法院置换保全标的物确保农民工工资发放及企业正常生产

【执行要旨】

在新冠肺炎疫情影响下,现金流对企业的发展至关重要。执行法院依法快速解封企业资金专户,变更财产保全措施,确保农民工工资发放,避免被保全企业因财产保全陷入困境。

【基本案情】

因建设工程施工合同纠纷,江西某科技公司将某信业公司诉至江西省遂川县人民法院(以下简称遂川法院)。经法院判决,被告某信业公司支付原告江西某科技公司工程结算款593 771.05元,打胶款8000元,工程质保金115 987.95元,共计约72万元。被告对判决不服,上诉至江西省吉安市中级人民法院。上诉期间,为防止被告某信业公司转移财产,原告江西某科技公司向法院提出财产保全申请,申请查封、冻结被告银行存款或等价值财产折合人民币70万元。收到该保全申请后,遂川法院依法冻结了企业资金账户。采取保全措施后,被申请人某信业公司向遂川法院提出申请,请求解除对其中某一账户的冻结,理由是该账户被冻结直接影响到农民工工资发放和资金流转,影响企业后续正常生产经营,并提供了相关证据材料。遂川法院经审查认为,被申请人提供的材料足以证明该账户用于农民工工资发放,且保全申请人与被申请人所涉合同纠纷明显与农民工工资无关,裁定解除对该账户的冻结。同时,为了保障申请人的利益,立即对被申请人名下的一部卡宴豪车进行查封,禁止办理证照转移手续。遂川法院精准变更财产保全措施,让涉诉企业避免因司法强制措施陷入停产停工。

【典型意义】

执行法院在收到解除保全措施申请后,迅速启动涉企纠纷绿色通道和快捷处理机制,依法依规迅速变更了财产保全强制措施,解除对资金账户的保全措施,变更为查封被保全人名下车辆,保障了农民工工资的正常发放和资金流转,减少了对当事人正常生产经营的影响,避免其因司法强制措施陷入困境,这是善意文明执行理念的具体实践,也是司法帮助中小企业纾困解难的精准体现。

案例 5

某建筑公司与辽宁某公司
建设工程施工合同纠纷执行案

——以小微企业需求引导办案方向,创新工作方法盘活查封财产

【执行要旨】

执行法院通过鼓励不动产承租人参与竞买、继续与买受人签订租赁协议等方式,稳定市场秩序,保障各方企业的合法权益。

【基本案情】

某建筑公司与辽宁某公司建设工程施工合同纠纷一案,辽宁省丹东市中级人民法院(以下简称丹东中院)判决辽宁某公司支付某建筑公司合计 1000 余万元。某建筑公司已保全查封辽宁某公司名下 9 处商用不动产(门市),均被小微企业占有使用。立案执行后,执行法院查明除已查封财产外,辽宁某公司无其他可供执行的财产,辽宁某公司亦向法院表示除保全查封的财产外,公司无履行能力。通过现场勘查,执行法院查明 9 处不动产确系其他市场主体占有经营。从空间布局分析,9 处经营场所占据主要街区,强制腾空虽然符合法律规定,但很可能给正在经营的小微企业带来“灭顶之灾”。经执行法院释法明理,9 家小微企业表示愿意参与竞买。在获得占有者未竞买成功即主动退场的承诺后,丹东中院启动评估拍卖程序。

从案件执行结果来看,全案为申请执行企业执行回款1040万元,返还被执行企业拍卖溢价款2.3万元,在保障当事人胜诉权益的同时,成功预防本案出现超标的查封。9处不动产中4处被占有企业购买,5处购买者与占有企业于交付现场达成续租协议。本案申请执行企业、被执行企业、不动产占有企业、不动产买受人对法院的执行工作均表示满意。

【典型意义】

执行措施通常涉及申请执行企业、被执行企业及查控标的物租赁企业多方利益,执行法院需要积极创新执行方式,通过鼓励不动产租赁企业参与司法拍卖,由"租客"转为"房东",或者继续租赁等方式,稳定市场秩序,维护各方当事人合法权益。

案例6

河南某医药公司与某人民医院买卖合同纠纷执行案

——推动申请执行人与作为被执行人的抗疫医院和解,支持抗疫大局

【执行要旨】

执行法院积极推动执行和解,依法解除对抗疫医院账户的冻结,有力支持和服务了当地抗疫工作大局。

【基本案情】

申请执行人河南某医药公司与被执行人某人民医院买卖合同纠纷案,河南省高级人民法院于2019年12月28日作出民事判决,判令某人民医院支付某医药公司货款23 739 192.03元及利息。案件进入执行程序后,因涉及还款金额较大,一次性还款会影响医院正常运转,被执行人某人民医院向执行法院河南省新乡市中级人民法院(以下简称新乡中院)提出暂缓冻结、扣划该院银行账户申请,承诺积极与申请执行人协商还款事宜。执行法院积极主导对双方当事人开展执行和解工作,但经多次沟通未能达成和解协议。2020年4月26日,新乡中院对被执行人某人民医院的银行账户予以冻结。正值新冠肺炎疫情暴发,疫情防控指挥部向执行法院

发函,释明某人民医院为该县抗击新冠肺炎疫情唯一定点救治医院,担负防疫救治和卫生保障任务,名下账户具有防疫和日常医疗结算功能,冻结账户将影响该院正常防疫工作及医疗保障功能,申请解除冻结并督促某人民医院与债权人达成和解确定还款计划。为此新乡中院多次约谈双方当事人,最终双方当事人于 2020 年 5 月 6 日达成执行和解协议,执行款 2919.3058 万元分三期履行,并于当日支付首批执行款 300 万元,法院依法解除对被执行人某人民医院银行账户冻结。后期某人民医院履行了剩余款项。在依法保障胜诉当事人合法权益同时,最大限度减少对被执行人权益影响,实现政治效果、社会效果和法律效果有机统一。

【典型意义】

人民法院在案件执行过程中要牢固树立大局意识和全局意识,在服务和保障疫情防控大局的同时,充分保障当事人的合法权益。在本案的执行中,执行法院考虑到被执行人承担新冠肺炎疫情救治工作的特殊性质,依法审慎采取强制执行措施,积极促进双方达成和解后,依法解除对医院账户的冻结。

案例 7

罗某等 20 人与某餐饮公司劳动争议系列执行案

——采用"放水养鱼"执行模式为小微企业履行法律义务提供善意执行司法智慧

【执行要旨】

执行法院依法为小微企业被执行人预留必要的流动资金和经营资质,以"放水养鱼"方案帮助其逐步恢复清偿能力。

【基本案情】

罗某等 20 人原是被执行人某餐饮公司的员工,因该餐饮公司拖欠他们数十万元的工资而申请劳动仲裁,仲裁裁定责令该公司需支付拖欠他们的劳动报酬,后罗某等员工以该公司未履行义务为由向广东省江门市江海区人民法院申请强制执行。执行过程中,经执行法院调查查明,某餐饮公司属于餐饮行业小微民营企业,受新冠肺炎疫情影响已面临严重的经营困境,除餐饮设备外,并无其他可供执行财产,而剩余在餐厅租赁场地的餐饮设备并无太大价值,且不足以清偿其全部工人工资。虽某餐饮公司表示希望通过继续经营以偿还债务,但出租方要求解除租赁合同收回租赁场地,某餐饮公司复工复产遇到重大障碍。执行法院经认真研判认为,如果此时查封该餐饮公司银行账户、餐饮设备并拍卖其资产,将该公司列为失信被执行人及采取限制消费措施等,其将无法维持基本运转经营,亦无法足额保障兑现胜诉工人的合法劳动报酬利益。执行法院遂以该公司希望继续经营以偿还债务为突破点,以当时广东省发布逐步恢复餐饮堂食服务政策为切入点,创新地适用"挽救式""养鱼式"执行方案。通过向申请执行人、租赁方分析"竭泽而渔"可能"两败俱伤"等情况,促成案件达成执行和解方案,即灵活变更强制措施,法院暂不对该公司采取失信、限高、查封银行账户、立即拍卖等传统强制措施,预留公司必要的流动资金和往来账户,延长其半年的履行期限。法院依法对该公司的餐饮设备采取"活封"措施,允许其继续利用原餐饮设备复工复产。该公司可延期支付租赁方租金并由法院协助引进战略管理第三方投资团队对公司经营策略进行升级转型。其后该公司经营情况扭亏为盈,足额支付完毕所欠工资,所涉20件追索劳动报酬执行案全部足额执行完毕。

【典型意义】

执行法院采用"挽救式"的"放水—养鱼—经营—清偿"执行路径,尽可能减少对企业正常生产经营的不利影响,维持企业一定的经营资质,帮助其逐步恢复清偿能力,充分体现了善意文明执行理念,展示了人民法院服务中小微企业发展的执行智慧。该案对于人民法院如何兼顾"服务疫情复工""善意文明执行""优化小微企业营商环境"和"实质性化解涉民生矛盾",从而取得多赢执行效果提供了实践样本。

案例8

某市国有资产经营公司与某建设集团公司、某银行分行等借款合同纠纷案

——发挥司法审判职能,降低民企融资成本

【裁判要旨】

依法保护地方政府为降低中小微企业融资成本推出的"政府+银行"新型融资

模式应急循环资金，运用司法手段引导银行以融资合作方式持续为应急资金池注入资金，保障应急资金的良性循环，并以降低利率方式减少中小微企业融资成本，以房产抵押方式保障国资金融债权实现，找准各方当事人利益平衡点，求得最大公约数。

【基本案情】

某建设集团公司因其在某银行分行的贷款即将到期，于2016年12月15日向某市国有资产经营公司申请等额的应急循环资金用于偿还贷款，期限为10天。同年12月22日，某银行分行向某市国有资产经营公司出具《续贷承诺书》，承诺在该行的贷款于2016年12月22日到期后为某建设集团公司续贷2330万元，保证在2016年12月31日前发放并全额划转至某建设集团公司专项资金账户，若在上述规定期限内未能全额归还某市国有资产经营公司向某建设集团公司发放的应急循环资金借款或因该行违约导致某市国有资产经营公司应急资金损失的，该行同意承担上述资金归还、补足的清偿责任。当日，某市国有资产经营公司与某建设集团公司签订《借款合同》，同时与某建设集团公司的法定代表人吴某某及其近亲属吴某、江某签订《最高额保证合同》。该两份合同约定：某建设集团公司借款1700万元作为应急循环资金，借款期限为2016年12月22日至2016年12月31日，日利率为万分之五；吴某某、吴某、江某分别为某建设集团公司的前述借款提供最高额为2000万元和1700万元的连带责任保证。合同签订后，某市国有资产经营公司按约向某建设集团公司发放1700万元应急循环资金。后某银行分行未如约续贷，某建设集团公司仅向某市国有资产经营公司偿还了部分借款。某市国有资产经营公司提起诉讼。湖北省黄石市西塞山区人民法院考虑到某建设集团公司受疫情及房价下行等因素影响偿债能力不足，积极组织各方协商，努力寻找最佳纠纷解决方案。经多轮谈判磋商，某市国有资产经营公司与某银行分行达成《融资合作协议》，某银行分行为某市国有资产经营公司提供优惠资金支持，并协助某建设集团公司在2021年11月30日前将六套房屋抵押登记在某市国有资产经营公司名下，某市国有资产经营公司保证不再向某银行分行主张任何权利。此后，某市国有资产经营公司申请撤回了对某银行分行的起诉。法院在确认《融资合作协议》履行完毕且房屋抵押登记手续完成的情形下作出民事裁定书，依法准许撤诉。针对某市国有资产经营公司向某建设集团公司等主张的诉讼请求，依法判决某建设集团公司偿还借款并支付违约金，吴某某等承担连带清偿责任。

【典型意义】

人民法院助力地方政府为中小微企业纾困政策落地见效，积极整合地方政府中小微企业融资平台和商业银行融资渠道，为中小微企业获得信贷提供司法保障。本案系借用应急循环资金“过桥”而引发的借款合同纠纷案件，涉及地方政府融资平台公司、民营中小微企业和金融机构三方主体，法院在厘清各方权利义务的基础上，保障应急循环资金池的正常运作，引导银行持续为应急循环资金池提供资金支持，确保“池里有水”，使政府融资平台公司有能力持续为本市中小微企业纾困解难；释明法定利率保护上限及民营企业面临的生存困境，引导国资公司主动大幅度降息，减轻了企业的资金压力；引导银行协助将债务人的房屋进行抵押，给政府融资平台公司吃“定心丸”，保障了国有资金的安全。通过调判结合方式巧妙平衡各方利益，达到了依法妥善审理金融借款纠纷案件、切实降低中小微企业融资成本、发挥司法助力中小微企业发展的效果。

案例 9

某文化旅游公司、某集团公司与某银行支行等撤销不良贷款记录纠纷案

——判决银行更正企业信用评价与信用信息，维护企业信誉和品牌价值

【裁判要旨】

银行作为信用信息提供者，对企业信用信息的调整负有严格的审查义务，在信用评价不当的情况下，应及时对错误的信用信息进行更正。

【基本案情】

2013年12月12日，某文化旅游公司与某银行支行签订《房地产借款合同》，向该行借款2.6亿元，借款期限为3年。某文化旅游公司、某集团公司为上述借款提供担保。2016年12月15日，某银行支行与某文化旅游公司、某集团公司签订《借款合同要素变更协议》，分别延长原借款合同项下分次提款的借据对应的借款期限。其中，有共计1.12亿元借款的期限延长至2018年5月31日。2018年4月，案涉贷款被降低信用评级，在中国人民银行征信中心被归为不良贷款。某文化旅游公司、某集团公司起诉请求判令某银行分行立即删除某文化旅游公司、某集团公司在中国人民银行征信中心的不良贷款记录。该诉讼请求一审被驳回。山东省青岛市中级人民法院二审认为，某银行支行对某文化旅游公司贷款信用等级的调整负

有严格审查义务，某银行支行未能证明将某文化旅游公司的正常贷款认定为不良贷款的合法性，将其上传中国人民银行征信系统，在对企业商业信誉造成不良后果的情况下，实施了调整信用等级的行为，致使金融系统对某文化旅游公司、某集团公司的公众评价降低，给企业形象造成了影响。因此，某银行支行的行为构成对某文化旅游公司、某集团公司名誉权的侵犯，故某文化旅游公司、某集团公司要求撤销其在某银行以及在中国人民银行征信中心的不良贷款记录的诉讼请求理由成立，予以支持。

【典型意义】

本案涉及企业信用评价和信用信息保护，人民法院在审理过程中对信用信息主体、信用信息提供者、信用信息处理者之间的关系进行了积极探索，在平衡各方权益的基础上，厘清不同主体的权利义务边界，提出银行作为信用信息提供者，对企业信用信息的调整负有严格的审查义务，在信用评价不当的情况下，应及时对错误的信用信息进行更正，确保了信用评价体系能够更加精准反映企业的信用状况，也有效维护了企业信誉和品牌价值，减少了企业在市场交易过程中的阻力和困难，提高了企业的贷款可得性。

案例 10

甲租赁公司与乙公司融资租赁合同纠纷案

——对变相利息不予支持，降低企业融资成本

【裁判要旨】

融资租赁公司以收取服务费、代收保险费为名扣收的款项属于变相高息，增加了中小微企业的融资成本，对融资租赁公司收取的变相利息不予支持。

【基本案情】

乙公司为中小微企业。甲租赁公司与乙公司签订了《买卖合同》，甲租赁公司向乙公司购买标的物并出租给乙公司，合同约定标的物价款为 100 万元。双方还签订《融资租赁合同》，约定出租人根据承租人指定，购买租赁物并出租给承租人使用，约定逾期利息及违约责任，并约定每月租金金额。合同项下所有租赁物完成了交付，甲租赁公司扣除履约保证金 200 000 元、服务费 38 500 元、首付租金 11 280

元、保险费2642元后,实际向乙公司支付款项仅为747 578元。后乙公司无力还款,甲租赁公司起诉请求判令乙公司支付合同项下19—35期全部未付租金509 000元及第1—18期租金逾期利息、违约金等。一审判决认定的乙公司应付租金总额仅扣除了已支付的租金、履约保证金200 000元、首付租金11280元,并未扣除服务费38 500元及保险费2642元。广东省广州市中级人民法院二审认为,因甲租赁公司在本案中未能举证就其扣收的服务费具体提供了何种服务,也未能举证证明其代收保险费后缴纳了相应保险项目费用,故以收取服务费、代收保险费为名扣收的款项属于变相高息,增加了乙公司的融资成本,不应得到支持,上述费用亦应在未付租金中予以扣减,乙公司向甲租赁公司应计付的违约金基数也应作相应调整,遂予以改判。

【典型意义】

人民法院在审判工作中助力解决中小微企业融资贵的问题,依法审理融资纠纷,降低不合理的融资利率。对资金融出方收取的利息,以及以咨询费、担保费等其他费用为名收取的变相利息,依法严格认定,对超出法定保护范围的部分不予支持。本案中,租赁公司收取服务费、代收保险费,但未能举证就其扣收的服务费具体提供了何种服务,也未能举证证明其代收保险费后实际缴纳了相应保险项目费用,增加了用款企业的融资成本,人民法院依法认定该等费用属于变相高息,不予支持,降低了中小微企业的融资成本,解决了中小微企业发展面临的资金困难。

案例11

某果蔬公司破产清算转重整案

——积极推动破产清算转重整,挽救农企复苏,
保护农民工利益,助力脱贫攻坚与乡村振兴

【裁判要旨】

对于因现金流受限而陷入困境但具备重整价值和拯救可能的农企,通过破产清算转重整,公开招募引入第三方投资人注资,挽救农企走出困境。

【基本案情】

某果蔬公司位于城郊,主营业务为瓜果蔬菜等农产品的种植、销售和配送服

务,被评为当地“市级农业龙头企业”“市级扶贫龙头企业”“省级扶贫龙头企业”,并且持有省级著名商标,与县内21家企业、学校及政府部门签订有果蔬配送协议,在行业内具有较高的知名度和影响力。为了扩大经营规模,该公司贷款新建办公楼、农产品交易中心,截至案发时的固定资产有土地3300平米、厂房7060平米,均已设置抵押担保。自2017年起因不能清偿到期债务而被起诉。上述财产评估价2364.2821万元,执行期间三次流拍(保留价1306.8万元),债权人于2021年1月向浙江省常山县人民法院申请破产清算。经调查,债权总额为2362.29355万元,其中担保债权1745.61万元,另涉及29名职工的工资26.03万元、社会保险费13.25万元和劳务报酬114.3万元。法院在破产审查过程中,发现债务人陷入财务危机的真正原因是现金流受限,如果能够注入资金,存在复苏的可能;该企业系省级扶贫农业龙头企业,拥有省级著名商标,且主营业务和营销网络有市场前景,完全具备重整价值和拯救可能。遂主动释法明理,引导债务人申请重整。2021年4月2日,根据某果蔬公司的申请,裁定该案由清算程序转为重整程序。2021年4月14日,管理人对外公开发布招募公告,某贸易公司于同年5月12日提交了《重整投资意向书》并缴纳保证金。法院指导管理人及时编制了《重整方案(草案)》:一是投资人注资1310万元,并获得目标公司100%的股权;二是从重整对价中提取153万余元用于支付29名职工的劳动债权和劳务报酬,未受完全清偿的抵押债权列入普通债权按比例清偿;三是普通债权的清偿率为6.66%。经表决,全体债权人一致同意上述重整方案。法院根据管理人申请,于2021年9月14日裁定批准上述重整计划,现已执行完毕。

【典型意义】

人民法院在审理中小微企业破产案件中,对于已经进入破产程序但具有挽救价值的中小微企业,积极引导企业通过破产重整、和解等程序,全面解决企业债务危机,公平有序清偿相应债权,使企业获得再生。本案中,某果蔬公司作为欠发达县域的省级扶贫农业龙头企业,通过破产重整程序得以重生,不单企业本身走出困境,而且创造更多就业岗位吸附农村劳动力就近就业;同时,通过切实保护农民工劳务报酬,有效防止因“破”致贫和因“破”返贫,助力巩固脱贫攻坚成果;通过把更多的资金、企业家引入欠发达地区农企,为农业产业注入新的血液,以产业振兴促进乡村振兴,助力实施乡村振兴战略。

案例12

某高新技术公司破产清算转和解案

——探索运用预表决规则,高效推进破产清算转和解

【裁判要旨】

积极引导当事人破产清算转和解,探索运用预表决规则,通过听证程序征询全体债权人意见,在转入和解程序后根据已通过的表决规则,及时裁定认可和解协议,高效推进和解程序。

【基本案情】

某高新技术公司主营会展业务,为国内公司参加境内外展会提供服务,因不能清偿到期债务,且明显缺乏清偿能力,南京破产法庭于2021年2月25日受理了债权人对某高新技术公司的破产申请。经查,某高新技术公司近年来会展业务经营正常,收入稳定,连续多次中标境内外重点展会江苏团组的承办工作,进入破产程序前,尚有未完成境内外展会项目7个,其中境外展会6个,涉及参展客户66人次,均为江苏省贸易促进计划内展会,且大部分参展客户已全额支付展位费,某高新技术公司也将相关费用支付给大会主办方。但因新冠肺炎疫情影响,大部分展会已延期举行,公司经营陷入困境。经过测算,如对某高新技术公司进行破产清算,大部分参展商后续将无法参展并申报财政补贴,债权清偿率也仅有31.32%,债权人利益将遭受重大损失。鉴于某高新技术公司及绝大多数债权人均表达了希望达成和解的意愿,南京破产法庭指导管理人向全体债权人征询对和解协议草案及后续转入和解程序后表决规则的意见,全体债权人均同意和解协议草案及表决规则。2021年8月25日,某高新技术公司向南京破产法庭申请转入和解程序。同年9月13日,南京破产法庭组织债务人、公司股东、职工代表及债权人代表进行听证,对和解程序及相关协议的债务清偿方案、信用修复、协议执行等内容进行充分论证,公司股东、职工代表及债权人代表均表示同意某高新技术公司转入和解程序。9月14日,南京破产法庭裁定某高新技术公司和解。9月22日,南京破产法庭裁定认可和解协议并终止和解程序。11月3日,管理人提交和解协议执行情况报告,和解协议清偿方案已顺利执行完毕。

【典型意义】

人民法院在办理中小微企业破产案件中,针对中小微企业的特点,积极创新,

尽可能帮助企业高质、高效实现重整、和解,公平有序清偿各方债权。南京破产法庭在本案中探索运用预表决规则,在转入和解程序前,指导管理人向全体债权人征询对和解协议草案及后续转入和解程序后表决规则的意见,准确了解债权人意愿,在全体债权人均同意和解协议草案的情况下,转入和解程序,并根据已通过的表决规则,及时裁定认可和解协议并终止和解程序,从申请转入和解程序,经审查批准并最终裁定认可和解协议、终结和解程序,用时不到 1 个月,高效推进和解程序,帮助企业成功实现和解,走出困境。

最高人民法院发布第三批涉“一带一路”建设典型案例

（发布时间:2022年2月28日）

公正高效审理涉“一带一路”建设案件,营造稳定、公平、透明、可预期的市场化、法治化、国际化营商环境,是新时代人民法院服务保障高质量共建“一带一路”的重大使命和光荣职责。2018年以来,全国涉外商事海事审判队伍以习近平新时代中国特色社会主义思想为指导,深入贯彻落实习近平法治思想,立足新发展阶段,完整而准确地全面贯彻新发展理念,践行共商共建共享的原则,建立健全国际商事争端解决机制和机构,为推动“一带一路”建设行稳致远提供了强有力的司法服务和保障。为充分发挥典型案例的示范和引领作用,最高人民法院现发布第三批涉“一带一路”建设典型案例。

此次发布的典型案例,具有以下几个方面的特点:

一是发挥各类涉“一带一路”建设纠纷典型案例的示范作用,持续增强商业预期。准确适用《联合国国际货物销售合同公约》等国际条约,厘清当事人的权利和义务;正确审理独立保函欺诈纠纷,明确工程预付款的性质和预付款保函的担保范围,对受益人全额索兑预付款保函是否构成欺诈作出准确认定,维护银行及非银行金融机构的金融信用;明确外商投资准入负面清单实施后对外资合同效力的认定规则,依法保护外商投资者的合法权益;在投资项目遭受不可抗力无法履行的情况下,不能免除委托人在海上货运代理合同项下对受托人应承担的合同义务,避免海外投资建设领域的意外风险向提供物流保障服务的航运产业链不当转嫁;通过明晰相关裁判规则,服务保障高质量共建“一带一路”,助力营造市场化、法治化、国际化的营商环境。

二是充分发挥国际商事法庭一审终审优势,促进国际商事纠纷高效化解。最高人民法院国际商事法庭运行以来,充分发挥一审终审等机制优势,积极借鉴国际商事审判的先进理念及国际商事法律发展的最新成果,公正高效地审结了数宗有影响力的国际商事案件。本次入选的典型案例在跨境产品召回责任问题上形成有示范意义的裁判规则。

三是加强国际司法协助与合作，外国判决和仲裁裁决的执行更趋便利。正确审理申请承认和执行外国法院民商事判决案件，积极促进互惠关系形成，对外国民商事判决依法予以承认和执行，倡导并逐步扩大国际司法合作，营造"一带一路"建设开放包容的国际法治环境。明确外国仲裁机构以我国为仲裁地的仲裁裁决应当视为我国涉外仲裁裁决并予以执行，有力支持仲裁国际化发展。

开放带来机遇，法治保障发展。第三批涉"一带一路"建设典型案例的发布，将充分发挥案例示范作用，彰显人民法院为推动高质量共建"一带一路"以及更高水平对外开放提供有力司法服务和保障的作用。

案例 1

高效审结国际商事案件，明晰产品跨境召回责任

——广东本草药业集团有限公司与意大利贝斯迪大药厂产品责任纠纷案

【基本案情】

贝斯迪大药厂（Bruschettini S. R. L）指定香港 Aprontech 公司在中国独家销售细菌溶解物"兰菌净"。2013 年 11 月，本草公司与 Aprontech 公司签订《独家经销协议》，从该公司进口"兰菌净"，在内地独家销售。2016 年 1 月，国家食品药品监督管理总局发布公告，要求停止进口"兰菌净"，并责令召回。因贝斯迪大药厂未召回"兰菌净"，导致本草公司尚未销售的 234 719 瓶库存产品无法处理。本草公司起诉要求贝斯迪大药厂赔偿其库存产品的损失及利息等。

【裁判结果】

最高人民法院审理认为，本草公司与贝斯迪大药厂未成立合同关系，其不能向贝斯迪大药厂主张合同权利。但贝斯迪大药厂作为生产者，在负有召回义务的情况下，怠于采取召回措施，给本草公司造成了损失，系不作为方式的侵权，应对本草公司承担侵权赔偿责任。故判决贝斯迪大药厂向本草公司赔偿库存"兰菌净"的损失和利息、分销商退回"兰菌净"的损失和利息、库存的处理费用等。

【典型意义】

该案是最高人民法院第一国际商事法庭实体审理的“第一案”,也是其作出的首个国际商事判决。该案根据《最高人民法院关于设立国际商事法庭若干问题的规定》,实行一审终审制,判决一经作出即生效,以公正高效的争议解决优势极大满足了商事主体高效率解决纠纷的需求,并对国际商事法庭的运行和发展做出了有益的探索。该案系因跨境销售的缺陷产品召回而引起的赔偿纠纷。针对境内销售商能否超越合同相对性原则,直接向境外生产商索赔这一法律问题,首次明确了裁判规则,即确认境外生产商作为缺陷产品的最终责任主体,在其怠于履行产品召回责任的情况下,境内销售商可以在履行召回义务后,依据侵权责任法的规定向境外生产商直接主张侵权赔偿责任。该归责原则对今后类似纠纷案件的解决具有示范指导作用。

【一审案号】最高人民法院(2019)最高法商初1号

案例2

依法审查减额条款是否载入保函,严格把握滥用付款请求权的认定标准

——中国水利水电第四工程局有限公司与中工国际工程股份有限公司独立保函欺诈纠纷案

【基本案情】

2013年10月2日,中工国际公司与玻利维亚业主就蒙特罗——布洛布洛铁路Ⅰ标段工程签订总承包合同。2014年4月4日,中工国际公司与中水四局公司签订分包合同。经中水四局公司申请,建行铁路支行向中工国际公司开具了《预付款保函》。载明:“我行保证,我行将在收到你方出具的申明乙方未能按照合同规定履行合同义务的书面索赔通知的7个工作日内,无条件偿还不超过人民币66 315 000元的全部款项。你方无须提交任何证明文件。本保函自开具之日生效,有效期至甲方扣完预付款之前……”2015年11月3日,玻利维亚业主解除了总承包合同。同月,中工国际公司向建行铁路支行发出《书面索赔通知书》,建行铁路支行向中水四局公司发出《催款通知书》。中水四局公司起诉请求确认中工国际公司索兑《预付款保函》的行为构成欺诈并终止支付保函项下款项。

【裁判结果】

最高人民法院审理认为，案涉工程预付款是中工国际公司为中水四局公司启动案涉工程提供的融资，在未全部扣还的情况下，无论预付款是否已经全部用于案涉工程，均不影响中工国际公司行使索赔权。预付款保函未约定减额条款，其金额不能因中水四局公司的履约情况自动调整。中工国际公司作为受益人，无须证明其索赔金额即是基础关系项下的应付金额，其全额索兑预付款保函不构成欺诈性索款。

【典型意义】

“一带一路”建设涉及大量中资企业在东道国承建基础设施的工程，具有建设周期长、合同金额大的特点。其中，预付款保函是保障承包工程顺利进行的重要金融工具。司法实践中，对于发生预付款保函载明的到期事件时，保函受益人是否仍然有权索兑以及保函受益人全额索兑是否属于滥用付款请求权进而构成欺诈性索款，存在理解不一致的情况。本案判决明确了在预付款保函没有明确记载减额条款时，受益人全额索兑预付款保函的行为不宜认定为滥用付款请求权，并对工程预付款性质、预付款保函的担保范围、预付款保函下欺诈例外等问题均作出了准确的认定，对于此类案件的办理具有重要的参考价值。

【一审案号】青海省高级人民法院（2015）青民二初字第88号

【二审案号】最高人民法院（2019）最高法民终349号

案例3

阐明外商投资准入负面清单实施后的外资合同效力规则，依法保护外商投资者合法权益

——吉美投资有限公司（Ge Mei Investment Limited）与河南鹰城集团有限公司、张顺义、张磊股权转让纠纷案

【基本案情】

2012年7月，吉美公司与鹰城集团及华丰集团，经批准设立了外商投资企业鹰城房地产公司。2016年3月，吉美公司与鹰城集团签署《股权转让合同》，约定：吉美公司将其持有的鹰城房地产公司40%的股权，以1亿元价格转让给鹰城集团，鹰

城集团于2016年3月31日前支付吉美公司。合同自各方签字或盖章之日起成立,自审批机关批准之日生效。2016年4月11日,平顶山商务局作出同意股权转让的批复,同日又发出通知书,根据鹰城房地产公司撤回申请,不再继续受理股权转让报批事项,故未作出批准证书。吉美公司据此提起诉讼,请求鹰城集团支付1亿元股权转让款。

【裁判结果】

最高人民法院审理认为,2016年10月1日起,我国对外商投资准入特别管理措施以外的外商投资企业的设立、变更,已由行政审批制转为备案管理制。对不属于外资准入负面清单的外商投资企业的股权转让合同,不再将审批作为认定合同生效的要件。当事人关于"自审批机关批准之日起生效"的约定,亦不再具有限定合同生效条件的意义,应当认定合同有效。鹰城集团最迟付款履行期间已经届满,故判决鹰城集团向吉美公司支付股权转让款1亿元。

【典型意义】

我国外商投资管理体制自2016年10月1日起实施重大改革,将运行多年的全面审批制改为普遍备案制与负面清单下的审批制。如何认定备案的性质以及履行期限跨越新法实施日的外商投资企业合同的效力,是司法实践中亟待解决的问题。本案的裁判规则指出,备案不再构成外商投资负面清单以外的外商投资企业合同的生效要件。相应地,未报批的该类外商投资企业股权转让合同亦为生效合同。该判决所确立的裁判规则对于指导外商投资企业纠纷的处理、保护外商投资者的合法权益具有重要意义。

【一审案号】河南省高级人民法院(2016)豫民初19号

【二审案号】最高人民法院(2017)最高法民终651号

案例 4

准确适用《联合国国际货物销售合同公约》，依法保护当事人合法权益

——波兰 INDECO 股份公司与广东澳美铝业有限公司国际货物买卖合同纠纷案

【基本案情】

2006 年 8 月 10 日和 2010 年 6 月 10 日，INDECO 公司作为买方、澳美公司作为卖方，签订了两份《铝型材供货合同》，由澳美公司向 INDECO 公司出售铝合金挤压型材。2010 年 10 月 21 日，双方召开协调会，INDECO 公司同意解除于 2010 年 6 月 10 日签订的合同，暂时终止双方的合作关系，同意就上述合同向澳美公司发出的订单约 90 吨货物不再生产。2011 年 12 月 19 日，INDECO 公司以澳美公司为被告提起诉讼，请求宣告《铝型材供货合同》无效并由澳美公司赔偿损失。2012 年 3 月 19 日，澳美公司以 INDECO 公司为被告提起起诉，请求 INDECO 公司赔偿铝型材加工费、铝型材回炉处理损失，支付已经收货但未付货款。

【裁判结果】

佛山市中级人民法院审理认为，无论是按照《联合国国际货物销售合同公约》的规定还是按照合同的约定，澳美公司均应先履行供货义务，INDECO 公司在付款条件成就后再向澳美公司付款。澳美公司没有履行关于供货的先义务，构成违约。双方当事人协议终止合同后，INDECO 公司不得以根本违约致合同无效的理由请求澳美公司赔偿损失，但可以主张违约赔偿责任。故判决澳美公司向 INDECO 公司赔偿利润损失、模具费、法律服务费，返还保证金；INDECO 公司向澳美公司支付货款。

【典型意义】

本案是中国企业与“一带一路”沿线国企业之间发生的国际货物买卖合同纠纷。一审法院根据《联合国国际货物销售合同公约》规定，正确认定合同权利义务、厘清双方各自权责，并对涉及双方交易习惯和合同文本中不同法律术语的解释作出了准确的认定。双方均撤回上诉，服从一审判决。本案提醒企业要注意遵守契约精神，防范商业及法律风险。

【一审案号】广东省佛山市中级人民法院（2012）佛中法民四初字第 4、64 号

案例5

认定铁路运单提货请求权效力，探索构建中欧班列陆上贸易新规则

——重庆孚骐汽车销售有限公司诉重庆中外运物流有限公司等物权纠纷案

【基本案情】

2019年2月，中外运公司、物流金融公司、英飒公司签订《铁路提单汽车进口业务合作协议》，约定；英飒公司从境外进口一批汽车，以铁路提单作为结算方式项下的单证及提货凭证。中外运公司在境外接收进口货物并签发铁路提单。英飒公司与孚骐公司签订《IMSA车辆销售合同》后，将经境外出口商和物流金融公司背书的铁路提单正本三份交付给孚骐公司。货物经中欧班列运抵目的地后，孚骐公司持铁路提单向中外运公司要求提货，并向中外运公司出示了铁路提单正本以及《提车证明》原件。中外运公司拒绝交货，孚骐公司遂将其诉至法院，要求确认货物所有权并交付货物。

【裁判结果】

重庆自由贸易试验区人民法院审理认为，案涉铁路提单是签发人通过协议及铁路提单作出的向不特定的铁路提单持有人交付货物的承诺。英飒公司作为进口车辆的所有权人，与孚骐公司约定交付铁路提单视为车辆交付，符合物权法关于指示交付的规定。由于铁路提单与提货请求权的对应关系，孚骐公司受领铁路提单后，享有铁路提单项下车辆的提货请求权。据此，判决确认孚骐公司享有铁路提单项下货物所有权；中外运公司向孚骐公司交付铁路提单项下货物。

【典型意义】

铁路运单及相应的运输交易，是依托中欧班列推进"一带一路"国际陆上贸易产生的新商业模式，人民法院应当在不违反法律、行政法规强制性规定和社会公共利益的前提下，尊重当事人意思自治并依法保障交易安全。铁路运单尚不构成物权法规定的提单，其所代表的提货请求权之实现应取决于当事人的合同约定及运单本身的记载。本案中，各方约定缔约承运人签发案涉国际铁路运(提)单并明确持有人具有提货请求权，转让该单证应视为提货请求权的转让，属于特殊形式的指

示交付。该案在现有法律框架下对铁路运单及其交易模式予以认可，是对中国（重庆）自由贸易试验区创新铁路运单及其配套规则的积极探索，有利于推动中欧班列国际陆上贸易规则的构建。

【一审案号】重庆自由贸易试验区人民法院（2019）渝0192民初10868号

案例6

准确查明和适用外国法维护当事人合法权益

——新鑫海航运有限公司（NEW GOLDEN SEA SHIPPING PTE. LTD.）与深圳市鑫联升国际物流有限公司、大连凯斯克有限公司海上货物运输合同纠纷案

【基本案情】

2017年2月25日，中远大连公司代理新鑫海公司签发提单，载明托运人鑫联升公司，装货港中国大连，卸货港印度那瓦舍瓦，共6个集装箱。该提单下的货物于2017年3月23日在卸货港卸船，新鑫海公司的卸货港代理向收货人发出提货通知。截至2019年12月5日，该提单下的集装箱货物仍堆存在码头，处于印度海关监管之下，无人提货。新鑫海公司起诉请求鑫联升公司返还集装箱或赔偿集装箱价值及利息，并连带支付滞箱费、堆存费、港杂费等费用及利息。

【裁判结果】

大连海事法院审理认为，新鑫海公司主张本案适用提单约定的法律，鑫联升公司提交的电放申请保函明确记载同意将提单中的所有条款（包括所有背面条款以及管辖权及法律适用条款）作为运输合同的一部分，鑫联升公司与新鑫海公司就法律适用达成了一致的意思表示。根据提单背面首要条款和法律适用条款的约定，本案应当适用提单背面条款第27条第1项约定的新加坡法律。根据委托查明的新加坡法律中与涉案争议相关的规定，判决：鑫联升公司向新鑫海公司支付滞箱费及利息、集装箱损失等。

【典型意义】

涉外案件审理中的核心程序问题在于如何确定适用的准据法，若准据法为域外法时，则需要对该域外法的具体内容准确查明并正确适用。域外法的准确查明

和适用对于依法处理涉外民商事案件,营造法治化营商环境具有重要意义。本案系根据当事人约定适用新加坡法律审理的海上货物运输合同纠纷,法院通过委托法律查明服务机构查明新加坡法律中与涉案纠纷相关的规定并准确予以适用,判定双方当事人责任。一审判决后,双方当事人均未上诉,体现了当事人对本案诉讼程序和判决结果的认可,实现了准确查明、适用外国法定分止争的良好效果,为加快构建并完善域外法查明及适用的法律机制提供了有益的经验。

【一审案号】(2018)辽72民初758号

案例7

合理认定承运人提单批注义务,维护提单在国际贸易的流通性

——福建元成豆业有限公司与复兴航运有限公司(REVIVAL SHIPPING CO. ,LTD,)海上财产损害责任纠纷案

【基本案情】

2017年2月28日,元成公司向外商订购的6万余吨散装巴西大豆装载于复兴公司所属"美嘉"轮,从巴西巴拉那瓜港运往中国福州松下港。元成公司经付款取得包括提单在内的信用证项下全套单据。货物运抵目的港后,元成公司在卸货过程中发现货物异常。经检验,货物中的大部分杂质、碳化粒、热损粒等随机分布在货舱内,说明该情况在装港即已存在,卸港未发现货物存在大规模水湿结块或霉变现象。元成公司委托进行验残,结论为货物实际损失20 026 172.98元。元成公司以承运人违反批注义务签发了清洁提单,导致其丧失拒绝对外付款机会造成损失为由,诉请判令复兴公司赔偿货物价款损失、利息及其诉前扣船费等。

【裁判结果】

厦门海事法院审理认为,本案系涉外案件,双方当事人均援引中国法律尤其是《海商法》支持各自的主张,应视为双方当事人协议选择了适用中国法律解决争议。本案应根据《海商法》的相关规定判断复兴公司是否违反了法定义务以及是否存在过错。复兴公司未对案涉大豆品质指标作出批注不违反法定义务,其签发清洁提单没有过错,对元成公司不构成侵权。元成公司的损失起因于其贸易合同卖方未按货物品质证书所载的标准提供货物,是贸易合同项下的风险,不应由承运人承担。

据此判决驳回元成公司的诉讼请求。元成公司提起上诉,二审期间又撤回上诉。

【典型意义】

本案是一起提单持有人以承运人未履行提单批注义务导致其丧失拒付信用证项下货款权利为由提出索赔的案例。《海商法》对承运人签发提单时对货物状况的批注仅作了原则性规定,实践中对如何把握批注标准存在争议。本案结合国际贸易、国际海运实践进行全面剖析,正确解释海商法规定,明确货物的等级和品质指标不属于承运人提单批注的范围;对承运人就货物表面状况的判断要求应建立在与作业条件相适应的基础上;在货物非正常颗粒未集中板结成块的情形下,承运人未作出货物表面状况不良的判断符合正常智识和通常判断标准等三项规则,认定承运人签发清洁提单未违反提单批注义务,妥善平衡了船货双方的利益,维护了提单在国际贸易中的流通性。

【一审案号】(2017)闽 72 民初 712 号

【二审案号】(2019)闽 72 民终 1495 号

案例 8

准确界定合同当事人责任和风险负担,促进物流业健康发展

——上海捷喜国际货物运输代理有限公司与重庆市公路工程(集团)股份有限公司海上货运代理合同纠纷案

【基本案情】

2014 年 11 月 12 日,捷喜货代公司与重庆公路公司签订运输协议,约定由捷喜货代公司代重庆公路公司办理 161 台车辆设备的出运事宜,装货港为中国上海港,卸货港为也门荷台达港(HODEIDAH)。货物运抵目的港顺利交货后,重庆公路公司未能按约向捷喜货代公司支付运输协议下的应付费用。2015 年 2 月 4 日,重庆公路公司向捷喜货代公司出具付款承诺书,称由于也门局势不稳定和沙特国王突然离世,其无法在约定时间内从沙特项目基金收到工程预付款,故而拖欠捷喜货代公司费用,并承诺将于 2015 年 3 月 2 日前付清所有拖欠费用,但此后并未支付。庭审中,重庆公路公司以目的港所在国也门发生战乱为由,主张援引不可抗力免责。经查,涉案货物原本将用于重庆公路公司在也门承接的阿姆兰—亚丁高速公路项目

建设,该项目团队人员在2015年3月的也门撤侨事件中已撤回国内,项目因此搁置。

【裁判结果】

上海海事法院审理认为,目的港所在国发生战乱,影响的是公路建设项目,重庆公路公司的偿付能力因此受到波及,但其不能因为无法收到公路建设项目下的合同款项而免除向捷喜货代公司承担的付款义务。故判决重庆公路公司支付所拖欠的费用。二审维持原判。

【典型意义】

"一带一路"沿线国家众多,政治、经济、民族、宗教、法律、文化、地理状况复杂各异。在"走出去"参与投资、合作、建设过程中,遭遇政局动荡、战乱、罢工、自然灾害等不可抗力事件或者其他不可预测的情势变更都在所难免,本案即是由此引发纠纷的一个典型事例。本案海上货物运输合同目的地也门是"一带一路"沿线国家之一,所运送的货物系用于国内企业通过海外竞标承接的重大基础设施建设项目。纠纷的产生与也门局势突变存在关联,因此准确划分合同当事人在类似事件下的责任界限和风险负担,对依法保障企业海外投资利益,鼓励和促进企业参与"一带一路"建设具有现实意义。本案判决明确了海上货运代理合同的委托人不能因其投资项目无法履行,而免除其在海上货运代理合同下对受托人应承担的合同义务,避免海外投资建设领域的意外风险向为之提供物流保障服务的航运产业链不当转嫁。该原则也同样适用于海上货物运输合同以及为海外投资项目提供诸如物资、融资等的其他相关合同的履行场合,可供今后处理类似涉"一带一路"案件以作借鉴。

【一审案号】(2015)沪海法商初字第1668号

【二审案号】(2016)沪民终4号

案例9

明晰仲裁裁决籍属认定规则,明确外国仲裁机构在中国作出的裁决视为涉外仲裁裁决

——美国布兰特伍德工业有限公司申请承认和执行外国仲裁裁决案

【基本案情】

正启公司为买方,布兰特伍德公司为卖方,在广州签订《合同》及《补充协议》,

《合同》第16条争议解决方式约定:"凡因本合同引起的或与本合同有关的任何争议,双方应通过友好协商解决。如果协商不能解决,应提交国际商会仲裁委员会根据国际惯例在项目所在地进行仲裁。该仲裁委员会作出的裁决是终局性的,对双方均有约束力。除仲裁委员会另有规定外,仲裁费用由败诉一方负担。仲裁语言为中、英双语。"该仲裁条款中所称的"项目"系《补充协议》第3条所列明的"广州猎德污水处理厂四期工程",地点在中国广州。后因合同履行发生争议,布兰特伍德公司向国际商会国际仲裁院秘书处提起仲裁申请。该院独任仲裁员在广州作出《终局裁决》。后布兰特伍德公司向广州市中级人民法院申请承认和执行前述仲裁裁决。

【裁判结果】

广州市中级人民法院审查认为,案涉裁决系外国仲裁机构在我国内地作出的仲裁裁决,可以视为我国涉外仲裁裁决。被申请人不履行裁决的,布兰特伍德公司可以参照民事诉讼法关于执行涉外仲裁裁决的规定向被申请人住所地或财产所在地的中级人民法院申请执行。布兰特伍德公司依据《纽约公约》或《关于内地与香港特别行政区相互执行仲裁裁决的安排》申请承认和执行仲裁裁决,法律依据显属错误,故裁定终结审查。布兰特伍德公司可依法另行提起执行申请。

【典型意义】

该案经报核至最高人民法院同意,首次明确了境外仲裁机构在我国内地作出的仲裁裁决籍属的认定规则,将该类裁决视为我国涉外仲裁裁决,确认该类裁决能够在我国内地直接申请执行,有利于提升我国仲裁制度的国际化水平,树立了"仲裁友好型"的司法形象,对于我国仲裁业务的对外开放及仲裁国际化发展具有里程碑意义。

【一审案号】广州市中级人民法院(2015)穗中法民四初第62号

案例10

积极适用互惠原则承认和执行外国法院判决

——崔某与尹某申请承认和执行韩国法院判决案

【基本案情】

2009年11月6日,韩国居民尹某向崔某借款8000万韩元。因尹某未归还借款，崔某向韩国水原地方法院起诉。2017年7月20日，韩国水原地方法院作出判决，判令尹某向崔某支付8000万韩元及利息。因尹某经常居所地为青岛市城阳区，且其主要财产均在我境内，崔某向青岛市中级人民法院申请承认并执行韩国水原地方法院作出的上述判决。

【裁判结果】

青岛市中级人民法院审查认为，韩国首尔地方法院曾对山东省潍坊市中级人民法院的民事判决予以承认，可以根据互惠原则对符合条件的韩国法院民商事判决予以承认和执行。案涉韩国判决依据韩国民事诉讼法送达，已经发生法律效力，且判决的承认和执行不违反我国法律的基本原则或者国家主权、安全、社会公共利益，故裁定予以承认和执行。

【典型意义】

互惠原则的适用，不仅影响到一国法院对外国判决的承认和执行，也会影响到本国判决在国外法院的承认和执行。韩国首尔地方法院曾对山东省潍坊市中级人民法院的一份判决予以认可。该院在其对我国法院生效判决予以确认的判决书中阐述，如其以互惠关系承认中国法院判决，但中国法院仍以与韩国不存在互惠关系为由拒绝承认韩国法院判决的，则其将不再继续维持两国之间存在互惠关系。本案基于互惠原则，对韩国法院的判决予以承认和执行，积极维护中韩之间的互惠关系，推进两国间判决的承认和，对于促进两国之间经贸合作交流、增强“一带一路”参与市场主体的信心，具有积极作用。

【一审案号】山东省青岛市中级人民法院(2018)鲁02协外认6号

人民法院贯彻实施民法典典型案例（第一批）

（发布时间:2022年2月25日）

一、广州市黄埔区民政局与陈某金申请变更监护人案

（一）典型意义

习近平总书记强调:“孩子们成长得更好,是我们最大的心愿。”本案是人民法院、人民检察院和民政部门联动护航困境少年的典型范例。民法典和新修订的《未成年人保护法》完善了公职监护人制度,明确规定在没有依法具有监护资格的人时,由民政部门承担未成年人的监护责任。审理法院以判决形式确定由民政部门

担任监护人,为民政部门规范适用相关法律履行公职监护职责提供了司法实践样本,推动民法典确立的以家庭、社会和国家为一体的多元监护格局落实落地。

(二)基本案情

吴某,2010年10月28日出生,于2011年8月22日被收养。吴某为智力残疾三级,其养父母于2012年和2014年先后因病死亡,后由其养祖母陈某金作为监护人。除每月500余元农村养老保险及每年2000余元社区股份分红外,陈某金无其他经济收入来源,且陈某金年事已高并有疾病在身。吴某的外祖父母也年事已高亦无经济收入来源。2018年起,陈某金多次向街道和区民政局申请将吴某送往儿童福利机构养育、照料。为妥善做好吴某的后期监护,广州市黄埔区民政局依照民法典相关规定向人民法院申请变更吴某的监护人为民政部门,广州市黄埔区人民检察院出庭支持民政部门的变更申请。

(三)裁判结果

生效裁判认为,被监护人吴某为未成年人,且智力残疾三级,养父母均已去世,陈某金作为吴某的养祖母,年事已高并有疾病在身,经济状况较差,已无能力抚养吴某。鉴于陈某金已不适宜继续承担吴某的监护职责,而吴某的外祖父母同样不具备监护能力,且陈某金同意将吴某的监护权变更给广州市黄埔区民政局,将吴某的监护人由陈某金变更为广州市黄埔区民政局不仅符合法律规定,还可以为吴某提供更好的生活、教育环境,更有利于吴某的健康成长。故判决自2021年7月23日起,吴某的监护人由陈某金变更为广州市黄埔区民政局。

(四)民法典条文指引

第二十七条　父母是未成年子女的监护人。

未成年人的父母已经死亡或者没有监护能力的,由下列有监护能力的人按顺序担任监护人:

(一)祖父母、外祖父母;

(二)兄、姐;

(三)其他愿意担任监护人的个人或者组织,但是须经未成年人住所地的居民委员会、村民委员会或者民政部门同意。

第三十二条　没有依法具有监护资格的人的,监护人由民政部门担任,也可以由具备履行监护职责条件的被监护人住所地的居民委员会、村民委员会担任。

二、梅河口市儿童福利院与张某柔申请撤销监护人资格案

(一)典型意义

未成年人是祖国的未来和民族的希望,进一步加强未成年人司法保护是新时代对人民法院工作提出的更高要求。本案是适用民法典相关规定,依法撤销监护人资格的典型案例。民法典扩大了监护人的范围,进一步严格了监护责任,对撤销监护人资格的情形作出了明确规定。本案中,未成年人生母构成遗弃罪,为切实保护未成年人合法权益,梅河口市儿童福利院申请撤销监护人资格并申请指定其作为监护人。人民法院依法判决支持其申请,彰显了司法的态度和温度。

(二)基本案情

2021年3月14日3时许,张某柔在吉林省梅河口市某烧烤店内生育一女婴(非婚生,暂无法确认生父),随后将女婴遗弃在梅河口市某村露天垃圾箱内。当日9时30分许,女婴被群众发现并报案,梅河口市公安局民警将女婴送至医院抢救治疗。2021年3月21日,女婴出院并被梅河口市儿童福利院抚养至今,取名“党心”(化名)。张某柔因犯遗弃罪,被判刑。目前,张某柔仍不履行抚养义务,其近亲属亦无抚养意愿。梅河口市儿童福利院申请撤销张某柔监护人资格,并申请由该福利院作为党心的监护人。梅河口市人民检察院出庭支持梅河口市儿童福利院的申请。

(三)裁判结果

生效裁判认为,父母是未成年子女的法定监护人,有保护被监护人的身体健康、照顾被监护人的生活、管理和保护被监护人的财产等义务。张某柔的遗弃行为严重损害了被监护人的身心健康和合法权益,依照民法典第三十六条规定,其监护人资格应当予以撤销。梅河口市儿童福利院作为为全市孤儿和残疾儿童提供社会服务的机构,能够解决党心的教育、医疗、心理疏导等一系列问题。从对未成年人特殊、优先保护原则和未成年人最大利益原则出发,由梅河口市儿童福利院作为党心的监护人,更有利于保护其生活、受教育、医疗保障等权利,故指定梅河口市儿童福利院为党心的监护人。

(四)民法典条文指引

第三十六条　监护人有下列情形之一的,人民法院根据有关个人或者组织的申请,撤销其监护人资格,安排必要的临时监护措施,并按照最有利于被监护人的原则依法指定监护人:

(一)实施严重损害被监护人身心健康的行为;

(二)怠于履行监护职责,或者无法履行监护职责且拒绝将监护职责部分或者全部委托给他人,导致被监护人处于危困状态;

(三)实施严重侵害被监护人合法权益的其他行为。

本条规定的有关个人、组织包括:其他依法具有监护资格的人,居民委员会、村民委员会、学校、医疗机构、妇女联合会、残疾人联合会、未成年人保护组织、依法设立的老年人组织、民政部门等。

前款规定的个人和民政部门以外的组织未及时向人民法院申请撤销监护人资格的,民政部门应当向人民法院申请。

三、杭州市上城区人民检察院诉某网络科技有限公司英雄烈士保护民事公益诉讼案

(一)典型意义

英雄烈士是一个国家和民族精神的体现,是引领社会风尚的标杆,加强对英烈姓名、名誉、荣誉等的法律保护,对于促进社会尊崇英烈、扬善抑恶、弘扬社会主义核心价值观意义重大。为更好地弘扬英雄烈士精神,增强民族凝聚力,维护社会公共利益,民法典第一百八十五条对英雄烈士等的人格利益保护作出了特别规定。本案适用民法典的规定,认定将雷锋姓名用于商业广告和营利宣传,曲解了雷锋精神,构成对雷锋同志人格利益的侵害,损害了社会公共利益,依法应当承担相应法律责任,为网络空间注入缅怀英烈、热爱英烈、敬仰英烈的法治正能量。

(二)基本案情

被告某网络科技有限公司将其付费会员称为“雷锋会员”,将其提供服务的平台称为“雷锋社群”,将其注册运营的微信公众号称为“雷锋哥”,在微信公众号上发布有“雷锋会员”“雷锋社群”等文字的宣传海报和文章,并在公司住所地悬挂“雷锋

社群”文字标识。该公司以“雷锋社群”名义多次举办“创业广交会”“电商供应链大会”“全球云选品对接会”等商业活动，并以“雷锋社群会费”等名目收取客户费用16笔，金额共计308 464元。公益诉讼起诉人诉称，要求被告立即停止在经营项目中以雷锋的名义进行宣传，并在浙江省内省级媒体就使用雷锋姓名赔礼道歉。

（三）裁判结果

生效裁判认为，英雄的事迹和精神是中华民族共同的历史记忆和精神财富，雷锋同志的姓名作为一种重要的人格利益，应当受到保护。某网络科技有限公司使用的“雷锋”文字具有特定意义，确系社会公众所广泛认知的雷锋同志之姓名。该公司明知雷锋同志的姓名具有特定的意义，仍擅自将其用于开展网络商业宣传，会让公众对“雷锋社群”等称谓产生误解，侵犯了英雄烈士的人格利益。将商业运作模式假“雷锋精神”之名推广，既曲解了“雷锋精神”，与社会公众的一般认知相背离，也损害了承载于其上的人民群众的特定感情，对营造积极健康的网络环境产生负面影响，侵害了社会公共利益。故判决被告停止使用雷锋同志姓名的行为（包括停止使用“雷锋哥”微信公众号名称、“雷锋社群”名称、“雷锋会员”名称等），并在浙江省内省级报刊向社会公众发表赔礼道歉的声明。

（四）民法典条文指引

第一百八十五条　侵害英雄烈士等的姓名、肖像、名誉、荣誉，损害社会公共利益的，应当承担民事责任。

第一千条　行为人因侵害人格权承担消除影响、恢复名誉、赔礼道歉等民事责任的，应当与行为的具体方式和造成的影响范围相当。

行为人拒不承担前款规定的民事责任的，人民法院可以采取在报刊、网络等媒体上发布公告或者公布生效裁判文书等方式执行，产生的费用由行为人负担。

四、黄某诉某物业服务有限公司健康权纠纷案

（一）典型意义

民法典明确规定，业主应当配合物业服务企业等执行政府依法实施的应急处置措施和其他管理措施，为物业企业履行疫情防控职责提供了明确的法律依据。本案是人民法院依法处理涉疫情防控措施民事纠纷，为社区依法实施应急处置措施提供坚强司法保障的典型案件。查码验行虽然给居民日常出行增添了些许麻

烦,但却是防控疫情的必要举措,意义重大,每个公民都应积极予以配合。本案中,审理法院严格把握侵权责任的归责原则,分清是非、亮明态度、不和稀泥,依法支持社区履行防疫职责,有助于引导社会公众自觉遵守防疫秩序,凸显了司法服务和保障大局的作用。

(二)基本案情

被告某物业服务有限公司为天津市河东区某物业管理方。原告黄某于2020年6月10日由上海市来到该小区探望祖母。彼时正值我国部分地区出现聚集性新冠肺炎疫情,天津市有关部门发布紧急防控通知,要求严格落实社区出入口值班值守,加强验码、亮码、登记等疫情防控措施。2020年6月19日9时许,黄某骑共享单车进入小区,物业公司值守保安当即呼喊要求其停车接受亮码、登记等疫情防控检查措施。黄某听到有人呼喊后回头观看,随即加速向前骑行。值守保安即骑车追赶,伸手接触原告背部时车辆失控摔倒。后黄某将物业公司诉至法院,要求赔偿医疗费、交通费、营养费、护理费、误工费等各项损失共计57 501.3元。

(三)裁判结果

生效裁判认为,民法典第二百八十六条规定,对于物业服务企业或者其他管理人执行政府依法实施的应急处置措施和其他管理措施,业主应当依法予以配合。事发之时正值聚集性疫情扩散、防控形势严峻的关键时期,某物业服务有限公司依照有关政策要求派员值守、验码登记、阻拦冲岗,是履职尽责的体现,其行为没有过错,不应当承担赔偿责任。黄某在物业人员大声呼喊之际却加速骑行,最终导致摔伤,应自行承担相应后果,遂判决驳回黄某的诉讼请求。

(四)民法典条文指引

第二百八十六条第一款　业主应当遵守法律、法规以及管理规约,相关行为应当符合节约资源、保护生态环境的要求。对于物业服务企业或者其他管理人执行政府依法实施的应急处置措施和其他管理措施,业主应当依法予以配合。

五、邱某光与董某军居住权执行案

(一)典型意义

民法典物权编正式确立了居住权制度,有利于更好地保障弱势群体的居住生存权益，对平衡房屋所有权人和居住权人的利益具有重要制度价值。本案申请执行人作为丧偶独居老人，其对案涉房屋的居住使用权益取得于民法典实施之前，执行法院依照民法典规定的居住权登记制度，向不动产登记机构发出协助执行通知书，为申请执行人办理了居住权登记，最大限度地保障了申请执行人既有的房屋居住使用权利，对于引导当事人尊重法院判决，推动民法典有关居住权制度的新规则真正惠及人民群众，具有积极的示范意义。

（二）基本案情

邱某光与董某峰于2006年登记结婚，双方均系再婚，婚后未生育子女，董某军系董某峰之弟。董某峰于2016年3月去世，生前写下遗嘱，其内容为："我名下位于洪山区珞狮路某房遗赠给我弟弟董某军，在我丈夫邱某光没再婚前拥有居住权，此房是我毕生心血，不许分割、不许转让、不许卖出……"董某峰离世后，董某军等人与邱某光发生遗嘱继承纠纷并诉至法院。法院判决被继承人董某峰名下位于武汉市洪山区珞狮路某房所有权归董某军享有，邱某光在其再婚前享有该房屋的居住使用权。判决生效后，邱某光一直居住在该房屋内。2021年初，邱某光发现所住房屋被董某军挂在某房产中介出售，其担心房屋出售后自己被赶出家门，遂向法院申请居住权强制执行。

（三）裁判结果

生效裁判认为，案涉房屋虽为董某军所有，但是董某峰通过遗嘱方式使得邱某光享有案涉房屋的居住使用权。执行法院遂依照民法典第三百六十八条等关于居住权的规定，裁定将董某军所有的案涉房屋的居住权登记在邱某光名下。

（四）民法典条文指引

第三百六十八条　居住权无偿设立，但是当事人另有约定的除外。设立居住权的，应当向登记机构申请居住权登记。居住权自登记时设立。

六、某物流有限公司诉吴某运输合同纠纷案

（一）典型意义

民法典合同编新增了具有合法利益的第三人代为履行的规定，对于确保各交易环节有序运转，促进债权实现，维护交易安全，优化营商环境具有重要意义。本案

是适用民法典关于具有合法利益的第三人代为履行规则的典型案例。审理法院适用民法典相关规定,依法认定原告某物流有限公司代被告吴某向承运司机支付吴某欠付的运费具有合法利益,且在原告履行后依法取得承运司机对被告吴某的债权。本案判决不仅对维护物流运输行业交易秩序、促进物流运输行业蓬勃发展具有保障作用,也对人民法院探索具有合法利益的第三人代为履行规则的适用具有积极意义。

(二)基本案情

某物流有限公司(甲方)与吴某(乙方)于2020年签订《货物运输合同》,约定该公司的郑州运输业务由吴某承接。合同还约定调运车辆、雇佣运输司机的费用由吴某结算,与某物流有限公司无关。某物流有限公司与吴某之间已结清大部分运费,但因吴某未及时向承运司机结清运费,2020年11月某日,承运司机在承运货物时对货物进行扣留。基于运输货物的时效性,某物流有限公司向承运司机垫付了吴某欠付的46万元,并通知吴某,吴某当时对此无异议。后吴某仅向某物流有限公司支付了6万元。某物流有限公司向吴某追偿余款未果,遂提起诉讼。

(三)裁判结果

生效裁判认为,某物流有限公司与吴某存在运输合同关系,在吴某未及时向货物承运司机结清费用,致使货物被扣留时,某物流有限公司对履行该债务具有合法利益,有权代吴某向承运司机履行。某物流有限公司代为履行后,承运司机对吴某的债权即转让给该公司,故依照民法典第五百二十四条规定,判决支持某物流有限公司请求吴某支付剩余运费的诉讼请求。

(四)民法典条文指引

第五百二十四条　债务人不履行债务,第三人对履行该债务具有合法利益的,第三人有权向债权人代为履行;但是,根据债务性质、按照当事人约定或者依照法律规定只能由债务人履行的除外。

债权人接受第三人履行后,其对债务人的债权转让给第三人,但是债务人和第三人另有约定的除外。

七、楼某熙诉杜某峰、某网络技术有限公司肖像权纠纷案

(一)典型意义

本案是人民法院依法打击网络侵权行为,保护自然人人格权益的典型案件。本案中,行为人于"七七事变"纪念日在微博上发表不当言论,并附有他人清晰脸部和身体特征的图片,意图达到贬低、丑化祖国和中国人的效果。该行为不仅侵犯了他人的肖像权,而且冲击了社会公共利益和良好的道德风尚。审理法院在本案判决中依法适用民法典的规定保护他人的肖像权,同时结合案情,将"爱国"这一社会主义核心价值观要求融入裁判说理,既依法维护了当事人的合法权益,也充分发挥了司法裁判的引领示范作用,突出弘扬了爱国主义精神的鲜明价值导向,有利于净化网络环境,维护网络秩序。

(二)基本案情

2021年7月7日,杜某峰通过其名为"西格隆咚锵的隆"的新浪微博账号发布一条微博(某网络技术有限公司系该平台经营者),内容为"日本地铁上的小乘客,一个人上学,那眼神里充满自信和勇气,太可爱了",并附有楼某熙乘坐杭州地铁时的照片,引起网友热议。次日,楼某熙的母亲在新浪微博发布辟谣帖:"我是地铁小女孩的妈妈,网传我家孩子是日本小孩!在此特此申明:我家孩子是我大中华儿女,并深深热爱着我们的祖国!……"广大网友也纷纷指出其错误。杜某峰对此仍不删除案涉微博,还在该微博下留言,继续发表贬低祖国和祖国文化的言论。后该微博账号"西格隆咚锵的隆"由于存在其他不当言论被新浪微博官方关闭,所有发布的内容从新浪微博平台清除。楼某熙以杜某峰、某网络科技有限公司侵害其肖像权为由,提起诉讼。

(三)裁判结果

生效裁判认为,自然人享有肖像权,有权依法制作、使用、公开或者许可他人使用自己的肖像;任何组织或者个人不得以丑化、污损,或者利用信息技术手段伪造等方式侵害他人的肖像权;未经肖像权人同意,不得制作、使用、公开肖像权人的肖像,但是法律另有规定的除外。本案中,杜某峰发布的案涉微博中使用的图片含有

小女孩的清晰面部、体貌状态等外部身体形象,通过比对楼某熙本人的肖像,以社会一般人的认知标准,能够清楚确认案涉微博中的肖像为楼某熙的形象,故楼某熙对该图片再现的肖像享有肖像权。杜某峰在“七七事变”纪念日这一特殊时刻,枉顾客观事实,在众多网友留言指出其错误、楼某熙母亲发文辟谣的情况下,仍拒不删除案涉微博,还不断留言,此种行为严重损害了包括楼某熙在内的社会公众的国家认同感和民族自豪感,应认定为以造谣传播等方式歪曲使用楼某熙的肖像,严重侵害了楼某熙的肖像权。楼某熙诉请杜某峰赔礼道歉,有利于恢复其人格状态的圆满,有利于其未来的健康成长,依法应获得支持。遂判决杜某峰向楼某熙赔礼道歉,并赔偿楼某熙精神损害抚慰金、合理维权费用等损失。

(四)民法典条文指引

第一千零一十八条　自然人享有肖像权,有权依法制作、使用、公开或者许可他人使用自己的肖像。

肖像是通过影像、雕塑、绘画等方式在一定载体上所反映的特定自然人可以被识别的外部形象。

第一千零一十九条第一款　任何组织或者个人不得以丑化、污损,或者利用信息技术手段伪造等方式侵害他人的肖像权。未经肖像权人同意,不得制作、使用、公开肖像权人的肖像,但是法律另有规定的除外。

第一千一百八十三条第一款　侵害自然人人身权益造成严重精神损害的,被侵权人有权请求精神损害赔偿。

八、苏某甲诉李某田等法定继承纠纷案

(一)典型意义

本案是适用民法典关于侄甥代位继承制度的典型案例。侄甥代位继承系民法典新设立的制度,符合我国民间传统,有利于保障财产在血缘家族内部的流转,减少产生遗产无人继承的状况,同时促进亲属关系的发展,引导人们重视亲属亲情,从而减少家族矛盾、促进社会和谐。本案中,审理法院还适用了遗产的酌给制度,即对继承人以外的对被继承人扶养较多的人适当分给遗产,体现了权利义务相一致原则,弘扬了积极妥善赡养老人的传统美德,充分体现了社会主义核心价值观的要求。

（二）基本案情

被继承人苏某泉于2018年3月死亡，其父母和妻子均先于其死亡，生前未生育和收养子女。苏某泉的姐姐苏某乙先于苏某泉死亡，苏某泉无其他兄弟姐妹。苏某甲系苏某乙的养女。李某田是苏某泉堂姐的儿子，李某禾是李某田的儿子。苏某泉生前未立遗嘱，也未立遗赠扶养协议。上海市徐汇区华泾路某弄某号某室房屋的登记权利人为苏某泉、李某禾，共同共有。苏某泉的梅花牌手表1块及钻戒1枚由李某田保管。苏某甲起诉请求，依法继承系争房屋中属于被继承人苏某泉的产权份额，及梅花牌手表1块和钻戒1枚。

（三）裁判结果

生效裁判认为，当事人一致确认苏某泉生前未立遗嘱，也未立遗赠扶养协议，故苏某泉的遗产应由其继承人按照法定继承办理。苏某甲系苏某泉姐姐苏某乙的养子女，在苏某乙先于苏某泉死亡且苏某泉的遗产无人继承又无人受遗赠的情况下，根据《最高人民法院关于适用〈中华人民共和国民法典〉时间效力的若干规定》（以下简称《时间效力规定》）第十四条，适用民法典第一千一百二十八条第二款和第三款的规定，苏某甲有权作为苏某泉的法定继承人继承苏某泉的遗产。另外，李某田与苏某泉长期共同居住，苏某泉生病在护理院期间的事宜由李某田负责处理，费用由李某田代为支付，苏某泉的丧葬事宜也由李某田操办，相较苏某甲，李某田对苏某泉尽了更多的扶养义务，故李某田作为继承人以外对被继承人扶养较多的人，可以分得适当遗产且可多于苏某甲。对于苏某泉名下系争房屋的产权份额和梅花牌手表1块及钻戒1枚，法院考虑到有利于生产生活、便于执行的原则，判归李某田所有并由李某田向苏某甲给付房屋折价款人民币60万元。

（四）民法典条文指引

第一千一百二十八条　被继承人的子女先于被继承人死亡的，由被继承人的子女的直系晚辈血亲代位继承。

被继承人的兄弟姐妹先于被继承人死亡的，由被继承人的兄弟姐妹的子女代位继承。

代位继承人一般只能继承被代位继承人有权继承的遗产份额。

九、欧某士申请指定遗产管理人案

(一)典型意义

侨乡涉侨房产因年代久远、继承人散落海外往往析产确权困难,存在管养维护责任长期处于搁置或争议状态的窘境,不少历史风貌建筑因此而残破贬损。本案中,审理法院巧用民法典新创设的遗产管理人法律制度,创造性地在可查明的继承人中引入管养房屋方案“竞标”方式,让具有管养维护遗产房屋优势条件的部分继承人担任侨房遗产管理人,妥善解决了涉侨祖宅的管养维护问题,充分彰显了民法典以人为本、物尽其用的价值追求,为侨乡历史建筑的司法保护开创了一条全新路径。

(二)基本案情

厦门市思明区某处房屋原业主为魏姜氏(19世纪生人)。魏姜氏育有三女一子,该四支继承人各自向下已经延嗣到第五代,但其中儿子一支无任何可查信息,幼女一支散落海外情况不明,仅长女和次女两支部分继承人居住在境内。因继承人无法穷尽查明,长女和次女两支继承人曾历经两代、长达十年的继承诉讼,仍未能顺利实现继承析产。民法典实施后,长女一支继承人以欧某士为代表提出,可由生活在境内的可查明信息的两支继承人共同管理祖宅;次女一支继承人则提出,遗产房屋不具有共同管理的条件,应由现实际居住在境内且别无住处的次女一支继承人中的陈某萍和陈某芬担任遗产管理人。

(三)裁判结果

生效裁判认为,魏姜氏遗产的多名继承人目前下落不明、信息不明,遗产房屋将在较长时间内不能明确所有权人,其管养维护责任可能长期无法得到有效落实,确有必要在析产分割条件成就前尽快依法确定管理责任人。而魏姜氏生前未留有遗嘱,未指定其遗嘱执行人或遗产管理人,在案各继承人之间就遗产管理问题又分歧巨大、未能协商达成一致意见,故当秉承最有利于遗产保护、管理、债权债务清理的原则,在综合考虑被继承人内心意愿、各继承人与被继承人亲疏远近关系、各继承人管理保护遗产的能力水平等方面因素,确定案涉遗产房屋的合适管理人。次女魏某燕一支在魏姜氏生前尽到主要赡养义务,与产权人关系较为亲近,且历代长期居住在遗产房屋内并曾主持危房改造,与遗产房屋有更深的历史情感联系,对周边人居环境更为熟悉,更有实际能力履行管养维护职责,更有能力清理遗产上可能存在的债权债务;长女魏某静一支可查后人现均居住漳州市,客观上无法对房屋尽到充分、周到的管养维护责任。故,由魏某静一支继承人跨市管理案涉遗产房屋暂不具备客观条件;魏某燕一支继承人能够协商支持由陈某萍、陈某芬共同管理案涉遗产房屋,符合遗产效用最大化原则。因此判决指定陈某萍、陈某芬为魏姜氏房屋的遗产管理人。

(四)民法典条文指引

第一千一百四十六条　对遗产管理人的确定有争议的,利害关系人可以向人民法院申请指定遗产管理人。

十、宋某祯诉周某身体权纠纷案

(一)典型意义

本案是民法典施行后,首例适用民法典第一千一百七十六条“自甘冒险”规定作出判决的案件。民法典施行前,由于法律规定不明确,人民法院在处理文体活动中身体受伤引发的民事纠纷时,容易出现认识分歧,进而引发争议。民法典确立“自甘冒险”规则,既统一了思想认识,也统一了裁判尺度。本案审理法院结合具体案情,适用“自甘冒险”规则,明确判决对损害发生无故意、无重大过失的文体活动参加者,不承担赔偿责任,亮明了拒绝“和稀泥”的司法态度,宣示了冒险者须对自己行为负责的规则,不仅弘扬了社会主义核心价值观,促进了文体活动的健康有序发展,也为民法典新规则的实施提供了有益的司法经验。

(二)基本案情

宋某祯、周某均为羽毛球业余爱好者,自2015年起自发参加羽毛球比赛。2020年4月28日上午,宋某祯、周某与案外四人在北京市朝阳区红领巾公园内露天场地进行羽毛球3对3比赛。运动中,宋某祯站在发球线位置接对方网前球后,将球回挑到周某方中场,周某迅速杀球进攻,宋某祯直立举拍防守未果,被羽毛球击中右眼。事发后,宋某祯至北京大学人民医院就诊治疗,术后5周余验光提示右眼最佳矫正视力为0.05。宋某祯遂诉至法院,要求周某赔偿医疗费、护理费、住院伙食补助费、营养费等各项费用。

(三)裁判结果

生效裁判认为,竞技体育运动不同于一般的生活领域,主要目的即为争胜,此类运动具有对抗性、人身危险性的特点,参与者均处于潜在危险中,既是危险的潜在制造者,也是危险的潜在承担者。羽毛球运动系典型的对抗性体育竞赛,除扭伤、拉伤等常规风险外,更为突出的风险即在于羽毛球自身体积小、密度大、移动速度快,运动员如未及时作出判断即会被击中,甚至击伤。宋某祯作为多年参与羽毛球运动的爱好者,对于自身和其他参赛者的能力以及此项运动的危险和可能造成的损害,应当有所认知和预见,而宋某祯仍自愿参加比赛,将自身置于潜在危险之中,属于自甘冒险的行为。依照民法典第一千一百七十六条第一款,在此情形下,只有周某对宋某祯受伤的损害后果存在故意或重大过失时,才需承担侵权损害赔偿责任。本案中,周某杀球进攻的行为系该类运动的正常技术动作,周某并不存在明显违反比赛规则的情形,不应认定其存在重大过失,且现行法律未就本案所涉情形适用公平责任予以规定,故宋某祯无权主张周某承担赔偿责任或分担损失。2021 年 1 月 4 日,一审法院判决驳回宋某祯的全部诉讼请求。二审法院判决驳回上诉,维持原判。

(四)民法典条文指引

第一千一百七十六条第一款　自愿参加具有一定风险的文体活动,因其他参加者的行为受到损害的,受害人不得请求其他参加者承担侵权责任;但是,其他参加者对损害的发生有故意或者重大过失的除外。

第一千一百八十六条　受害人和行为人对损害的发生都没有过错的,依照法律的规定由双方分担损失。

十一、浮梁县人民检察院诉某化工集团有限公司环境污染民事公益诉讼案

(一)典型意义

本案是我国首例适用民法典惩罚性赔偿条款的环境污染民事公益诉讼案件。民法典侵权责任编新增规定了污染环境和破坏生态的惩罚性赔偿制度,贯彻了“绿水青山就是金山银山”的环保理念,增强了生态环境保护力度,是构建天蓝地绿水净的美好家园的法治保障。审理法院在判令被告承担生态环境修复费用、环境功

能性损失等补偿性费用之外，采取“基数＋倍数”的计算方式，结合具体案情决定以环境功能性损失费用为计算基数，综合考虑侵权人主观过错程度、侵权后果的严重程度、侵权人的经济能力、赔偿态度、受到行政处罚的情况等调节因素确定倍数，进而确定最终的惩罚性赔偿数额，为正确实施环境污染和生态破坏责任惩罚性赔偿制度提供了有益借鉴。

（二）基本案情

2018 年 3 月 3 日至同年 7 月 31 日期间，被告某化工集团有限公司（以下简称被告公司）生产部经理吴某民将公司生产的硫酸钠废液交由无危险废物处置资质的吴某良处理，吴某良又雇请李某贤将 30 车共计 1124.1 吨硫酸钠废液运输到浮梁县寿安镇八角井、浮梁县湘湖镇洞口村的山上倾倒，造成了浮梁县寿安镇八角井周边约 8.08 亩范围内的环境和浮梁县湘湖镇洞口村洞口组、江村组地表水、地下水受到污染，影响了浮梁县湘湖镇洞口村约 6.6 平方公里流域的环境，妨碍了当地 1000 余名居民的饮用水安全。经鉴定，两处受污染地块的生态环境修复总费用为人民币 2 168 000 元，环境功能性损失费用共计人民币 57 135.45 元，并产生检测鉴定费 95 670 元。受污染地浮梁县湘湖镇洞口村采取合理预防、处置措施产生的应急处置费用共计人民币 528 160.11 元。其中，吴某良、吴某民、李某贤等因犯污染环境罪已被另案判处六年六个月至三年二个月不等的有期徒刑。公益诉讼起诉人起诉请求被告公司赔偿相关生态环境损害。

（三）裁判结果

生效裁判认为，被告公司将生产废液交由无危险废物处置资质的个人处理，放任污染环境危害结果的发生，主观上存在故意，客观上违反了法律规定，损害了社会公共利益，造成严重后果。且至本案审理期间，涉案倾倒废液行为所致的环境污染并未得到修复，损害后果仍在持续，符合民法典第一千二百三十二条规定的环境侵权惩罚性赔偿适用条件。综合该公司的过错程度、赔偿态度、损害后果、承担责任的经济能力、受到行政处罚等因素，判令其赔偿环境修复费用 2 168 000 元、环境功能性损失费用 57 135.45 元、应急处置费用 532 860.11 元、检测鉴定费 95 670 元，并承担环境污染惩罚性赔偿 171 406.35 元，以上共计 3 025 071.91 元；对违法倾倒硫酸钠废液污染环境的行为在国家级新闻媒体上向社会公众赔礼道歉。

（四）民法典条文指引

第一千二百三十二条　侵权人违反法律规定故意污染环境、破坏生态造成严重后果的，被侵权人有权请求相应的惩罚性赔偿。

十二、某种业科技有限公司诉某农业产业发展有限公司侵害植物新品种权纠纷案

(一)典型意义

种子是农业的“芯片”,种业知识产权保护事关国家粮食安全,事关农业科技自立自强。习近平总书记强调,要把种源安全提升到关系国家安全的战略高度,实现种业科技自立自强、种源自主可控。本案是适用民法典规定的惩罚性赔偿制度,打击种子套牌侵权、净化种业市场秩序的典型案件。民法典侵权责任编新增规定了知识产权侵权惩罚性赔偿制度,为各类知识产权纠纷适用惩罚性赔偿提供了一般规则,对于建设知识产权强国,保障经济社会高质量发展具有重要作用。本案中,审理法院秉持强化植物新品种权保护的司法理念,在侵权人拒不提供交易记录、相关账簿的情况下,依法适用举证妨碍制度,参考其宣传的交易额合理推定侵权获利达到100万元以上,并依法适用民法典及《种子法》规定的惩罚性赔偿制度,按照计算基数的二倍确定惩罚性赔偿金额为200万元,实际赔偿总额为基数的三倍。本案判决对于切实解决知识产权侵权维权难度大、赔偿数额低的问题,形成对恶意侵权行为的强有力威慑,彰显种业知识产权司法保护力度,具有积极示范作用。

(二)基本案情

某种业科技有限公司为水稻新品种“金粳818”的独占实施被许可人。某农业产业发展有限公司在不具有种子生产经营许可证的情况下,未经许可在微信群内发布“农业产业链信息匹配”寻找潜在交易者,并收取会员费后提供种子交易信息,与买家商定交易价格、数量、交货时间后安排送交无标识、标签的白皮袋,或者包装标注为其他商品粮的“金粳818”种子。某种业科技有限公司诉请判令某农业产业发展有限公司停止侵权,并赔偿经济损失300万元。

(三)裁判结果

生效裁判认为,某农业产业发展有限公司系被诉侵权种子的交易组织者、决策者,其行为构成销售侵权。由于该公司拒不提供相关账簿,故审理法院参考其宣传资料,综合考虑侵权情节推定侵权获利达到100万元以上,并以此为基数。该公司明知未经许可销售授权品种繁殖材料的侵权性质,所销售的被诉侵权种子部分包

装未标注任何信息、部分包装标注为其他商品粮,试图掩盖侵权行为和逃避责任追究的意图明显,具有侵权恶意。其未取得种子生产经营许可证生产经营种子,可以认定为侵权行为情节严重。因此,审理法院依法适用惩罚性赔偿,按照基数的二倍确定惩罚性赔偿数额,全额支持权利人诉请。

(四)民法典条文指引

第一千一百八十五条　故意侵害他人知识产权,情节严重的,被侵权人有权请求相应的惩罚性赔偿。

十三、庚某娴诉黄某辉高空抛物损害责任纠纷案

(一)典型意义

本案是人民法院首次适用民法典第一千二百五十四条判决高空抛物者承担赔偿责任,切实维护人民群众“头顶上的安全”的典型案例。民法典侵权责任编明确禁止从建筑物中抛掷物品,进一步完善了高空抛物的治理规则。本案依法判决高空抛物者承担赔偿责任,有利于通过公正裁判树立行为规则,进一步强化高空抛物、坠物行为预防和惩治工作,也有利于更好地保障居民合法权益,切实增强人民群众的幸福感、安全感。

(二)基本案情

2019 年 5 月 26 日,庚某娴在位于广州杨箕的自家小区花园散步,经过黄某辉楼下时,黄某辉家小孩在房屋阳台从 35 楼抛下一瓶矿泉水,水瓶掉落到庚某娴身旁,导致其惊吓、摔倒,随后被送往医院救治。次日,庚某娴亲属与黄某辉一起查看监控,确认了上述事实后,双方签订确认书,确认矿泉水瓶系黄某辉家小孩从阳台扔下,同时黄某辉向庚某娴支付 1 万元赔偿。庚某娴住院治疗 22 天才出院,其后又因此事反复入院治疗,累计超过 60 天,且被鉴定为十级伤残。由于黄某辉拒绝支付剩余治疗费,庚某娴遂向法院提起诉讼。

(三)裁判结果

生效裁判认为,庚某娴散步时被从高空抛下的水瓶惊吓摔倒受伤,经监控录像显示水瓶由黄某辉租住房屋阳台抛下,有视频及庚某娴、黄某辉签订的确认书证明。双方确认抛物者为无民事行为能力人,黄某辉是其监护人,庚某娴要求黄某辉

承担赔偿责任,黄某辉亦同意赔偿。涉案高空抛物行为发生在民法典实施前,但为了更好地保护公民、法人和其他组织的权利和利益,根据《时间效力规定》第十九条规定,民法典施行前,从建筑物中抛掷物品或者从建筑物上坠落的物品造成他人损害引起的民事纠纷案件,适用民法典第一千二百五十四条的规定。2021 年 1 月 4 日,审理法院判决黄某辉向庾某娴赔偿医疗费、护理费、交通费、住院伙食补助费、残疾赔偿金、鉴定费合计 8.3 万元;精神损害抚慰金 1 万元。

(四)民法典条文指引

第一千二百五十四条　禁止从建筑物中抛掷物品。从建筑物中抛掷物品或者从建筑物上坠落的物品造成他人损害的,由侵权人依法承担侵权责任;经调查难以确定具体侵权人的,除能够证明自己不是侵权人的外,由可能加害的建筑物使用人给予补偿。可能加害的建筑物使用人补偿后,有权向侵权人追偿。

物业服务企业等建筑物管理人应当采取必要的安全保障措施防止前款规定情形的发生;未采取必要的安全保障措施的,应当依法承担未履行安全保障义务的侵权责任。

发生本条第一款规定的情形的,公安等机关应当依法及时调查,查清责任人。

人民法院贯彻实施民法典典型案例(第二批)

(发布时间:2023 年 1 月 12 日)

一、乐平市民政局申请撤销罗某监护人资格案
二、李某良、钟某梅诉吴某闲等生命权纠纷案
三、杭州市临平区人民检察院诉陈某英雄烈士保护民事公益诉讼案
四、某金属表面处理公司与某铁塔公司破产债权确认纠纷案
五、邹某玲诉某医院医疗服务合同纠纷案
六、蔡某勤诉姚某、杨某昊买卖合同纠纷案
七、北京某旅游公司诉北京某村民委员会等合同纠纷案
八、安徽某医疗科技公司诉安徽某健康科技公司名誉权纠纷案
九、孙某燕与某通信公司某市分公司等隐私权、个人信息保护纠纷案
十、林某诉张某撤销婚姻纠纷案
十一、马某臣、段某娥诉于某艳探望权纠纷案
十二、曾某泉、曾某军、曾某、李某军与孙某学婚姻家庭纠纷案
十三、刘某起与刘某海、刘某霞、刘某华遗嘱继承纠纷案
十四、柳某诉张某莲、某物业公司健康权纠纷案
十五、稳健股份公司诉苏州稳健公司、某包装公司、滑某侵害商标权及不正当竞争纠纷案
十六、上海市奉贤区生态环境局与张某新、童某勇、王某平生态环境损害赔偿诉讼案

一、乐平市民政局申请撤销罗某监护人资格案

(一)典型意义

未成年人是祖国的未来和民族的希望,进一步加强未成年人司法保护是新时代对人民法院工作提出的更高要求。本案是人民法院准确适用民法典关于监护制度的规定,并主动延伸司法职能,与有关部门合力守护未成年人健康成长的典型案例。本案中,人民法院根据案件具体情况依法撤销了原监护人的监护人资格,指定民政部门作为监护人,同时向民政部门发出司法建议书,协助其更好地履行监护职责,为被监护人的临时生活照料、确定收养关系、完善收养手续以及后续的生活教育提供司法服务。

(二)基本案情

被申请人罗某系吴某1(11岁)、吴某2(10岁)、吴某3(8岁)三姐弟的生母。罗某自三子女婴幼时期起既未履行抚养教育义务,又未支付抚养费用,不履行监护职责,且与他人另组建家庭并生育子女。罗某在知道三个孩子的父亲、祖父均去世,家中无其他近亲属照料、抚养孩子的情况下,仍不管不问,拒不履行监护职责达6年以上,导致三子女生活处于极其危困状态。为保障三姐弟的合法权益,乐平市民政局向人民法院申请撤销罗某对三姐弟的监护人资格,并指定该民政局为三姐弟的监护人。

(三)裁判结果

生效裁判认为,被申请人罗某作为被监护人吴某1、吴某2、吴某3的生母及法定监护人,在三名被监护人年幼时离家出走,六年期间未履行对子女的抚养、照顾、教育等义务;在被监护人父亲去世,三名被监护人处于无人照看、生活危困的状况下,被申请人知情后仍怠于履行监护职责,导致三名未成年人流离失所,其行为已严重侵害了三名被监护人的合法权益。监护人怠于履行监护职责导致被监护人处于危困状态,人民法院根据乐平市民政局的申请,依法撤销了罗某的监护人资格。被监护人的祖父过世,祖母情况不明,外祖父母远在贵州且从未与三名被监护人共同生活,上述顺位亲属均不能或者不适合担任吴某1、吴某2、吴某3的监护人。考虑到现在的临时照料家庭能够为孩子们提供良好的成长环境和安定的生活保障,经人民法院与乐平市民政局沟通后,明确三名被监护人由乐

平市民政局监护，便于其通过相应法定程序与“临时家庭”完善收养手续，将临时照料人转变为合法收养人，与三姐弟建立起完整的亲权法律关系。如此，三姐弟能获得良好的教育、感受家庭的温暖，三个临时照料家庭的父母也能享天伦之乐。故判决自2022年5月27日起，吴某1、吴某2、吴某3的监护人由乐平市民政局担任。

（四）民法典条文指引

第二十七条第一款　父母是未成年子女的监护人。

第三十六条　监护人有下列情形之一的，人民法院根据有关个人或者组织的申请，撤销其监护人资格，安排必要的临时监护措施，并按照最有利于被监护人的原则依法指定监护人：

（一）实施严重损害被监护人身心健康的行为；

（二）怠于履行监护职责，或者无法履行监护职责且拒绝将监护职责部分或者全部委托给他人，导致被监护人处于危困状态；

（三）实施严重侵害被监护人合法权益的其他行为。

本条规定的有关个人、组织包括：其他依法具有监护资格的人，居民委员会、村民委员会、学校、医疗机构、妇女联合会、残疾人联合会、未成年人保护组织、依法设立的老年人组织、民政部门等。

前款规定的个人和民政部门以外的组织未及时向人民法院申请撤销监护人资格的，民政部门应当向人民法院申请。

二、李某良、钟某梅诉吴某闲等生命权纠纷案

（一）典型意义

见义勇为是中华民族的传统美德，是社会主义核心价值观的内在要求。“一人兴善，万人可激”，新时代新征程，更需要榜样的力量、榜样的激励。本案中，李某林在突发情况下毫不犹豫跳水救人后不幸溺亡，其英勇救人的行为值得肯定、褒扬和尊重。审理法院适用民法典“见义勇为损害救济规则”，肯定李某林的见义勇为精神，通过以案释法树立是非标杆，积极倡导了崇德向善的社会风尚。

（二）基本案情

2020年6月2日晚，李某林与吴某闲等四人一同就餐后，前往重庆市江津区几

江长江大桥下江边码头散步。因琐事发生争执,吴某闲跳入长江,李某林跳江施救,此后吴某闲抓住岸上连接船只的钢丝线后获救,李某林不幸溺亡。吴某闲垫付打捞尸体费用6000元。后李某林的父母李某良、钟某梅以吴某闲等人为被告诉至法院,请求判令吴某闲等赔偿因李某林死亡产生的各项赔偿款800 000元。

(三)裁判结果

生效裁判认为,因保护他人民事权益使自己受到损害,没有侵权人、侵权人逃逸或者无力承担民事责任,受害人请求补偿的,受益人应当给予适当补偿。本案中,李某林在没有法定或者约定义务的前提下,下水救助吴某闲而不幸溺亡,属于见义勇为。吴某闲系因发生争执情绪激动主动跳水,本案没有侵权人,吴某闲作为受益人应当给予适当补偿。遂综合考虑李某林救助行为及所起作用、原告受损情况等,判令吴某闲补偿李某良、钟某梅40 000元,吴某闲垫付的打捞尸体费用亦作为吴某闲的补偿费用,不再进行抵扣。

(四)民法典条文指引

第一百八十三条　因保护他人民事权益使自己受到损害的,由侵权人承担民事责任,受益人可以给予适当补偿。没有侵权人、侵权人逃逸或者无力承担民事责任,受害人请求补偿的,受益人应当给予适当补偿。

三、杭州市临平区人民检察院诉陈某英雄烈士保护民事公益诉讼案

(一)典型意义

习近平总书记指出,一切民族英雄都是中华民族的脊梁,他们的事迹和精神都是激励我们前行的强大力量。英烈不容诋毁,法律不容挑衅。民法典第一百八十五条"英烈条款"的核心要义是保护英雄烈士的人格利益,维护社会公共利益,弘扬尊崇英烈、扬善抑恶的精神风气。肖思远烈士为国戍边守土,遭敌围攻壮烈牺牲,其英雄事迹必将为人民群众缅怀铭记。该案适用民法典规定,认定陈某的行为侵害肖思远烈士的名誉、荣誉,损害了社会公共利益,鲜明表达了人民法院严厉打击和制裁抹黑英雄烈士形象行为的坚定立场,向全社会传递了热爱英雄、崇尚英雄、捍卫英雄的强烈态度。

（二）基本案情

2020 年 6 月 15 日，戍边烈士肖思远在边境冲突中誓死捍卫祖国领土，突围后又义无反顾返回营救战友，遭敌围攻壮烈牺牲，于 2021 年 2 月被中央军委追记一等功。2021 年 2 月至 4 月间，陈某在人民日报、央视新闻、头条新闻等微博账号发布的纪念、缅怀肖思远烈士的文章下，发表针对肖思远烈士的不当评论内容共计 20 条，诋毁其形象和荣誉。公益诉讼起诉人认为，陈某的行为侵害戍边烈士肖思远的名誉和荣誉，损害社会公共利益，故向人民法院提起民事公益诉讼，请求判令陈某在全国性的新闻媒体上公开赔礼道歉、消除影响。

（三）裁判结果

生效裁判认为，民法典第一百八十五条侧重保护的是已经成为社会公共利益重要组成部分的英雄烈士的人格利益。英雄烈士是中华民族最优秀群体的代表，英雄烈士和他们所体现的爱国主义、英雄主义精神，是我们党魂、国魂、军魂、民族魂的不竭源泉和重要支撑，是中华民族精神的集中反映。英雄烈士的事迹和精神是中华民族的共同记忆，是社会主义核心价值观的重要体现。抹黑英雄烈士，既是对社会主义核心价值观的否定和瓦解，也容易对人民群众的价值观念造成恶劣影响。陈某在互联网空间多次公开发表针对肖思远烈士名誉、荣誉的严重侮辱、诋毁、贬损、亵渎言论，伤害了国民的共同情感和民族精神，污染了社会风气，不利于民族共同记忆的赓续、传承，更是对社会主义核心价值观的严重背离，已构成对社会公共利益的侵害。故判决陈某在全国性的新闻媒体上向社会公众公开赔礼道歉、消除影响。

（四）民法典条文指引

第一百八十五条　侵害英雄烈士等的姓名、肖像、名誉、荣誉，损害社会公共利益的，应当承担民事责任。

四、某金属表面处理公司与某铁塔公司破产债权确认纠纷案

(一)典型意义

民法典新增添附制度,明确规定添附物所有权归属的认定方式,以及因此造成当事人损害的赔偿或补偿规则,使我国有关产权保护的法律规则体系更加完备。本案中,审理法院依法认定添附物的所有权优先按合同约定确定归属,同时妥善解决因确定添附物归属造成当事人损害的赔偿问题,有效维护了物的归属和利用关系,有利于保障诚信、公平的市场交易秩序。

(二)基本案情

2019年8月,某金属表面处理公司向某铁塔公司租赁厂房及生产线,租赁期限为十年,同时约定某金属表面处理公司经某铁塔公司同意可以对厂房、设备等进行扩建、改造,但其投资建设的一切固定设施、建筑物均归某铁塔公司所有。之后,某金属表面处理公司使用租赁厂房和生产线进行生产经营,并投入大量资金对厂房、生产线进行改造。2020年7月,某铁塔公司进入破产清算程序,人民法院依法指定管理人接管某铁塔公司。2020年9月,管理人通知某金属表面处理公司解除前述租赁合同。某金属表面处理公司诉至法院,请求确认其购买设备及改造车间费用、遣散工人费用、部分停产停业损失为某铁塔公司的共益债务。

(三)裁判结果

生效裁判认为,本案纠纷虽然发生在民法典施行前,但根据《最高人民法院关于适用〈中华人民共和国民法典〉时间效力的若干规定》第三条,本案可以适用民法典关于添附制度的新规定。租赁合同解除后,某金属表面处理公司对租赁标的物所作配套投入形成的添附物所有权依约归某铁塔公司所有。因某铁塔公司进入破产程序而提前解除合同,添附物归属于某铁塔公司导致某金属表面处理公司存在一定损失,依照民法典第三百二十二条“因一方当事人的过错或者确定物的归属造成另一方当事人损害的,应当给予赔偿或者补偿”的规定精神,某铁塔公司应对某金属表面处理公司的损失承担赔偿责任。由于某铁塔公司对某金属表面处理公司所负赔偿责任并非破产程序开始后为了全体债权人的共同利益而负担的债务,不

能认定为共益债务。故判决确认某金属表面处理公司对某铁塔公司享有普通债权334.3万元。

(四)民法典条文指引

第三百二十二条　因加工、附合、混合而产生的物的归属,有约定的,按照约定;没有约定或者约定不明确的,依照法律规定;法律没有规定的,按照充分发挥物的效用以及保护无过错当事人的原则确定。因一方当事人的过错或者确定物的归属造成另一方当事人损害的,应当给予赔偿或者补偿。

五、邹某玲诉某医院医疗服务合同纠纷案

(一)典型意义

本案是依照民法典和《妇女权益保障法》相关规定的精神,保护丧偶妇女辅助生育权益的典型案例。审理法院结合案情和《人类辅助生殖技术规范》《人类辅助生殖技术和人类精子库伦理原则》有关"禁止给单身妇女实施人类辅助生殖技术"的规范目的,依法认定本案原告丧偶后与上述规定中的"单身妇女"有本质不同,从而确认了"丧偶妇女"继续实施人类辅助生殖技术的正当性。本案是依法保护女性生育权益的具体实践,体现了司法对妇女合法权益的有效维护,具有积极的导向意义。

(二)基本案情

2020年,邹某玲与丈夫陈某平因生育障碍问题,为实施试管婴儿辅助生育手术到被告湖南省某医院处进行助孕治疗,并于2020年10月1日签署了《助孕治疗情况及配子、胚胎处理知情同意书》等材料。因邹某玲的身体原因暂不宜实施胚胎移植手术,被告对符合冷冻条件的4枚胚胎于当日进行冷冻保存。2021年5月29日,陈某平死亡。后邹某玲要求被告继续为其实施胚胎移植手术,但被告以不能够为单身妇女实施辅助生殖术为由拒绝。

(三)裁判结果

生效裁判认为,有关行政规范性文件规定"禁止给单身妇女实施人类辅助生殖技术",但原告是否属于条文中的"单身妇女"需要结合规范目的及本案的案情综合看待。"单身妇女"应当指未有配偶者到医院实施人类辅助生殖技术的情形,原告

是已实施完胚胎培育后丧偶的妇女,与上述规定所指实施胚胎移植手术的单身妇女有本质区别。目前对于丧偶妇女要求继续移植与丈夫已受精完成的胚胎进行生育,法律并无禁止性规定。原告欲继续实施人类辅助生殖,既是为了寄托对丈夫的哀思,也是为人母的责任与担当的体现,符合人之常情和社会公众一般认知,不违背公序良俗。故判决湖南省某医院继续履行与原告的医疗服务合同。

(四)民法典条文指引

第三条　民事主体的人身权利、财产权利以及其他合法权益受法律保护,任何组织或者个人不得侵犯。

第八条　民事主体从事民事活动,不得违反法律,不得违背公序良俗。

六、蔡某勤诉姚某、杨某昊买卖合同纠纷案

(一)典型意义

本案是适用民法典债务加入规则的典型案例。民法典总结民商事审判经验,回应民商事实践发展需要,以立法形式对债务加入作出规定,赋予民事主体更加多元的选择,对于贯彻自愿原则、保障债权安全、优化营商环境具有重要意义。本案中,审理法院结合具体案情,依法认定被告向原告作出的还款意思表示不属于债务转移,而是构成债务加入,是人民法院适用民法典新增制度规则的一次生动实践。

(二)基本案情

2020年春节后新冠肺炎疫情暴发期间,蔡某勤与姚某协商订购200支额温枪,并支付77 000元货款,姚某收款后与杨某昊联系订购150支额温枪,并付款42 000元。后姚某、杨某昊均未能交付货物,经蔡某勤催要,姚某退还蔡某勤15 000元。杨某昊向蔡某勤出具承诺,表示其因被他人诈骗不能交付货物,如2020年6月3日前不能退赃退赔,愿意直接退还蔡某勤42 000元。后姚某、杨某昊均未退还货款,蔡某勤遂提起诉讼,要求姚某对62 000元及利息承担还款责任,杨某昊对其中42 000元及利息承担连带责任。

(三)裁判结果

生效裁判认为,蔡某勤、杨某昊均未明示同意免除姚某的还款责任,双方的诉讼主张也表明双方均未同意免除姚某的还款责任,故本案不属于债务转移,姚某应

对 62 000 元货款承担还款责任。杨某昊自愿向蔡某勤作出承担 42 000 元债务的意思表示,其行为构成债务加入。民法典之前的法律对债务加入未作规定,根据《最高人民法院关于适用〈中华人民共和国民法典〉时间效力的若干规定》第三条,本案可以适用民法典关于债务加入的规定。故判决由姚某对 62 000 元及利息承担还款责任,杨某昊对其中 42 000 元及利息承担连带责任。

(四)民法典条文指引

第五百五十二条　第三人与债务人约定加入债务并通知债权人,或者第三人向债权人表示愿意加入债务,债权人未在合理期限内明确拒绝的,债权人可以请求第三人在其愿意承担的债务范围内和债务人承担连带债务。

七、北京某旅游公司诉北京某村民委员会等合同纠纷案

(一)典型意义

本案是人民法院准确适用民法典关于合同权利义务关系终止和违约责任承担等制度,依法妥善化解民事纠纷的典型案例。审理法院根据案件具体情况认定所涉案件事实不构成情势变更,防止市场主体随意以构成情势变更为由逃避合同规定的义务,同时考虑到合同已经丧失继续履行的现实可行性,依法终止合同权利义务关系。本案裁判有利于指引市场主体遵循诚信原则依法行使权利、履行义务,对于维护市场交易秩序、弘扬诚实守信的社会主义核心价值观具有积极意义。

(二)基本案情

2019 年 2 月 26 日,北京某村民委员会、北京某经济合作社、北京某旅游公司就北京某村域范围内旅游资源开发建设签订经营协议,经营面积 595.88 公顷,经营范围内有河沟、山谷、民宅等旅游资源,经营期限 50 年。北京某旅游公司交纳合作费用 300 万元。2018 年年中,区水务局开始进行城市蓝线规划工作,至 2019 年底形成正式稿,将涉案经营范围内河沟两侧划定为城市蓝线。2019 年 11 月左右,北京某旅游公司得知河沟两侧被划定为城市蓝线,于 2020 年 5 月 11 日通知要求解除相关协议,后北京某旅游公司撤场。区水务局提供的城市蓝线图显示,城市蓝线沿着河沟两侧划定,大部分村民旧宅在城市蓝线范围外。区水务局陈述,城市蓝线是根据

标准不同以及河道防洪等级不同划定的,开发建设必须保证不影响防洪,如果影响,需要对河道进行治理,治理验收合格后则能正常开发建设。庭审中,北京某旅游公司未提交证据证明其对经营范围内区域进行旅游开发时,曾按照政策要求报请相关审批手续,也未提交证据证明因城市蓝线的划定相关政府部门向其出具禁止开展任何活动的通知。

(三)裁判结果

生效裁判认为,本案中城市蓝线的划定不属于情势变更。城市蓝线划定不属于无法预见的重大变化,不会导致一方当事人无法履约。经营协议确定的绝大部分经营区域并不在城市蓝线范围内,对于在城市蓝线范围内的经营区域,北京某旅游公司亦可在履行相应行政审批手续、符合政策文件具体要求的情况下继续进行开发活动,城市蓝线政策不必然导致其履约困难。北京某村民委员会、北京某经济合作社并不存在违约行为,北京某旅游公司明确表示不再对经营范围进行民宿及旅游资源开发,属于违约一方,不享有合同的法定解除权。本案中,北京某旅游公司已撤场,且明确表示不再对经营范围进行民宿及旅游资源开发,要求解除或终止合同,而北京某村民委员会不同意解除或终止合同,要求北京某旅游公司继续履行合同。双方签订的经营协议系具有合作性质的长期性合同,北京某旅游公司是否对民宿及旅游资源进行开发建设必将影响北京某村民委员会的后期收益,北京某旅游公司的开发建设既属权利,也系义务,该不履行属"不履行非金钱债务"情形,且该债务不适合强制履行。同时,长期性合作合同须以双方自愿且相互信赖为前提,在涉案经营协议已丧失继续履行的现实可行性情形下,如不允许双方权利义务终止,既不利于充分发挥土地等资源的价值,又不利于双方利益的平衡保护。因此,涉案经营协议履行已陷入僵局,故对于当事人依据民法典第五百八十条请求终止合同权利义务关系的主张,人民法院予以支持。本案中,旅游开发建设未实际开展,合同权利义务关系终止后,产生恢复原状的法律后果,但合同权利义务关系终止不影响违约责任的承担。综合考虑北京某村民委员会前期费用支出、双方合同权利义务约定、北京某旅游公司的违约情形、合同实际履行期间等因素,酌定北京某村民委员会、北京某经济合作社退还北京某旅游公司部分合作费120万元。

(四)民法典条文指引

第七条　民事主体从事民事活动,应当遵循诚信原则,秉持诚实,恪守承诺。

第五百三十三条　合同成立后,合同的基础条件发生了当事人在订立合同时无法预见的、不属于商业风险的重大变化,继续履行合同对于当事人一方明显不公平的，受不利影响的当事人可以与对方重新协商；在合理期限内协商不成的，当事人可以请求人民法院或者仲裁机构变更或者解除合同。

人民法院或者仲裁机构应当结合案件的实际情况，根据公平原则变更或者解除合同。

第五百八十条 当事人一方不履行非金钱债务或者履行非金钱债务不符合约定的，对方可以请求履行，但是有下列情形之一的除外：

（一）法律上或者事实上不能履行；

（二）债务的标的不适于强制履行或者履行费用过高；

（三）债权人在合理期限内未请求履行。

有前款规定的除外情形之一，致使不能实现合同目的的，人民法院或者仲裁机构可以根据当事人的请求终止合同权利义务关系，但是不影响违约责任的承担。

八、安徽某医疗科技公司诉安徽某健康科技公司名誉权纠纷案

（一）典型意义

党的二十大报告强调要优化民营企业发展环境，依法保护民营企业产权和企业家权益，促进民营经济发展壮大。企业名誉是企业赖以生存和发展的重要基础，依法保护企业名誉权是构建法治化营商环境的应有之义。民法典第一百一十条确认了法人、非法人组织享有名誉权，第一千零二十四条规定任何组织和个人不得以侮辱、诽谤等方式侵害他人名誉权。本案中，安徽某健康科技公司未经核实，采取投诉、公开发布指责声明的方式，侵犯同行业安徽某医疗科技公司名誉，致使其商业信誉降低，构成侵犯企业名誉权。人民法院依法判决安徽某健康科技公司停止侵害、删除发布在网站上的不实信息并登报赔礼道歉，既保护了被侵权企业的合法权益，也有利于维护市场竞争秩序，促进行业在良性竞争中发展。

（二）基本案情

原告安徽某医疗科技公司与被告安徽某健康科技公司均生产防护口罩。2021年7月，安徽某健康科技公司向安徽省商务厅投诉称，安徽某医疗科技公司盗取其公司防护口罩的产品图片等宣传资料，并冒用其公司名义在国际电商平台上公开销售产品。随后，安徽某医疗科技公司收到安徽省商务厅的约谈通知。与此同时，

该公司不断接到客户电话反映称,安徽某健康科技公司在公司官网、微信公众号上发布指责其盗用防护口罩名称、包装的文章,被各大网络平台转载。经查,涉案国际电商平台设立在东南亚某国,安徽某医疗科技公司从未在该平台上注册企业用户信息,也不是该平台的卖家商户,虽然平台上确有安徽某健康科技公司防护口罩的产品信息,但网页配图中安徽某医疗科技公司的厂房和车间图片系被盗用和嫁接。为了维护自身合法权益,安徽某医疗科技公司诉至法院,请求判令安徽某健康科技公司立即停止侵犯名誉权行为并赔礼道歉。安徽某健康科技公司提起反诉,要求安徽某医疗科技公司立即停止在国际电商平台销售和宣传侵权产品,并赔礼道歉。

(三)裁判结果

生效裁判认为,涉案国际电商平台上涉及两家公司的商品信息均为网站用户在其个人终端上自主上传,安徽某医疗科技公司没有在该平台上注册过企业用户信息,不具备在该电商平台上销售产品的前提条件,网页配图系被他人盗用。安徽某健康科技公司发现平台用户存在侵权行为后,应当第一时间向该电商平台要求采取删除、屏蔽、断开链接等必要措施,并查清实际侵权人。但安徽某健康科技公司未核实信息来源,仅凭配发的安徽某医疗科技公司图片即向有关部门投诉。在投诉尚无结论时,安徽某健康科技公司即在公司官网及微信公众号发布不实言论,主观认定安徽某医疗科技公司假冒、仿冒其公司产品,文章和声明被各大网络平台大量转载和传播,足以引导阅读者对安徽某医疗科技公司产生误解,致使公司的商业信誉降低,社会评价下降。安徽某健康科技公司的行为严重侵犯安徽某医疗科技公司的企业名誉,构成侵权,应当承担相应的民事责任。据此,依法判决安徽某健康科技公司停止侵害、删除发布在网站上的不实信息并登报赔礼道歉,驳回安徽某健康科技公司的反诉。

(四)民法典条文指引

第一百一十条　自然人享有生命权、身体权、健康权、姓名权、肖像权、名誉权、荣誉权、隐私权、婚姻自主权等权利。

法人、非法人组织享有名称权、名誉权和荣誉权。

第一百七十九条　承担民事责任的方式主要有:

(一)停止侵害;

(二)排除妨碍;

(三)消除危险;

(四)返还财产;

（五）恢复原状；

（六）修理、重作、更换；

（七）继续履行；

（八）赔偿损失；

（九）支付违约金；

（十）消除影响、恢复名誉；

（十一）赔礼道歉。

法律规定惩罚性赔偿的，依照其规定。

本条规定的承担民事责任的方式，可以单独适用，也可以合并适用。

第一千零二十四条　民事主体享有名誉权。任何组织和个人不得以侮辱、诽谤等方式侵害他人名誉权。

名誉是对民事主体的品德、声望、才能、信用等的社会评价。

九、孙某燕与某通信公司某市分公司等隐私权、个人信息保护纠纷案

（一）典型意义

民法典在总则编和人格权编对隐私权和个人信息保护作出专门规定，丰富和完善了隐私权和个人信息保护的规则。特别是第一千零三十三条第一项对群众反映强烈的以电话、短信、即时通信工具、电子邮件等方式侵扰他人私人生活安宁的行为进行了严格规制，回应了社会关切。本案中，原告孙某燕使用被告某通信公司某市分公司提供的移动通信号码，并向其支付费用，故原、被告之间存在电信服务合同关系。某通信公司某市分公司在孙某燕多次明确表示不接受电话推销业务后，仍继续向孙某燕进行电话推销，其行为构成对孙某燕隐私权的侵犯。本案虽系依据《民法总则》* 作出裁判，但也充分体现了民法典第一千零三十二条、第一千零三十三条第一项的规定精神，其裁判结果不仅维护了当事人的隐私权，更对当前群众反映强烈的问题作出了回应，亮明了司法态度。

（二）基本案情

2011年7月，原告孙某燕在被告某通信公司某市分公司处入网，办理了电话

---

* 现已失效。——编者注

卡。2020年6月至12月,孙某燕持续收到营销人员以某通信公司某市分公司工作人员名义拨打的推销电话,以“搞活动”“回馈老客户”“赠送”“升级”等为由数次向孙某燕推销套餐升级业务。期间,原告孙某燕两次拨打该通信公司客服电话进行投诉,该通信公司客服在投诉回访中表示会将原告的手机号加入“营销免打扰”,以后尽量避免再向原告推销。后原告孙某燕又接到了被告的推销电话,经拨打该通信公司客服电话反映沟通未得到回复,遂通过工业和信息化部政务平台“电信用户申诉受理平台”进行申诉。该平台回复“在处理过程中,双方未能达成一致意见,依据《电信用户申诉处理办法》第十七、十九、二十条等规定,因调解不成,故视为办结,建议依照国家有关法律规定就申诉事项向仲裁机构申请仲裁或者向人民法院提起诉讼”。原告孙某燕遂向人民法院提起诉讼,请求被告承担侵权责任。

(三)裁判结果

生效裁判认为,自然人的私人生活安宁不受侵扰和破坏。本案中,孙某燕与某通信公司某市分公司之间的电信服务合同依法成立生效。某通信公司某市分公司应当在服务期内为孙某燕提供合同约定的电信服务。孙某燕提交的证据能够证明某通信公司某市分公司擅自多次向孙某燕进行电话推销,侵扰了孙某燕的私人生活安宁,构成了对孙某燕隐私权的侵犯。故判决被告某通信公司某市分公司未经原告孙某燕的同意不得向其移动通信号码拨打营销电话,并赔偿原告孙某燕交通费用782元、精神损害抚慰金3000元。

(四)民法典条文指引

第一百一十条　自然人享有生命权、身体权、健康权、姓名权、肖像权、名誉权、荣誉权、隐私权、婚姻自主权等权利。

法人、非法人组织享有名称权、名誉权和荣誉权。

第一千零三十二条　自然人享有隐私权。任何组织或者个人不得以刺探、侵扰、泄露、公开等方式侵害他人的隐私权。

隐私是自然人的私人生活安宁和不愿为他人知晓的私密空间、私密活动、私密信息。

第一千零三十三条　除法律另有规定或者权利人明确同意外,任何组织或者个人不得实施下列行为:

(一)以电话、短信、即时通讯工具、电子邮件、传单等方式侵扰他人的私人生活安宁;

(二)进入、拍摄、窥视他人的住宅、宾馆房间等私密空间;

（三）拍摄、窥视、窃听、公开他人的私密活动；

（四）拍摄、窥视他人身体的私密部位；

（五）处理他人的私密信息；

（六）以其他方式侵害他人的隐私权。

十、林某诉张某撤销婚姻纠纷案

（一）典型意义

本案是依法适用民法典相关规定判决撤销婚姻的典型案例。对于一方患有重大疾病，未在结婚登记前如实告知另一方的情形，民法典明确另一方可以向人民法院请求撤销婚姻。本案中，人民法院依法适用民法典相关规定，判决撤销双方的婚姻关系，不仅有效保护了案件中无过错方的合法权益，也符合社会大众对公平正义、诚实信用的良好期待，弘扬了社会主义核心价值观。

（二）基本案情

林某和张某经人介绍相识，于2020年6月28日登记结婚。在登记之后，张某向林某坦白其患有艾滋病多年，并且长期吃药。2020年7月，林某被迫人工终止妊娠。2020年10月，林某提起诉讼要求宣告婚姻无效。诉讼中，林某明确若婚姻无效不能成立，则请求撤销婚姻，对此，张某亦无异议。

（三）裁判结果

生效裁判认为，自然人依法享有缔结婚姻等合法权益，张某虽患有艾滋病，但不属于婚姻无效的情形。林某又提出撤销婚姻的请求，张某对此亦无异议，为减少当事人讼累，人民法院一并予以处理。张某所患疾病对婚姻生活有重大影响，属于婚前应告知林某的重大疾病，但张某未在结婚登记前告知林某，显属不当。故依照民法典第一千零五十三条的规定，判决撤销林某与张某的婚姻关系。判决后，双方均未上诉。

（四）民法典条文指引

第一千零五十三条　一方患有重大疾病的，应当在结婚登记前如实告知另一方；不如实告知的，另一方可以向人民法院请求撤销婚姻。

请求撤销婚姻的，应当自知道或者应当知道撤销事由之日起一年内提出。

十一、马某臣、段某娥诉于某艳探望权纠纷案

(一)典型意义

近年来,(外)祖父母起诉要求探视(外)孙子女的案件不断增多,突出反映了社会生活对保障“隔代探望权”的司法需求。民法典虽未对隔代探望权作出规定,但民法典第十条明确了处理民事纠纷的依据。按照我国风俗习惯,隔代近亲属探望(外)孙子女符合社会广泛认可的人伦情理,不违背公序良俗。本案依法支持原告探望孙女的诉讼请求,符合民法典立法目的和弘扬社会主义核心价值观的要求,对保障未成年人身心健康成长和维护老年人合法权益具有积极意义。

(二)基本案情

原告马某臣、段某娥系马某豪父母。被告于某艳与马某豪原系夫妻关系,两人于2018年2月14日办理结婚登记,2019年6月30日生育女儿马某。2019年8月14日,马某豪在工作时因电击意外去世。目前,马某一直随被告于某艳共同生活。原告因探望孙女马某与被告发生矛盾,协商未果,现诉至法院,请求判令:每周五下午六点原告从被告处将马某接走,周日下午六点被告将马某从原告处接回;寒暑假由原告陪伴马某。

(三)裁判结果

生效裁判认为,马某臣、段某娥夫妇老年痛失独子,要求探望孙女是人之常情,符合民法典立法精神。马某臣、段某娥夫妇探望孙女,既可缓解老人丧子之痛,也能使孙女从老人处得到关爱,有利于其健康成长。我国祖孙三代之间的关系十分密切,一概否定(外)祖父母对(外)孙子女的探望权不符合公序良俗。因此,对于马某臣、段某娥要求探望孙女的诉求,人民法院予以支持。遵循有利于未成年人成长原则,综合考虑马某的年龄、居住情况及双方家庭关系等因素,判决:马某臣、段某娥对马某享有探望权,每月探望两次,每次不超过五个小时,于某艳可在场陪同或予以协助。

(四)民法典条文指引

第十条　处理民事纠纷,应当依照法律;法律没有规定的,可以适用习惯,但是不得违背公序良俗。

第一千零四十三条　家庭应当树立优良家风，弘扬家庭美德，重视家庭文明建设。

夫妻应当互相忠实，互相尊重，互相关爱；家庭成员应当敬老爱幼，互相帮助，维护平等、和睦、文明的婚姻家庭关系。

十二、曾某泉、曾某军、曾某、李某军与孙某学婚姻家庭纠纷案

（一）典型意义

习近平总书记强调："家风是一个家庭的精神内核，也是一个社会的价值缩影。"本案是人民法院弘扬新时代优良家风，维护尽到赡养义务的成年继子女权益的典型案例。民法典明确规定了有扶养关系的继子女与婚生子女、非婚生子女、养子女同属于子女范畴。审理法院依法认定对继父母尽到赡养义务的成年继子女属于有扶养关系的继子女，享有继父母死亡抚恤金分配权，同时确定年老患病的遗孀享有更多分配份额，为弘扬敬老爱老的传统美德，鼓励互助互爱的优良家风提供了现实样例。

（二）基本案情

曾某彬（男）与曾某泉、曾某军、曾某三人系父子关系，孙某学（女）与李某军系母子关系。2006 年，李某军 34 岁时，曾某彬与孙某学登记结婚。2019 年 11 月 4 日，曾某彬去世，其单位向孙某学发放一次性死亡抚恤金 163 536 元。曾某彬生前十余年一直与孙某学、李某军共同在李某军所有的房屋中居住生活。曾某彬患有矽肺，孙某学患有（直肠）腺癌，李某军对曾某彬履行了赡养义务。曾某泉三兄弟主张李某军在曾某彬与孙某学结婚时已经成年，双方未形成扶养关系，故李某军不具有上述死亡抚恤金的分配资格。

（三）裁判结果

生效裁判认为，一次性死亡抚恤金是针对死者近亲属的一种抚恤，应参照继承相关法律规范进行处理。本案应由曾某彬的配偶、子女参与分配，子女包括有扶养关系的继子女。成年继子女对继父母履行了赡养义务的，应认定为有扶养关系的继子女。本案中，曾某彬与孙某学再婚时，李某军虽已成年，但三人共同居住生活在

李某军所有的房屋长达十余年,形成了民法典第一千零四十五条第三款规定的更为紧密的家庭成员关系,且曾某彬患有矽肺,孙某学患有癌症,二人均需家人照顾,根据案件事实可以认定李某军对曾某彬履行了赡养义务。考虑到孙某学年老患病且缺乏劳动能力,遂判决孙某学享有曾某彬一次性死亡抚恤金40%的份额,李某军与曾某泉三兄弟各享有15%的份额。

(四)民法典条文指引

第一千零四十三条　家庭应当树立优良家风,弘扬家庭美德,重视家庭文明建设。

夫妻应当互相忠实,互相尊重,互相关爱;家庭成员应当敬老爱幼,互相帮助,维护平等、和睦、文明的婚姻家庭关系。

第一千零四十五条　亲属包括配偶、血亲和姻亲。

配偶、父母、子女、兄弟姐妹、祖父母、外祖父母、孙子女、外孙子女为近亲属。

配偶、父母、子女和其他共同生活的近亲属为家庭成员。

第一千一百二十七条　遗产按照下列顺序继承:

(一)第一顺序:配偶、子女、父母;

(二)第二顺序:兄弟姐妹、祖父母、外祖父母。

继承开始后,由第一顺序继承人继承,第二顺序继承人不继承;没有第一顺序继承人继承的,由第二顺序继承人继承。

本编所称子女,包括婚生子女、非婚生子女、养子女和有扶养关系的继子女。

本编所称父母,包括生父母、养父母和有扶养关系的继父母。

本编所称兄弟姐妹,包括同父母的兄弟姐妹、同父异母或者同母异父的兄弟姐妹、养兄弟姐妹、有扶养关系的继兄弟姐妹。

第一千一百三十条　同一顺序继承人继承遗产的份额,一般应当均等。

对生活有特殊困难又缺乏劳动能力的继承人,分配遗产时,应当予以照顾。

对被继承人尽了主要扶养义务或者与被继承人共同生活的继承人,分配遗产时,可以多分。

有扶养能力和有扶养条件的继承人,不尽扶养义务的,分配遗产时,应当不分或者少分。

继承人协商同意的,也可以不均等。

十三、刘某起与刘某海、刘某霞、刘某华遗嘱继承纠纷案

(一)典型意义

民法典顺应时代的变化,回应人民群众的新需要,将打印遗嘱新增规定为法定遗嘱形式。本案依据打印遗嘱规则,准确认定打印遗嘱的成立和生效要件,明确打印人的不同不影响打印遗嘱的认定。打印遗嘱应当有两个以上见证人在场见证,否则不符合法律规定的形式要件,应认定打印遗嘱无效。本案有利于推动打印遗嘱规则在司法实践中的正确适用,有利于践行民法典的新增亮点规定,对于依法维护老年人的遗嘱权益,保障继承权的行使具有重要意义。

(二)基本案情

刘某海、刘某起系刘某与张某的子女。张某和刘某分别于2010年与2018年死亡。刘某起持有《遗嘱》一份,为打印件,加盖有立遗嘱人张某人名章和手印,另见证人处有律师祁某、陈某的署名文字。刘某起称该《遗嘱》系见证人根据张某意思在外打印。刘某起还提供视频录像对上述遗嘱订立过程予以佐证,但录像内容显示张某仅在一名见证人宣读遗嘱内容后,在该见证人协助下加盖人名章、捺手印。依刘某起申请,一审法院分别向两位见证人邮寄相关出庭材料,一份被退回,一份虽被签收但见证人未出庭作证。刘某海亦持有打印《遗嘱》一份,主张为刘某的见证遗嘱,落款处签署有"刘某"姓名及日期"2013年12月11日"并捺印,另有见证律师李某、高某署名及日期。刘某订立遗嘱的过程有视频录像作为佐证。视频录像主要显示刘某在两名律师见证下签署了遗嘱。此外,作为见证人之一的律师高某出庭接受了质询,证明其与律师李某共同见证刘某订立遗嘱的过程。

(三)裁判结果

生效裁判认为,刘某起提交的《遗嘱》为打印形成,应认定为打印遗嘱而非代书遗嘱。在其他继承人对该遗嘱真实性有异议的情况下,刘某起提交的遗嘱上虽有两名见证人署名,但相应录像视频并未反映见证过程全貌,且录像视频仅显示一名见证人,经法院多次释明及向《遗嘱》记载的两位见证人邮寄出庭通知书,见证人均未出庭证实《遗嘱》真实性,据此对该份《遗嘱》的效力不予认定。刘某海提交的《遗

嘱》符合打印遗嘱的形式要件,亦有证据证明见证人全程在场见证,应认定为有效。

(四)民法典条文指引

第一千一百三十六条　打印遗嘱应当有两个以上见证人在场见证。遗嘱人和见证人应当在遗嘱每一页签名,注明年、月、日。

十四、柳某诉张某莲、某物业公司健康权纠纷案

(一)典型意义

与邻为善、邻里互助是中华民族优秀传统美德,是社会主义核心价值观在社会生活领域的重要体现。本案适用民法典侵权责任编的相关规定,严格审查行为与后果之间的因果关系,坚守法律底线,不因有人受伤而扩大赔偿主体范围,明确自愿为小区购买游乐设施的业主不承担赔偿责任。本案的裁判贯彻了社会主义核心价值观的要求,依法保护无过错方权益,为善行正名、为义举护航,就对与错、赔与不赔等是非问题予以明确回应,不让好人无端担责或受委屈,维护了人民群众心中的公平正义,表明了司法的态度和温度,弘扬了时代新风新貌。

(二)基本案情

被告张某莲系江苏省江阴市某小区业主,因所在小区游乐设施较少,在征得小区物业公司同意后,自费购置一套儿童滑梯(含配套脚垫)放置在小区公共区域,供儿童免费玩耍。该区域的卫生清洁管理等工作由小区物业公司负责。2020年11月,原告柳某途经此处时,踩到湿滑的脚垫而滑倒摔伤,造成十级伤残。后柳某将张某莲和小区物业公司诉至法院,要求共同赔偿医疗费、护理费、残疾赔偿金、精神损害抚慰金等各项损失近20万元。

(三)裁判结果

生效裁判认为,民法典第一千一百六十五条规定,行为人因过错侵害他人民事权益造成损害的,应当承担侵权责任。本案中,张某莲自费为小区添置儿童游乐设施,在法律上并无过错,也与本案事故的发生无因果关系,依法无须承担赔偿责任。相反,张某莲的行为丰富了小区业主生活,增进了邻里友谊,符合与人为善、与邻为善的传统美德,应予以肯定性的评价。某物业公司作为小区物业服务人,应在同意张某莲放置游乐设施后承担日常维护、管理和安全防范等义务。某物业公司未及

时有效清理、未设置警示标志，存在过错，致使滑梯脚垫湿滑，是导致事故发生的主要原因。柳某作为成年公民，未能及时查明路况，对损害的发生亦存在一定过错，依法可适当减轻某物业公司的赔偿责任。一审法院判决某物业公司赔偿柳某因本案事故所受损失的80%，共计12万余元。

（四）民法典条文指引

第一千一百六十五条第一款　行为人因过错侵害他人民事权益造成损害的，应当承担侵权责任。

第一千一百七十三条　被侵权人对同一损害的发生或者扩大有过错的，可以减轻侵权人的责任。

十五、稳健股份公司诉苏州稳健公司、某包装公司、滑某侵害商标权及不正当竞争纠纷案

（一）典型意义

《知识产权强国建设纲要（2021—2035年）》提出，要建设支撑国际一流营商环境的知识产权保护体系。知识产权司法保护作为知识产权保护体系的重要力量，发挥着不可或缺的重要作用。本案是人民法院依法保护企业字号和商标权益，服务保障疫情防控和经济社会发展的典型案例。本案中，稳健股份公司是知名医用卫生材料生产企业，商标及企业字号在业内知名度较高。侵权人故意以该字号为名称注册企业，生产销售口罩产品，有组织、有分工地实施严重的商标侵权及不正当竞争行为。对此，审理法院判决通过适用惩罚性赔偿、加大赔偿力度、认定共同侵权、责令停止使用字号等方式予以严厉惩治，有力保护了权利人的知识产权和相关权利，诠释了人民法院全面加强知识产权司法保护、维护公平竞争秩序的基本理念，实现了政治效果、法律效果和社会效果有机统一。

（二）基本案情

稳健股份公司成立于2000年，业务覆盖医用敷料、手术耗材、医用卫生材料及家庭卫生护理用品等领域，在口罩等多个商品上注册有“winner”“稳 健”“稳健医疗”等诸多商标。稳健股份公司在业内具有较高的知名度和影响力，为我国疫情防控工作作出了重要贡献。苏州稳健公司成立于2020年，在生产销售

的口罩产品图片、参数、详情、包装箱、合格证、价签、包装袋以及经营环境、公众号、网站等处使用“[redacted]”“WJ”以及“品牌:苏稳、品牌:稳健、品牌:Winner/稳健、生产企业:苏州稳健医疗用品有限公司”“稳健医疗、SW苏稳、WJ稳健医疗、苏州稳健医疗”“苏州稳健公司”“苏州稳健医疗用品有限公司”等字样,对其产品、公司及经营进行宣传介绍。滑某分别持有苏州稳健公司、某包装公司99%、91.6667%股份。苏州稳健公司办公地址位于某包装工业园内,销售的口罩包装袋上标注某包装公司官网地址,出具的销售收据加盖某包装公司公章。某包装公司官网大篇幅介绍苏州稳健公司产品及企业信息,网店销售苏州稳健公司口罩,并自称“自有工厂”“源头厂家”。滑某将某包装公司网店销售口罩的收入纳入个人账户。稳健股份公司认为上述行为侵害其商标权,并构成不正当竞争,某包装公司、滑某实施共同侵权,故要求苏州稳健公司停止侵权并赔偿损失,某包装公司、滑某承担连带责任。

(三)裁判结果

生效裁判认为,涉案注册商标及企业字号知名度较高。苏州稳健公司在口罩产品和公司网站、网店、公众号上使用与涉案注册商标相同或近似的标识,擅自注册、使用“稳健”字号及企业名称,开展相同经营活动,具有明显攀附稳健股份公司商誉的目的,造成混淆误认,构成商标侵权及不正当竞争。苏州稳健公司、某包装公司高度关联,滑某为两公司绝对控股股东,个人与公司财产混同。在滑某策划与控制下,两公司分工合作,共同实施侵权行为,三者应当承担连带责任。苏州稳健公司、某包装公司、滑某明知涉案商标及字号在业内知名度极高,使用侵权字号注册公司,有组织、有分工地实施上述行为,且在稳健股份公司两次举报后仍继续实施侵权行为,并向市场监管部门进行不实陈述,严重违背诚信原则和商业道德。同时,本案侵权商品为疫情防控物资,价格低廉,未经正规检验程序即向公众销售,质量堪忧,极大损害稳健股份公司商誉,严重危及公众健康,对疫情防控工作造成不利影响。本案侵权渠道多样,包括线上官网、网店、线下销售,线上覆盖了微信、抖音、淘宝、1688等,而且侵权规模较大、时间跨度长,当事人拒绝根据法院要求提交财务账册等证据。因此,法院认为苏州稳健公司、某包装公司、滑某侵权情节严重,主观故意明显,对于可以查明的侵权获利部分,依法适用四倍惩罚性赔偿;对于无法查明具体销量的部分,综合考虑严重侵权情节,适用法定赔偿确定赔偿额。据此判决苏州稳健公司、某包装公司、滑某立即停止侵害商标专用权行为及不正当竞争行为,苏州稳健公司立即停止使用现有企业名称,三者共同赔偿稳健股份公司损失及维权合理费用1 021 655元。

(四)民法典条文指引

第一百七十九条　承担民事责任的方式主要有：
(一)停止侵害；
(二)排除妨碍；
(三)消除危险；
(四)返还财产；
(五)恢复原状；
(六)修理、重作、更换；
(七)继续履行；
(八)赔偿损失；
(九)支付违约金；
(十)消除影响、恢复名誉；
(十一)赔礼道歉。
法律规定惩罚性赔偿的，依照其规定。
本条规定的承担民事责任的方式，可以单独适用，也可以合并适用。

第一千一百六十八条　二人以上共同实施侵权行为，造成他人损害的，应当承担连带责任。

十六、上海市奉贤区生态环境局与张某新、童某勇、王某平生态环境损害赔偿诉讼案

(一)典型意义

习近平总书记多次强调，要像保护眼睛一样保护生态环境。本案系人民法院践行习近平生态文明思想，适用民法典相关规定判决由国家规定的机关委托修复生态环境，所需费用由侵权人负担的典型案例。本案依法认定生态修复刻不容缓而侵权人客观上无法履行修复义务的，行政机关有权委托他人进行修复，并可根据民法典第一千二百三十四条直接主张费用赔偿，既有力推动了生态环境修复，也为民法典施行前发生的环境污染纠纷案件准确适用法律提供了参考借鉴。

(二)基本案情

2018年4月始，张某新、童某勇合伙进行电镀作业，含镍废液直接排入厂房内

渗坑。后王某平向张某新承租案涉场地部分厂房,亦进行电镀作业,含镍废液也直接排入渗坑。2018 年 12 月左右,两家电镀作坊雇人在厂房内挖了一口渗井后,含镍废液均通过渗井排放。2019 年 4 月,上海市奉贤区环境监测站检测发现渗井内镍浓度超标,严重污染环境。奉城镇人民政府遂委托他人对镍污染河水和案涉场地电镀废液进行应急处置,并开展环境损害的鉴定评估、生态环境修复、环境监理、修复后效果评估等工作。相关刑事判决以污染环境罪分别判处张某新、童某勇及案外人宋某军有期徒刑,王某平在逃。经奉贤区人民政府指定,奉贤区生态环境局启动本案的生态环境损害索赔工作。因与被告磋商无果,奉贤区生态环境局提起生态环境损害赔偿诉讼,请求判令三被告共同承担应急处置费、环境损害鉴定评估费、招标代理费、修复工程费、环境监理费、修复效果评估费等费用共计 6 712 571 元。上海市人民检察院第三分院支持起诉。

(三)裁判结果

生效裁判认为,民法典第一千二百三十四条规定,国家规定的机关可以自行或者委托他人进行修复,所需费用由侵权人负担。涉案侵权行为发生在民法典实施之前,根据《最高人民法院关于适用〈中华人民共和国民法典〉时间效力的若干规定》第三条规定的空白溯及原则,本案可以适用民法典第一千二百三十四条。法院判决三被告共赔偿原告奉贤区生态环境局应急处置费、环境损害鉴定评估费、招标代理费、修复工程费、环境监理费、修复效果评估费等费用共计 6 712 571 元,其中张某新、童某勇连带赔偿上述金额的 50%,王某平赔偿上述金额的 50%。

(四)民法典条文指引

第一千二百三十四条　违反国家规定造成生态环境损害,生态环境能够修复的,国家规定的机关或者法律规定的组织有权请求侵权人在合理期限内承担修复责任。侵权人在期限内未修复的,国家规定的机关或者法律规定的组织可以自行或者委托他人进行修复,所需费用由侵权人负担。

民法典颁布后人格权司法保护典型民事案例

（发布时间:2022 年 4 月 11 日）

民法典颁布后人格权司法保护典型民事案例目录

案例一

变更未成年子女姓名应遵循自愿和有利成长原则

——未成年人姓名变更维权案

一、简要案情

2011年10月,被告向某云与原告向某杉(未成年人)之母郑某离婚,约定原告由母亲郑某抚养。原告跟随郑某生活后,郑某将其姓名变更为“郑某文”,原告一直使用“郑某文”生活、学习,以“郑某文”之名参加数学、美术、拉丁舞等国内、国际比赛,并多次获奖。2018年12月,被告向某云向派出所申请将原告姓名变更回“向某杉”。在原告姓名变更回“向某杉”后,其学习、生活、参赛均产生一定困扰。原告及其母亲郑某与被告向某云协商未果,原告诉至法院,请求判令被告配合原告将原告姓名变更为“郑某文”。审理中,原告到庭明确表示,其愿意使用“郑某文”这一姓名继续生活。

二、裁判结果

重庆市合川区人民法院经审理认为,姓名是自然人参与社会生活的人格标志,依照民法典第一千零一十二条的规定,自然人有权依法决定、使用、变更或者许可他人使用自己的姓名,但不得违反公序良俗。父母离婚后涉及未成年人利益的纠纷处理,应坚持以未成年人利益最大化为原则。本案中,原告多年来持续使用“郑某文”这一姓名,该姓名既已为亲友、老师、同学所熟知,也已成为其人格的标志,是其生活、学习的重要组成部分。原告作为年满12周岁的未成年人,已经能够理解该姓名的文字含义及人格象征意义,结合其多次参加国际、国内赛事的获奖经历以及自身真实意愿,继续使用该姓名,有利于原告的身心健康和成长。遂依照相关法律规定,判决被告配合原告将户籍登记姓名变更回“郑某文”。

三、典型意义

本案系适用民法典保护未成年人合法姓名变更权的典型案例。实务中,因夫妻离异后一方变更未成年人姓名而频频引发纠纷。本案审理法院坚持以未成年人利益最大化为原则,将民法典人格权编最新规定与《中华人民共和国未成年人保护法》有机结合,充分听取具有一定判断能力和合理认知的未成年人的意愿,尊重公民姓名选择的自主权,最大限度地保护了未成年人的人格利益,收到了良好的社会效果。

案例二

养女在过世养父母墓碑上的刻名权益受法律保护

——养女墓碑刻名维权案

一、简要案情

原告石某连系已故石某信夫妇养女和唯一继承人,被告石某荷系石某信堂侄。石家岭社区曾于2009年对村民坟墓进行过搬迁,当时所立石某信夫妇墓碑上刻有石某连名字。2020年夏,石家岭居委会进行迁坟过程中,除进行经济补偿外,新立墓碑由社区提供并按照各家上报的名单镌刻姓名。石某荷在向居委会上报名单时未列入石某连,导致新立墓碑未刻石某连名字。石某连起诉请求判令石某荷在石某信夫妇墓碑上镌刻石某连姓名,返还墓地搬迁款,赔偿精神损失。

二、裁判结果

一审山东省济南市钢城区人民法院经审理认为,根据民法典第九百九十条的规定,除法律规定的具体人格权外,自然人还享有基于人身自由,人格尊严产生的其他权益。逝者墓碑上镌刻亲人的名字是中国传统文化中后人对亲人追思情感的体现,对后人有着重大的精神寄托。养子女在过世父母墓碑上镌刻自己的姓名,符合公序良俗和传统习惯,且以此彰显与逝者的特殊身份关系,获得名誉、声望等社会评价,故墓碑刻名关系到子女的人格尊严,相应权益应受法律保护。原有墓碑上镌刻有养女石某连的姓名,石某荷在重新立碑时故意遗漏石某连的刻名,侵害了石某连的人格权益,应承担民事责任。一审判令石某荷按民间传统风俗习惯在石某信夫妇墓碑上镌刻石某连姓名、石某荷返还石某连墓地拆迁款3736元。二审济南市中级人民法院维持原判。

三、典型意义

养子女在过世养父母墓碑上刻名的权益关涉人格尊严和人格平等,符合孝道传统和公序良俗,本案将此种人格权益纳入一般人格权予以保护,回应了社会发展所产生的新型人格权益保护需求,对类似案件处理具有参考价值。

案例三

利用竞争对手名称设置搜索关键词进行商业推广构成侵害名称权

——网络竞价排名侵害名称权案

一、简要案情

某虎公司系某搜索引擎运营商，旗下拥有搜索广告业务。甲公司为宣传企业购买了上述服务，并在3年内间断使用同行业“乙公司”的名称为关键词对甲公司进行商业推广。通过案涉搜索引擎搜索乙公司关键词，结果页面前两条词条均指向甲公司，而乙公司的官网词条却相对靠后。乙公司认为甲公司在网络推广时，擅自使用乙公司名称进行客户引流，侵犯其名称权，某虎公司明知上述行为构成侵权仍施以帮助，故诉至法院，要求甲公司、某虎公司停止侵权，赔礼道歉，消除影响并连带赔偿损失30万元。

二、裁判结果

广州互联网法院经审理认为，依照民法典第一千零一十三条、第一千零一十四条的规定，法人、非法人组织享有名称权，任何组织或者个人不得以干涉、盗用、假冒等方式侵害其名称权。乙公司作为具有一定知名度的企业，其名称具有一定的经济价值。甲公司擅自使用乙公司名称进行营销，必然会对其造成经济损失，已侵犯其名称权。某虎公司作为案涉搜索引擎运营商，对外开展付费广告业务，其对甲公司关键词设置的审查义务，应高于普通网络服务提供者。因某虎公司未正确履行审查义务，客观上对案涉侵权行为提供了帮助，构成共同侵权。遂判决甲公司、某虎公司书面赔礼道歉、澄清事实、消除影响并连带赔偿65 000元。

三、典型意义

名称权是企业从事商事活动的重要标识性权利，已逐渐成为企业的核心资产。本案立足于数字经济发展新赛道，通过揭示竞价排名广告的商业逻辑，明确他人合法注册的企业名称受到保护，任何人不得通过“蹭热点”“傍名牌”等方式侵害他人企业名称权。同时，本案还对网络服务提供者的审查义务进行了厘定，敦促其利用技术优势实质性审查“竞价排名”关键词的权属情况等，对制约商标侵权、不正当竞争行为，规范行业竞争秩序，构筑健康的品牌经济具有积极作用。

案例四

人工智能软件擅自使用自然人形象创设虚拟人物构成侵权

——"AI 陪伴"软件侵害人格权案

一、简要案情

被告运营某款智能手机记账软件，在该软件中，用户可以自行创设或添加"AI 陪伴者"，设定"AI 陪伴者"的名称、头像、与用户的关系、相互称谓等，并通过系统功能设置"AI 陪伴者"与用户的互动内容，系统称为"调教"。本案原告何某系公众人物，在原告未同意的情况下，该软件中出现了以原告姓名、肖像为标识的"AI 陪伴者"，同时，被告通过算法应用，将该角色开放给众多用户，允许用户上传大量原告的"表情包"，制作图文互动内容从而实现"调教"该"AI 陪伴者"的功能。原告认为被告侵害了原告的姓名权、肖像权、一般人格权，故诉至法院，要求赔礼道歉并赔偿经济损失、精神损害抚慰金等。

二、裁判结果

北京互联网法院经审理认为，案涉软件中，用户使用原告的姓名、肖像创设虚拟人物，制作互动素材，将原告的姓名、肖像、人格特点等综合而成的整体形象投射到 AI 角色上，该 AI 角色形成了原告的虚拟形象，被告的行为属于对包含了原告肖像、姓名的整体人格形象的使用。同时，用户可以与该 AI 角色设定身份关系、设定任意相互称谓、通过制作素材"调教"角色，从而形成与原告真实互动的体验，被告对于案件的上述功能设置还涉及自然人的人格自由和人格尊严。虽然具体图文由用户上传，但被告的产品设计和对算法的应用实际上鼓励、组织了用户的上传行为，直接决定了软件核心功能的实现，被告不再只是中立的技术服务提供者，应作为内容服务提供者承担侵权责任。因此，被告未经同意使用原告姓名、肖像，设定涉及原告人格自由和人格尊严的系统功能，构成对原告姓名权、肖像权、一般人格权的侵害。遂判决被告向原告赔礼道歉、赔偿损失。

三、典型意义

随着后疫情时代互联网产业模式的进一步创新，虚拟现实等新技术的不断发展，自然人人格要素被虚拟化呈现的应用日益增多。本案明确自然人的人格权及于其虚拟形象,同时对算法应用的评价标准进行了有益探索,对人工智能时代加强人格权保护具有重要意义。

案例五

具备明显可识别性的肖像剪影属于肖像权的保护范畴

——知名艺人甲某肖像权、姓名权纠纷案

一、简要案情

被告某生物科技公司在其公众号上发布的一篇商业推广文章中,使用了一张对知名艺人甲某照片进行处理后形成的肖像剪影,文章中介绍公司即将迎来一名神秘"蓝朋友"并提供了大量具有明显指向性的人物线索,该文章评论区大量留言均提及甲某名字或其网络昵称。原告甲某认为被告侵犯其肖像权、姓名权,遂诉至法院要求被告立即撤下并销毁相关线下宣传物料、公开赔礼道歉、赔偿经济损失等。被告辩称,肖像剪影没有体现五官特征,不能通过其辨识出性别、年龄、身份等个人特征,不具备可识别性,不具备肖像的属性,被告未侵犯原告肖像权,且涉案文章刊载时间很短,影响范围较小,未给原告造成任何经济损失,不应承担侵权责任。

二、裁判结果

成都高新区人民法院经审理认为,民法典以"外部形象""载体反映""可识别性"三要素对肖像进行了明确界定,尤以可识别性作为判断是否为肖像的最关键要素。本案中,即便被告对原告照片进行了加工处理,无法看到完整的面部特征,但剪影所展现的面部轮廓(包括发型)仍具有原告的个人特征,属于原告的外部形象,而案涉文章的文字描述内容具有较强的可识别性,通过人物特征描述的"精准画像",大大加强了该肖像剪影的可识别性,案涉文章的留言部分精选出的大量留言均评论该肖像剪影为甲某,更加印证了该肖像剪影的可识别性。综上,案涉文章中的肖像剪影在结合文章内其他内容情况下,具有明显可识别性,因此构成对原告肖像权的侵害,遂判被告赔礼道歉并向原告支付经济损失10万元。

三、典型意义

本案系民法典实施后的新类型侵犯肖像权案件,被告试图利用规则的模糊地带非法获取知名艺人的肖像利益,引发了社会关注。本案适用了民法典人格权编的最新规定进行审理,体现了对公民肖像权进行实质、完整保护的立法精神,有利于社会公众知悉、了解肖像权保护的积极变化,也促使社会形成严格尊重他人肖像的知法守法氛围。

案例六

金融机构长期怠于核查更正债务人信用记录可构成名誉侵权

——债务人诉金融机构名誉侵权案

一、简要案情

原告周某某为案外人莫某某向被告上林某银行的贷款提供连带保证担保,后经2018年作出的生效判决认定,周某某的保证责任被免除。三年后,周某某经所在单位领导提示,于2021年4月25日在中国人民银行征信中心查询个人信用,发现其已被列入不良征信记录,遂向上林某银行提出书面异议,并申请消除不良征信记录。但该银行在收到周某某提出的异议后未上报信用更正信息,导致周某某的不良征信记录一直未消除,周某某在办理信用卡、贷款等金融活动中受限制。周某某遂诉至法院,要求上林某银行协助撤销周某某的不良担保征信记录,赔偿精神损失和名誉损失费,并登报赔礼道歉、消除影响。

二、裁判结果

广西壮族自治区上林县人民法院经审理认为,依据民法典第一千零二十九条的规定,信用评价关涉个人名誉,民事主体享有维护自己的信用评价不受他人侵害的权利,有权对不当信用评价提出异议并请求采取更正、删除等必要措施。上林某银行作为提供信用评价信息的专业机构,具有准确、完整、及时报送用户信用信息的权利和义务,发现信用评价不当的,应当及时核查并及时采取必要措施。本案中,上林某银行未及时核查周某某已依法免除担保责任的情况,在收到周某某的异议申请后,仍未上报信用更正信息,造成征信系统对周某某个人诚信度作出不实记录和否定性评价,导致周某某在办理信用卡、贷款等金融活动中受限制,其行为构成对周某某名誉权的侵害。遂判决被告向中国人民银行征信中心报送个人信用更正信息,因报送更正信息足以消除影响,故对周某某主张赔偿损失、赔礼道歉等诉讼请求不予支持。

三、典型意义

近年来，金融机构怠于核查、更正债务人信用记录引发的名誉权纠纷案件渐增。本案依法适用民法典关于“信用评价”的相关规定，明确金融机构具有如实记录、准确反映、及时更新用户信用记录的义务，对督促金融机构积极作为，加强日常征信管理，优化信用环境，引导公民增强个人信用意识，合法维护信用权益，具有积极意义。

案例七

未超出必要限度的负面评价不构成名誉侵权

——物业公司诉业主名誉侵权案

一、简要案情

原告某物业公司为某小区提供物业管理服务，被告吴某、案外人徐某系该小区业主。2020年12月11日，徐某在业主微信群内发了15秒的短视频，并在群内发表“小区大门口动用该房屋维修金，你们大家签了字，同意了吗?”被告吴某接着发表“现在一点这个东西就这么多钱，到时电梯坏了，楼顶坏了等咋办，维修基金被物业套完了，拍拍屁股走人了，业主找谁去!”“真要大修没钱就自生自灭了，太黑心了”“所以这个小区成立业主委员会是迫在眉睫”“不管怎样你们签的字违规，我们不认可，要求公示名单”等言论，物业公司工作人员在该群内制止吴某并要求吴某道歉，吴某继续发表“凭什么跟你道歉”“我说的是事实”等。原告某物业公司认为被告吴某的言论侵害其名誉权，遂诉至法院，要求吴某公开赔礼道歉并赔偿损失。

二、裁判结果

二审江西省吉安市中级人民法院经审理认为，依据民法典第一百一十条、第一千零二十四条的规定，法人、非法人组织依法享有名誉权，任何组织或者个人不得以侮辱、诽谤等方式侵害他人名誉权。住宅专项维修资金的使用涉及业主的切身利益，被告吴某作为小区业主，在案涉业主微信群内围绕专项维修资金的申领、使用等不规范情形对原告某物业公司所作的负面评价，措辞虽有不文明、不严谨之处，但未超过必要的限度，不足以产生某物业公司社会评价降低的损害后果。物业公司系为业主提供服务的企业法人,对业主在业主群内围绕其切身权益所作发言具有一定容忍义务。因此,被告吴某不构成对原告名誉权的侵害。同时,法院认为,业主在行使监督权利时应当理性表达质疑、陈述观点。综上,判决驳回原告某物业公司的诉讼请求。

三、典型意义

本案明确业主为维护自身权益对监督事项所作负面评价未超出必要限度的,不构成对物业公司的名誉侵权,依法合理划分了法人、非法人组织人格权的享有与公民行为自由的边界。

案例八

近距离安装可视门铃可构成侵害邻里隐私权

——人脸识别装置侵害邻居隐私权案

一、简要案情

原、被告系同一小区前后楼栋的邻居,两家最近距离不足 20 米。在小区已有安防监控设施的基础上,被告为随时监测住宅周边,在其入户门上安装一款采用人脸识别技术、可自动拍摄视频并存储的可视门铃,位置正对原告等前栋楼多家住户的卧室和阳台。原告认为,被告可通过手机 app 操控可视门铃、长期监控原告住宅,侵犯其隐私,生活不得安宁。被告认为,可视门铃感应距离仅 3 米,拍摄到的原告家模糊不清,不构成隐私,其从未有窥探原告的意图,对方应予以理解,不同意将可视门铃拆除或移位。后原告诉至法院,请求判令被告拆除可视门铃、赔礼道歉并赔偿财产损失及精神损害抚慰金。

二、裁判结果

上海市青浦区人民法院经审理认为,被告虽是在自有空间内安装可视门铃,但设备拍摄的范围超出其自有领域,摄入了原告的住宅。而住宅具有私密性,是个人生活安宁的起点和基础,对于维护人格尊严和人格自由至关重要。可视门铃能通过人脸识别、后台操控双重模式启动拍摄,并可长期录制视频并存储,加之原、被告长期近距离相处,都为辨认影像提供了可能,以此获取住宅内的私密信息和行为现实可行,原告的生活安宁确实将受到侵扰。因此,被告的安装行为已侵害了原告的隐私权。被告辩称其没有侵犯原告隐私的主观意图,原告对此应予容忍等意见,于法无据,法院不予采纳。因无充分证据证明原告因被告的行为造成实际精神及物质损害,故法院支持了原告要求被告拆除可视门铃的诉讼请求,而对其赔礼道歉及赔偿损失的请求未予支持。

三、典型意义

本案就人工智能装置的使用与隐私权的享有发生冲突时的权利保护序位进行探索,强调了隐私权的优先保护,彰显了人文立场,对于正当、规范使用智能家居产品,避免侵害人格权益具有一定的借鉴和指导意义。

案例九

大规模非法买卖个人信息
侵害人格权和社会公共利益

——非法买卖个人信息民事公益诉讼案

一、简要案情

2019 年 2 月起,被告孙某以 34 000 元的价格,将自己从网络购买、互换得到的 4 万余条含姓名、电话号码、电子邮箱等的个人信息,通过微信、QQ 等方式贩卖给案外人刘某。案外人刘某在获取相关信息后用于虚假的外汇业务推广。公益诉讼起诉人认为,被告孙某未经他人许可,在互联网上公然非法买卖、提供个人信息,造成 4 万余条个人信息被非法买卖、使用,严重侵害社会众多不特定主体的个人信息权益,致使社会公共利益受到侵害,据此提起民事公益诉讼。

二、裁判结果

杭州互联网法院经审理认为,民法典第一百一十一条规定,任何组织或者个人需要获取他人个人信息的,应当依法取得并确保信息安全,不得非法收集、使用、加工、传输他人个人信息,不得非法买卖、提供或者公开他人个人信息。被告孙某在未取得众多不特定自然人同意的情况下,非法获取不特定主体个人信息,又非法出售牟利,侵害了承载在不特定社会主体个人信息之上的公共信息安全利益。遂判决孙某按照侵权行为所获利益支付公共利益损害赔偿款 34 000 元,并向社会公众赔礼道歉。

三、典型意义

本案是民法典实施后首例个人信息保护民事公益诉讼案件。本案准确把握民法典维护个人信息权益的立法精神，聚焦维护不特定社会主体的个人信息安全，明确大规模侵害个人信息行为构成对公共信息安全领域社会公共利益的侵害，彰显司法保障个人信息权益、社会公共利益的决心和力度。

最高人民法院发布2021年中国法院10大知识产权案件和50件典型知识产权案例

(发布时间:2022年4月21日)

2021年中国法院10大知识产权案件

一、双飞人制药股份有限公司与广州赖特斯商务咨询有限公司等侵害商标权及不正当竞争纠纷案〔最高人民法院(2020)最高法民再23号民事判决书〕

二、嘉兴市中华化工有限责任公司、上海欣晨新技术有限公司与王龙集团有限公司等侵害技术秘密纠纷案〔最高人民法院(2020)最高法知民终1667号民事判决书〕

三、台州市路桥吉利机动车驾驶培训有限公司、台州市路桥区承融驾驶员培训有限公司与台州市路桥区东港汽车驾驶培训学校等、台州市路桥区浙东驾驶员培训服务有限公司横向垄断协议纠纷案〔最高人民法院(2021)最高法知民终1722号民事判决书〕

四、江苏省金地种业科技有限公司与江苏亲耕田农业产业发展有限公司侵害植物新品种权纠纷案〔最高人民法院(2021)最高法知民终816号民事判决书〕

五、周勤与无锡瑞之顺机械设备制造有限公司侵害发明专利权纠纷案〔江苏省苏州市中级人民法院(2019)苏05知初1122号民事判决书、(2020)苏05司惩1号决定书〕

六、惠氏有限责任公司、惠氏(上海)贸易有限公司与原广州惠氏宝贝母婴用品有限公司等侵害商标权及不正当竞争纠纷案〔浙江省高级人民法院(2021)浙民终294号民事判决书〕

七、中国杂技团有限公司与吴桥县桑园镇张硕杂技团等著作权权属及侵害著作权纠纷案〔北京知识产权法院(2019)京73民终2823号民事判决书〕

八、济宁市罗盒网络科技有限公司与广州市玩友网络科技有限公司等侵害计算机软件著作权纠纷案〔广州知识产权法院(2019)粤73知民初207号民事判

决书〕

九、上海汉涛信息咨询有限公司与青岛简易付网络技术有限公司等不正当竞争纠纷案〔山东省青岛市中级人民法院(2020)鲁02民初2265号民事判决书〕

十、梁永平、王正航等十五人侵犯著作权罪案〔上海市第三中级人民法院(2021)沪03刑初101号刑事判决书、上海市杨浦区人民法院(2021)沪0110刑初826号刑事判决书〕

2021年中国法院50件典型知识产权案例

一、知识产权民事案件

(一)专利权权属、侵害专利权纠纷案件

1. 深圳市朗科科技股份有限公司与广州友拓数码科技有限公司、杭州阿里巴巴广告有限公司侵害发明专利权纠纷案〔最高人民法院(2019)最高法民申5971号民事裁定书〕

2. 阿斯利康有限公司与江苏奥赛康药业有限公司侵害发明专利权纠纷案〔最高人民法院(2021)最高法知民终388号民事裁定书〕

3. 上海凯赛生物技术股份有限公司、凯赛(金乡)生物材料有限公司与山东瀚霖生物技术有限公司等侵害发明专利权纠纷案,山东瀚霖生物技术有限公司与国家知识产权局、上海凯赛生物技术股份有限公司发明专利权无效行政纠纷案〔最高人民法院(2021)最高法知民终1305号民事判决书、(2020)最高法知行终564号行政判决书〕

4. VMI荷兰公司与萨驰智能装备股份有限公司、萨驰机械工程(上海)有限公司侵害发明专利权纠纷案〔江苏省高级人民法院(2018)苏民终1384号民事判决书〕

5. 武汉光迅科技股份有限公司与河南仕佳光子科技股份有限公司、周天红等专利申请权权属纠纷案〔湖北省武汉市中级人民法院(2020)鄂01知民初201号民事判决书〕

(二)侵害商标权纠纷案件

6. 华润(集团)有限公司、华润知识产权管理有限公司与成都市金牛区华润灯饰商店侵害商标权及不正当竞争纠纷案〔最高人民法院(2021)最高法民再338号民事判决书〕

7. 华联超市股份有限公司与肥城市华联商贸有限公司、肥城市华联商贸有限公司春秋古城店侵害商标权及不正当竞争纠纷案〔最高人民法院(2021)最高法民再3号民事判决书〕

8. 益海嘉里食品营销有限公司与天津丰美食用油有限公司侵害商标权纠纷案〔天津市高级人民法院(2020)津民终1331号民事判决书〕

9. 绫致时装(天津)有限公司与博野县幻蝶雾语服装店侵害商标权及不正当竞争纠纷案〔河北省高级人民法院(2021)冀知民终294号民事判决书〕

10. 吉林省长春皓月清真肉业股份有限公司与四平市铁西区亚萍牛羊肉摊床等侵害商标权纠纷案〔吉林省长春市中级人民法院(2021)吉01民初1713号民事判决书〕

11. 大自然家居(中国)有限公司与福建因尔心安木业有限公司等侵害商标权及不正当竞争纠纷案〔江苏省苏州市中级人民法院(2020)苏05民初60号民事判决书〕

12. 杭州王星记扇业有限公司与绍兴王星记扇厂等侵害商标权纠纷案〔浙江省杭州铁路运输法院(2020)浙8601民初1746号民事判决书〕

13. 美盛农资(北京)有限公司与津港美禾辛化肥(天津)有限公司等侵害商标权及不正当竞争纠纷案〔山东省高级人民法院(2021)鲁民终1160号民事判决书〕

14. 巴布豆(中国)儿童用品有限公司与泉州市巴布豆儿童用品有限公司等侵害商标权及不正当竞争纠纷案〔河南省高级人民法院(2020)豫知民终696号民事判决书〕

15. 吉尼斯世界纪录咨询(北京)有限公司与广州大明联合橡胶制品有限公司侵害商标权纠纷案〔广东省高级人民法院(2021)粤民再208号民事判决书〕

16. 广州蓝月亮实业有限公司、蓝月亮(中国)有限公司与深圳金八马生活用纸有限公司等侵害商标权及不正当竞争纠纷案〔广东省高级人民法院(2020)粤民终2977号民事判决书〕

17. 重庆久圣成防水材料有限公司、沈阳久圣成经贸有限公司与重庆盛百利防水建材有限公司侵害商标权及不正当竞争纠纷案〔重庆市高级人民法院(2021)渝民终96号民事判决书〕

18. 中国黄金集团黄金珠宝股份有限公司与田继民、白银百货大楼(集团)有限责任公司侵害商标权及不正当竞争纠纷案〔甘肃省高级人民法院(2021)甘知民终9号民事判决书〕

(三)著作权权属、侵害著作权纠纷案件

19. 汉华易美(天津)图像技术有限公司与河南草庐蜂业有限公司侵害作品信息网络传播权纠纷案〔最高人民法院(2021)最高法民再355号民事判决书〕

20. 苏梦与荆门秀锦娱乐有限公司侵害著作权纠纷案〔最高人民法院(2021)最高法民再114号民事判决书〕

21. 长沙米拓信息技术有限公司与河南省工程建设协会侵害计算机软件著作权纠纷案〔最高人民法院(2021)最高法知民终1547号民事判决书〕

22. 刘迅与李文涵、朱毅侵害作品发表权纠纷案〔黑龙江省高级人民法院(2021)黑民终365号民事判决书〕

23. 深圳市脸萌科技有限公司、北京微播视界科技有限公司与杭州看影科技有限公司、杭州小影创新科技股份有限公司侵害著作权纠纷案〔杭州互联网法院(2020)浙0192民初8001号民事判决书〕

24. 深圳国瓷永丰源股份有限公司与景德镇智宇贸易有限公司、景德镇市亿翔陶瓷厂著作权权属及侵害著作权纠纷案〔江西省景德镇市中级人民法院(2021)赣02知民初4号民事判决书〕

25. 广州市立峰音乐传播有限公司与波密县时空隧道休闲吧侵害作品放映权纠纷案〔西藏自治区高级人民法院(2021)藏知民终30号民事判决书〕

26. 吴妍与钟志燕著作权权属及侵害著作权纠纷案〔宁夏回族自治区银川市中级人民法院(2020)宁01民初1604号民事判决书〕

(四)不正当竞争纠纷案件

27. 安徽金陵国际货运代理有限公司与安徽盛凯国际货运代理有限公司等侵害商业秘密纠纷案〔最高人民法院(2021)最高法民再310号民事判决书〕

28. 百度在线网络技术(北京)有限公司与北京子乐科技有限公司、北京经纬智诚电子商务有限公司不正当竞争纠纷案〔北京市海淀区人民法院(2019)京0108民初63253号民事判决书〕

29. 央视国际网络有限公司与新传在线(北京)信息技术有限公司等不正当竞争纠纷案〔北京市东城区人民法院(2016)京0101民初22016号民事判决书〕

30. 上海尔广餐饮管理有限公司与上海再高餐饮管理有限公司等仿冒、虚假宣传和商业诋毁纠纷案〔上海知识产权法院(2020)沪73民终444号民事判决书〕

31. 上海拉扎斯信息科技有限公司与北京三快科技有限公司不正当竞争纠纷案〔浙江省高级人民法院(2021)浙民终601号民事判决书〕

32. 浙江苏泊尔股份有限公司与浙江巴赫厨具有限公司、浙江中康厨具有限公司商业诋毁纠纷案〔浙江省高级人民法院(2021)浙民终250号民事判决书〕

33. 上海喜马拉雅科技有限公司与深圳市易听教育科技有限公司、合肥市蜀山区丽视音电子产品经营部不正当竞争纠纷案〔安徽省合肥市中级人民法院(2020)皖01民初2516号民事判决书〕

34. 哈尔滨工业大学与福建哈工大发展有限公司侵害商标权及不正当竞争纠纷案〔福建省高级人民法院(2021)闽民终828号民事判决书〕

35. 腾讯科技(成都)有限公司、深圳市腾讯计算机系统有限公司与湖北省极炫网络科技有限公司等不正当竞争纠纷案〔湖南省长沙市开福区人民法院(2021)湘0105民初11329号民事判决书〕

36. 星辉海外有限公司与广州正凯文化传播有限公司、李力持不正当竞争纠纷案〔广州知识产权法院(2020)粤73民终2289号民事判决书〕

37. 金蝶软件(中国)有限公司等与成都财智办公用品有限公司侵害商标权及不正当竞争纠纷案〔四川省成都市中级人民法院(2020)川01民初4310号民事判决书〕

38. 贵州双升制药有限公司与贵州长生药业有限责任公司商业诋毁纠纷案〔贵州省贵阳市中级人民法院(2020)黔01民初1054号民事判决书〕

39. 新疆雪山果园食品有限公司与西安彩虹星球文化科技有限公司商业诋毁纠纷案〔陕西省高级人民法院(2021)陕民终392号民事判决书〕

(五)集成电路布图设计、植物新品种纠纷案件

40. 深圳市星火原光电科技有限公司与泰凌微电子(上海)股份有限公司集成电路委托开发合同纠纷案〔最高人民法院(2020)最高法知民终394号民事判决书〕

41. 湖南亚华种业科学研究院与张杨侵害植物新品种权纠纷案〔海南自由贸易港知识产权法院(2021)琼73知民初1号民事判决书〕

(六)司法惩戒、行为保全案件

42. 东莞屹成智能装备有限公司与深圳市新辉机电设备有限公司侵害实用新型专利权纠纷司法惩戒案〔最高人民法院(2021)最高法知司惩1号决定书〕

43. 深圳市腾讯计算机系统有限公司等与北京微播视界科技有限公司、重庆天极魅客科技有限公司诉前行为保全案〔重庆市第一中级人民法院(2021)渝01行保1号民事裁定书〕

二、知识产权行政案件

44. 上海游奇网络有限公司与国家知识产权局、完美世界控股集团有限公司商标权无效宣告请求行政纠纷案〔最高人民法院(2021)最高法行再254号行政判决书〕

45. 重庆市磁器口陈麻花食品有限公司与国家知识产权局、重庆市沙坪坝区互旺食品有限公司等商标权无效宣告请求行政纠纷案〔最高人民法院(2021)最高法行再255号行政判决书〕

46. 四川新绿色药业科技发展有限公司与国家知识产权局、广东一方制药有限公司发明专利权无效行政纠纷案〔最高人民法院(2021)最高法知行终93号行政判决书〕

47. 江西米兰婚纱摄影有限责任公司与国家知识产权局、许凤商标权无效宣告请求行政纠纷案〔北京市高级人民法院(2021)京行终6471号行政判决书〕

48. 北京慧能泰丰信息咨询有限责任公司分公司与国家知识产权局、瑞昶贸易股份有限公司商标权撤销复审行政纠纷案〔北京知识产权法院(2018)京73行初3240号行政判决书〕

三、知识产权刑事案件

49. 北京欣盛建达图书有限公司、北京宏瑞建兴文化传播有限公司、王成等十人侵犯著作权罪、吴学青非法制造、销售非法制造的注册商标标识罪案〔江苏省高级人民法院(2021)苏刑终75号刑事裁定书〕

50. 上海国芯集成电路设计有限公司等侵犯著作权罪案〔江苏省南京市中级人民法院(2021)苏01刑终716号刑事裁定书〕

2021年中国法院10大知识产权案件简介

一、涉“双飞人”商标侵权及不正当竞争纠纷案

双飞人制药股份有限公司与广州赖特斯商务咨询
有限公司等侵害商标权及不正当竞争纠纷案
〔最高人民法院(2020)最高法民再23号民事判决书〕

【案情摘要】

双飞人制药股份有限公司(以下简称双飞人公司)是“双飞人”注册商标权利人,该商标核定使用商品为第3类的花露水、化妆品等。同时,双飞人公司还是两个核定使用在爽水产品上的双飞人立体商标的权利人。法国利佳制药厂拥有指定使用在第3类商品上的“利佳”注册商标,广州赖特斯商务咨询有限公司(以下简称赖特斯公司)独家代理在中国境内宣传、推广、分销和销售利佳薄荷水等“利佳”品牌化妆品。双飞人公司以赖特斯公司等生产、销售利佳薄荷水侵害其注册商标专用权,并同时实施了不正当竞争行为为由,向法院提起诉讼。一审法院认为,利佳薄荷水与“双飞人”商标核定使用的“双飞人爽水”属于相同商品。经对比,被诉侵权产品包装与双飞人公司的立体商标构成近似并可能导致相关公众混淆误认,赖特斯公司侵害了双飞人公司的立体商标专用权。同时,赖特斯公司为实现商业目的,在产品宣传中强调其产品为“双飞人”产品(双飞人药水),构成对“双飞人”文字商标

的侵权。此外,利佳薄荷水的包装装潢与双飞人公司知名商品的包装装潢近似,赖特斯公司的行为构成不正当竞争。赖斯特公司等不服提起上诉,二审法院判决驳回上诉、维持原判。赖特斯公司向最高人民法院申请再审。最高人民法院再审认为,赖特斯公司提交的证据可以证明,法国利佳制药厂自上世纪90年代起在中国大陆部分地区的报纸上刊登"双飞人药水"广告,持续时间较长、发行地域和发行量较大,可证明法国利佳制药厂在先使用的"双飞人药水"所采用的"蓝、白、红"包装有一定影响。双飞人公司明知"双飞人药水"存在于市场,却恶意申请注册与"双飞人药水"包装近似的立体商标并行使权利,其行为难言正当,赖特斯公司的在先使用抗辩成立。双飞人公司关于赖特斯公司构成侵害注册商标专用权及不正当竞争的主张均不能成立。最高人民法院遂判决撤销一审、二审判决,驳回双飞人公司的诉讼请求。

【典型意义】

本案涉及商标先用权抗辩的审查问题。先用权抗辩制度的目的,是保护善意的在先使用者在原有范围内继续使用其有一定影响的商业标识的利益,是诚实信用原则在商标法领域的重要体现。再审判决有效保护了诚信经营带来的使用权益,是人民法院加强知识产权诉讼诚信体系建设的有益探索。

二、"香兰素"侵害技术秘密案

嘉兴市中华化工有限责任公司、上海欣晨新技术有限公司
与王龙集团有限公司等侵害技术秘密纠纷案
〔最高人民法院(2020)最高法知民终1667号民事判决书〕

【案情摘要】

嘉兴市中华化工有限责任公司(以下简称嘉兴中华化工公司)、上海欣晨新技术有限公司拥有使用乙醛酸法制备香兰素工艺的技术秘密。嘉兴中华化工公司基于该工艺一跃成为全球最大的香兰素制造商,占全球市场约60%的份额。王龙集团有限公司(以下简称王龙集团公司)及其法定代表人等通过嘉兴中华化工公司香兰素车间副主任非法获取了该技术秘密,并使用该技术秘密工艺大规模生产香兰素产品,导致香兰素产品价格下滑、嘉兴中华化工公司的市场份额缩减。嘉兴中华化工公司等遂诉至法院。一审法院认定王龙集团公司等构成侵害部分技术秘密,

判决其停止侵害、赔偿经济损失350万元,同时作出行为保全裁定,责令立即停止侵害涉案技术秘密。一审判决后,王龙集团公司继续实施侵权行为。双方当事人提起上诉。最高人民法院二审认为,王龙集团公司系其法定代表人为侵权而设立的企业,且其法定代表人积极参与侵权行为的实施,故王龙集团公司与其法定代表人构成共同侵害全部技术秘密,应当承担连带赔偿责任。根据权利人提供的经济损失数据,综合考虑涉案技术秘密商业价值大、侵权情节恶劣、被告拒不执行人民法院行为保全裁定等因素,改判王龙集团公司及其法定代表人等连带赔偿1.59亿元。

【典型意义】

该案是人民法院历史上生效判决确定赔偿数额最高的侵害商业秘密案件。该案裁判提高了侵权违法成本,切实保护了重要产业核心技术,对于在侵害技术秘密案件中认定损害赔偿具有参考意义。人民法院还依法将涉嫌犯罪线索移送公安机关,推进了民事侵权救济与刑事犯罪责任追究的衔接,彰显了严格依法保护知识产权、严厉打击侵权行为的鲜明司法态度。

三、"驾校联营"横向垄断协议案

台州市路桥吉利机动车驾驶培训有限公司、台州市路桥区承融驾驶员培训有限公司与台州市路桥区东港汽车驾驶培训学校等、台州市路桥区浙东驾驶员培训服务有限公司横向垄断协议纠纷案
〔最高人民法院(2021)最高法知民终1722号民事判决书〕

【案情摘要】

浙江省台州市路桥区的十五家汽车驾驶培训单位签订联营协议及自律公约,约定共同出资设立联营公司即台州市路桥区浙东驾驶员培训服务有限公司(以下简称浙东公司),固定驾驶培训服务价格、限制驾驶培训机构间的教练车辆及教练员流动,涉案十五家驾培单位原先分散的辅助性服务(如报名、体检、制卡等)均由浙东公司统一在同一现场处理,浙东公司收取服务费850元。联营协议第三条具体约定了联营公司设立的注册资本与股本结构。涉案十五家驾培单位中的台州市路桥吉利机动车驾驶培训有限公司(以下简称吉利公司)、台州市路桥区承融驾驶员培训有限公司(以下简称承融公司)以该十五家单位构成垄断经营为由,诉至法院,请求确认联营协议及自律公约无效。一审法院认为,浙东公司统一处理原先分散

的辅助性服务,可提高服务质量、降低成本、增进效率,其收取服务费850元并无不当,有关股本结构条款和服务收费条款可以依法适用反垄断豁免,故一审判决仅确认涉案联营协议及自律公约中构成横向垄断协议的条款无效。吉利公司等不服,向最高人民法院提起上诉,请求改判确认联营协议中股本结构条款和服务收费条款无效。最高人民法院二审认为,达成垄断协议的经营者主张适用垄断豁免的,应当提供充分证据证明其符合有关法定情形,不得在缺乏证据支持的情况下仅仅依据一般性推测或者抽象推定垄断豁免抗辩成立。违反反垄断法关于横向垄断协议规定的合同条款,与横向垄断协议条款紧密联系的条款,以及服务于横向垄断协议行为实施的条款均应属无效,否则不足以消除和降低垄断行为风险。最高人民法院二审判决,撤销一审判决,确认涉案联营协议及自律公约全部无效。

【典型意义】

该案是典型的横向垄断纠纷案件。最高人民法院通过裁判澄清了横向垄断协议豁免事由的适用标准,阐明了违反反垄断法的横向垄断协议应归于无效的一般原则,且无效范围不限于横向垄断协议条款本身,还包括与之具有紧密关联、缺乏独立存在意义的条款和服务于横向垄断协议行为实施的条款。该案裁判有力维护了市场公平竞争秩序,有利于从源头上制止垄断行为。

四、涉“金粳818”植物新品种侵权案

江苏省金地种业科技有限公司与江苏亲耕田农业产业发展
有限公司侵害植物新品种权纠纷案
〔最高人民法院(2021)最高法知民终816号民事判决书〕

【案情摘要】

江苏省金地种业科技有限公司(以下简称金地公司)为水稻新品种“金粳818”的独占实施被许可人,江苏亲耕田农业产业发展有限公司(以下简称亲耕田公司)未经许可,以线下门店推广以及在微信群内发布“农业产业链信息匹配”线上宣传等方式,寻找潜在的交易者,收取会员费并向会员提供“金粳818”水稻种子交易信息,与买家商定交易价格、数量、交货时间,安排送货收款。金地公司认为亲耕田公司的行为构成侵权,诉至江苏省南京市中级人民法院。一审法院认为,亲耕田公司并未直接销售涉案侵权种子,仅构成帮助侵权,判决亲耕田公司停止侵权,赔偿损

失及合理支出300万元。亲耕田公司不服，提起上诉。最高人民法院二审认为，亲耕田公司在网络平台发布种子销售信息，与购买者协商确定种子包装方式、价款、数量、履行期限等交易要素，销售合同自合意达成时成立，亲耕田公司是交易组织者、决策者，应当认定其构成销售侵权而非帮助侵权；亲耕田公司发布和组织交易的种子远超农民自繁自用的合理规模，“农民自繁自用”不侵权抗辩不能成立。亲耕田公司未取得种子生产经营许可证并销售白皮袋侵权种子，属于侵权行为情节严重，且拒不提供有关账簿，一审判决按照赔偿基数的二倍适用惩罚性赔偿正确，最高人民法院二审判决驳回上诉、维持原判。

【典型意义】

本案是打击种子套牌侵权的典型案件。裁判对于借助互联网信息平台组织销售白皮袋种子，以“农民”“种粮大户”等经营主体名义掩护实施的侵权行为进行了准确认定，依法适用惩罚性赔偿，让侵权人付出沉重代价，体现了人民法院严格保护植物新品种权、促进农业科技创新的司法导向。

五、侵害“排水板成型机”发明专利权及司法惩戒案

周勤与无锡瑞之顺机械设备制造有限公司侵害发明专利权纠纷案

〔江苏省苏州市中级人民法院(2019)苏05知初1122号民事判决书、(2020)苏05司惩1号决定书〕

【案情摘要】

周勤系“排水板成型机”的发明专利权人，因发现无锡瑞之顺机械设备制造有限公司(以下简称瑞之顺公司)涉嫌侵权，向法院申请诉前证据保全。江苏省苏州市中级人民法院裁定采取保全措施，对被诉侵权产品进行现场拍照并制作笔录，明确告知瑞之顺公司不得破坏或者转移保全证据，瑞之顺公司法定代表人签字确认。后周勤以瑞之顺公司侵害其专利权为由诉至法院。案件审理过程中，瑞之顺公司在未告知法院的情形下擅自转移诉前保全产品并导致该产品灭失。一审法院认为，诉前保全证据系本案关键证据，瑞之顺公司擅自转移并导致证据灭失，直接影响本案侵权判断，遂认定被诉侵权行为构成侵害专利权并全额支持原告的赔偿请求。同时，一审法院对瑞之顺公司擅自转移诉前保全证据并导致证据灭失、严重妨害民事诉讼的行为给予司法惩戒，罚款20万元。瑞之顺公司不服一审判决，提起上

诉。最高人民法院二审判决驳回上诉、维持原判。

【典型意义】

本案是人民法院着力破解“举证难”、提升知识产权审判质效和司法公信力的案例。该案明确了掌握证据一方的举证义务,以及证明妨碍和妨害证据保全的法律后果,对于依法适当减轻权利人举证负担,引导当事人积极、主动、全面、诚实提供证据,具有重要的实践价值。

六、涉“惠氏”商标惩罚性赔偿案

惠氏有限责任公司、惠氏(上海)贸易有限公司与原广州惠氏宝贝母婴用品有限公司等侵害商标权及不正当竞争纠纷案
〔浙江省高级人民法院(2021)浙民终294号民事判决书〕

【案情摘要】

惠氏有限责任公司(以下简称惠氏公司)是“惠氏”“Wyeth”等注册商标的权利人,惠氏(上海)贸易有限公司(以下简称惠氏上海公司)经许可在中国使用上述商标并进行维权。原广州惠氏宝贝母婴用品有限公司(以下简称原广州惠氏公司)长期大规模生产、销售带有“惠氏”“Wyeth”“惠氏小狮子”标识的母婴洗护产品等商品,并通过抢注、受让等方式在洗护用品等类别上获得“惠氏”“Wyeth”等商标,在宣传推广中明示或暗示与惠氏公司具有关联关系,并与其他被告以共同经营网上店铺等方式,实施线上线下侵权行为,获利巨大。惠氏公司、惠氏上海公司以原广州惠氏公司等为被告,诉至法院。一审法院认定侵权成立,判决全额支持了惠氏公司、惠氏上海公司的诉讼请求。各被告均不服,提起上诉。浙江省高级人民法院二审认为,惠氏公司、惠氏上海公司明确请求适用惩罚性赔偿,根据在案证据可证明的原广州惠氏公司侵权获利情况,按照赔偿基数的3倍计算,惠氏公司、惠氏上海公司提出的3000万元的诉讼请求应予全额支持。二审法院当庭宣判驳回上诉、维持原判。

【典型意义】

本案是人民法院适用惩罚性赔偿的典型案例。本案通过依法判处惩罚性赔偿,显著提高侵权违法成本,让侵权者得不偿失,让遭受侵权者得到充分救济,让“侵犯知识产权就是盗取他人财产”观念深入人心。

七、“空竹”杂技作品著作权权属及侵权案

中国杂技团有限公司与吴桥县桑园镇张硕杂技团等
著作权权属及侵害著作权纠纷案
〔北京知识产权法院(2019)京73民终2823号民事判决书〕

【案情摘要】

中国杂技团有限公司(以下简称中国杂技团)认为,吴桥县桑园镇张硕杂技团(以下简称张硕杂技团)等表演、传播《俏花旦》节目的行为侵害其著作权,遂诉至法院。一审法院认定,根据合同约定,在无相反证据的情况下,中国杂技团享有《俏花旦—集体空竹》除署名权外的著作权。张硕杂技团的演出行为等构成侵害著作权,故判令其停止侵权、赔偿经济损失及合理支出并刊登声明消除影响。张硕杂技团不服,提起上诉。北京知识产权法院二审认为,《俏花旦—集体空竹》中的形体动作编排设计体现了创作者的个性化选择,属于具备独创性的表达,构成著作权法规定的杂技作品。张硕杂技团表演的《俏花旦》在开场部分的走位、动作衔接安排,以及多次出现的标志性集体动作等编排设计方面,与《俏花旦—集体空竹》的独创性表达部分等构成实质性相似,侵害中国杂技团杂技作品的著作权,遂判决驳回上诉、维持原判。

【典型意义】

本案是人民法院加强涉传统文化著作权保护的典型案例。保护传统文化,就是保护民族瑰宝。本案依法保护杂技艺术作品,有利于激发文化创意活力、促进文化产业繁荣。

八、涉开源软件侵害计算机软件著作权案

济宁市罗盒网络科技有限公司与广州市玩友网络科技
有限公司等侵害计算机软件著作权纠纷案
〔广州知识产权法院(2019)粤73知民初207号民事判决书〕

【案情摘要】

济宁市罗盒网络科技有限公司(以下简称罗盒公司)的股东罗迪在Github网站上传了其开发的VirtualApp软件(以下简称涉案软件)初始源代码并适用GPLV3开源许可协议。广州市玩友网络科技有限公司(以下简称玩友公司)开发了四款被诉侵权的微信视频美颜相机APP并上传于各平台供用户下载,但并未提供源代码。用户可免费试用半小时,之后需支付会员费使用。罗盒公司认为四款被诉侵权软件中的沙盒分身功能与涉案软件构成实质性相似,玩友公司不提供开源代码且收取会员费的行为违反限制商业使用条款和GPLV3开源许可协议,侵害其涉案软件著作权,遂诉至法院。广州知识产权法院认为,被诉侵权软件的下载无须付费,玩友公司收取会员费仅用于运营维护和技术支持,该行为并不违反GPLV3开源许可协议的规定。但是,使用涉案开源软件开发的商业软件依约需公开其全部源代码,玩友公司未向用户提供被诉侵权软件源代码下载,违反了GPLV3开源许可协议的约定,玩友公司复制、发布涉案软件源代码的行为侵害了涉案软件著作权。广州知识产权法院依法判令玩友公司停止提供含有沙盒分身功能源代码的四款软件的下载、安装和运营服务,并赔偿罗盒公司经济损失及维权合理支出共计50万元。一审宣判后,双方当事人均未上诉。

【典型意义】

本案是涉及开源代码软件著作权保护的新类型案件。人民法院对开源软件的诉讼主体资格、开源协议许可的撤销、限制商业使用条款等问题进行了积极探索。

九、“刷单炒信”不正当竞争纠纷案

上海汉涛信息咨询有限公司与青岛简易付
网络技术有限公司等不正当竞争纠纷案
〔山东省青岛市中级人民法院
(2020)鲁02民初2265号民事判决书〕

【案情摘要】

上海汉涛信息咨询有限公司(以下简称上海汉涛公司)是大众点评平台的经营者。青岛简易付网络技术有限公司(以下简称青岛简易付公司)通过微信公众号“铁鱼霸王餐”与商户订立广告服务合同,在多个微信群发布任务,组织人员对大众点评的特定商户进行点赞、上门好评、人工店铺收藏、增加店铺访客量和浏览量。上海汉涛公司以青岛简易付公司等实施的上述行为构成不正当竞争为由,诉至山东省青岛市中级人民法院。一审法院认为,青岛简易付公司以营利为目的组织刷单炒信,帮助其他经营者进行虚假的商业宣传,违背了公平、诚实信用原则及商业道德,造成了大众点评平台的相关数据失实,影响了上海汉涛公司的信用评价体系,构成不正当竞争。一审法院判令青岛简易付公司停止刷单炒信的不正当竞争行为,赔偿经济损失及合理支出30万元。一审判决后,当事人均未上诉。

【典型意义】

本案涉及互联网平台“刷单炒信”不正当竞争行为的认定。本案判决积极回应实践需求,通过制止“刷单炒信”等行为,维护市场竞争秩序,保护经营者和消费者的合法权益,有助于形成崇尚、保护和促进公平竞争的市场环境。

十、"人人影视字幕组"侵犯著作权罪案

梁永平、王正航等十五人侵犯著作权罪案

〔上海市第三中级人民法院(2021)沪03刑初101号刑事判决书、
上海市杨浦区人民法院(2021)沪0110刑初826号刑事判决书〕

【案情摘要】

自2018年起,被告人梁永平先后成立武汉链世界科技有限公司、武汉快译星科技有限公司,指使被告人王正航聘用被告人万萌军等人作为技术、运营人员,开发、运营"人人影视字幕组"网站及Android、IOS、Windows、MacOSX、TV等客户端;被告人梁永平又聘用被告人谢明洪等人组织翻译人员,从境外网站下载未经授权的影视作品,翻译、制作、上传至相关服务器,通过所经营的"人人影视字幕组"网站及相关客户端对用户提供免费在线观看和下载。经鉴定及审计,"人人影视字幕组"网站及相关客户端内共有未授权影视作品32 824部,会员数量共计683万余人。自2018年1月至案发,上述各渠道非法经营数额总计人民币1200余万元。上海市第三中级人民法院、上海市杨浦区人民法院认为,被告人梁永平、王正航等十五名被告人结伙,以营利为目的,未经著作权人许可,复制发行他人作品,属于有其他特别严重情节,其行为均已构成侵犯著作权罪。上海市第三中级人民法院判处主犯被告人梁永平有期徒刑三年六个月,并处罚金;上海市杨浦区人民法院判处被告人王正航等十四名从犯一年六个月至三年的有期徒刑,适用缓刑,并处罚金。一审判决后,十五名被告人均未上诉。

【典型意义】

本案影视作品众多且权利人分散,判决阐述了如何认定"未经授权"及未经授权影视作品的数量等法律适用问题,有力打击了侵犯著作权的犯罪行为。依法追究组织者及主要参与者的刑事责任,贯彻了宽严相济的刑事政策。

【案例论坛】

最高人民法院第28批指导性案例专家点评

实用艺术作品的性质及著作权保护条件

——对指导案例157号《左尚明舍家居用品(上海)有限公司诉北京中融恒盛木业有限公司、南京梦阳家具销售中心侵害著作权纠纷案》的解读

冯晓青

本案中,作品的性质以及被控侵权人是否构成侵害著作权是问题的关键。在再审程序中,最高人民法院将涉案作品定性为实用艺术作品,并根据著作权侵权判定的一般原理和法律规定认定被控侵权行为人著作权侵权成立。该案为处理我国实用艺术作品著作权侵权纠纷提供了重要指引。

首先,需要认识实用艺术作品在我国著作权保护中的地位。在立法层面,保护著作权的国际公约《保护文学艺术作品伯尔尼公约》明确要求成员方对实用艺术作品加以保护。从我国著作权法的规定来看,尽管从1990年《著作权法》开始明确规定了美术作品,但并没有规定实用艺术作品。在1991年10月15日加入《保护文学艺术作品伯尔尼公约》以后,为与国际接轨,颁布了《实施国际著作权条约的规定》,专门增加了实用艺术作品保护的规定,但针对这类作品的著作权保护仅适用于外国人实用艺术作品。这类规定由于存在超国民待遇之嫌,只能作为临时之计。在多年的著作权司法实践中,由于立法对于实用艺术作品没有作出明确规定,人民法院对待这类作品的性质,特别是其与美术作品的关系以及这类作品的构成要件存在一定的分歧。在著作权法第三次修改过程中,立法者曾试图规定实用艺术作品,并将其作为与美术作品平行的独立的一类作品,但最终取消了对于实用艺术作品的规定。随着当前我国物质文化生活水平的提高,人们对于审美追求的愿望日益提升,实用艺术作品著作权保护及其产业的发展也更加重要,由此而引发的著作权纠

纷也有增多趋势,因而亟须统一裁判标准,为人民法院审理同类案件提供指引。从这个意义上来说,指导案例157号对于推进我国实用艺术作品著作权司法保护具有特殊的意义。

其次,需要明确实用艺术作品的性质及其与美术作品的关系。该案中,最高人民法院裁定书对此进行了明确。实用艺术作品是具有实用性的造型艺术作品。实用艺术作品同时具有实用性和艺术性,两者缺一不可。关于美术作品的定义,我国《著作权法实施条例》第二条则作出了明确的规定,其也是一种造型艺术作品。因此,从具有艺术性方面来说,实用艺术作品可以归入美术作品范畴。对此,著名知识产权法专家郑成思教授早已指出。同时,从著作权保护的范围来说,实用艺术作品著作权保护的是该作品的艺术性方面,而不是实用性方面。最高人民法院针对该案的裁定对此予以明确,能够为人民法院审理涉及实用艺术作品著作权纠纷在确定著作权保护范围方面提供规范指引,具有重要意义。实用艺术作品中的实用性涉及作品的功能性方面属于著作权法中进入公共领域的思想范畴。在著作权保护意义上,基于维护公众利益的需要,实用功能不能纳入著作权保护范围,著作权保护限于具有独创性的艺术造型或者艺术图案。这一点也被再审裁定所强调。

最后,需要明确实用艺术作品受著作权保护的条件。作为受著作权保护作品的范畴,实用艺术作品也需具备作品独创性等基本要件。同时,具备实用性和艺术性。再审裁定书对此均予以肯定。值得注意的是,在界定实用艺术作品时,需要明确实用性和艺术性之间的关系。再审裁定提出了实用性和艺术性可分离的标准。对于这一标准如何把握还可以进一步研究,并进一步总结司法实践经验。

(冯晓青,中国政法大学教授、博士生导师,最高人民法院知识产权司法保护研究中心研究员,中国知识产权法学研究会副会长)

利益平衡是放之四海而皆准的道理

——对指导案例158号《深圳市卫邦科技有限公司诉李坚毅、深圳市远程智能设备有限公司专利权权属纠纷案》的解读

郭　禾

要实现定分止争的目标,人民法院必须在案件审理中兼顾当事人各方的利益。只有实现了利益平衡才能真正让当事人在个案中感受到公平正义。在本案审理中,三级人民法院均对《专利法实施细则》中关于"退休、调离原单位后或者劳动、人

事关系终止后一年内作出的，与其在原单位承担的本职工作或者原单位分配的任务有关的发明创造”（以下简称“有关的发明创造”）作出了一致的界定。该案为职务发明创造的认定问题竖立了一根标杆，使《专利法》第六条和《民法典》第八百四十七条的适用更具有可预见性。

20世纪八九十年代，有关职务发明权属的案件曾一度较多。当时由各地科委以及技术合同仲裁机构就曾处理过大量这类案件。随着法律知识的普及程度不断提高，这类案件的数量逐渐下降。但近年来，这类案件的数量稍有回升，究其原因还是对法律规定的解释存在歧义。前述“有关的发明创造”的界定就是其中之一。很显然，“有关的发明创造”的界定涉及多方利益。如果范围过宽，则可能限制发明人的行为自由，进而挫伤发明人从事发明创造的积极性。如果范围限定过窄，发明人所在单位的利益就得不到有效保障，可能导致无人愿意投资研发事业。无论出现前述哪种情况，都不利于社会利益的最大化。只有恰如其分地找到平衡点，才真正有利于经济发展和技术进步。

就该案而言，寻求各方利益平衡点必须就多方因素进行仔细考量，该案判决要点从平衡各方利益的角度对需要查明的事实进行了归纳。了解这些因素，对于这类案件的处理，尤其是“有关的发明创造”的界定具有指导意义：第一，离职员工在原单位所承担的本职工作或者分配的任务的具体内容。这是判定在后发明创造是否属于职务发明创造的基准。因为“有关发明创造”中的“有关”，指的就是与离职员工“在原单位承担的本职工作或者原单位分配的任务”有关。在该案的相关证据表明，李某在原单位曾在与涉案专利相同目的的研发项目中加盖“受控文件”的技术图纸审核栏中签字，参与用药自动配药设备和配药装置技术研发会议或讨论，并安排测试工作，对研发测试提出要求等。该案中的这些事实清楚地反映了离职员工在原单位的本职工作或原单位交付的任务的具体内容。一般而言，需要查明的事实至少应当包括当事人的职责、权限、接触和掌握的不对外公开的技术信息，尤其是在研发活动中的角色、地位或作用等。

第二，涉案专利技术的具体内容及其与本职工作或原单位分配任务之间的关系。在弄清楚前述第一点的基础上，比较涉案专利技术与本职工作或原单位分配任务之间是否存在同一性、相似性或关联性便成了关键步骤。只有具备同一性、相似性或关联性的技术，才可能被认定为职务发明创造。在这里，至少应当比较二者所属的技术领域、解决的技术问题、取得的技术效果、采取的技术手段，尤其是各自的实质性特点，即创造性所在。该案中查明的事实表明，原单位所研发的内容与涉案专利技术所要解决的技术问题、发明目的和技术效果基本相同。二者确实存在相关性。

第三,原单位是否开展了与涉案专利有关的技术开发活动,或者有关技术是否有其他合法来源。考察单位是否有研发行为不仅是为了确立单位的利益所在,同时也是为了防止单位侵吞发明人利益。该案中,深圳卫邦公司一直着力与涉案专利领域的技术研发。早在李某入职前就曾在该领域申请过专利;在李某入职后,深圳卫邦申请的专利中已就包含自动配药装置领域的技术。这也映证了专利技术属于“有关的发明创造”。

第四,涉案专利技术的权利人或者发明人能否对技术研发过程或者技术来源作出合理解释。如果涉案专利技术存在合理的其他技术来源,即不是来自发明人的原单位,则可排除涉案专利作为职务发明创的可能性。这在一定程度上也是为了保护发明人的权益。但该案的当事人未能给出合理的解释,且相关证据表明,涉案专利的技术构成复杂,仅凭发明人一人之力在离职三个月内完成不合常理。

综合多方面的因素进而认定“有关的发明创造”的范围,才能兼顾发明人及其所在单位各自的利益。我们的目标是既考虑发明人行为的自由度,又顾及发明人所在单位的经济利益,从而达到利益平衡。只有在平衡各方利益的前提下,才能维持健康的社会秩序。处理职务发明创造权属纠纷,也应当遵循这个放之四海而皆准的道理。

(郭禾,中国人民大学教授,知识产权学院副院长)

对专利侵权判定规则的进一步完善:以满足产业创新和实质化保护需求为目标

——对指导案例159号《深圳敦骏科技有限公司诉深圳市吉祥腾达科技有限公司等侵害发明专利权纠纷案》的解读

张广良

根据全面覆盖的专利侵权判定理论,构成侵害他人专利权的前提是被诉侵权人所实施的技术方案具备了(覆盖了)专利权利要求的所有技术特征。在互联网通信技术尚未出现的年代,缺乏实现多个机器设备之间的远程、高速和复杂的协同配合的技术需求和条件,技术创新内容多呈现“单机版”的特征,故该侵权判断标准满足了早期工业社会的技术创新保护需求。但随着信息化时代的到来,实现设备之间更好地互联互通与信息共享成为许多技术领域的重要创新方向,使当前许多发明创造具有多主体共同参与实施的鲜明特点。然而,这给此类技术创新成果的专利保护带来了新问题:因任何一个主体只参与了实施部分专利技术方案,不满足全面覆盖要求,故难以认定其中任何一个主体构成专利侵权;同时,又因互联技术的自动化、后台化,多个实施主体之间一般无须共同意思联络即能完整实施专利技术方案,故难以认定所有主体构成共同侵权。

指导案例159号《深圳敦骏科技有限公司诉深圳市吉祥腾达科技有限公司等侵害发明专利权纠纷案》裁判要点确认的“不可替代的实质性作用”标准,解决了信息化时代背景下的多主体实施专利的保护难题。最高人民法院认为,涉及互联网通信技术方法专利在实际应用中,往往都是以软件的形式安装在某一硬件设备中。当终端用户使用终端设备时,将再现专利方法的全部过程。从表面上来看,终端用户是专利方法的实施者。然而,专利方法其实早已由被诉侵权人固化在被诉侵权产品,终端用户使用终端设备,只是机械地重复运用此前固化在被诉侵权产品内的专利方法。最高人民法院充分考虑了上述技术特点,对专利侵权判定的全面覆盖原则作了新的诠释,将“被诉侵权产品或方法全面覆盖涉案专利权利要求的所有技术特征”解释为“被诉行为或者行为结果对专利权利要求的全部技术特征被全面覆盖起到了不可替代的实质性作用”。针对全面覆盖原则,前述阐释发展了我国专利侵权判定理论体系,满足了产业创新和专利实质化保护的内在需要,将对以互联网通信技术为代表高新技术产业的知识产权保护和创新激励产生深远影响,同时向世界传达了中国法院关于知识产权实质化保护的价值取向和裁判理念,因此具有指导意义。

(张广良,中国人民大学国际知识产权研究中心主任、研究员,
中国人民大学法学院教授、博士生导师)

植物新品种保护的中国经验

——对指导案例160号《蔡新光诉广州市润平商业有限公司侵害植物新品种权纠纷案》的解读

李菊丹

蔡新光诉广州市润平商业有限公司侵害植物新品种权纠纷案,经广州知识产权法院一审和最高人民法院知识产权法庭二审审结,涉及的植物新品种为“三红蜜柚”,为柑橘属,系无性繁殖植物新品种的典型。该案的核心问题是认定三红蜜柚果实是否构成植物新品种权所保护的繁殖材料。最高人民法院知识产权法庭紧紧

抓住该案所涉的核心问题,提出了植物材料被认定为某一授权品种繁殖材料的三项判断标准,并从繁殖材料和收获材料、以及繁殖材料与繁育方式的关系角度作了充分阐述,进而厘清了我国植物新品种权的保护范围,解决了植物新品种保护中最为关键也最为基础的问题。最高人民法院将其列为指导性案例,将大大增强该案对我国植物新品种保护实践,乃至国际植物新品种保护实践的影响。

植物新品种权是一项专门为有生命的植物品种创新提供保护的知识产权。与专利所保护的发明能够以书面形式描述不同,繁殖材料才是植物品种创新成果的体现。考虑到植物体所具有的自我复制性,繁殖材料与收获材料是植物新品种保护中的两个关键术语,但《国际植物新品种保护联盟公约》(以下简称 UPOV 公约)中没有进行定义,其成员法律中的定义也有所不同。考虑到繁殖材料与收获材料的复杂关系:如常规作物(如小麦)的收获材料(麦子),也可以用作繁殖材料(麦种);鲜切花通常是花卉品种的收获材料,但其分生组织细胞能够产生与母本相同的完整植株;通过生物技术,作为收获物的苹果也同样可能繁殖出该品种的果树植株。如何判断涉案植物材料是否属于受保护品种的"繁殖材料",直接关系品种权侵权行为的判断,是当前国际国内植物新品种保护实践中面临的难题。最高人民法院知识产权法庭通过对"三红蜜柚"案的审理,提出了植物材料被认定为某一授权品种的繁殖材料必须满足的三项条件:(1)属于活体;(2)具有繁殖能力;(3)并且繁殖出的新个体与该授权品种的特征特性相同,并强调"植物材料仅可以用作收获材料而不能用作繁殖材料的,不属于植物新品种权保护的范围"。

鉴于"原审判决认为侵权繁殖材料的繁育方式应当与该品种育种时所使用的材料以及繁育方式一一对应,将不同于获取品种权最初繁育方式的繁殖材料纳入植物新品种权的保护范围,与权利人申请新品种权过程中应当享有的权利失衡",最高人民法院知识产权法庭专门讨论了植物新品种保护与繁育方式的关系,指出"授权品种的保护范围不限于申请品种权时所采取的特定方式获得的繁殖材料,即使不同于植物新品种权授权阶段育种者所普遍使用的繁殖材料,其他植物材料可用于授权品种繁殖材料的,亦应当纳入植物新品种权的保护范围",从植物新品种权与专利权保护客体存在区别的角度,再次明确地阐述了植物新品种权的保护范围。而这也是欧洲专利局和美国联邦法院在有关植物发明专利保护典型案例中曾深入讨论的问题。

UPOV 公约在 2021 年 4 月 27 日举行的"植物新品种保护收获材料线上研讨会"上,将"三红蜜柚"案与荷兰"Amaryllis"案和欧盟法院"Nadorcott Mandarin"案列为近年来具有全球影响的三大经典案例进行讨论,认为我国法院在"三红蜜柚"案中提出的关于授权品种繁殖材料的判断要件对解决 UPOV 公约中繁殖材料与收获材料的关系具有重要意义。在 UPOV 公约成立 60 周年之际,国际观赏植物无性繁殖育种者保护协会秘书长 Edgar Krieger 博士撰文指出,“繁殖材料应包括植物的任何有性繁殖或者无性繁殖的物质,无论是其单独使用还是与该植物或者另一植物的其他部分或产物结合使用,其能产生与该植物具有相同性状的新植株”。其对繁殖材料界定的观点与“三红蜜柚”案中提出的繁殖材料判断要件基本一致。由此可见,最高人民法院知识产权法庭在“三红蜜柚”案中提出的问题及其解决方案,备受国际社会关注,并将对 UPOV 公约的实施及其成员的实践产生重要影响。这是是中国法院为世界知识产权保护贡献中国智慧、中国经验和中国方案的具体体现。

(李菊丹,中国社会科学院法学研究所副研究员)

对构成反不正当竞争法规定的虚假宣传行为判定标准的进一步细化

——对指导案例 161 号《广州王老吉大健康产业有限公司诉加多宝(中国)饮料有限公司虚假宣传纠纷案》的解读

刘春田

最高人民法院最近发布了指导案例 161 号《广州王老吉大健康产业有限公司诉加多宝(中国)饮料有限公司虚假宣传纠纷案》,本案对广州医药集团有限公司(以下简称广药集团)诉加多宝(中国)饮料有限公司(以下简称加多宝中国公司)“全国销量领先的红罐凉茶改名加多宝”广告语虚假宣传纠纷一案进行了审理,最终认定加多宝的广告语不构成虚假宣传。笔者认为,该案判决认定事实准确,判决公正,对于如何认定广告语是否构成虚假宣传具有指导意义。

首先,事实的确认是公正审理本案的前提。本案最终认定:(1)鸿道集团有限公司(以下简称鸿道集团)在 1995 年到 2012 年从羊城药业及广药获得“王老吉”商标的使用权;(2)易拉罐包装和红色的装潢系鸿道集团自己设计,不但享有著作权,而且获得外观设计专利权;(3)有证据证明,2007—2012 年,鸿道集团经营的使用“王老吉”商标的红罐凉茶在全国销量第一;(4)根据 2012 年中国国际经济贸易仲裁委员会的裁决,鸿道集团失去了对“王老吉”商标的使用权;(5)根据市场经济和法治原则,鸿道集团由其特有的红色易拉罐包装装潢和自有的凉茶配方结合所建立的凉茶市场属于该公司;(6)在失去“王老吉”商标使用权之后,鸿道集团用“全国销量领先的红罐凉茶改名加多宝”作为广告语。

其次,客观、理性认识上述事实是审理本案的关键。最高人民法院遵循经济规律和法治原则,根据相关事实,认定鸿道集团逾17年辛苦经营的红罐凉茶市场,依法属于该公司。鸿道集团为了保护自己的市场,为了维系其特有配方与品味的凉茶和消费者建立起来的诚实联系,通过广告提示消费者其已经改名加多宝。同时,又要避免因使用“王老吉”而引起的纠纷,它们这种婉转描述事实的做法,既彰显了他们敬畏法度,也反映了他们的诚信与无奈。从中不难看出,最高人民法院对诚信经营行为的力挺。

最后,法律不外人情事理,公道自在人心。本案判决彰显最高人民法院在根本是非面前的公正与担当,而后者尤为难能可贵。从中我们看到了公平与正义。本案入选指导性案例,当之无愧,相信其对于指导类似案件审理,维护企业的诚信经营行为具有积极的作用。

(刘春田,中国人民大学教授、知识产权学院院长、
中国法学会知识产权法学研究会会长)

产品定制合作商业模式下商标权归属的认定

——对指导案例162号《重庆江小白酒业有限公司诉国家知识产权局、第三人重庆市江津酒厂(集团)有限公司商标权无效宣告行政纠纷案》的解读

刘丽娟

本案焦点为存在经销关系的双方,经销商申请注册商标,是否必然构成2001年《商标法》第十五条所禁止的行为。

2001年《商标法》第十五条规定了代理人不得将被代理人的商标注册为自己的商标。2013年《商标法》修正时扩张了该条的适用范围,但基本精神一致。该条源于国际公约的要求,尤其用于解决跨国品牌代理或经销中出现的经销商等代理人恶意注册被代理人品牌商标的问题。不同于前述一般情形,本案中,作为适用前提的诉争商标“江小白”的归属并不明确,也不易判定,是本案的核心争议焦点,商标评审委员会以及一、二审法院对此问题的认定几经反复。只有先确定诉争商标归属于被代理人即江津酒厂,才可能适用2001年《商标法》第十五条予以救济。

本案中,诉争商标“江小白”是注册在酒类商品上的商标,系由格尚广告公司申请注册,后转让给新蓝图公司,再转让给江小白公司。新蓝图公司与江津酒厂同时

签订了酒类产品的销售合同和定制产品销售合同,江津酒厂生产酒类产品,新蓝图公司负责经销,经销的定制酒类产品上使用了"江小白"商标。江津酒厂以诉争商标违反 2001 年《商标法》第十五条为由请求宣告诉争商标无效,其认为诉争商标归其所有的主要理由如下:一是其在先使用"江小白"商标,二是新蓝图公司是在为其设计诉争商标。对此,本案再审判决书在逐一审查江津酒厂提供的使用证据的基础上,指出了使用证据存在的疑点,认定上述证据不足以证明江津酒厂在先使用诉争商标"江小白";同时,再审判决书认为,江津酒厂与新蓝图公司合作期间的往来邮件等证据证明,"江小白"的名称及相关产品设计系由时任新蓝图公司的法定代表人提出,现有证据不足以证明新蓝图公司是为江津酒厂设计商标,而且双方定制产品销售合同明确约定,产品概念及设计等权利属于新蓝图公司所有。因此,江津酒厂关于诉争商标归其所有的理由是不能成立。

需要强调的是,本案再审判决书认定新蓝图公司申请注册诉争商标并未侵害江津酒厂的合法权益,未违反 2001 年《商标法》第十五条规定的一个重要考虑因素是双方《定制产品销售合同》第六条之二关于二乙方(新蓝图公司)负责产品概念的创意……乙方的产品概念、包装设计、广告图案、广告用语、市场推广策划方案,甲方(江津酒厂等)应予以尊重,未经乙方授权,不得用于甲方直接销售或者甲方其他客户销售的产品上使用"的约定。上述约定虽然没有明确经销商为定制产品设计的商标归经销商所有,但产品概念、广告用语等本质上属于广义的商业标识,在长期使用的情况下,也会被识别为未注册商标。因此,上述约定实际上在双方之间确立了如下商业模式,由生产商生产定制产品,经销商负责定制产品的销售,经销商为定制产品设计的商业标识归属于经销商。该商业模式在白酒行业存在,根据再审查明的事实,金六福、浏阳河均是由五粮液集团代工、由经销商拥有的白酒品牌。该商业模式在其他领域也不乏存在,如特定作品的传播平台与其作者约定,笔者不得使用其本名或者笔名创作与特定作品名称相同或者相似的作品等。

本案的示范意义在于,即使双方存在经销关系,也不能想当然认定经销商申请注册商标一定是对被代理人商标的恶意注册。在丰富复杂的商业实践中,经销商使用自己的商标销售定制产品进而创立自己的品牌并不罕见。在商标授权确权司法实践中,应当关注商业实践的变化,根据案件证据呈现的实际情况,准确适用《商标法》第十五条。本案当事人对商标权的激烈争夺充分反映了商标对于企业经营的重要意义和战略价值。最高人民法院改判诉争商标归经销者所有,正确理解和适用了法律的规定,符合尊重当事人约定的原则,对规范酒类产品定制合作商业模式,促进酒类产业生态的有序发展具有积极的作用和意义。

(刘丽娟,北京外国语大学法学院副教授)

最高人民法院第29批指导性案例专家点评

关联企业实质合并破产规则的坚守与探索

——对指导案例163号《江苏省纺织工业(集团)进出口有限公司及其五家子公司实质合并破产重整案》的解读

韩长印

近日,最高人民法院发布了指导案例163号《江苏省纺织工业(集团)进出口有限公司及其五家子公司实质合并破产重整案》。在该指导案例中,管辖法院在仔细审查各关联企业人格混同情况、充分听取各利害关系人意见的基础上,作出了实质合并重整的裁定,并积极探索了"预表决"等创新性工作方法,维护了破产法公平保护各利害关系人利益的实体价值,实现了破产程序的效率价值,具有较强的实践意义。总结本案,可以得出如下启示。

1.准确把握关联企业合并破产的适用标准,既是对公司人格独立和股东有限责任的严格恪守,也是防止股东滥用公司独立人格的前提。众所周知,"公司人格否认""衡平居次""实质合并"三大原则是破产法和公司法妥当处理关联关系、维护债权人利益的基本遵循,其中尤以实质合并对公司独立人格的否认最为彻底,适用条件最为严格。本案6家关联公司在公司高管任职方面高度重合和交叉,各公司未形成完整独立的组织架构;且未建立各自独立的财务体系;也未在业务经营方面保持各自独立经营组织体的特征,加之6家公司之间存在大量关联债务及担保,导致各公司的资产和债权债务关系在重整程序中无法进行有效的区分,系极为典型的可以适用关联企业实质合并破产的案例。

2.兼顾各关联企业债权人利益是处理关联企业合并破产的难点所在。关联企业合并破产最大的阻力往往来自个别账面资产占据优势、财务状况相对较好的企业债务人的反对,本案裁定书一针见血地指出,这种状况的形成并非各该关联企业独立经营的结果,而是关联企业财务谋划或者不当关联交易的结果,在财务上进行适当的"摊平"符合债权人利益公平保护的破产法理念。

3. 关联企业合并破产的核心问题是在破产程序中否定各关联企业成员的独立人格，将关联企业视为一体，并在此基础上统一处理关联企业的债权债务关系。因而，关联企业合并破产的主要内容便是：把全部企业的破产财产当作一个责任财产集合体对待，全部债权债务也进行统一的合并计算。本案便对单个企业的债权进行了合并处理，同一债权人对六家公司同时存在债权债务的，经合并进行抵销后，确认债权余额，六家关联企业相互之间的债权债务则在合并中作抵销处理，并将合并后的全体债权人合为一个整体，符合关联合并破产的惯常做法。

4. 灵活多样的债权清偿方式也是重大复杂重整案件的必要性所在。本案重整债权的清偿方式中，由于破产债权金额极大，若全部实行“现金清偿”有较大难度，因而本案选择了“现金＋债转股”的复合型清偿方式，并且针对“债转股”可能引发的债权人权利性质方面的转换清偿问题，本案采取了“预表决”方式对债权人的接受意愿进行了摸底，最终使这种“现金＋债转股”的复合型清偿方式得以顺利实施。

5. 节省重整成本是关联企业合并破产的主要目标之一。从最终效果来看，实质合并破产不仅可以节省大量审计、评估、法律、时间等程序成本，而且还可以提升资产重新配置的效率、提高破产重整的成功率。本案在全体职工劳动关系继续保留因而不涉及职工债权并且税款已按期缴纳的情况下，仅设有财产担保债权组、普通债权组和出资人组，对重整计划进行了表决，最终实现了有财产担保债权组100%、普通债权组93.6%、出资人组100%同意的结果，表决通过了重整计划，这标志着本案在重整计划内容、重整的表决程序、债权人利益的公平对待以及出资人权益的公平、公正调整方面实现了全面兼顾，最终必然体现在重整计划执行的可行性方面。

6. 实质合并对是对公司法人独立人格的彻底否认，应当以审慎适用为原则。法人人格独立是现代公司制度的基石，而实质合并规则将在破产程序中否定各关联企业成员的独立法人人格，导致各关联企业的财产合并后作为统一的破产财产，并在所有债权人之间依照法定顺序进行公平分配。若适用得当，实质合并规则能够有效矫正各关联企业成员之间因不当控制关系或利益输送行为而造成的利益失衡现象；若适用不当，实质合并规则就因违背法人独立责任原则、损害关联企业成员及其债权人合法权益而失去其正当性，产生不公。因此，关联企业实质合并必须以审慎适用为原则。在此指导案例中，受理法院对各关联企业成员的经营、管理情况进行了仔细审查，在确认各关联企业成员在人员、业务、财务等方面存在高度混同情形，且区分各关联企业成员间资产和债务的成本过高之后，最终裁定对江苏省纺织工业（集团）进出口有限公司及其五家子公司适用实质合并破产重整程序。可见，该裁定建立在充分的事实调查基础之上，坚持了关联企业实质合并的审慎适用原则，有助于平衡各方利益主体的权益，避免实质合并规则的滥用。

7. 是否履行正当的法律程序,是判断管理人否勤勉尽责和破产案件是否公正审理的关键标准,这在本指导性案例中表现为听证程序。在最终作出是否采用实质合并程序的裁定之前,受理法院组织债权人代表、债务人代表、职工代表、管理人、审计机构等主体进行了听证,听取了各方对于实质合并破产重整的意见。具体而言,在是否采用实质合并程序的决定过程中,组织利害相关方以及专业机构的听证程序有以下优势:首先,由于实质合并程序的适用对于破产程序中的各利害关系人影响巨大,所以有必要赋予各方当事人畅通的意见表达渠道,引导各利益主体在合理表达自身诉求的基础上进行充分的协商,最终实现利益的平衡;其次,根据经济学理论,由于各关联企业成员、债权人以及职工等利害关系人深受实质合并裁定结果的影响,所以他们具有作出正确决策的充分激励,听取前述主体的意见有利于法院对于是否采用实质合并程序形成全面的看法,提高最终裁定的合理性;最后,管理人以及审计机构等专业人士有着丰富的破产实践经验与专业知识,能够为法院作出相关裁定提供坚实的专业参考意见。

8. 破产程序中的方法创新是提高破产案件审理效率的重要抓手。在此指导案例中,基于各关联企业成员自有资产较少等现实情况,重整计划最终决定采用“现金 + 债转股”的复合型清偿方案。为了保障重整计划草案顺利通过,本案还引入了“预表决”机制。在重整计划草案的制定过程中,管理人事先就债转股的必要性、可行性以及清偿的具体方法等事项向债权人进行了充分的说明,并在听取债权人意见的基础上再次修订、完善重整计划草案,大大提高了重整计划草案的表决通过率。“债转股”清偿方案以及“预表决”机制的引入,既关照了破产企业的现实特点,又兼顾了债权人的知情权与选择权,尊重了债权人的意见,从而使“债转股”清偿方式得以顺利进行,提高了破产重整的实施效率。

综上所述,指导案例163号坚持了实质合并制度的审慎适用原则,通过严格把握实质合并制度适用标准以及召开听证会等方式,确保了实质合并程序适用的正当性;与此同时,在关联企业重整的过程中,积极探索“预表决”机制等创新方法,提高了重整的效率和成功率。实质合并制度孕育于破产实践之中,又随着破产实践的发展不断完善。毋庸置疑,指导案例163号也将为类似案件的审理提供有益参照,成为推动关联企业实质合并司法实践发展的积极力量。

(韩长印,上海交通大学法学院凯原特聘教授,博士生导师,民商法研究所所长,破产保护法研究中心主任,判例法研究中心主任)

用创新思维实现重整企业价值最大化

——对指导案例 164 号《江苏苏醇酒业有限公司及关联公司实质合并破产重整案》的解读

韩长印

近日,最高人民法院发布了指导案例 164 号《江苏苏醇酒业有限公司及关联公司实质合并破产重整案》。此指导案例的创新之处在于当债务人企业因多年停产停业而面临核心优质资产灭失等重大风险时,经管理人申请,人民法院允许重整投资人先行投入部分资金进行试生产。作为我国法院解决破产重整实务问题的创新性举措,指导性案例中体现的做法为司法实务中处理类似问题提供了重要的实践样本。总结本案,可以得出如下启示。

1. 营业维持原则是破产重整程序的基本原则。重整作为留存企业营运价值和保留企业主体资格的破产挽救程序,其理想的程序构造应当是重整不停业。因为不少企业的资产在停产状态下会严重贬值或者丧失其财产价值,或许正因为此,《企业破产法》第四十二条才有在重整程序中为债务人企业的继续营业而借款的构成共益债务的规定,以实现对企业营业价值的维持。

2. 管理人积极履行企业破产法所赋予的救助企业的职责至关重要。依照《企业破产法》第二十五条规定,管理人在第一次债权人会议召开之前,有权决定继续或者停止债务人的营业。实际上,重整程序中的管理人职责除了实现债权的公平清偿外,其实还承担债务人资产增值的职责,管理人根据自身所掌握的债务人企业的经营状况,及时启动营业,不仅有利于企业资产价值的维持,而且更加有利于企业资产价值的增值。这对于重整实务中无论是否进行股权转让或者营业的整体转让(股权转让和营业转让对于实现营业与劳动者一体化关系的维持并无太大差别)都至关重要,因为重整企业价值的大小直接决定重整程序中各利害关系人利益实现的程度。

3. 重整投资方试生产模式有助于重整程序顺利开展。破产重整制度通过对那些仍然具有市场竞争力却陷入财务困境的企业实施挽救,来实现债权人权益保护、职工安置以及促进社会福利等多元价值目标。在此指导案例中,江苏苏醇酒业有限公司是当地唯一一家拥有酒精生产许可证的企业。因此,酒精生产资质是债务人企业市场竞争力的核心资源,也是保障重整计划顺利实施、实现债务人企业“涅槃重生”的关键。然而,由于多年停产停业,苏醇公司面临酒精生产许可证灭失的重大风险。若苏醇公司的酒精生产资质被取消,那么其核心市场竞争力将不复存在,重整成功率也将大幅降低。所以,此时允许投资方提前进场,通过预先注入资金的方式帮助债务人企业恢复产能,有利于对债务人企业优质资产的保值和增值,并为投资人提供充分了解债务人企业运营情况的机会,确保后续重整计划得以顺利执行。

4. 重整投资方试生产应当贯彻有效监督原则。试生产活动是重整投资方提前进场、通过预先投入部分资金的方式恢复债务人企业部分产能的活动。虽然我国《企业破产法》及相关司法解释并未对重整投资方能否在其正式接管企业前开展试生产活动作出明确规定,但从本质上看,试生产活动至少可分为投资人注入资金、债务人企业恢复营业、投资人介入债务人营业活动等若干行为,而上述行为关系债务人企业在重整程序中的营业效果,对债务人财产状况以及债权人清偿权益等影响巨大。因此,有必要通过破产管理人、人民法院以及债权人会议监督的方式,防止出现重整投资人在试生产期间开展不合理的经营活动,损害其他利害关系人利益的情形。具体而言,重整投资方的试生产活动应当以法院或债权人会议的批准或同意为前提,并在具体实施过程中接受人民法院、管理人以及债权人的监督。具体而言,重整投资方的试生产活动应当属于对债权人利益有重大影响的行为,应当以法院或债权人会议的批准或同意为前提,并在具体实施过程中接受人民法院、管理人以及债权人的监督。

5. 重整投资方试生产应当符合利益平衡原则。此指导案例中的试生产,在及时挽救重整债务人相关资产的同时,更是对重整投资方接管企业方式的变通处理,据此,重整投资人可以更早地加入债务人企业的经营管理,以实现对投资对象重整价值以及重整可能性更为全面和真实的评估。此时,为维护重整参与人之间的利益天平,有必要对重整投资方以"试生产"方式加入债务人企业的后果进行事先的约定和限制,包括试生产结束之后重整投资方应当承担的权利和义务:若试生产顺利,那么该投资方应当按照投资协议所约定的条件进一步接管企业;若试生产遭遇困境,那么重整参与人也应当根据失败的具体原因来分摊损失,由此在重整投资方和债务人之间形成良好的利益平衡。

6. 重整投资方试生产是彰显司法担当的创新举措。破产作为一种商事活动,总会随着实践的发展而不断涌现新情况与新问题,需要人民法院运用创新性思维及时予以回应,顺应破产实践的需要。在此指导案例中,人民法院仔细审查了试生产的必要性,并在获得各方利益主体同意的前提下,批准了管理人的试生产申请。这既尊重了当事人的意思自治,又主动发挥监督功能,以防止试生产活动不当损害其他利害关系人的利益,凸显了破产重整工作中的市场化与法治化原则。值得注意的是,在新冠疫情背景下,苏醇公司的试生产活动保障了消毒防疫物资的供应,为当地企业的复工复产提供了必要的安全保障,体现了人民法院在促进社会经济发展过程中的担当与作为。

总而言之,指导案例 164 号是人民法院在破产重整工作中积极发挥司法职能、实现重整制度经济价值与社会价值的典型案例。通过探索重整投资人试生产的方式,实现了债务人核心优质资产的保值与增值,保障了重整程序的顺利进行,增进了社会福利,极具参照价值与借鉴意义。

(韩长印,上海交通大学法学院凯原特聘教授,博士生导师,民商法研究所所长,破产保护法研究中心主任,判例法研究中心主任)

最高人民法院第29批破产类指导性案例专家点评

王欣新

近日,最高人民法院发布第29批指导性案例,指导案例163号江苏省纺织工业(集团)进出口有限公司及其五家子公司实质合并破产重整案(以下简称江苏纺织实质合并重整案)和指导案例165号重庆金江印染有限公司、重庆川江针纺有限公司实质合并破产清算案(以下简称重庆金江实质合并清算案),是两个正确适用实质合并破产制度审理的典型案例。两案的实质合并破产裁定虽然都是在《全国法院破产审判工作会议纪要》(以下简称纪要)出台之前作出的,但都遵循了纪要规定的原则和内容,体现了法院依据法理和事实的正确探索。两法院对关联企业实质合并破产中的程序启动、申请审查方式、实质合并判断标准、实质合并法律效力等问题的规范审理与正确裁判,对实现实质合并破产在司法实践中的准确适用,具有重要的规范指导作用,为纪要有关关联企业实质合并破产规定的施行以及《企业破产法》的修改提供了有益的经验与范例。

关联企业以企业集团形态经营已是市场经济的常态。以集团结构经营可以弥补不发达的市场制度,降低交易成本,锁定经营风险,优化资源配置,避免独立企业间竞争中产生的社会成本与市场损耗,获取更大经济收益。凡是关联企业相互之间都会存在程度不同的控制关系,存在控制关系是中性的概念,本身并不违法,更不能仅据此就主张进行实质合并破产。只要在关联企业之间不存在违背市场经济规则、滥用控制关系的问题,即使多个关联企业同时破产,也要遵循纪要中“关联企业成员的破产应当以适用单个破产程序为原则”的规定。但是,一些关联企业间存在对控制关系的滥用,将资产、债务等资源与责任在不同企业间非市场化设定和转移,进行利益输送,导致法人人格的混同,损害相关企业尤其是其债权人的权益。这时关联企业的独立破产就可能出现债务人恶意逃债,各关联企业资产与负债情况失实,债权人之间不能得到实质公平的清偿。而且因关联企业的法人人格高度混同,导致彼此间资产、负债无法区分或区分成本过高,各关联企业的运营资产和经营体系不完整,单体独立经营效益低下,难以实现债务人资产价值最大化和挽救企业的目的,使破产程序无法顺利进行。为此,只有遵循纪要规定,审慎地对人格严重混同的关联企业采用实质合并破产的方法,才能解决司法实践中的难题。关联企业实质合并破产应符合的基础条件:(1)拟实质合并企业均为关联企业;(2)各企业实质上均已发生破产原因;(3)各企业存在人格混同,尤其是资产与负债严重混同或区分成本过高。作为申请人的管理人等和审理法院应当对上述问题作出逐项的举证、说明和法律分析。

这两个指导性案例的裁判要点,对法院审理实质合并破产案件具有指导性意义,主要体现在以下几个方面。

1. 明确是否应当进行实质合并破产的判断原则和审理要点,并对相关事实证据和法理依据进行深入的分析,作出具有事实和法律(理)依据的充分说理的裁判。根据纪要的规定,关联企业法人人格高度混同,各关联企业财产无法区分或区分成本过高,严重损害债权人公平清偿利益时,可以适用实质合并的方式进行审理。以江苏纺织实质合并重整案为例,南京中院在审理中查明,除人员任职高度交叉、缺乏完整独立的组织架构,形成高度混同的业务经营混合体等在人员、业务方面的一般混同情形外,6 家公司的资产与负债也存在严重混同,即判定是否应进行实质合并破产的关键因素是严重混同。各企业缺乏独立的财务核算体系,互相之间存在大量利益法律关系不明的资金调度、关联债务及担保等,各企业的成本、收益难以正当区分,导致各企业的资产、负债高度混同,区分成本过高。南京中院在确认六家公司存在严重的法人人格混同后,裁定对其实质合并破产重整。在裁定中,法院对关联企业存在法人人格混同的各项事实与证据进行了深入的分析和法理论证,进而得出有说服力的实质合并重整裁判理由,而不是仅写上一两句形式主义的空话,使相关利害关系人对实质合并裁定不服,向上一级人民法院申请复议时,都难以对没有说理的裁定提出有针对性的反驳理由。不能说明事实与法律依据、不能以理服人的裁判,不是正当、合法的裁判,尤其是在实质合并破产案件中。两个指导案例对法院如何正确判断应否实质合并破产以及正确出具裁定具有重要的实践指导意义。

2. 实质合并破产的法律后果是,对各关联企业在破产程序中视为一个企业,对其资产与负债进行模拟的合并处理。在实质合并重整后,各关联企业间的债务因债权债务主体的合一而消灭。各企业的财产作为合并后统一的破产财产,由全体债权人在同一程序中按照法定清偿顺位公平受偿。南京中院还指导管理人在实质合并重整的计划草案中,制定统一的债权分类、债权调整和债权受偿方案,将合并后的全体债权人作为一个整体进行分组表决。债权人对六家公司同时存在债权债务的,在合并后进行抵销。这些做法体现了关联企业实质合并重整中资产与负债统一处理、债权统一清偿的法律原则,具有规范指导意义。

3. 保障当事人的知情权、选择权与异议权。在这一点上,两地法院均表现突出。如在江苏纺织实质合并重整案中,法院在接到实质合并重整申请后,组织债权人、债务人代表、职工代表、管理人、审计机构等进行听证,听取各方关于公司是否存在人格混同等事实的陈述,同时对管理人提交的资产与负债混同调查情况、审计专项报告以及各方提交的相关证据进行全面审核,在充分听取各方的意见后,慎重作出实质合并重整的裁定。在重整计划制订中,对"现金 + 债转股"的债务清偿方案预先征求债权人意见,就债转股的必要性、可行性及清偿的具体方法,由管理人进行全面、充分说明,债权人对此预先书面发表意见即进行预表决,并在充分考虑债权人意见的基础上制定、完善重整计划草案,体现出对债权人知情权、选择权与异议权的高度重视与保护,对破产审判实践具有一定的指导意义。

4. 对关联企业破产方式的正确选择。重庆金江实质合并清算案由重庆市第五中级人民法院指定江津区人民法院于 2016 年审理。由于当时纪要尚未出台,对实质合并破产的判断标准等问题缺乏指导性的规定,法院的依据主要是破产法法理和公司法的有关规定,判断如何处理更为复杂。据承办法官介绍,法院对如何处理关联企业的人格混同问题,曾仔细比较不同的法律解决手段。第一,对关联企业分别独立破产,对其滥用控制权损害债权人利益的行为通过破产撤销权、取回权等方式予以纠正;或者适用公司人格否认制度,通过揭开公司面纱,依据《公司法》的规定,由控制股东及获利公司对其他关联企业的债务承担连带责任;或者对关联企业之间的债权适用衡平居次原则,列为破产劣后债权;或者三者适当并用。第二,采取程序合并方式审理,即协调审理。由同一法院受理两家公司的独立破产案件,指定同一管理人,协同处理两公司破产程序中的财产处置与变价、财产分配等重要事务,实现破产财产价值最大化,保障债权人权益。第三,对各关联企业实行实质合并破产。借鉴联合国贸易法委员会《破产法立法指南》第三部分"破产企业集团对待办法"等域外制度规定和操作经验,在破产程序中对各关联企业视为一个统一主体进行实质合并破产清算,以保障全体债权人的公平清偿权利。

这种审理思路对落实此后出台的纪要对关联企业实质合并破产规定的相关原则具有重要意义。纪要强调对"关联企业成员的破产应当以适用单个破产程序为原则",而江津法院优先考虑能否通过实质合并破产之外的法律手段解决问题,充分体现了这一原则,具有重要指导意义。在目前的司法实践中,存在一些滥用实质合并破产的情况。个别法院适用实质合并破产不是依据纪要规定的标准,不对事实情况进行客观地分析和判断，不是为保障全体债权人的公平清偿，而是为了实现其他目的，如解决法院或管理人的工作难度与困难，或迁就某些债权人的不合理要求，或是单纯为所谓企业重整成功业绩，受利益诱导将不符合实质合并标准的优质资产或财产较多的企业强拉入合并破产。这些做法均不符合纪要规定，应予以纠正。

在管理人提出实质合并破产清算申请后，法院启动审查程序，召开听证会，两债务人公司、实际控制人、债委会成员、各组别债权人等利害关系人与审计、评估等相关机构参加听证。法院审查了管理人提交的审计机构出具的对关联企业的专项审计报告、对法人人格混同的其他调查材料以及债务人的财产和负债混同调查情况等证据，听取了债权人等利害关系人的意见。在根据权衡各种法律调整手段后，法院认为，两关联公司存在严重的滥用控制权，非市场化配置资源，任意调整债务责任，输送利益，资产与负债严重混同等情况，而通过前两种审理方式均不能有效解决关联公司的人格混同问题，保障对全体债权人的公平清偿，最终决定采用实质合并破产方式。法院指出，"两公司人格高度混同、资产与负债难以分离(或分离时间、成本过高)、两公司存在不当得利益输送严重损害两公司债权人利益行为"等情形，经综合考虑关联企业之间资产的混同程度及其持续时间、各企业之间的利益关系、债权人整体清偿利益，裁定受理两公司的实质合并破产申请。

法院裁定两公司实质合并清算后，管理人在法院指导下召开债权人会议，制定两公司破产财产统一拍卖、统一清偿分配的《财产变价方案》和《财产分配方案》，提交债权人会议表决，获得两公司债权人的高票通过，案件处理效果和社会反响良好。据该案承办法官介绍，重庆市高级人民法院在案件结案后，将本案作为指导性案例在重庆市的破产审判中推广适用，起到了良好的指导作用。

实质合并破产是在破产程序中突破法人人格独立的特殊调整措施，必须符合相应的法律条件，体现制度设置的法律目的，实现公平、公正、公开解决实际问题的社会需求。上述两个有关实质合并破产的案例有助于指导破产实践，具有重要的意义。

(王欣新，中国人民大学破产法研究中心主任，北京市破产法学会会长，全国人大财经委《企业破产法》修改起草组工作小组成员)

最高人民法院第30批指导性案例专家点评

1. 指导案例166号《北京隆昌伟业贸易有限公司诉北京城建重工有限公司合同纠纷案》点评

王洪亮

2021年11月11日,最高人民法院发布第30批指导性案例。其中,《北京隆昌伟业贸易有限公司诉北京城建重工有限公司合同纠纷案》涉及的主要是,在诉讼中和解协议约定的违约金数额过高的情况下,人民法院判定是否减少违约金数额的参照因素。在债务人严重不履行约定义务、主观恶意明显,且有违诚实信用的情况下,对于债务人要求减少违约金数额的主张可以不予以支持。该案例的指导意义有二:一是在和解协议中单独约定违约金的情况下,和解协议可以作为债权人主张违约金的依据;二是在具有压力功能的违约金情况下,人民法院是否减少违约金的数额,考虑的因素主要是当事人的履行情况、过错情况以及诚实信用原则等。

第一,北京隆昌伟业贸易有限公司(以下简称隆昌贸易公司)与北京城建重工有限公司(以下简称城建重工公司)是在一审裁决后、二审上诉期间达成和解协议,而且人民法院并没有据此作出调解书。在性质上,该和解协议属于实体法上的和解协议。和解协议的目的在于当事人双方相互让步以排除当事人对于法律关系的争议或不确定性。在和解协议中,城建重工公司允诺向隆昌贸易公司分期支付本金、利息以及诉讼费,如果城建重工公司未按照协议约定的时间支付首期给付款300万元或未能在2016年12月31日前足额支付完毕全部款项的,应向隆昌贸易公司支付违约金80万元;如果城建重工公司未能在2016年12月31日前足额支付完毕全部款项的,隆昌贸易公司可以自2017年1月1日起随时以(2016)京0106民初6385号民事判决为依据向人民法院申请强制执行,同时有权向城建重工公司追索本协议确定的违约金80万元。而隆昌贸易公司允诺申请解除在他案中对城建重工公司名下财产的保全措施,并实际上撤回了二审上诉申请。一般认为,和解协议只是为了解决法律关系的争议与不确定性,并不会导致债的更新。本金、利息的请求权基础仍在当事人之间的原合同或者基于原合同的判决之上。但是,在和解协议中,当事人可以另行约定承担义务或者承认债务以及违约金条款。这些新增加义务与责任可以成为新的诉讼基础。所以,本案中,隆昌贸易公司有权依据和解协议中的违约金条款请求城建重工公司支付违约金。

第二,当事人在和解协议中约定的违约金是否过高呢?违约金的约定是当事人的自由,但为了救济支付违约金一方在约定违约金时过于轻率以及在对方压力下作出决定可能不自由,在约定的违约金过分高于造成的损失时,人民法院可以根据当事人的请求,予以适当的减少(《民法典》第五百八十五条)。在这里,首先需要判断违约金是否过分高于造成的损失,而所谓造成的损失,既包括所受到的损害,也包括合同履行后可以获得的利益,而且损害的数额受到可预见性规则的限制[《全国法院民商事审判工作会议纪要》(以下简称《九民纪要》)第五十条]。本案中,隆昌贸易公司的损失可以是2 772 857.4的债权未得到及时清偿,也可以是该笔款项的利息或者投资的收益。而城建重工公司应支付违约金为80万元。另外,隆昌贸易公司选择的是强制执行并要求对方支付违约金,而依照约定,这种情况下,80万元违约金担保的债权对象是全部债权,而实际上城建重工公司已经支付了300万元,而且剩余的2 772 857.4元债权依然存在。所以,综合来看,违约金80万元过分高于损失。

第三,接下来需要判断的是城建重工公司可否主张减少违约金数额。在违约金过分高于造成的损失的情况下,支付违约金的一方可以请求减少违约金数额。有疑问的是,商事主体是否可以酌减违约金。在德国法上,商人不得要求减少违约金。不过,我国没有相应的规则。但在本指导性案例中,人民法院最终没有支持城建重工公司减少违约金的主张,应当是考虑了当事人均是商事主体的因素。最重要的是,对于违约金数额,人民法院是否酌减,需要综合考量。违约金具有压力功能,可以促使债务人符合要求地履行其承诺的义务。所以,在酌减时,首先考虑的应当是合同履行的程度。本案中,隆昌贸易公司已经诉请城建重工公司履行支付本金及利息义务。在和解协议签订后,隆昌贸易公司依照约定撤回了二审诉讼,并申请解除了对城建重工公司财产的保全。但是城建重工公司在支付300万元之后,迟迟没有支付剩余数额。本来,隆昌贸易公司已经进行了财产保全,如果不解除财产保全,可能2 772 857.4元的债权已经得到实现。所以,城建重工公司已经严重违反了履行义务,而隆昌贸易公司则完全依约履行了自己的义务。其次要考虑当事人的主观状况。根据本案的具体情况,当事人达成和解协议,城建重工公司主要的目标就是要隆昌贸易公司解除财产保全措施,从而能够规避执行,甚至达到“假和解、真逃债”的目的。而且,城建重工公司明知要支付约定的违约金负担,仍不支付剩余金额,其主观过错程度比较高。而债务人过错程度越高,不予以酌减的正当性就越强。本案中,在判定是否减少违约金数额时,人民法院还考虑了诚实信用原则。诚实信用原则是判定是否减少违约金数额的兜底条款,在此框架下,人民法院可以考虑当事人双方的过错,债权人的减损义务、预期利益、债务人经济状况等因素。基于上述要素的考量,在本案中,最终人民法院裁决不支持债务人要求减少违约金数额的请求。

(王洪亮,清华大学法学院教授)

2. 指导案例167号《北京大唐燃料有限公司诉山东百富物流有限公司买卖合同纠纷案》评述

申卫星

代位权是债权保全权能的体现,其规范目的在于:当债务人怠于行使权利以维持其责任财产(或以不当方式减少其责任财产)并因此损害债务人之债权人的债权时,债权人可以自己的名义行使代位权或债权人撤销权,从而维持或恢复责任人的责任财产,以保全债权。167号指导性案例《北京大唐燃料有限公司诉山东百富物流有限公司买卖合同纠纷案》对代位权诉讼有着深远的指导意义:该案明确了代位权诉讼中认定债权人与债务人、债务人与次债务人之间相应的债权债务关系消灭的前提是次债务人已经向债权人实际履行相应清偿义务。如果因债务人无可供执行的财产而终结代位权诉讼执行程序,那么,债权人就未实际获得清偿的债权另行向债务人主张权利。

大陆法系传统上,代位权诉讼奉行"入库原则",债权人向债务人的相对人主张债权或者与该债权有关的从权利是代债务人而为,获得胜诉的结果直接归属于债务人。我国对代位权行使的法律效果作了变通处理。《最高人民法院关于适用〈中华人民共和国合同法〉若干问题的解释(一)》(以下简称《合同法司法解释(一)》)第二十条规定:"债权人向次债务人提起的诉讼经人民法院审理后认定代位权成立的,由次债务人向债权人履行清偿义务,债权人与债务人、债务人与次债务人之间相应的债权债务关系即予消灭。"这意味着我国法在一定程度上突破了"入库规则"的限制,允许在债权人胜诉后,债权人与债务人、债务人与次债务人之间相应的权利和义务在对等额内消灭。《民法典》第五百三十七条沿袭了《合同法司法解释(一)》第二十条的规定,将代位权诉讼债权人胜诉的法律效果规定为:"人民法院认定代位权成立的，由债务人的相对人向债权人履行义务，债权人接受履行后，债权人与债务人、债务人与相对人之间相应的权利义务终止……”除文字表述与《合同法司法解释（一）》*第二十条略有不同外，《民法典》第五百三十七条还特别强调了债权人与债务人、债务人与相对人之间相应的权利义务终止的条件，即“债权人胜诉”“债务人的相对人向债权人履行义务”“债权人接受履行”。前两项条件在《合同法司法解释（一）》第二十条中即有明文规定，后一项条件《合同法司法解释（一）》第二十条虽然未有明文，但根据法理，自应作如此解释。《民法典》第五百三十七条新增规定“债权人接受履行后”字样，也说明了这一点。

在167号指导性案例中，债权人大唐公司以次债务人万象公司为被告，债务人百富公司为第三人，提起债权人代位权诉讼。浙江省宁波市中级人民法院判决万象公司向大唐公司支付款36 369 405.32元，后来，因为在强制执行程序中发现此债务人万象公司实际上并无可供执行的财产，代位权诉讼执行程序终止。由于“债权人与债务人、债务人与相对人之间相应的权利义务在对等额内终止”要以“债权人接受次债务人的履行”为条件，而万象公司的财产实际上并未被强制执行，浙江省象山县人民法院就已经作出了终结本次执行的裁定。这意味着在本指导性案例中，大唐公司与百富公司、百富公司与万象公司之间相应的权利和义务并未终止。因此，大唐公司自可就实际未获得清偿的债权另行向百富公司主张权利。本指导性案例正确地界定了代位权诉讼中债权人与债务人、债务人与次债务人之间相应权利和义务消灭的前提，同时从诉讼当事人、诉讼标的、诉讼请求、起诉要件等角度进行分析，妥善地论证了代位权诉讼执行因相对人无可供执行的财产而被终结后，债权人就未实际获得清偿的债权另行向债务人主张权利的，不构成重复起诉，其中所包含的主旨对深入理解代位权诉讼的规范目的，正确办理此类案件具有深刻的指导意义。

（申卫星，清华大学法学院院长、博士生导师）

---

* 现已失效。——编者注

3. 指导案例167号《北京大唐燃料有限公司诉山东百富物流有限公司买卖合同纠纷案》解读

罗 昆

从《合同法》*,到《合同法司法解释(一)》**,再到《民法典》,代位权制度一直处于发展完善之中。通常情况下,债权人得以向债务人的相对人(次债务人,以下简称相对人)提起代位权诉讼是因为债务人明显缺乏清偿能力,那么即便债权人对债务人的相对人的代位权诉讼不成功或诉讼成功但实际上未获清偿,债权人也无从再回头向债务人主张权利。而本指导案例的典型性和特殊之处恰恰在于,债权人在先提代位权诉讼获得人民法院的支持后,又因实际上未获清偿,回头再向债务人主张权利、诉请履行,且得到了人民法院的支持。本指导案例直接涉及代位权的行使后果,间接涉及代位权的成立条件,且正好与《民法典》对《合同法》第七十二条及相关司法解释进行完善的规则变化密切相关,其中所体现的裁判思路和裁判规则对正确理解适用《民法典》第五百三十五条和第五百三十七条具有典型意义。

本指导性案例的裁判要点为:"代位权诉讼执行中,因相对人无可供执行的财产而被终结本次执行程序,债权人就未实际获得清偿的债权另行向债务人主张权利的,人民法院应予支持。"这就表明,代位权诉讼执行程序启动后债权人再向债务人主张权利需具备两个条件。更重要的是,该裁判要点中还隐含着认定代位权成立方面的两项重要裁判规则。

一、代位权诉讼执行程序启动后债权人再向债务人主张权利需满足的条件

(一)债权人的债权依代位权诉讼执行程序未全部获得清偿

《合同法司法解释(一)》第二十条规定:"债权人向次债务人提起的代位权诉讼经人民法院审理后认定代位权成立的,由次债务人向债权人履行清偿义务,债权人与债务人、债务人与次债务人之间相应的债权债务关系即予消灭。"实践中,"次债务人向债权人履行清偿义务"究竟属于"人民法院审理后认定代位权成立的"法律后果还是属于"债权人与债务人、债务人与次债务人之间相应的债权债务关系即予消灭"的条件之一,存在不同认识。《民法典》第五百三十七条规定:"人民法院认定

---

* 现已失效。——编者注

** 该司法解释已失效。——编者注

代位权成立的,由债务人的相对人向债权人履行义务,债权人接受履行后,债权人与债务人、债务人与相对人之间相应的权利义务终止。债务人对相对人的债权或者与该债权有关的从权利被采取保全、执行措施,或者债务人破产的,依照相关法律的规定处理。”相对于《合同法司法解释(一)》第二十条的规定,《民法典》第五百三十七条专门就债权人与债务人、债务人与相对人之间的债权债务终止,明确增加规定“债权人接受履行后”之要件,即如果仅仅是人民法院确认代位权成立、但相对人并未实际全部履行或债权并未被全部执行到位,则债权人与债务人、债务人与相对人之间原有的债权债务并不消灭或并不全部消灭。因此,只有债权人的债权依代位权诉讼执行程序未全部获得清偿,才意味着债权人的债权仍然存续,而后者显然是债权人得以向债务人主张权利的前提条件之一。

(二)依据代位权诉讼裁判结果已经提起的强制执行程序被终结

在债权人提起代位权诉讼、人民法院认定代位权成立后,债权人继而申请强制执行相对人的财产,此时为了避免债权人重复获利,债权人只能在因相对人无可供执行的财产而终结该次已经开始的执行程序后,方能在未实际获得清偿的范围内再向债务人主张权利。

二、债权人行使代位权无须对债务人和相对人的清偿能力进行充分调查

本指导性案例的裁判其实建立在作为关联案件的代位权诉讼和强制执行两起案件的基础上——债务人可能有清偿能力而相对人恰恰缺乏清偿能力。如果将两起关联案件和本指导性案例结合起来看,则可以发现本指导性案例中其实还隐含关于如何认定代位权成立的两项重要裁判规则。

(一)债权人行使代位权无须证明债务人因怠于行使到期债权而无清偿能力

《合同法》第七十三条规定代位权的要件为“因债务人怠于行使其到期债权,对债权人造成损害”。《合同法司法解释(一)》第十三条将这一要件进一步解释为“是指债务人不履行其对债权人的到期债务,又不以诉讼方式或者仲裁方式向其债务人主张其享有的具有金钱给付内容的到期债权,致使债权人的到期债权未能实现”。对此,长期以来理论上一种重要的观点认为,债权人只有在债务人缺乏清偿能力的情况下才可以向相对人行使代位权。如果债务人具备清偿能力、有足够财产清偿债务,则债权人不得向相对人行使代位权。按照这样的观点,债权人在先有权提代位权诉讼、满足行使代位权的构成要件的情况下,后面又再向原债务人主张权利,只能是债务人在债权人提起代位权诉讼时缺乏清偿能力,但是可能事后又恢复了清偿能力。

然而这一观念在实践中并未得到严格贯彻。在本指导性案例和作为关联案件

的代位权诉讼案件[浙江省宁波市中级人民法院(2014)浙甬商初字第74号民事判决书]中,虽然债权人声称债务人怠于行使其到期债权"致使债权人的到期债权未能实现",但并未就此提交证据;人民法院也并未就此进行细究或评议,仅仅依据债权人提交的关于债权人和债务人之间、债务人和相对人之间债权债务关系成立且未清偿,以及双方债权均已到期的证据,便认定代位权成立。这样处理具有现实合理性,因为如果严格要求债权人行使代位权必须证明债务人缺乏清偿能力,且债务人怠于行使其到期债权与债权人的债权无法实现之间具有因果关系,那么实际上相当于变相地赋予相对人先诉抗辩权,对债权人将十分不利。正因如此,《民法典》第五百三十五条第一款专门将《合同法》规定的债务人怠于行使其到期债权"对债权人造成损害的"修改为"影响债权人的到期债权实现的"。这样修改带来的明显变化之一是适当放宽债务人怠于行使其到期债权对债权人的影响,以避免机械适用原来的"造成损害"之要件。债权人代位权究竟是否应该以债务人无资力为要件在比较法上本来就有不同做法,《合同法》及其司法解释显然采无资力说,但《民法典》应该是在总结裁判经验的基础上,有意地对原来的"无资力说"进行缓和。不过,《民法典》颁布后仍然存在争议、法律适用有待统一的问题是:债务人怠于行使其到期债权对债权人的"影响"究竟应达至何种程度、举证责任究竟在债权人还是债务人、如何证明存在"影响"、以何时为准。结合《民法典》第五百三十五条第一款和原有司法解释的规定以及本指导性案例可知,债权人向相对人提起代位权诉讼时,债务人未全部履行其对债权人的到期债务,又不以诉讼方式或者仲裁方式向其债务人主张其享有的具有金钱给付内容的到期债权,可以认定构成《民法典》第五百三十五条第一款规定的"因债务人怠于行使其债权……影响债权人的到期债权实现"。债权人无须证明债务人缺乏清偿能力且缺乏清偿能力与债务人怠于行使其到期债权之间存在因果关系。因此,债权人提前代位权诉讼前,无须对债务人的清偿能力进行充分调查。

(二)债权人行使代位权无需证明相对人具备清偿能力

债权人行使代位权以保全债权为目的,并非要求债权人在债务人与相对人之间"二选一"。同时即便代位权成立,在债权人的债权从相对人处获得清偿之前,债权人与债务人之间的债权债务并不消灭。特别是本指导性案例非常明确地确立了债权人在代位权诉讼执行未获清偿且执行程序被终结之后有权再向债务人主张权利,这就进一步说明债权人行使代位权时无须证明相对人具备清偿能力,债权人无须对相对人的清偿能力进行充分调查。

总之,本指导性案例不仅总结了裁判经验,同时也呼应了《民法典》第五百三十五条和第五百三十七条对代位权制度的发展完善,还进一步明确了代位权的成立规则和效力规则,对统一相关法律适用具有重要意义。

(罗昆,武汉大学法学院教授、武汉大学司法案例研究中心主任)

4. 指导案例 168 号《中信银行股份有限公司东莞分行诉陈志华等金融借款合同纠纷案》评述

申卫星

我国法对基于法律行为的不动产物权变动采取区分原则,法律行为是否成立与生效,依照法律行为成立与生效的标准判定;物权变动是否发生,依照法律规定的基于法律行为的物权变动规则判定。因不符合物权变动规则而不能发生物权变动效果的,法律行为的效力不因此而受到影响。

168 号指导性案例正确地阐释了不动产物权变动的区分原则,对办理此类案件有着深远的指导意义。本案中,陈志华等三人以房屋作为抵押物,为中信银行东莞分行自 2013 年 12 月 31 日至 2014 年 12 月 31 日对亿阳公司等授信产生的债权提供最高额抵押,但是,由于陈志华等三人尚未取得案涉房屋所占土地的土地使用权证,案涉房屋因房地权属不一致,故未能办理抵押登记,最高额抵押权并未依法设立。因此,中信银行东莞分行不能主张行使抵押权。但是,由于我国法对不动产物权变动采取区分原则,涉案房屋未办理抵押登记的事实并不会影响涉案《最高额抵押合同》的效力。根据,《民法典》第一百四十三条,具备下列条件的民事法律行为有效:(1)行为人具有相应的民事行为能力;(2)意思表示真实;(3)不违反法律、行政法规的强制性规定,不违背公序良俗。本案中,案涉《最高额抵押合同》的当事人系完全民事行为能力人,其订立《最高额抵押合同》的意思表示真实,该《最高额抵押合同》也并未违反法律、行政法规的效力性强制性规定,故而有效。根据该合同,陈志华等三人有义务确保自己对涉案房屋"拥有完全的、有效的、合法的所有权或处分权""依法取得权属证明的抵押物已依法获发全部权属证明文件,且抵押物不存在任何争议或任何权属瑕疵"。但是,实际上,陈志华等三人并未取得土地使用权证,从而导致案涉房屋因房地权属不一致而未能办理抵押登记。因此,陈志华等三人构成违约,应当承担违约责任,依约对中信银行东莞分行进行损害赔偿。

168 号指导性案例还考虑到了合同双方各自对涉案抵押权不能设立的过错,根据《合同法》第一百一十九条(减损规则),妥善地将损失在当事人之间进行了分配,有利于实现公平正义。由于东莞市房产管理局已于 2011 年明确函告辖区各金融机构,房地权属不一致的房屋不能再办理抵押登记,故中信银行东莞分行对涉案房屋无法办理抵押登记亦有过错。法院根据减损规则,适当地减轻了陈志华等三人的赔偿责任。在未来,由于《民法典》第五百九十二条第二款在《合同法》第一百二十条的基础上新增规定了过错相抵规则,故法院亦可根据过错相抵规则来减轻抵押权人的损害赔偿额。本案中,中信银行东莞分行在2011年就收到了东莞市房产管理局《关于明确房地产抵押登记有关事项的函》,知悉房地权属不一致的房屋不能办理抵押登记,其在2013年与陈志华等三人订立《最高额抵押合同》时,对涉案房屋无法办理抵押登记应有预期。相较于减损规则,过错相抵规则的解释成本更低,也更能实现以贷款全额为基数的按比例分配,否则,减损义务何时产生,应予减损的部分有多少,法院都负有更多的阐明义务。因为《民法典》已经颁布,故将来法院亦可根据过错相抵规则进行裁判。

综上所述,168号指导性案例对不从产物权变动的区分原则角度进行了精准的阐释,正确区分了抵押权等不动产物权变动的效力和法律行为的效力,在担保交易蓬勃发展、物权变动频繁的当下,对类似案件具有良好的指导示范作用。

(申卫星,清华大学法学院院长、博士生导师)

5. 指导案例168号《中信银行股份有限公司东莞分行诉陈志华等金融借款合同纠纷案》点评

程 啸

近日,最高人民法院发布了第30批指导性案例。其中,指导案例168号《中信银行股份有限公司东莞分行诉陈志华等金融借款合同纠纷案》是正确区分抵押合同效力与不动产抵押权登记效力,准确认定违反抵押合同的违约赔偿责任的典型案例。虽然该案发生在《民法典》、《最高人民法院关于适用〈中华人民共和国民法典〉有关担保制度的解释》以及《九民纪要》施行之前,适用的是《物权法》*《合同法》的相关规定,但是该案裁判要点所贯彻的法律原理在上述法律中是一脉相承的,对人民法院正确理解适用《民法典》及相关司法解释的规定,依法正确裁判担保物权纠纷案件,维护担保物权人与物上担保人的合法权益,具有重要的规范指导作用。具体而言,本指导性案例的裁判要点对法院审理不动产抵押纠纷案件所具有

---

* 现已失效。——编者注

的指导性意义。

一、清晰区分了不动产抵押合同的效力与不动产抵押权登记的效力

当事人是否办理不动产抵押权登记仅决定不动产抵押权成立与否,对不动产抵押合同的效力不发生影响。该合同只要成立就生效,除非法律另有规定或者当事人附条件或附期限。以往,《担保法》*第四十一条曾错误地将不动产抵押权登记作为不动产抵押合同的生效要件,即不登记的,抵押合同不生效。为了纠正了这个错误,《物权法》第十五条明确规定:“当事人之间订立有关设立、变更、转让和消灭不动产物权的合同,除法律另有规定或者合同另有约定外,自合同成立时生效;未办理物权登记的,不影响合同效力。”这就是说,即便是以不动产物权变动为内容的合同,不动产物权登记也不会影响合同效力,登记所能影响的只是不动产物权变动本身的效力。换言之,除非法律另有规定,否则基于法律行为的不动产物权的设立、变更、转让和消灭,以登记为生效要件,依法登记的,不动产物权变动发生效力;未经登记,不发生效力(《物权法》第九条第一款)。理论界将这种区分不动产物权登记的效力与不动产物权变动合同本身的效力的理论称为“区分原则”。

在本指导性案例中,中信银行东莞分行分别与陈志华等三人签订多份《最高额抵押合同》,约定陈志华等人分别以相应的房屋为案涉债务提供不动产抵押担保。虽然这些抵押物没有办理不动产抵押权登记,但是,依据《物权法》第十五条,该事实并不影响上述抵押合同的效力。对于抵押合同本身效力的判断应当依据《合同法》中合同无效、可撤销等相关法律规定。正是由于区分原则清晰地区分了合同的生效要件与发生不动产物权变动法律效果的要件,有利于贯彻合同严守原则,维护交易中善意一方当事人的合法权益,我国《民法典》第二百一十五条完全承继了《物权法》第十五条的规定。故此在《民法典》实施后,本指导案例的裁判要点对正确地理解与适用《民法典》第二百一十五条也具有极为重要的意义!

二、依法确定了违反不动产抵押合同的责任性质及赔偿的范围

依据《物权法》第十五条,未办理不动产抵押权登记的,不影响不动产抵押合同的效力。那么,在抵押合同合法有效的前提下,由于没有办理登记,债权人未取得抵押权,此时,抵押人是否应承担责任以及承担何种范围内的责任,实践中曾存在很大的争议。本指导案例的裁判要点解决了该争议,其明确指出,抵押人违反不动产抵押合同的责任性质上属于违约责任,抵押人向债权人承担的违约赔偿责任以抵

---

* 现已失效。——编者注

押物的价值范围为限。此外,在抵押权人对未能办理抵押登记有过错的,相应减轻抵押人的赔偿责任。

应当说,本指导性案例上述裁判要点是非常正确的。一方面,抵押合同是以设立抵押权为内容的合同。依据抵押合同,抵押人负有与债权人共同申请不动产抵押权登记的义务,抵押人不履行该义务的,其行为自然就属于违约行为,抵押权人有权要求抵押人承担违约责任,包括继续履行和赔偿损失。另一方面,债务人违反合同给债权人造成的损失是履行利益的损失,具体到抵押合同就是因为不动产抵押权未能成立而给债权人造成的损失。作为物上担保的抵押权担保,使债权人享有的是以抵押物的价值为限的优先受偿权。既然在抵押权成立的情形下,债权人也只能是以抵押物的价值为限享有优先受偿权,同理,在抵押权没有成立,抵押人违反抵押合同的违约赔偿责任的范围也只能限定在抵押物的价值。故此本指导性案例将违反抵押合同的责任确定为违约责任,并将违约赔偿范围限定在抵押物的价值,是完全符合我国法律规定的。该裁判要点也为此后颁布的《九民纪要》第六十条以及《最高人民法院关于适用〈中华人民共和国民法典〉有关担保制度的解释》第四十六条所明确规定。

(程啸,清华大学法学院副院长、教授、博士生导师)

6. 指导案例169号《徐欣诉招商银行股份有限公司上海延西支行银行卡纠纷案》点评

叶　林

近年来,随着网络银行的快速发展,网络盗刷案件日益增多。与传统的物理卡交易相比,网络盗刷案件在盗刷的举证及认定方面均有明显不同,认定网络盗刷后风险及责任分担在审理中也存在争议,裁判规则不统一。2021年11月11日发布的第30批指导性案例,169号关于徐欣诉招商银行股份有限公司上海延西支行银行卡纠纷案厘清了此类案件的审理思路和裁判规则,对以合同为请求权基础的网络盗刷类案件的审理,具有参考价值,与2021年5月25日施行的《最高人民法院关于审理银行卡民事纠纷案件若干问题的规定》的精神和相关规定也是完全一致的。

一、在存在盗刷的情况下,信息验证通过的单一事实不足以证明银行已履行合同义务

商业银行在履行储蓄存款合同中,应当采取合理措施,正确识别银行卡使用人

是否为持卡人本人或经其授权的人,在诉讼中,应当举证其已向持卡人本人或经授权的人履行了合同义务,否则应当认定债务人违约并承担违约责任。与物理卡交易不同,银行在从事银行卡网络交易中,无法仅凭借银行卡直接验证使用人的身份,必须通过卡号、登录及交易密码、动态验证码等,识别持卡人身份与使用人信息的一致性,才能核实存款人或客户的身份。一般来说,银行一旦证明上述信息已经验证通过,可推定银行已适当履行合同义务。然而,如果持卡人举证证明相关交易系他人冒用持卡人名义、使用持卡人网络交易身份认证信息所为,该交易并非基于持卡人本人的意思进行,则可推翻上述推定。本案即系因案外人非法获取被上诉人的身份和账户信息后,通过使用变号转件方式截获银行发送的验证码,进而完成盗刷。徐欣是持卡人,却不是使用人。商业银行在通过网银向持卡人提供服务时,应当采用必要且合理的措施,确认银行卡使用人即为持卡人或其授权之人。招商银行延西支行仅以验证通过为由主张属于其已适当履行义务,不能成立。

二、银行负有确保银行卡安全使用的义务

银行卡是存款人财产权利的载体,表彰的是存款人的合法权益。按照《商业银行法》第六条的规定,"商业银行应当保障存款人的合法权益不受任何单位和个人的侵犯",据此规定,银行承担了确保存款人合法权益的义务。《电子银行业务管理办法》第三十八条进一步规定,"金融机构应当采取适当的加密技术和措施,保证电子交易数据传输的安全性与保密性,以及所传输交易数据的完整性、真实性和不可否认性"。商业银行作为专业金融机构,可以向持有物理卡的人提供金融服务,也可以通过网银向持卡人提供金融服务。一旦持卡人选择网银服务模式,商业银行即应向其提供与物理卡持卡人相同或相似的保护,不应降低网银交易的服务水平。

存款人款项存入银行并开通网银服务,说明存款人对商业银行及所开展之网络服务的信任。商业银行作为借记卡的发卡行及相关技术、设备和操作平台的提供者,应当对交易机具、交易场所加强安全管理,对各项软硬件设施及时更新升级,以最大限度地防范资金交易安全漏洞。尤其是随着电子银行业务的发展,商业银行既是电子交易系统的开发、设计、维护者,也是电子交易的获利者,相较于持卡人,商业银行更有能力采取措施防范风险和解决问题。例如,发卡行可以通过发布警示案例,告知持卡人相应的风险隐患,还可以通过引入保险机制,分散相应的风险。再如,发卡行还可以通过升级软件硬件等技术保障措施,增强防范银行卡违法犯罪行为的能力。发卡行从事网银服务时,应当承担保证银行卡安全使用的特殊义务。

三、第三人原因导致银行违约的,不是银行免责的合法事由

本案中,招商银行延西支行还提出,徐欣账户被盗刷是由于犯罪行为所致,手

机运营商在涉案事件中亦存在过错,招商银行延西支行不应承担民事责任。该主张的核心是,银行不应对第三人原因造成的损失负责,应由存款人自行承担资金损失的风险。这种主张显然缺少说服力。

《民法典》第五百九十三条规定,当事人一方因第三人的原因造成违约的,应当依法向对方承担违约责任。当事人一方和第三人之间的纠纷,依照法律规定或者按照约定处理。换言之,商业银行在履行储蓄存款合同中,应当向存款人履行约定的义务,若因第三人的原因造成其违约的,商业银行可以向依照法律规定或者约定追究第三人的责任。《商业银行法》第三十三条也有类似规定。而且,将银行卡欺诈的风险分配给银行,有助于督促商业银行积极采用合理措施,降低银行卡盗刷的风险。银行不仅可以主动提升网银服务的技术水平,还可以与手机运营商协调相互之间的关系,甚至可以向保险公司购买保险,更好地履行保护存款人利益的法定义务。

四、银行未举证证明储户违反信息保管义务的,应当承担损失赔偿责任

根据法律规定,当事人都违反合同的,应当各自承担相应的责任。当事人一方违约造成对方损失,对方对损失的发生有过错的,可以减少相应的损失赔偿额。在储蓄存款合同中,发卡行负有向持卡人提供安全的用卡环境的义务,持卡人负有妥善保管银行卡卡号、密码等银行卡信息的义务。持卡人未尽到妥善保管银行卡信息的义务,构成持卡人过错,可以减轻甚至免除发卡行的责任。

本案中,招商银行延西支行提出,取款密码是持卡人徐欣自行设置的,因此徐欣自身存在泄露信息的过错。然而,招商银行延西支行此项意见是推测性的。一方面,持卡人有保护自身利益的动力,几乎不存在主动向他人泄露持卡人个人信息的情况,在本案中,现有证据说明信息泄露并非徐欣自己所为。另一方面,存款人是密码的设置人,当然知晓取款密码,却并非唯一知晓密码的人。银行在提供金融服务时,至少应该且能够识别使用人发出的取款或转款指令。本案的核心是,招商银行延西支行仅凭验证码来识别使用人身份,而没有采用其他合理措施识别使用人是否持卡人。

综上所述,商业银行在利用计算机和通讯系统向存款人提供服务时,应当尽力提高网络交易系统的安全性。既要采用合理技术措施,尽力准确识别银行卡使用人的真实身份,又要加强与手机运营商等主体的协调,提高网银交易系统的安全性,不应将其不当行为的后果转嫁给持卡人或存款人。银行仅以手机运营商存在疏漏为由,尚不足以证明其自身尽到合同义务,也不足以证明持卡人未尽到注意义务或存在过错。徐欣账户资金遭网络盗刷,在没有证据证明徐欣存在违约行为等可归责事由的情况下,招商银行延西支行对冒名者的付款行为不能产生清偿的效果,仍应当就被盗刷的款项对徐欣承担全部支付责任。

(叶林,中国人民大学教授、博士生导师,
中国人民大学营商环境多学科交叉平台首席专家)

7. 指导案例170号《饶国礼诉某物资供应站等房屋租赁合同纠纷案》解读

罗 昆

将不符合使用条件的房屋出租其合同效力如何,理论上和实践中素有争议。《最高人民法院关于审理城镇房屋租赁合同纠纷案件具体应用法律若干问题的解释》*(法释〔2009〕11号,以下简称《房屋租赁合同解释》)起草时,对于将不符合《建筑法》《消防法》等法律关于房屋使用条件的强制性规定的房屋出租的,该租赁合同的效力便存在有效和无效两种意见,只是最终采纳了有效说。《民法典》第724条承自《房屋租赁合同解释》第八条,规定"有下列情形之一,非因承租人原因致使租赁物无法使用的,承租人可以解除合同……(三)租赁物具有违反法律、行政法规关于使用条件的强制性规定情形"。然而问题并未就此完全得到解决,租赁物不符合使用条件可能违反法律、行政法规或行政规章,可能面临履行障碍,可能危及人身安全,因此《民法典》第一百五十三条、第七百二十四条以及第七百三十一条的法律适用选择问题有待厘清。《合同法》第五十二条规定损害社会公共利益的合同无效,《民法总则》**第一百五十三条、《民法典》第一百五十三条均规定违背公序良俗的民事法律行为无效。然而"社会公共利益""公序良俗"均系不确定法律概念,其内涵和外延均有待以类型化的方法加以明确。本指导性案例中的房屋设计施工均不能满足国家现行的设计和施工规范的要求,房屋在租赁合同订立时不仅不符合使用条件,还被有资质的鉴定机构鉴定为危房且建议尽快拆除该房屋。双方当事人在对这一点完全知情的情况下仍然决定订立租赁合同,并约定由承租人修复加固房屋后再投入使用,结果房屋在修复加固施工过程中倒塌。本指导性案例对正确理解适用《民法典》第一百五十三条、第七百二十四条、第七百三十一条具有典型意义。

---

* 该法已被修改。——编者注

** 现已失效。——编者注

本指导性案例的裁判要点为:“违反行政规章一般不影响合同效力,但违反行政规章签订租赁合同,约定将经鉴定机构鉴定存在严重结构隐患,或将造成重大安全事故的应当尽快拆除的危房出租用于经营酒店,危及不特定公众人身及财产安全,属于损害社会公共利益、违背公序良俗的行为,应当依法认定租赁合同无效,按照合同双方的过错大小确定各自应当承担的法律责任。”这就表明,将本来应予拆除的危房出租的行为不同于一般的将不符合使用条件的房屋出租的行为。该种行为属于违背公序良俗的行为,租赁合同因此无效。同时,该裁判要点中隐含的人本主义司法理念对审理租赁合同案件亦具有指导意义。

一、将本应尽快予以拆除的危房出租用于经营活动违背公序良俗

我国有关房屋使用条件的规定散见于《建筑法》《消防法》等法律中,主要涉及建筑物投入使用时需要具备的条件,例如,房屋未经竣工验收或者消防验收不得交付使用。这样的强制性规定显然并非针对后续的出售、出租等交易行为,是否影响合同效力值得探讨。国家住房和建设主管部门制定的《商品房屋租赁管理办法》第六条则规定,不符合安全、防灾等工程建设强制性标准的房屋不得出租。该规定直接针对出租这一交易行为,但其效力层级低于法律和行政法规,不能直接作为合同违法无效的依据。本指导性案例中的租赁合同主要违反了《商品房屋租赁管理办法》这一行政规章,但由于案涉房屋在合同订立时便属于经有资质的鉴定机构鉴定为应尽快予以拆除的危房,因此“约定将该房屋出租用于经营可能危及不特定公众人身及财产安全的商务酒店,明显损害了社会公共利益、违背了公序良俗”。或许我们永远无法确定何谓“公序良俗”以及违背公序良俗的行为都有哪些,但是通过本指导性案例至少可以明确,将本应尽快予以拆除的危房出租用于经营酒店的行为是一种违背公序良俗的行为,租赁合同自始、当然、确定无效。

二、案涉合同为什么不适用《民法典》第七百二十四条

《房屋租赁合同解释》第八条和《民法典》第七百二十四条均规定“违反法律、行政法规关于使用条件的强制性规定”且非因承租人致使租赁物无法使用的,租赁合同并非无效,而是合同有效但承租人享有解除权。这样规定的理由主要在于,出租人出租此类房屋系行使所有权;违反法律法规的强制性规定,只影响房屋的交付使用即合同的履行,并不影响合同的效力。然而,房屋不符合使用条件的各种具体情形其实大相径庭,在违法程度上有的非常严重,有的较为轻微;在时间上有的发生于合同订立时,有的发生于合同履行时;在责任归属上有的可归责于承租人,有的只能归责于出租人。租赁物不满足法律和行政法规规定的使用条件、客观上无法

使用且不可归责于承租人时,原则上可以适用《民法典》第七百二十四条,认定合同有效但承租人享有解除权。在《民法典》现行制度框架下,这一规则的要点在于承租人可以放弃解除权,维持合同效力,即该事项属于私法自治之领域。但是如果租赁物在合同订立时便不符合使用条件,且后果严重到可能危及不特定公众的人身和财产安全时,则不应再允许当事人享有该等自治空间,而应由国家和法律作出否定的效力评价。反过来理解,《民法典》第724条的适用范围应限缩为合同订立时租赁物不符合法律、行政法规关于使用条件的强制性规定但并未严重到危及不特定公众的人身和财产安全的程度,以及合同履行中租赁物不再符合法律、行政法规关于使用条件的强制性规定。

三、案涉合同为什么不适用《民法典》第七百三十一条

《民法典》第七百三十一条规定:"租赁物危及承租人的安全或者健康的,即使承租人订立合同时明知该租赁物质量不合格,承租人仍然可以随时解除合同。"一般认为,该条中包含了出租人承担物的瑕疵担保责任的例外之规定。而瑕疵担保问题,原则上同样属于当事人意思自治的领域,标的物存在物的瑕疵原则上不应影响合同效力。但如果标的物瑕疵不仅涉及当事人的利益,还涉及不特定公众的利益,则就不再单纯是意思自治领域的瑕疵担保问题。案涉房屋不仅存在违反行政规章的质量问题,而且危及人身安全;同时案涉房屋存在可能倒塌的严重质量问题,且承租人承租案涉房屋系用于从事酒店经营活动,则案涉房屋不仅危及承租人的人身安全,更危及不特定公众的人身安全甚至生命安全。由于案涉房屋并非单纯危及承租人的安全或者健康,案涉合同不应适用《民法典》第七百三十一条。反过来理解,《民法典》第七百三十一条的适用范围应限缩为以合同订立时租赁物的质量瑕疵危及承租人的安全或健康但不危及不特定公众的安全或健康为前提,以及合同履行开始后出现质量问题并危及承租人的安全或者健康为前提。

四、本指导性案例体现了以人民为中心的司法理念

如何处理存在严重质量缺陷、可能危及不特定公众人身和财产安全的租赁物,客观上存在维修后继续利用或者拆除两种选择。维修后继续利用,保护了经济利益,体现了"物尽其用"的效益价值;拆除会损及财产利益、私人利益,但保护了人身利益和公众利益。将案涉合同认定为有效但可以适用《民法典》第七百二十四条或第七百三十一条允许承租人解除合同,还是以违背公序良俗的名义认定合同无效,在合同效力层面可能本来面临解释选择;在法律后果层面如果充分考虑不当得利返还和基于过错的损失分担,两种处理路径的差异也未必很大。但是正如再审判

决中提到的,"从维护公共安全及确立正确的社会价值导向的角度出发,对本案情形下合同效力的认定应从严把握,司法不应支持、鼓励这种为追求经济利益而忽视公共安全的有违社会公共利益和公序良俗的行为"。在价值导向层面,将出租本应尽快予以拆除的危房用于经营活动的行为认定为违背公序良俗,进而认定租赁合同无效的做法,充分体现了人身利益高于财产利益的价值判断,充分体现了以人民为中心的司法理念,这一点殊值肯定。

总之,本指导性案例明确了将本应尽快予以拆除的危房出租用于经营活动属于违背公序良俗的行为,限缩了《民法典》第七百二十四条和第七百三十一条的适用范围,体现了以人民为中心的司法理念,对指导和统一相关法律适用具有重要意义。

(罗昆,武汉大学法学院教授、武汉大学司法案例研究中心主任)

8. 指导案例171号《中天建设集团有限公司诉河南恒和置业有限公司建设工程施工合同纠纷案》点评

陈太祥

2021年11月11日,最高人民法院发布第30批指导案例。其中,171号案例为《中天建设集团有限公司诉河南恒和置业有限公司建设工程施工合同纠纷案》。该判决对施工企业依法有效主张和行使优先受偿权,保障自身权益,具有积极的指导意义。

第一,案例明确了承包人通过书面发函方式向拍卖在建工程的执行法院主张优先受偿权,属于优先受偿权的合法行使方式,有利于引导承包人积极行使权利,节约司法资源。目前,司法实践中关于承包人行使建设工程价款优先受偿权的方式仍存在争议。第一种观点认为,建设工程价款优先受偿权必须以诉讼或者仲裁方式行使。因优先受偿权不仅涉及发包人与承包人之间的利益,还可能涉及发包人的其他债权人特别是银行等抵押权人的权益,通过人民法院或者仲裁机构的依法审查,可以有效避免承发包双方恶意串通,损害第三人的合法权益。第二种观点认为,建设工程价款优先受偿权除通过诉讼或者仲裁等方式外,也可以采取承包人发函宣示、发包人和承包人协议折价、承包人申请参加对建设工程折价、拍卖款的分配等方式行使。从《合同法》* 第二百八十六条的规定内容看，并未规定建设工程价款优先受偿权必须以何种方式行使。此案例有利于引导承包人积极行使权利，促使纠纷各方有效化解矛盾，减少诉争，节约司法资源。如仅限于诉讼或者仲裁方式，则无论是对承包人还是对司法资源都是不利的。笔者认为两种观点均可为实现优先权的方式。现最高院将该案作为指导性案例，有利于统一各级法院对建设工程价款优先受偿权确权方式的认识，切实保障施工企业的合法权益。

第二，该案例认可承包人向执行法院发函主张优先受偿权的行为效果，有利于"法定优先权优先于抵押权及其他普通债权"的权利实现，避免法定优先权的保护目的被架空。根据《最高人民法院关于审理建设工程施工合同纠纷案件适用法律问题的解释（一）》第三十六条：承包人根据《民法典》第八百零七条规定享有的建设工程价款优先受偿权优于抵押权和其他债权。但司法实践中，人民法院依据发包人的其他债权人或抵押权人申请对建设工程采取强制执行行为，会对承包人的建设工程价款优先受偿权产生影响，该种情况下，指导性案例确认了承包人以发函方式主张建设工程价款优先受偿权的效力，对保障承包人法定权利有重要作用。

第三，案例的几点启示。建设工程价款优先受偿权与工程承包人债权实现紧密相关。现行法律要求承包人在主张该权利时，至少应该符合以下几点要求：(1)主体方面，《民法典》第八百零七条规定，只有与发包人订立建设工程施工合同的承包人享有优先受偿权；(2)前提条件方面，承包人承建的建设工程应质量合格，同时建设工程不属于不宜折价、拍卖的工程；(3)权利范围方面，承包人可就建设工程价款，包括人工费、材料费、施工机具使用费、企业管理费、利润、规费和税金等优先受偿，不包括发包人逾期支付建设工程价款的利息、违约金、损害赔偿金以及承包人实现建设工程价款优先受偿权的费用等；(4)行使期限方面，《最高人民法院关于审理建设工程施工合同纠纷案件适用法律问题的解释（一）》将"承包人应当自发包人支付工程价款之日起6个月主张建设工程价款优先权"的规定延长为18个月；(5)行使方式方面，《民法典》第八百零七条规定，包括"与发包人协议将该工程折价"以及"请求人民法院将该工程依法拍卖"；(6)权利的放弃及限制方面，《最高人民法院关于审理建设工程施工合同纠纷案件适用法律问题的解释（一）》明确规定，发包人与承包人约定放弃或者限制建设工程价款优先受偿权，损害建筑工人利益，发包人根据该约定主张承包人不享有建设工程价款优先受偿权的，人民法院不予支持，即承包人有权放弃或者限制优先受偿权，但损害建筑工人利益的，该放弃或者限制无效。

* 现已失效。——编者注

本案中,承包人在除斥期间内,通过发函方式向执行法院主张了建设工程价款优先受偿权,即便之后承包人提起诉讼时超过了该除斥期间,也视为已在除斥期间内行使了建设工程价款优先受偿权。因此,行使建设工程价款优先受偿权的方式不限于提起诉讼、仲裁或者协议折价,向执行法院或发包人发函等书面形式并不为法律所禁止。

因此,承包人在推动工程价款结算的同时,应当及时关注发包人其他债权人涉及承包人承建的建设工程案件的审理、执行,在除斥期间内及时依法主张建设工程价款优先受偿权,尽早提起诉讼或仲裁,以维护自身合法权益。

(陈太祥,中国建筑业协会法律工作委员会副会长兼秘书长)